멕시코의 역사

Nueva historia mínima de méxico by various authors
Copyright ⓒ 2004 by El Colegio de México
Korean Translation Copyright ⓒ 2011 by Greenbee Publishing Co.
All rights reserved.
This edition is published by arrangement with El Colegio de México.

La presente traducción fue realizada con el estímulo de Programa de Apoyo a la Traducción de Obras Mexicanas a Lenguas Extranjeras(PROTRAD), dependiente de instituciones culturales de México.

트랜스라틴 08
멕시코의 역사

초판 1쇄 발행 _ 2011년 11월 30일
초판 3쇄 발행 _ 2018년 12월 15일

엮은이 _ 멕시코대학원(Colegio de México) | 옮긴이 _ 김창민

펴낸이 _ 유재건 | 펴낸곳 _ (주)그린비출판사 | 등록번호 _ 제2017-000094호
주소 _ 서울시 마포구 와우산로 180, 4층 | 전화 _ 702-2717 | 팩스 _ 703-0272

ISBN 978-89-7682-518-4   03940

이 도서의 국립중앙도서관 출판시도서목록(CIP)은 e-CIP 홈페이지(http://www.nl.go.kr/ecip)와 국가자료공동목록시스템(http://www.nl.go.kr/kolisnet)에서 이용하실 수 있습니다.(CIP제어번호: CIP2011004963)

이 책의 한국어판 저작권은 Colegio de México와 독점계약한 그린비출판사에 있습니다.
저작권법에 의해 한국 내에서 보호를 받는 저작물이므로 무단전재와 복제를 금합니다.
책값은 뒤표지에 있습니다. 잘못 만들어진 책은 서점에서 바꿔 드립니다.

이 책은 멕시코의 문화진흥 프로그램인 PROTRAD(멕시코 저서의 외국어번역지원 프로그램)의 지원으로 번역되었습니다.

철학이 있는 삶 **그린비출판사** www.greenbee.co.kr

농경의 시작부터 뉴 밀레니엄까지,
멕시코 역사의 모든 것

멕시코의 역사

그린비

서문*

1973년, 멕시코대학원Colegio de México은 『핵심 멕시코 역사』*Historia mínima de México* 초판을 발행했습니다. 당시 멕시코인이면 누구에게나 요구되는 최소한의 역사적 지식을 제공할 목적이었습니다. 저자는 다섯 명이었습니다. 다니엘 코시오 비예가스가 그 프로젝트의 책임자였고, 이그나시오 베르날, 알레한드라 모레노 토스카노, 루이스 곤살레스, 에두아르도 블랑켈이 참여했습니다. 그들은 이 나라의 과거에 대해서 당시로선 가장 종합적이고 적확한 관점이라고 여겨지는 것을 보여 주었습니다. 그 뒤에 나온 판본들은 그 이후 시기의 추가 연구(로렌소 메이예르의 연구)를 포함하였는데, 21세기가 시작될 때까지 책 내용은 기본적으로 바뀌지 않았습니다. 30년 세월이 흐르는 동안 『핵심 멕시코 역사』는 25만 부 이상 인쇄되었고, 점자책까지 포함해 14개 언어로 번역되었습니다.

역사적 지식은 연구와 분석을 통해 매일 새로워지고 풍부해집니다.

---

* 이 서문에서 밝히고 있는 것처럼 이 책은 1973년 발간된 『핵심 멕시코 역사』의 후속작인 『새로 쓴 핵심 멕시코 역사』의 한국어판이다. 다만, 먼저 출간된 『핵심 멕시코 역사』가 국내에 번역·소개되지 않은 상황을 감안하여 한국어판 제목은 『멕시코의 역사』로 붙였음을 밝혀 둔다.

지금까지 몰랐던 멕시코의 과거 모습들이 최근 30년 사이에도 드러나고 있습니다. 명확하지 않았던 모습들도 뚜렷하게 밝혀지고 있습니다. 오류들이 수정되었습니다. 과거 현상과 사건을 새롭게 해석하고, 이해하고 설명하는 방식에서 점점 깊이를 더하고 있습니다. 이런 상황은 역사를 다루는 모든 출판물에 반영되고 있으며, 이 책과 같은 대중적 출판물에도 반영되어야 마땅합니다. 동시에 오늘날 멕시코인이라면 어느 누구에게나 요구되는 역사적 지식의 최소치도 더 증가했다고 할 수 있겠습니다. 멕시코인의 교육수준이 높아졌고, 특히 사회적·정치적 책임이 더 커졌기 때문입니다.

멕시코대학원은 『새로 쓴 핵심 멕시코 역사』$^{Nueva\ historia\ mínima\ de\ méxico}$를 준비할 때가 왔다고 생각했습니다. 바로 지금 독자께서 손에 쥐고 있는 책입니다. 이전의 『핵심 멕시코 역사』에서 의도했던 구체성과 간결성을 훼손하지 않으면서도, 이번 판본은 완전히 새롭고 독창적인 책입니다. 새로운 저자 7인이 이 판본을 위해 글을 썼습니다. 또 새로운 시대구분, 기획, 설명과 더불어 더 광범위한 시대를 다루고 있습니다. 무엇보다, 21세기 들어 최근 몇 년 사이에 성취한 가장 온전하고 흠잡을 데 없는 지식으로, 가능한 한 새롭고 근거 있는 관점을 보여 주고 있습니다. 물론 저자들은 적어도 과거 판본만큼, 아니면 그 이상으로 재미있고 교육적인 내용이 되도록 노력했습니다. 따라서 어느 독자라도 내용을 이해하고 즐길 수 있을 것입니다.

멕시코대학원은 다음에 나올 판본들에도, 필요한 경우 앞으로 계속 이루어질 학문적 발견과 연구 결과들을 포함시키려 합니다. 『새로 쓴 핵심 멕시코 역사』는 멕시코의 과거와 관련하여 나날이 개선되고, 더 적확한 지식을 역동적으로 반영하는 텍스트가 되고자 합니다.

차례

서문 · 4
지도 | 멕시코의 각 주와 주요 도시들 · 8

1장 | 고대 멕시코 · 11

    수렵 채집인들 14 | 문명의 여명 17 | 지역적 다양성의 기원 22 | 제국의 시대 30 | 위기와 변화 40 | 케찰코아틀의 전사들 48 | 물의 귀족들 56 | 정복 전야 65 | 에필로그 67

2장 | 1760년까지의 식민시대 · 69

    식민지 수립 기간, 1519~1610 72 | 성숙과 자치의 시기, 1610~1760 102 | 결론 131

3장 | 부르봉 왕가의 개혁들 · 133

    전체적인 조망 136 | 부르봉 왕가의 초기 개혁들 139 | 누에바 에스파냐의 법정과 국고에 대한 전반적 시찰 141 | 부왕 권력과 관리청장 제도 147 | 방향전환, 1790년대 151 | 왕실 차용증서의 공고화와 누에바 에스파냐의 경제 154 | 누에바 에스파냐의 민족주의 감정 159

4장 | 독립에서 공화국의 안정화까지 · 163

    독립 혁명 166 | 멕시코 국가가 건설되다 178 | 외국의 위협 앞에서 중앙집권제와 독재를 경험하다 189 | 자유주의 개혁, 프랑스의 개입, 공화국의 결정적 승리 203 | 공화국으로 서서히 변화하다 220

5장 | 포르피리오 통치시대 · 229

포르피리오의 정치 232 | 공공재정과 경제발전 249 | 농촌사회와 도시사회 254 | 문화 262

6장 | 혁명 · 269

비판자, 반대자 그리고 선구자 270 | 반대에서 무장투쟁으로 275 | 시대착오적 자유주의 278 | 헌법수호 투쟁 284 | 헌법수호파 대 국민회의파 291 | 카란사 파의 장점과 한계 298 | 새로운 국가 304

7장 | 마지막 기간, 1929~2000 · 313

세계적 위기와 정치적 재조직 315 | 안정과 경제 성장, 1940~1958 324 | 분란과 국가통제주의적 대응, 1958~1982 334 | 주민 동원과 정치적 변화, 1982~2000 346

옮긴이 후기 360
찾아보기 365

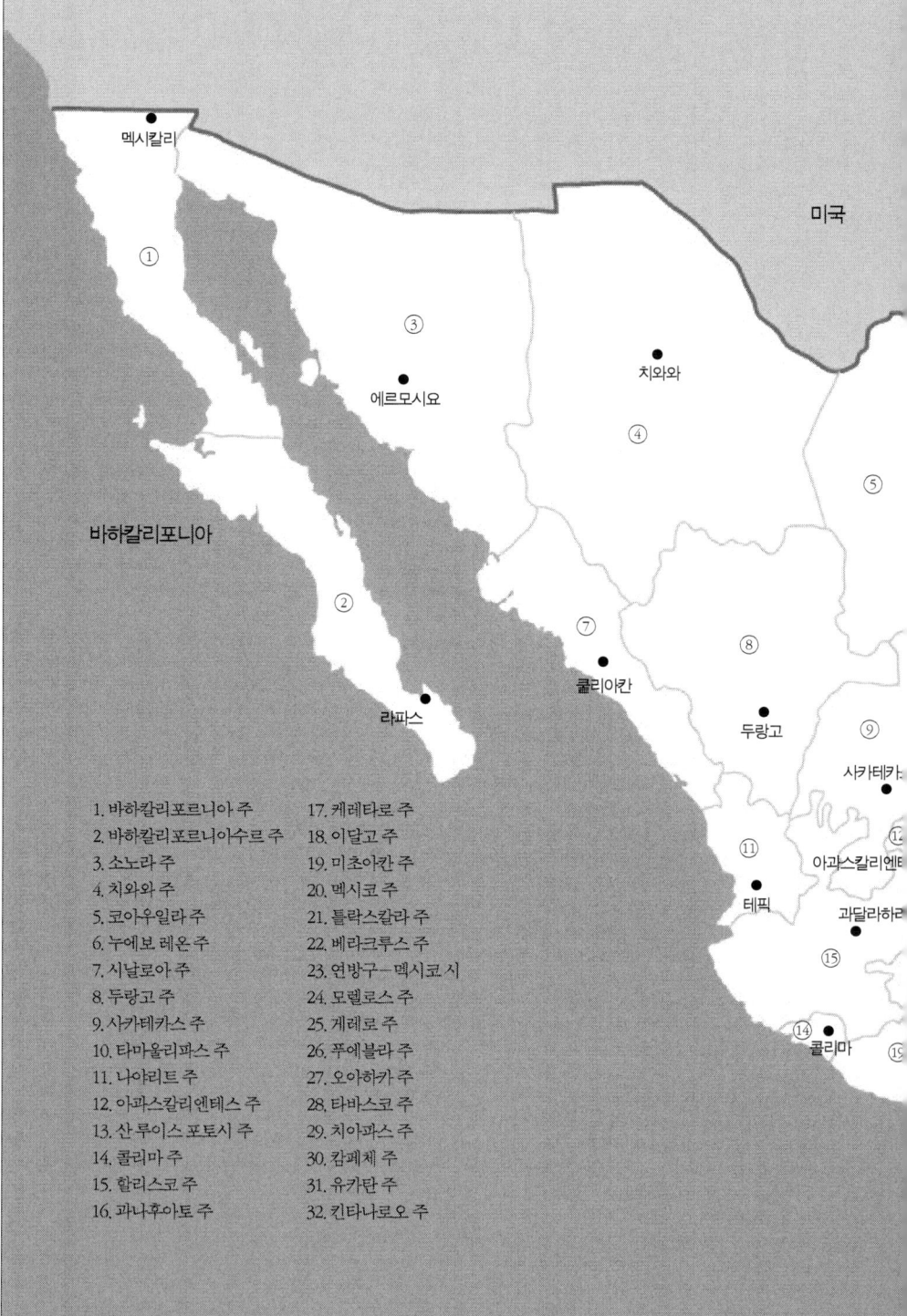

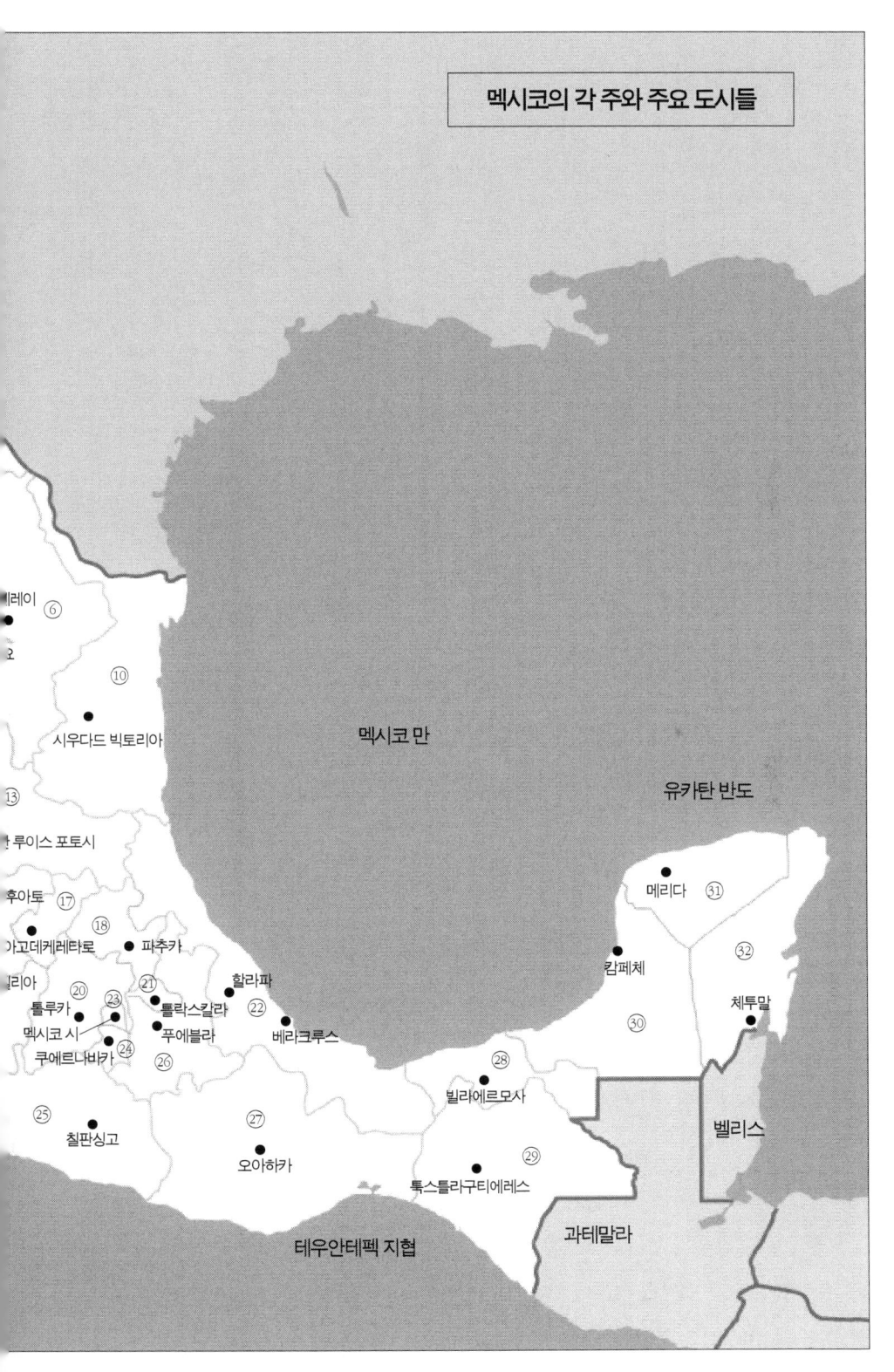

| 일러두기 |

1 이 책은 Colegio de México에서 펴낸 *Nueva historia mínima de México*(Colegio de México, 2004)를 번역한 것이다.
2 이 책은 총 7장으로 이루어져 있으며, 각 장은 모두 각각 다른 필자들에 의해 집필되었다. 필자에 대한 간략한 소개는 각 장의 처음에 각주로 넣었다.
3 본문에 삽입된 도판들은 원서에는 없던 것을 독자들의 이해를 돕기 위해 옮긴이와 한국어판의 편집자가 삽입한 것이다.
4 독자의 이해를 돕기 위하여 옮긴이가 추가한 내용은 대괄호([ ])로 묶어서 표시했다.
5 단행본·정기간행물에는 겹낫표(『 』)를, 논문·단편에는 낫표(「 」)를 사용했다.
6 외국 인명이나 지명, 작품명은 2002년 국립국어원에서 펴낸 외래어표기법을 따랐다.

1장
고대 멕시코

1장 | 고대 멕시코

파블로 에스칼란테 곤살보[*]

멕시코는 여러 개의 멕시코로 구성되어 있다. 멕시코를 특징짓는 사회적 차이들이 두드러지기 때문만이 아니라, 인종적 내력, 문화적 전통, 생태적 상황이 지역에 따라 엄청나게 다르기 때문이다. 가장 오래된 구분이자 역사상 가장 확실한 구분들 중 하나는 중부 이남 지방에 퍼졌던 농업문명과 북쪽 지방에서 불안정한 농업과 수렵 채집으로 살았던 부족들 사이의 구분이다. 멕시코가 민족성과 관련된 장소로 위대한 테노치티틀란을 애호하고, 목테수마 일우이카미나와 네사우알코요틀과 친밀하다고 해서 우리의 다른 조상들을 잊어서는 안 된다. 일부는 치와와의 산속에서 늑대와 곰들 가까이서 작은 부락을 이루어 살기도 했고, 일부는 벌거벗은 채 거의 항상 해안선을 바라보면서 바하 켈리포니아의 거친 땅을 돌아다니기도 했다.

    중부 이남의 나우아, 사포테코, 마야 같은 부족들은 인구와 정치적 비중이 컸기 때문에 살아남을 수 있었고, 에스파냐 정복으로 유발된 새로운 질서에서 편입될 수 있었다. 이 부족들은 다양한 방식으로 자신의

---

* 멕시코국립자치대학교에서 역사학 박사학위 취득. 동 대학 연구원.

관습과 이미지, 그리고 기억을 민족의 역사라는 교직물 속에 끼워 넣을 수 있었다. 반면, 코아우일라의 수렵인들이나 에스파냐의 지배를 거부했던 할리스코와 사카테카스의 부족들의 사고와 역사는 그 부족들이 전멸되면서 함께 지워졌다. 타라우마라스와 세리스 같은 부족들은 절벽 주변에서, 거친 해안가에서, 그리고 역사의 경계에서 생존해 왔다.

원고 분량이 제한된 관계로 이 글에서는 주요 부족 역사, 지배 부족 역사, 거대도시 문명 역사의 줄거리만을 복구할 수밖에 없다. 산 로렌소의 올메카족 역사, 테오티우아칸 역사, 툴라 역사 등이 메소아메리카 문명의 영역에서 발견되는 역사들이다. 그리고 이 역사들에 관해서 우리는 엄청난 양의 정보를 가지고 있다. 하지만 북쪽 지방의 부족들에 관한 자료는 파편적이고 산재되어 있기 때문에 이 개괄적인 글에는 포함시키기가 어렵다.

우리가 지도에 서쪽에서 동쪽으로 몇몇 고고학적으로 의미 있는 지점들을 연결하는 선을 하나 긋는다면, 예를 들어 소노라에 있는 우아타밤포, 두랑고의 엘 사페, 사카테카스의 찰치우이테스, 산 루이스 포토시의 비야 데 레이예스, 그리고 타마울리파스의 산 아토니오 노갈라르를 잇는 선을 긋는다면, 양쪽 끝이 높고 가운데가 낮은 곡선이 하나 생긴다. 이 선은 서기 900년경 메소아메리카가 가장 팽창했을 당시의 북쪽 경계를 나타낸다. 이 경계의 형성은, 메소아메리카 문명의 건설과 마찬가지로 오랜 역사적 과정의 결과물이다. 그 역사적 과정은 옥수수와 다른 작물의 경작과 함께 시작되었고, 집약 농업기술의 발달, 사회 계급의 분화, 수백 킬로미터에 달하는 교환망의 확장, 피라미드 위의 제단과 구기 경기장 같은 복합적인 의례 시설의 고안 등이 그 역사적 과정 속에서 이루어졌다.

수렵 채집인들

아메리카 대륙에서 인간이 살기 시작한 것은 기원전 4만 년경이다. 호모 에렉투스가 불을 만들기 시작한 것은 그보다 50만 년 전이지만, 호모 사피엔스 사피엔스는 그때 막 존재하기 시작했고, 네안데르탈인은 아직 완전히 사라지지도 않은 때였다. 따라서 오늘날 우리가 알고 있는 그대로의 인간은 실제로 아메리카와 세계 나머지 지역에서 동시에 그 역사를 시작했다는 것을 인식하는 것이 중요하다.

아메리카로의 이동은 홍적세 혹은 빙하기로 알려진 지질 시대에 해수면이 하강함으로써 가능했다. 홍적세의 마지막 빙기인 위스콘신 빙기 제4빙기, 기원전 10만~8000년에 수천 년씩 아시아의 동북쪽과 아메리카의 서북쪽이 땅으로 연결되던 시기들이 있었다. 그곳으로 당시 생겨난 지 얼마 되지 않은 호모 사피엔스 사피엔스 인파가 연속적으로 넘어갔다.

현재 멕시코 영토 내 인간 거주에 관한 가장 오래된 흔적은 기원전 3만 5천 년부터 유래한다. 이 시기부터 기원전 5000년 사이는 옥수수와 콩의 경작 과정이 시작되는 시기인데, 수렵 채취와 물고기 잡이로 살아가는 무리들만 있었다. 이 무리들은 상당히 유동적이고 작은 단위로 해체되기 쉬운 집단이었다. 궁핍한 달에는 각 가족은 서로 다른 장소에서 자신의 움막을 짓거나 동굴에 기거하면서, 그 주변에 있는 가능한 자원을 활용했다. 풍요로운 계절이 오면, 일반적으로 여름에, 가족들은 말 그대로 무리를 지어 사냥이나 채취를 하기 위해 적합한 장소에 모여들었다. 마침내 여러 무리들이 모여서 거대무리를 만들고, 여자를 교환하거나, 거대한 사냥무리를 만들거나, 영토를 방어하였다. 한 무리는 수십 명 규모로 만들어졌고, 거대무리에는 수백 명씩 모였다.

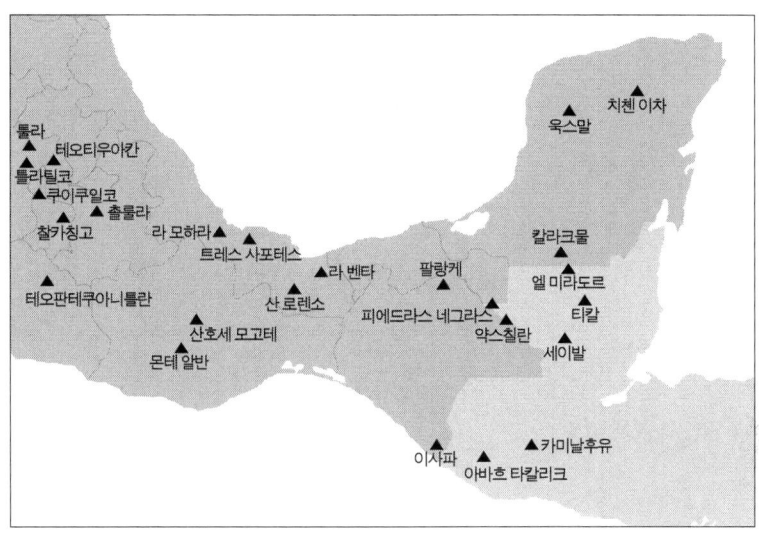

메소아메리카의 고대 유적지

멕시코 역사에서 농업사회 이전인 이 시기는 석기시대로 불리는데, 그 시기의 대부분은 추운 빙하기에 속해 있었다. 그 시기 아메리카 대륙에는 아직 말, 영양, 맘모스와 다른 동물 종들이 있었는데, 그것들은 이후 홀로세世가 가져온 기후 변화로 멸종하게 된다.

멕시코의 과거사에서 우리가 복원할 수 있는 구체적인 초기 역사들 중 하나는 기원전 7000년경에 일어났다. 아메리카 거대 동물계의 멸종 직전이었다. 멕시코 계곡에 살던 수렵 채취 무리들은 맘모스를 텍스코코 호수의 늪지로 몰아가는 습성이 있었다. 이 거대한 동물이 진흙탕에 빠지면 사냥꾼들은 포위를 하고 맘모스가 죽거나 탈진해서 쓰러질 때까지 창으로 찔렀다. 9000년 전 어느 날, 1m 50cm 키에 스물다섯 살 먹은 여인이 사냥에 참여했다가 불행하게도 상처를 입고 쓰러져 죽었고, 얼굴을 아래로 한 채 진흙 속에 묻혔다. 여러 책에서 이 여성은 "테펙스판의 남자"로 알려져 있다.

　기원전 7000년경은 아주 중요한 의미를 지닌 시대이다. 지구가 겪은 강력한 기후 변화로 다양한 종들이 사라졌지만, 동시에 경제활동의 다양화가 촉진되었다. 기술 발달로 창이나 화살촉은 중간 크기나 작은 크기의 동물을 사냥하는 데 적합하도록 만들어졌고, 퓨마, 멧돼지, 사슴, 토끼, 너구리 등을 잡을 수 있었다. 기원전 7000년에서 5000년 사이에 인간 집단은 채집 관련 활동을 강화했다는 명백한 고고학적 증거들이 있다. 분명 가장 좋은 식물의 주변을 깨끗이 하기 위해 잡초를 뽑아 주었고, 과일과 씨앗을 체계적으로 수확했으며, 아마도 어떤 식물 밭에는 물을 주기도 했을 것이다. 고추, 아보카도, 호박의 재배는 바로 자연적 순환에 그렇게 개입한 결과였다. 그 후로 이런 식물들은 저절로 자란 것을 수확하지는 않았다. 또한 그 시기에 곡물을 빻기 위한 맷돌과 비슷한 도구가 나타났다.

　하지만 몇 가지 식물을 재배했다고 농경민이라고 할 수는 없는 것이다. 둘 사이에는 수세기의 경험과 적응과정이 있었다. 그것을 우리는 초기신석기(기원전 5000~2500년)라고 부른다. 이 시기에 완전히 재배종으로 오늘날 옥수수와 같은 세아 마이스가 나타났다. 야생 종 옥수수인 멕시코 세아를 자루가 작은 옥수수로 변형시키기 위해 수백 년 동안 조작했고, 그 결과 자루가 20cm 정도로, 완전한 재배종 옥수수의 특징을 지닌 옥수수가 탄생했다. 또한 이 시기에 콩과 열매인 구아헤와 일반 콩, 그리고 과일의 일종인 흰 사포테와 검은 사포테가 재배되었다.

　초기신석기 말기 쯤 채집인은 농업인으로 바뀌었고, 자기 밭으로부터 멀어질 수 없었다. 그렇게 정착마을이 생겨났다. 이 원시 마을들에서 메소아메리카의 특징이라 할 수 있는 일련의 면모들이 만들어져 갔다.

말 그대로 맷돌이라고 할 수 있는 돌 판과 돌공이가 등장했다. 큰 호박이 재배되었다. 나중에 그 씨앗으로 메소아메리카의 모든 부락에서 피피안이라고 하는 요리를 만들었다. 개를 가축으로 만들었고, 인신공양과 죽은 자들에 대한 일종의 의식이 시작되었다는 흔적이 있다. 이런 마을에 살던 가족은 과거 채집인이었던 그들의 조상보다 더 응집되고 지속적인 사회집단을 형성하였다. 계층화되지 않은 사회였고, 그 구성원들은 서로 다른 가족에 속해 있다는 것 이상의 차이는 인정하지 않았다. 그런 사회들은 학술적으로 '부족'이라고 정의된다.

문명의 여명

일반적으로 메소아메리카의 역사는 기원전 2500년경에 시작된다고 여겨지곤 한다. 정착생활이 일반화되고 도기가 이미 존재한 시기다. 그 시기에 메소아메리카의 첫번째 지평인 고전기이전시대^{Preclásico}가 열린다. 특히 그 첫 단계인 고전기이전시대의 초기(기원전 2500~1200년)가 열린다. 또한 이 시기는 '부락형 고전기이전시대'라고 알려져 있다. 왜냐하면 모든 지역에서 정착지의 90%가 부락이었고, 각 부락은 평균 10~12가구로, 총 50~60명 인구로 구성되었기 때문이다. 고전기이전시대 초기의 가구들은 마당을 중심으로 여러 개의 방으로 모여 있었다. 그런 형태는 에스파냐 정복시대, 나아가 그 이후까지 유지되었다. 마당은 아주 일상적인 노동 공간이었고, 방들은 침실이나 창고로 기능했고, 적어도 그 중 한 방은 부엌과 제단을 갖추고 있었다.

또한 이 시기에 200가구 이상, 주민 1천 명 이상으로 이루어진 몇몇 큰 마을들이 등장한다. 이런 형태의 거주지에서는 원거리 물물교환과 공공 의례의 증거들이 발견된다. 오아하카 계곡의 산 호세 모고테는 그 지역에서 눈에 두드러지는 마을 중 하나로, 그곳에서 고고학자들에 의해 발견된 도구들 중에는 도기 조각, 바다조개, 상어이빨, 거북등껍질로 된 북, 바다고동 나팔이 있는데, 모두 멕시코만 해안에서 온 것이다. 바로 그 무렵에 마을 가운데에 신전이 지어졌는데, 회반죽으로 칠하고, 제단을 갖추고 있었다.

    이 큰 마을은 메소아메리카에서 처음으로 지배체제가 이루어졌던 장소였다. 다시 말해, 서열화된 사회로 어떤 구성원들에게, 예를 들어 수장과 그 아들, 어쩌면 일부 전사에게 더 높은 지위를 부여했고, 그 지위를 드러낼 수 있는 도구와 의복의 사용을 장려했다. 수장 개인에게 종교적이고 군사적인 권위가 집중되었다. 수장은 공동체 잉여물의 관리를 조절하고, 새로운 교역을 감독했다. 이러한 지휘통제체제는 커다란 진보를 추동하는 중요한 역할을 담당했던 것으로 보이는데, 고전기이전시대의 중기中期는 그러한 진보로 특징지어진다. 하지만 메소아메리카의 대부분 지역에선 그런 지휘통제체제가 오래 가지 않았다. 지위의 구분은 곧 계급 분화에 자리를 내주었기 때문이다. 통치 업무들은 전문화되었고, 귀족들이 그 업무를 독점했다. 기원전 1200년경 메소아메리카에서는 다양한 수리시설, 수로, 농지와 주변 습지 만들기가 시작되었다. 이런 일의 직접적인 결과로 농업 생산성이 높아지고 인구가 늘어났다. 대체로 이 시기와 기원전 500년 사이가 이른바 고전기이전시대의 중기中期, Preclásico medio인데, 전일제 전문직이 등장하고, 사회가 계층화되고, 도시에 제의 중심시설이 건설되고, 오늘날 우리들이 '올메카'족의 것으로 알고 있는 일련의 상징적 이미지들이 발달되었다. 바로 이 시기에 메소아메리카의 여러 지역에서 첫 왕국들이나 영지들이 등장했다.

메소아메리카의 서로 다른 지역의 큰 마을들 사이에 권위와 관련된 재화와 의례와 관련된 재화의 교환이 이루어지고 있었는데, 이것은 서로 다른 집단들 사이에 종교적이고 정치적인 개념들이 일치할 수 있도록 기여한 것으로 보인다. 동시에 어떤 조형적 관례와 형태적 선호가 퍼져나가고 받아들여질 수 있도록 도와주었다. 오늘날 우리는 올메카 형태의 특성들이 거의 동시에 발사스 유역과 멕시코 계곡, 그리고 멕시코만灣의 해안과 다른 지역에서 나타난다는 것을 알고 있다. 이 동시성은 과거의 견해에 모순되는 것이다. 과거에는 올메카적인 것이 메소아메리카에 의해서 멕시코만에서 시작해 퍼져나간 것으로, 산 로렌소나 라 벤타에서부터 전개된 군사적·상업적 확장 과정의 결과라고 생각했다.

오늘날 일상적으로 올메카의 특성이라고 알고 있는 것으로는 거대한 돌판이나 석조물의 사용(경우에 따라 왕좌나 제단으로)을 들 수 있겠다. 또 제물을 세공하기 위해 옥이나 푸른색의 다른 돌을 선호했고, 사람과 함께 제규어를 다양한 방식으로 자주 재현했다. 사람과 함께 춤추거나 싸우는 고양이과 동물, 망토로 사용한 그 동물의 가죽, 인간을 닮은 고양이과 동물 형상 등도 올메카적 특성으로 알고 있다. 인물 형상의 올메카적 특징은 찢어지고 비스듬히 올라간 눈, 툭 튀어나온 입술, 가끔씩 열린 입술 사이로 드러난 날카로운 송곳니 등을 들 수 있다. 머리 윗부분 가운데 갈라진 부분이 있는데, 그곳에서는 가끔 옥수수 자루가 솟아난다. 우리가 올메카적인 요소라고 부르는 것들 중에는 '불꽃같은 눈썹', X 모양의 두 개의 띠, 점 하나와 선 하나로 된 빗방울 같은 상징들이 있다.

멕시코만의 충적평야는 가장 크고 복합적으로 조성된 의례중심지가 가장 많은 곳이고, 가장 큰 규모의 조각상과 방들이 집중되어 있는 곳이다. 산 로렌소에서는 기원전 1200년경 거대한 규모로 땅을 높여 단壇

올메카 문명의 거대 두상

처럼 조성했다. 불어나는 강물로부터 의례용 광장과 엘리트층의 가옥들을 보호하기 위해서였다. 왕좌, 석주, 거대 두상과 다른 조각상들을 그 인공 고원 여기저기에 배치해 두었다. 가장 큰 규모의 조각상들은 왕좌였는데, 전에는 '제단'으로 알려졌었다. 그 왕좌들 위에 통치자들이 앉아 의례를 주관하거나, 통치 업무를 관장했던 것으로 보인다. 이 거대한 좌석에 새겨진 형상들은 통치자가 특별한 혈통에 속한다는 것을 알려 주고, 그가 초자연적인 것, 특히 산의 내부와, 다시 말해 풍요의 영역과 연결되어 있다는 것을 드러낸다. 어떤 형상들은 통치자가 우주의 중심축이나 옥수수 신과 동일하다는 것을 암시하기도 한다. 거대한 두상들은 일반적으로 왕좌를 다시 사용해 만들었다. 통치자가 생전에 사용한 왕좌가 그 통치자의 두상을 만드는 데 원자재로 사용되었을 가능성이 높다. 땅 위에 바로 두상을 놓음으로써 통치자의 머리는 마치 나무나 옥수수 줄기처럼 땅에서 솟아오르는 것처럼 보였을 것이다.

300년 동안 산 로렌소의 정착지는 그 지방의 정치적 중심이었는데, 기원전 900년경, 갑작스럽게 여러 조각상들은 절단되어 매장되었고, 그 지역은 버려졌다. 기원전 900년에서 500년 사이 그 주변에서 여러 지역들이 번창했다. 라 벤타가 가장 큰 규모였다. 라 벤타는 산 로센소의 진정한 대체지라고 볼 수 있을 것이다. 라 벤타에는 메소아메리카에서는 처음으로 거대한 '피라미드'가 세워졌다. 흙을 다져 만든, 굴곡진 거대한

라 벤타의 현무암 기둥 무덤

원추모양의 피라미드였고, 광장들과 작은 단壇으로 둘러싸여 있었다.

라 벤타 주민들에게 로스 툭스트라스의 현무암 광맥을 찾아나서는 일은 산 로렌소의 주민들이 했던 것보다 먼 여행이었다. 하지만 선조들이 했던 것과 같은 방식으로 원자재를 찾아 끊임없이 길을 나섰다. 그들은 원자재를 뗏목에 실어 강으로, 해안으로 운반했고, 가까이에 물길이 없을 경우 통나무를 굴려가며 옮겼다. 이 돌들로 그들은 산 로렌소의 뛰어난 조각 전통을 이어갔고, 현무암 기둥 무덤 같은 새로운 창작물로 그 조각 전통을 더 풍부하게 했다. 또한 라 벤타의 번영기에는 옥석 같은 준보석으로 만든 작은 조각들도 다양해졌다. 라 벤타와 라스 메사스 언덕과 페스케로 강 같은 곳에서 발견된 유물들이 그것을 잘 보여 주고 있다.

멕시코만의 번창했던 큰 마을들 중 일부는 도시화된 곳도 있었다. 그 큰 마을들에는 조각가와 성직자, 전사, 통치자들이 살았는데, 일종의 메트로폴리를 구성했고, 그로부터 메소아메리카의 다른 올메카 양식들이 유래되었다는 가설에 빠지기가 쉽다. 하지만 이미 언급했듯이, 사료들은 멕시코만에서부터 전파되었다는 가설을 뒷받침하지 않는다. 오히려 올메카라고 불리는 특성들은 당시에 메소아메리카에서 형성되던 귀족들에 의해서 동시에 받아들여졌다는 견해를 뒷받침하고 있다. 그 귀족들은 교환을 통해 자기들 사이에 긴밀한 관계를 맺고 있었던 것이다.

고전기이전시대의 중기에 멕시코만의 충적평야에 거주하던 사람들도 올메카인이라고 부를 수 있다. 이것은 우리가 미헤-소케 어족語族의 부족들 집단에 붙인 임의적인 이름이다. 하지만 그 지역에서 사용한 일련의 형태와 상징들은 '올메카인들'의 어느 정도 고유한 것이라고 할 수 있는, 순수하게 인종적인 표시는 아니다. 오히려 초지역적 현상의 일부라고 볼 수 있다. 멕시코만 이외 지역에서 올메카 양식이 나타나는 지역들 중에는, 그 의례 지역의 범위와 풍요로움을 기준으로 볼 때, 게레로의 테오판테쿠아니틀란과 모렐로스의 찰카칭고가 두드러진다. 이 두 지역은 각각 독창적인 면들을 가지고 있다. 예컨대, 첫번째 지역에서는 T자 모양 석주를 거론할 수 있고, 두번째 지역에서는 비와 동굴에 대한 독특한 재현을 들 수 있다. 하지만 양쪽 모두 공예품과 상징, 올메카의 양식적 관례 등에서 명백하게 일치하고 있다. 그 일련의 목록은 틀라파코야와 틀라틸코(멕시코 계곡에 위치한), 그리고 메소아메리카의 수많은 다른 곳에서도 볼 수 있다.

지역적 다양성의 기원

고전기이전시대 중기의 특징적인 모습이 통일성이라면, 고전기이전시대 후기(기원전 500년~기원후 200년)는 지역적 다양성이 지배적이다. 기원전 500년경 올메카적 표현양식들은 메소아메리카에서 사라지고, 그 시기에 활기차게 등장하던 다양한 지역 문화에 의해서 대체되었다. 거대함을 지향하는 새로운 건축 양식이 등장하고, 조각과 의례용 도기, 상징체계에 변화가 생겼다. 메소아메리카의 문명사에 있어 이러한 경향이 일어난 동기는 분명하게 알려져 있지 않다. 우리가 확실히 알고 있는 것은 각 지역들이 몇 세기 전과는 달리 인구가 안정되고, 경제적인 풍요를 누리게 되었다는 것이다. 이처럼 지역들이 성숙해진 결과 인구가 괄목할 만큼 모여들었고, 지배기능을 독점하던 귀족계급이 공고해졌다. 이 지배기능들은 정치적 성격이 뚜렷해지면서, 더 이상 씨족 사회의 대표성과 우월적 지위라는 원칙에 의해서 결정되지 않았다. 전쟁에 승리하기 위한, 시장을 형성하기 위한, 혹은 공간을 도시화하기 위한 통치 행위의 효율성이라는 논리에 의해서 유지되었다.

몬테 알반의 등장은 고전기이전시대 후기의 시작을 알리는 사건들 중 하나이다. 오아하카의 세 갈래 계곡에 있던 가장 큰 규모의 마을들은 지속적으로 성장해 오다가 기원전 500년경 발전을 멈추고, 하나의 도시를 형성하는 프로젝트에 포함되었다. 몬테 알반은 돌이 많고, 물도 없고 사람도 살지 않는 산이었지만, 그 계곡의 중앙에 위치해 있다는 장점이 있었다. 그래서 그 정상에서는 계곡의 세 갈래와 주위 산맥들이 한 눈에 들어왔다. 몬테 알반이 처음 시작부터 거대한 구역이나 구區 체제로 조직되어 있었다는 사실은 그 도시의 건설이 그 계곡에 있던 거주 단위들 전체에 의해서 이루어진 광범위한 연합의 결과였다는 가설을 뒷받침해 주는 것 같다.

바위투성이의 언덕은 인구증가에 따른 필요들에 부응해 갔다. 고전기이전시대 후기가 끝나기 전에 인구는 15,000명을 초과했다. 그 신생

몬테 알반 '무용수의 건물'의 석판들. 전쟁포로를 형상화한 것으로 보인다.

도시의 첫번째 공공건물은 오늘날 우리가 '무용수의 건물'이라고 알고 있는 건물이다. 그 이름은 그 건물을 덮고 있는 석판에 새겨진 형상들 때문에 붙여진 것인데, 그 형상들은 움직이거나 몸을 뒤틀고 있는 것처럼 보인다. 나체에다 창자가 밖으로 나와 있는 것으로 보아 이 인물들은 전쟁 포로를 나타내는 것으로 보이는데, 분명 그 일련의 형상들 전체는 복속된 집단들을 전부 나열하고 있는 것으로 보인다.

군사적 승리를 이처럼 공개적으로 찬양하는 것은 산 호세 모고테에 이미 등장했는데, 바로 몬테 알반이 세워지던 그 시기였다. 세 갈래 계곡 중 틀라콜루라는 계곡에 위치해 있으면서, 몬테 알반에 종속되어 있던 작은 중심지인 다인수 마을에서도 역시 희생당하는 사람들을 부조로 새겨 넣었는데, 이 경우 희생자들은 머리가 잘려 있고, 구기 경기와 관계 지어져 있다. 기원전 200년경 몬테 알반에는 화살촉 모양의 건물이 세워

몬테 알반의 구기 경기장 유적

졌는데, 그 전에 세워진 건물처럼, 군사적 정복을 암시하는 석판들로 덮여 있다. 이 석판들에는 신체가 잘린 포로들 대신 각 부족의 지명을 암시하는 듯한 표시들이 얼굴이 땅을 향해 있는 머리와 함께 새겨져 있다.

앞에서 언급된 증거들과 고전기의 또 다른 증거들은 몬테 알반의 정치적 강화와 도시의 확장, 그 지역에 대한 헤게모니 장악은 활발한 군사적 활동을 기반으로 이루어졌다는 것을 보여 준다. 이러한 활동의 과실 중 하나인 공물의 징수도 중요하게 거론하지 않을 수 없는데, 그 공물은 도시에 부와 번영을 가져올 수 있었다.

고전기에 들어선 시기의 사포테코인들의 두드러진 특징으로 인식되고 있는 장례 예술은 몬테 알반의 초기 몇 세기의 역사에 이미 등장한다. 무덤은 일렬로 늘어 놓은 거대한 돌판으로 이루어졌고, 돌판들은 회반죽과 그림으로 복잡하게 장식되어 있다. 그리고 (납골함이라고 알려져 있는) 여러 형상의 도기 잔들은 죽은 자의 눕혀진 육체 주위에 놓여지곤 했다.

　멕시코 계곡에서도 오아하카 계곡에서와 비슷한 도시화 과정과 인구 집중과정이 일어나고 있었다. 만약 멕시코 호수 주변에서 고전기이전시대 후기에 등장하는 도시가 두 개였다는 것을 고려한다면, 그 규모 면에서 더 컸다고 할 수 있다. 이 시대가 멕시코 역사상 감격적인 시대였다고 할 수 있는데, 이는 잘못 알려져 있는 것이다. 우리가 확신하는 것은 쿠이쿠일코는 기저가 원형으로 된 하나의 피라미드 그 이상이라는 것이다. 오늘날에는 근대식 주거지로[그 주거지는 페드레갈 데 산 앙헬 이라고 불린다] 덮여 있지만, 그곳엔 거대한 매장지가 있었다. 그리고 수많은 작은 동산들이 있었는데, 그 지역을 가로지르는 큰 도로들에서도 보인다. 그 종교 중심지의 규모로 판단해 볼 때 그 도시는 거대한 규모였다. 용암층이 어떤 지역에서는 15m 높이나 되어 조사가 어렵기 때문에, 우리가 그 거주지를 완벽하게 이해하는 것은 불가능할 것이다.

　계곡 남쪽에서 쿠이쿠일코가 시골 주민들을 유입시키는 효과를 가지고 있었다면, 계곡의 북쪽과 동쪽에서는 테오티우아칸이 그 효과를 가지고 있었다. 인구에 관한 몇몇 추정설에 따르면 기원전 200~100년 사이에 테오티우아칸에는 4만 명에 달하는 인구가 모였다고 한다. 하지만 두 밀집지역 사이에는 중요한 차이가 존재한다. 쿠이쿠일코에는 그 당시 메소아메리카의 어떤 거주지역에서도 볼 수 없던 복합 종교 기념물들이 있었다. 테오티우아칸은 많은 사람들이 거주했지만, 흑요석 산업에 매력을 느껴 모인 사람들이었다. 하지만 쿠이쿠일코에 비교될 만한 종교 의례의 체계가 없었다. 따라서 도시라기보다는 여러 부락의 집합체였다.

쿠이쿠일코는 기원전 50년에 일어난 시틀레 화산의 분출 이후 사람들이 줄어들기 시작했다. 하지만 완전히 버려진 것은 아니었다. 하지만 그로부터 100년 뒤 새로운 화산분출로 그 도시는 완전히 용암으로 덮혀 버렸다. 쿠이쿠일코 문화의 두 가지 특징적 모습이 그 도시의 사멸과 함께 사라졌다. 기저가 원형으로 된 의례용 단(壇)과 고분실로 통하는 입구가 실린더처럼 된 무덤이 사라진 것이다. 기이하게도 두 가지 모습이 멕시코 서부지역(할리스코, 미초아칸, 나야리트, 콜리마)에 기원전 200년경에 나타난다. 이것들은 그 후 1천 년 동안 이 지역의 특징이 된다. 두 문화 사이에 어떤 연관도 발견되지 않았지만, 완전히 무시할 수도 없다.

메소아메리카의 다른 지역에서 발견되는 고전기이전시대 후기의 작품과 사건들은 고대 올메카 양식들과 연관이 있다. 메스칼라 문화에서 우리는 올메카 시대의 특징적 행위가 지속되는 것을 발견하게 되는데, 인간과 유사한 형상들을 돌에 작게 새기는 일이 그것이다. 메스칼라 문화에서 형상들을 추상화하는 방식은 올메카 예술의 덜 자연적인 경향에서 유래된 것으로 보인다. 하지만 이러한 흔적들 외에도 멕시코만에서 마야지역으로 올메카적 현상이 퍼져나갔다는 뚜렷한 증거들이 있다.

기원전 500~400년 사이에 라 벤타는 갑작스럽게 버려졌다. 하지만 그 지방의 보다 적은 규모의 몇몇 장소들, 예를 들어 트레스 사포테스나 세로 데 라스 메사스 같은 곳에서는 계속 사람들이 살았고, 커다란 돌덩이로 석주나 제단을 조각하는 전통도 지속되었다. 또한 올메카의 인물상이 갖는 특징들을 유지해 나갔다. 특히 재미있는 것은 이 후기 올메카 지역들의 조각과 남쪽지역의 그리할바 상류지대, 그리고 치아파스나 과테말라 해안지역의 거주지들에서 만들어지는 조각들 사이에 커다란 유사성이 있다는 점이다. 그러한 유사성으로 인해서 우리는 이사파 문화

단지라고 하는 문화권을 규정하게 되었다. 이 문화권의 가장 북쪽 지점은 베라크루스에 있는 라 모하라인 것 같고, 가장 남쪽 지점들은 치아파스 주의 이사파, 과테말라에 있는 아바흐 타칼라크와 엘 바울로 여겨진다. 결정적인 연결고리는 그리할바의 상류지대에 위치하고 있는 치아파 데 코르소와 라 리베르타드이다. 이 비스듬한 거대 지구대는 멕시코 만의 충적평야에서 내려와 테우안테펙 지협을 가로지르는데, 고전기이전시대 후기의 미헤-소케 어족의 분포지역과 일치한다. 해안에서 해안까지 이 길을 통한 연결은 새로운 것이 아니라 이미 몇 세기 전부터 있었다. 사실은 멕시코만 지역의 올메카 후손들은 올메카 시대의 상업적이고 정치적인 관계로 이루어졌던 세상이 무너지자 자신들과 인종적 기원이 같은 집단들과 관계를 강화했던 것으로 보인다.

이 위기와 재조정의 시기에 이사파 문화권에서는 메소아메리카의 지성사에서 가장 뛰어난 발명 중 하나가 등장했다. '긴 계산법'이 그것인데, 기준 날짜를 정해, 그로부터 어떤 사건이든지 그 사건이 일어난 날짜를 달력처럼 아주 정확하게 계산하는 방법이다. 마치 우리가 예수의 탄생일을 기준 날짜로 정하듯이 말이다. 메소아메리카의 그 긴 계산법의 기준 날짜는 기원전 3114년 8월 13일이었다. 어떤 특별한 사건이 있었던 날인지 우리는 모른다. 알려진 것 중 가장 오래된 날짜에 대한 기록은 미헤-소케 지구대에서 유래한다. 치아파 데 코르소에서는 기원전 36년에 관한 기록이, 트레스 사포테스 기원전 31년, 엘 바울 서기 36년, 아바흐 타칼라크 서기 126년, 라 모하라 서기 143년과 156년, 그리고 산 안드레스 툭스틀라에서는 서기 162년에 관한 기록이 알려져 있다. 이러한 자료들은 우리가 알고 있는 마야 고유의 계산법이 사실 미헤-소케인들에 의해서 그 지역의 위기와 재조정의 시기에 발명되었다는 것을 알려주고

'긴 계산법'을 상징화한 아즈텍 문명의 태양의 돌

있다. 제단과 석주를 함께 배치하는 것도 마야인들에게서 유래한 것이 아니다. 우리가 보았듯이, 이미 올메카 시기에 게레로와 모렐로스, 멕시코만에서 그렇게 하고 있었고, 바로 이 이사파 문화권의 문화통로를 따라서 마야지역으로 전해졌던 것이다.

  고전기이전시대 중기에 이미 밀림에는 마야의 농업 거주지들이 있었다. 파시온이라 부르는 우수마신타 강의 한 지류에는 세이발과 알타르 데 사리크피오스가 있었고, 캄페체와의 국경에서 멀지 않은 과테말라의 페텐에는 티칼, 우아학툰, 낙베 그리고 엘 미라도르가 있었다. 이 마을들 중 몇 곳에는 강력한 지배권이 행사되고 있었다. 그리고 고전기이전시대의 후기에는 높이가 높고 밀집된 의례장소들도 발전했다. 여러 개의 작은 동산들이 모여 있었고, 각각의 동산 위에는 두세 개의 피라미드형 단壇이 있었다. 이러한 구조물들의 건축과 장식은 이미 고전기시대에 등장하는 것과 아주 유사하다. 하지만 몇 가지 구성 요소는 아직 보이지 않았다. 실제 인물상과 날짜가 표시된 비문은 아직 나타나지 않았다.

페텐 지역에 살던 집단들은 남쪽과 그리할바 쪽을 향해서 팽창해 나갔다. 하지만 평화적으로 했는지, 전쟁을 통해 했는지는 모른다. 어쨌든 이 팽창을 통해 이사파의 전통과 접촉하게 되었다. 과테말라 고원의 카미날후유와 다른 장소들이 미헤-소케와 마야라는 두 문화 경향들이 동화해 가는 적합한 곳이었는지도 모른다. 서기 292년 긴 계산법이 티칼이라는 밀림의 신생도시에서 비문과 마야 건축에 관련되어 등장한다. 그 후 티칼은 그 지역에서 가장 번창하는 도시 중 하나가 된다.

제국의 시대

기원전 100년에서 서기 200년 사이에 멕시코 계곡에서는 여러 중요한 사건들이 일어났다. 일부 학자들은 이 시기를 고전기이전시대에서 분리해서 원시고전기^{Protoclásico} 시대라고 명명하기도 한다. 그 시기에 쿠이쿠일코는 버려졌고, 테오티우아칸은 그 지역에서 논란의 여지없이 정치적·종교적 중심지로 부상하였다.

기원후 첫 200년 동안 태양과 달의 피라미드와 함께 케찰코아틀 신전도 축조되었고, 소위 망자의 대로도 만들어졌다. 테오티우아칸 역사에서 그야말로 도시 시대가 시작되었다. 만약 에스파냐 정복 이전 시대의 정착지 중에서 도시로서의 모든 속성을 갖춘 지역이 있다면 그것은 테오티우아칸일 것이다. 대략 20km²에 달하는 그 도시 표면적은 건축물과 포장길로 되어 있어, 채마밭이나 정원으로 쓸 공간도 거의 없었다.

고전기시대$^{기원후\ 200년~650년}$ 동안 테오티우아칸의 주민 대부분은 석조로 된 다가구 주거건물에 살았다. 아주 소수만 초가집에 살았다. 이것은 그 정착지의 대부분 사람들이 잘 살았다는 것을 보여 준다. 다가구 주거건물은 거대한 경사면에 축조되었는데, 그 건물의 벽에는 창문이 없었다. 안으로 들어가는 입구도 한두 개였다. 대부분의 다가구 주거건물 평면은 (대략 가로 세로 60m의) 정사각 형태였는데, 어떤 것은 더 긴 것도 있고, L자 형태도 있었다. 그 주거건물의 측면은 모두 평행했지만, 모서리가 항상 일치했던 것은 아니다. 다시 말해서 바둑판 같지는 않았다는 것이다. 각각의 주거건물은 한 블록에 해당되었다. 테오티우아칸의 골목들은 지붕이 덮인 긴 복도였는데, 경사면들과 건물의 높은 벽들 사이로 나 있었다. 그 골목들에서는 집 안에서 일어나는 일을 살펴볼 수 없었다.

각 주거건물 안에는 여러 안뜰이 있었고, 그 곳에서 방으로 들어가는 입구가 있고, 또한 방들은 햇빛을 받았다. 중앙에 있는 뜰이나 몇 개의 큰 방에서는 모든 거주자들이 모여 공통관심사라고 할 수 있는 종교적·행정적 행사를 가졌다. 평균적으로 각 건물마다 20여 가구가 살았던 것으로 보인다. 한 주거건물에 사는 모두가 동일한 일에 종사했고, 게다가 친척들이었다. 유골의 유전자 분석 결과에서 유추할 때 각 건물의 남자들 사이에는 여자들 사이보다 더 밀접한 관계가 있었다. 말하자면 부계중심 거주형태였다는 것이다. 여자들은 자기 남편 거주지에 가서 살았던 것이다.

다가구 건물 여러 개가 모여서 한 구역을 형성하는 경향이 있었다. 한 구역 안의 길들은 구역을 에워 싸고 있는 길보다 좁았다. 또한 그보다 더 상위의 구획 단위로 여러 개의 구역이 모인 구(區)도 있었다. 각 구에는 고유한 의례중심지도 있었는데, 작은 광장에 세 개의 신전이 모여 있는

달의 피라미드 쪽에서 바라본 테오티우아칸의 전경

방식이었다. 이 작은 광장은 각 가구와 구역의 대표들이 행정적인 일을 위해 모이던 장소이기도 했을 것이다.

테오티우아칸의 도시지역에 모인 인구의 중요한 부분, 어쩌면 반 정도가 수공예업 종사자였다. 화살이나 창의 촉 같은 핵심부분이나 흑요석으로 마무리된 도구 등을 생산하고, 도기 만드는 일이나, 뼈나 조개 다듬는 일, 천이나 밧줄을 만드는 일 등에 종사하던 사람들이었다. 다른 한편 테오티우아칸 계곡의 농토가 넓고 비옥했지만 그곳에 부락은 많지 않았기 때문에, 그 도시의 상당 부분의 사람들이 전적으로든 부분적으로든 농업에 종사했을 거라는 가정을 할 수 있게 한다.

흔히 에스파냐 정복 이전의 사회는 폭압적인 사회로, 아주 소수의 부유한 집단이 철저한 통제 아래 생산에 종사하는 집단에게 혹독한 노동을 부과했을 거라고 상상한다. 물론 민주적인 사회들은 아니었다. 하지만 편견들이 암시하는 것보다는 내부적 구조가 더 복잡했다. 테오티우아칸에는 적어도 사회 계층과 관련해서 4가지 기본적인 사실을 설명하는 충분한 고고학적 자료가 있다. ①사회의 기저는 씨족 같은 협력집단으로 이루어져 있었고, 이들은 도시의 구역 같은 형태를 띠고 있었다. ②이 씨족들은 내적 차이가 있었다. 더 부유한 가족이 있고 더 가난한 가족이 있었다. 우두머리들이 살던 복합주거공간은 그 구역 안에서 다른 복합주거공간보다 일반적으로 더 넓고 부유한 편이었다. 각 구역 내에서 가장 높은 지위를 가졌던 사람의 유해는 특별한 장례절차를 받았다. ③수공예업 종사자, 농업인, 그리고 다른 노동자의 구역들은 도시 기반 시설(길, 시장, 배수시설, 튼튼하고 오래가는 주거공간)을 갖추고 있었기에 우리가 그들을 빈곤한 대중으로 규정하기는 어렵다. 말하자면, 도시의 대중 주거공간은 일반적으로 지배 집단의 주거공간과 근본적으로 다른 수준은 아니었다는 것이다. ④실제로 벽장식이 화려하고 방들이 넓어서 귀족계급의 주거공간이었음을 짐작케 하는 건물들이 있다. 달 피라미드의 동쪽과 태양 피라미드의 북쪽 복합건물들은 정치적·군사적 지배층의 가족들이 거주했던 곳으로 보인다. 또한 완전히 종교적인 임무만 맡았던 성직자들이 살았던 곳으로 보이는 복합건물들도 있다.

　우리는 테오티우아칸의 왕들에 대해서는 거의 아는 것이 없다. 다만, 올메카 시대의 지배자들이 옥수수 신과 자신을 동일시한 것처럼, 그 왕들은 케찰코아틀을 자신을 호위해 주는 최고의 성스러운 존재로 여겼다는 것만 알고 있다. 멕시코 계곡에 있던 거대한 그 도시에서 지배자의 권력은, 적어도 일부분은 공공사업의 성공적 지도^{指導}를 통해 나왔다. 어마어마한 피라미드와 대규모 도시는 통치의 효율성을 증명하는 것이다. 수공예 작업을 조직하고, 문제없이 원자재가 들어오고, 생산품이 다른

틀랄로크(왼쪽)와 찰치우틀리쿠에(오른쪽)의 석상

지역으로 나가게 할 수 있도록 교환행위를 활기차게 이끌어 가는 능력은 전문적으로 상업에 종사하던 공동체에서는 존경받을 만한 능력이었을 것이다.

　모든 구역, 모든 구, 모든 수공예업 종사자·귀족·농민을 동일한 정치적 단위의 구성원으로 동일시하는 것은 공통으로 믿는 수호신의 이미지 아래서 생겨났을 것이다. 그 신은 물을 관장하는 신 틀랄로크와 그의 배우자 찰치우틀리쿠에이다. 아마도, 몇 세기 뒤에 (가끔씩 그 지역을 방문하던) 멕시카족이 "태양"과 "달"의 피라미드라고 불렀던 그 피라미드들은, 실제로 틀랄로크와 찰치우틀리쿠에의 피라미드였을 것이다. 태양의 피라미드는 상징적으로 거대한 '물의 동산'이었다. 왜냐하면 테오티우아칸 사람들은 그 피라미드 둘레에 물고랑을 만들었고, 작은 중앙 수로를 만들었다. 그래서 마치 물이 피라미드의 정상에 있는 자연 동굴에서 나와서 피라미드 주변을 흐르는 것처럼 보였던 것이다. 달의 피라미드가 있는 광장에는 단지 하나의 큰 조각상만 있었다. 대규모의 조각상으로 거의 기하학적인 형태였다. 옥치마를 입은 여신, 찰치우틀리쿠에 조각상이었다.

테오티우아칸은 도시와 가까운 주변의 농업 지역을 벗어난 메소아메리카의 모든 지역에 이러저러한 식으로 영향을 미쳤다. 우선 테오티우아칸 국가는 멕시코 계곡뿐 아니라 분명히 톨루카 계곡에서도 생산을 조직하는 큰 세력이었다. 우리가 알고 있는 증거에 따르면, 이 지역에는 두 개의 커다란 인종 집단이 있었을 가능성이 크다. 테오티우아칸의 도시 인구 대부분을 차지하는 나우아족, 그리고 오토미아노족이 그들이다. 오토미아노족 중에는 레르마 분지에서 집약농업을 하는 집단도 있었고 (마틀라신카스의 선조들), 산을 개발하고, 사슴을 잡고, 마게이[선인장의 일종]를 재배하고 활용(풀케, 밧줄, 천 만들기)하는 집단도 있었고, 소규모이지만 농업에 종사하는 집단도 (이들은 오토미에족과 마사우아족의 선조들이었다) 있었다. 오툼바와 파추카의 흑요석 광맥과 툴라-테페히 지역의 석회석 침전층 등은 테오티우아칸이 직접 관리했던 전략적 자원이었다.

2차적 수준의 영향권으로는 모렐로스 분지를 들 수 있는데, 그곳에서 테오티우아칸 사람들은 면화, 카카오와 다른 더운 지역의 농산물을 얻었다. 푸에블라-틀락스칼라 계곡으로부터는 점토 반죽을 들여왔다. 이 점토는 '오렌지빛 얇은' 도기를 만드는 데 필요한 것이었고, 그 도기들은 고대 멕시코의 가장 세련된 수공예 제품 중 하나였던 것이다. 테오티우아칸은 두 지역과 활발한 교환을 했음에 틀림없고, 어쩌면 두 지역으로부터 공물을 받았는지도 모른다. 하지만 그 지역에서 생산되는 것들을 직접 통제했는지는 확신할 수 없다.

테오티우아칸의 세력이 미친 세번째 수준의 지역이 있었는데, 여기에는 멕시코 계곡에서 수백 킬로미터 떨어진 곳에 있는 정착지역까지 포함된다. 테오티우아칸 사람들은 붉은 모래 광맥을 찾아 산 루이스 포토시에 있는 리오 베르데까지 갔다. 그리고 뱀무늬 돌이나 옥 같은 준보석을 찾아서는 발사스 유역까지 갔다. 테오티우아칸 사람들이 그러한 원자재를 그냥 그저 점유해 버렸는지는 알 수가 없다. 어쨌든 그 지역에 사는 사람들에게 불공정한 교역을 강요했을 가능성은 아주 높다.

테오티우아칸 사람들이 멕시코만까지 진출한 것도 역시 원자재 때문이었다. 열대지방 새틸, 카카오, 붉은 모래 광맥, 로스 툭스틀라스 지역의 백도토白陶土를 찾아 나섰다. 테오티우아칸 사람들은 카테마코 호수 근처 마타카판에다 식민지를 건설하였다. 그런 식으로 몇몇 원자재의 획득을 보장하는 한편, 여러 상업 루트가 모이는 중요한 항구를 감독할 수 있었던 것이다. 그 상업 루트들은 베라크루스 북부, 유카탄 반도, (테우안테펙 지협을 거쳐) 과테말라 해안으로 연결되었고, 멕스테카스 해안으로부터는 테오티틀란-툭스테펙 루트를 통해 연결되었다. 마타카판에 테오티우아칸 사람들이 있었다는 가장 결정적인 증거는 자신들이 살던 대도시의 다세대 주거건물 모델을 그곳에서도 사용했다는 것이다.

테오티우아칸 사람들과 마야인, 그리고 사포테코인들과의 관계는 수많은 논쟁의 대상이었다. 그들 사이에 관계가 있었고, 그 관계가 여러 세기에 걸쳐 긴밀했다고 우리는 확신한다. 테오티우아칸의 많은 물건들이 오아하카와 마야지역에 갔고, 테오티우아칸의 많은 형태들이 남쪽 장인들에 의해서 모방되었다. 하지만 이 관계의 성격은 어떠했나?

마야지역에 테오티우아칸의 영향력이 미쳤다는 것이 처음으로 명백히 인정된 것이 50년 전이었다. 그때부터 고고학적 연구와 비문해독의 진전으로 그 영향을 재확인했고, 영향의 성격도 규명할 수 있었다. 페텐의 여러 마야 도시들에는 테오티우아칸의 영향을 받은 명백한 흔적들이 있다. 이 흔적들은 건축과 도기뿐 아니라 일상적인 군사 행위와 몇몇 상징들을 재현하는 데서 발견된다. 티칼은 분명 테오티우아칸의 특성이 가장 뚜렷하게 나타나는 장소이다. 밀림에 있는 이 대도시에는 발이 세 개 있고 뚜껑이 있는 잔처럼 테오티우아칸의 대표적 형식의 그릇뿐 아니라, 테오티우아칸의 관례에 따른 경사면과 돌출부를 보여 주는 여러 건축물들이 있다. 최근에는 테오티우아칸에 있는 라 벤티야 구역에서 발견된, '구기경기 골 문'이라고 알려진 것과 거의 똑같은 반지 형태의 돌판이 발견되었다.

티칼에서 발굴된 잔. 발이 세 개 있고 뚜껑이 있는 테오티우아칸의 **특성**을 지니고 있다.

　티칼에서 발견된 잔들 중 하나에는 테오티우아칸의 복장에다 과시적으로 무장을 한 전사들 모습이 보인다. 전사들은 마야인 앞에 도착하고, 마야인은 훈향을 하면서 그들을 맞이한다. 근처에 있는 우아학툰의 한 벽에는 마야 귀족의 경의를 받는 테오티우아칸의 한 전사의 모습이 보인다. 단지 아주 최근에 이런 비문의 해독을 통해 이런 장면들이 암시하는 사건들을 더 잘 이해하게 되었다. 그래서 오늘날 다음과 같은 사실을 알게 되었다. 서기 378년 1월 31일에 티칼에 시자흐 각이라는 한 외지인이 도착했다. 8일 전에 같은 인물이 엘 페루라는 마을에 있었다는 것이 확인된다. 엘 페루는 우수마신타 강의 한 지류의 강변에 위치하고 있는데, 멕시코 계곡에서 가는 사람에게는 페텐으로 들어가는 자연적 길목인 것이다. 외지인이 도착한 바로 그 날 티칼의 왕, 착 톡 이차악이 죽었다. 다시 말해, 그 외지인들에 의해서 살해되었을 가능성이 아주 농후하다.

시자흐 칵의 도착에 대해서는 우아학툰, 베후칼, 리오 아술의 비문들에 언급이 된다. 어느 경우에도 시자흐 칵이 지배자로 자리잡았다는 언급은 없다. 새겨진 텍스트들은 이 인물이 새로운 제왕들을 권좌에 앉혔다는 것을 알려주고 있다.

시자흐가 티칼에 새로 앉힌 통치자는 테오티우아칸 사람인 '창던지는 부엉이'였다. 정권찬탈 이후 외지인들은 테오티우아칸의 침공 이전 통치자들에 대해 기록하고 있는 석주들을 공공장소에서 치우는 것이 좋겠다고 생각했기에, 모든 석주들이 부서지거나 도시에서 멀리 치워졌다. 새로운 왕조를 세우는 것이었다. 그래서 그 이후 여러 세대 동안 티칼 왕들의 정통성은 테오티우아칸 출신이라는 것과 연계되어 있었다. '창던지는 부엉이'의 아들, 야흐 누운 아지인 1세는 한 석주에 마야풍이 아닌 의복과 자세로 형상화되어 있고, 그의 무덤에는 테오티우아칸 양식의 그릇들이 매장되었다. '창던지는 부엉이'의 손자는 마야의 관습에 더 가까운 형식으로 형상화되어 있다. 하지만 그의 양쪽에는 두 인물이 있는데, 그 중 한 명은 그의 아버지로 테오티우아칸 전사의 복장과 무장을 갖추고 있다. 피에드라스 네그라스 지역에도 테오티우아칸의 군사적 압박에 관한 흔적들이 있는데, 팔랑케에서는 서기 431년에 테오티우아칸 사람들이 새로운 왕조를 앉혔을 가능성이 높다.

과테말라의 고원지대에 있는 카미날후유 역시 서기 400년경 테오티우아칸의 침공을 겪었다. 이 경우에는 비문은 없으나 고고학적 유물들이 그 사실을 웅변해 주고 있다. 카미날후유에서는 마이클 코$^{Michael\ D.\ Coe}$가 "테오티우아칸의 축소판"이라고 불렀던 것이 만들어졌다. 식민지 배자들은 멕시코 계곡의 양식에 따라 자신들의 신전을 건설했고, 도기도 메트로폴리의 양식을 재현하였다. 죽어서는 자신의 출신 도시에서 가져온 그릇들과 함께 묻히기를 선호했다. 테오티우아칸 사람들이 이 고지대에 정착한 동기 중 가장 중요한 것은 그 지역의 흑요석 광맥을, 특히 차얄 지역의 광맥을 통제하려는 것이었다.

테오티우아칸과 몬테 알반의 관계는 정중하고 균형 잡힌 관계였다. 마야와의 관계가 군사적인 요소가 개입된 것이었다면, 몬테 알반과의 관계는 외교적인 것으로 보인다. 사포테코 도공들은 티칼의 장인들보다 테오티우아칸 양식에 덜 매료되었다. 몬테 알반의 유물들에 테오티우아칸 양식의 존재는 아주 미미하다. 몬테 알반에 있는 어느 문 위의 가로지름 기둥에는 테오티우아칸 사신들의 방문이 묘사되어 있는데, 전사들이 아니라 성직자들이, 선물로 전달하기 위해 니스의 원료인 코팔 보따리를 들고 있는 모습이 새겨져 있다. 오아하카와는 호혜주의가 발견된다. 마야와의 관계에서는 보이지 않는 것이었다. 테오티우아칸에는 사포테코인들의 구역이 있었는데, 그들은 수세기 동안 자신들의 풍습을 유지했다. 테오티우아칸에 살던 사포테코인들은 몬테 알반에서와 같이 지하 방에 매장되었다. 땅에 바로 매장하던 테오티우아칸 사람들과는 달랐다. 게다가 사포테코인들의 시신은 여러 형상을 한 잔에 둘러싸여 있었는데, 그 잔들은 오아하카 계곡에서 수백 개씩 발견된 것들과 동일한 것이다.

메소아메리카의 서쪽 지역에서 테오티우아칸의 존재는 아직 뚜렷이 드러나지 않는다. 테오티우아칸 사람들이 알타 비스타 같은 사카테카스의 곳곳에 이르렀다는 얘기는 계속 있어 왔다. 터키석의 유통을 장악하고, 그 지역에 일반적인 광산 활동의 이익을 얻으려 했다는 것이다. 하지만 아직 확실한 증거는 없다. 한편, 미초아칸에 있는 팅감바토 정착지는 항상 관심을 끌어 왔다. 그곳 건축이 테오티우아칸 건축과 놀라울 정도로 유사하기 때문이다. 하지만 두 지역 사이에 도기들은 전혀 관계를 찾을 수 없다. 결론적으로 나야리트, 할리스코, 콜리마의 정착지들은 의례중심지들이 단으로 만들어졌고, 광장형태는 원형이었고, 수직 갱 아래 여러 개의 무덤을 만들었고, 일상적인 삶과 동물을 사실적으로 닮은 도기들을 만들었다는 특징이 있다. 그들은 그 지역적 체계 안에서 살면서, 테오티우아칸보다는 서부 시에라 마드레 산맥과 태평양 해안가의 부족들과의 관계 속에서 지냈다.

위기와 변화

서기 650년부터 900년 사이의 시기는 일반적으로 두 가지 이름으로 알려져 있다. 멕시코 중부지방 관점에서, 테오티우아칸의 몰락과 뒤이은 극적인 변화들의 관점에서 본다면 고전기시대 쇠퇴기^{Epiclásico}이다. 하지만 마야지역의 관점에서 본다면, 마야는 바로 그때 가장 번창한 순간에 도달했기 때문에 늦은 고전기$^{clásico\ tardío}$라고 명명한다. 어떤 경우든, 이 시기의 시작 시점은 테오티우아칸의 헤게모니가 위기를 맞아 청산되는 시점에 해당되고, 끝나는 시점은 마야 고전주의 문화의 사멸 시점을 가리킨다. 더 정확하게 말해, 서기 909년이 칼라크물과 토니나의 유적에 기록된 마지막 연도이다.

서기 600년 조금 전에 마야지역에서 테오티우아칸의 영향력은 끝이 난다. 그리고 이 시기로부터 700년까지 테오티우아칸의 흔적들은 전 메소아메리카에서 지워진다. 마타카판의 거대 항구도 교환의 중심지로서의 역할이 사라진다. 산 루이스 포토시의 붉은 모래 광산 지역에서 테오티우아칸의 도기도 사라진다. 모렐로스와 멕시코 계곡 사이의 상업도 중단된다. 요컨대, 테오티우아칸의 시대는 종말을 고한다. 테오티우아칸 체제는 중간 크기의 도시들이 활력을 띠면서 급격하게 위축된 것 같다. 그 중간 크기 도시들은 교환망들 내에서 더 능동적인 역할을 추구했던 것으로 보인다. 이는 메소아메리카의 지역들이 모든 사람들의 경제적 삶을 지배하려던 세력의 압력을 털어 낸 것이라고 할 수 있다. 이 위기의 시기 동안 옛 메트로폴리스는 인구의 5분의 4를 잃었다.

마야지역에서 테오티우아칸의 영향이 사라지게 되면서 그 지방의 발전은 더욱 빨라졌던 것으로 보인다. 마야의 도시들은 더욱 번창해 갔다. 건축, 조각, 의례용품과 사치용품의 제작은 전례 없이 더욱 다양해지고 풍요로워졌다. 마야의 몇몇 주요도시들, 예를 들자면, 치아파스 산맥 아래 있는 팔랑케, 우수마신타에 있는 피에드라스 네그라스와 약스칠란, 페텐에 있는 티칼, 유카탄 반도의 남쪽에 있는 칼라크물은 7세기에 가장 번창한 시기를 보냈다. 메소아메리카의 다른 역사들보다 이 마야의 화려한 시기와 마야역사의 나머지 시기에 대해서 우리는 더 상세하고 다양한 면모들을 알고 있다. 왜냐하면 마야인들은 목청의 모양을 나타내는 문자를 사용해서 구술담화를 재현할 수 있었고, 앞에서 본 것처럼 정확한 날짜 계산 체계를 갖추고 있었다. 고전시대 마야의 이야기들은 경우에 따라 단조롭기 일쑤다. 탄생, 왕위 등극, 전쟁의 선포, 성전의 봉헌, 죽음……. 하지만 특히 최근 20년 사이에, 새겨진 텍스트에 대한 해독이 가능해지면서 다양한 의미와 특이성을 발견할 수 있게 되었다. 모든 왕들이 동일하게 행동했던 것도 아니고, 모든 도시들이 자기 역사를 같은 방식으로 서술한 것도 아니었다. 해독 가능한 기록으로부터 우리는 수백 가지 이야기를 알게 되는데, 7세기 전후 화려했던 시기에 관련된 것들이 많다.

약스칠란의 왕 이쓰암나아흐 발람 2세와 그의 부인 카발 훅이 그려진 부조. 왼쪽에 서 있는 인물이 이쓰암나아흐 발람 2세다.

약스칠란의 기록에는 여러 인물이 등장하는데, 그 중에는 서기 681~742년 사이에 통치했던 특별히 유복했던 왕, 이쓰암나아흐 발람 2세가 있다. 그는 약스칠란의 여러 곳에서 문틀의 상부 가로지름 기둥에 위대한 전사로, 그 도시의 수호자로 등장한다. 그의 통치로 나라는 융성했고, 그는 자기 어머니처럼 오래 살았다는데, 90세 이상을 살았다고 한다. 그의 여러 부인 중 가장 중요한 인물로 카발 훅이라는 부인이 있었는데, 그녀에게 약스칠란의 가장 훌륭한 신전이 바쳐졌다. 그 내부는 다른 도시들에서 데려온 뛰어난 조각가들에 의해서 장식되었다. 왕보다 7년 뒤에 죽자 카발 훅은 그 훌륭한 신전에 묻혔고, 흑요석 칼 2만 점이 봉납되었다.

그 영화의 시기에 관한 다른 이야기는 팔랑케(당시에는 라캄아라고 불렸다)의 군주들인, 파칼과 그의 아들 칸 발람의 이야기다. 팔랑케 도시의 예술가들은 그들의 이야기를 회벽 위와 다른 석물 위에 새겨 두었지만, 석주에는 새기지 않았다. 키니치 하나아브 파칼 1세, 다시 말해, 위대한 파칼은 어머니로부터 권력을 물려받았다. 주로 가부장적 사회에서는 흔하지 않은 일이었다. 추측건대, 그의 어머니 삭 쿡은 남자형제들이 없어서 권력을 쥐게 된 것으로 보인다. 마지막 남자 형제는 칼라크물과의 처절한 전쟁에서 죽었을 것이다. 삭 쿡은 일종의 섭정을 3년 한 뒤, 권력을 아들에게 물려주었다. 그는 당시 겨우 12세였다. 파칼은 연속되는 패전에서 그 도시를 구해내고 풍요로운 도시로 만들었다. 그래서 고대 멕시코의 가장 큰 왕궁들 중 하나를 건설했고, 죽은 자들의 세계인 시발바로의 여행을 위해 엄청난 자신의 능을 만들었다. 그 능은 비문들의 사원이라고도 불린다. 파칼 1세가 닦아 놓은 기반 위에 그의 아들 키니치 칸 발람 2세는 그 도시가 세워진 이래 가장 강력한 도시로 만들었다. 그리고 건설에 대한 열정에서는 자기 아버지에 버금갔다. 십자가의 신전, 잎이 난 십자가의 신전, 태양의 신전, 이 세 개의 신전이 함께 있는 유적단지는 바로 그가 만든 것이다.

위대한 파칼과 엄밀하게 동시대인으로 칼라크물의 군주들인 우두머리-육노옴과 위대한-육노옴이 있었다. 우두머리-육노옴은 주변의 어느 도시보다 더 호전적인 도시의 지도자로 특이할 정도로 용맹스러웠는데, 더 작은 도시들 위에 군림하면서 자기 왕국의 군사적 위엄과 권위를 집요하게 지켜나갔다. 과테말라의 페텐에 있는 나랑호 도시가 독립하고자 했을 때 칼라크물의 군대는 즉시 그 도시를 장악했고, 육노옴은 손수 그 도시의 왕을 살해했다. 이야기에는 육노옴이 적에게 한 행위를 언급할 때 쿠사흐^{Kuxaj}라는 동사가 사용되었는데, 이 단어는 두 가지 뜻으로 번역될 수 있다. "그를 고문했다", 혹은 "그를 먹었다"로 해석할 수 있다. 우두머리-육노옴의 후계자인 위대한-육노옴은 자기 왕국의 힘을 티칼에 대항해 싸우는 데로 돌렸다. 티칼의 적들을 돕거나 직접 티칼을 공격했다.

    7세기에 마야 왕국들의 세력에 대한 증거는 그들이 멕시코 중부지역에 미친 영향력을 통해 찾아볼 수 있다. 하지만 이 영향은 테오티우아칸 체제에서 변방에 해당되었던 지역들이 전반적으로 팽창되던 현상의 일부에 해당된다고 할 수 있다. 베라크루스의 중부와 중북부지역의 집단들은 번창하던 도시 타힌을 선두로 우아스테카와 중앙고원지대로 퍼져나갔다. 촐룰라 도시에서 발견된 몇몇 유물들은 멕시코만의 장식용 양식의 영향을 뚜렷이 보여 주고 있다. 믹스테카인 집단 역시 촐룰라 쪽으로 퍼져나가면서 푸에블라와 모렐로스의 정착지들에 성상의 모습들을, 특히 달력에 나오는 성상의 모습들을 전파하는 데 기여했음이 틀림없다. 한편, 마야인들은 중요한 두 도시, 카카스틀라와 소치칼코의 엘리트층 삶에 결정적으로 영향을 주었다. 카카스틀라의 그 유명한 벽화에는 멕시코만 지역에서 유래한 형상들과 상징들이 있을 뿐만 아니라, 테오티우아칸에서 볼 수 있는 종류도 있다. 하지만 그림의 스타일과 장면의 배치, 인물들을 다루는 방식에서 무엇보다 마야식이다. 그것들을 그린 예술가들뿐만 아니라 그 지역 귀족층의 일부도 우수마신타 유역의 예술전통에 익숙해져 있었던 것이다.

    소치칼코의 경우 놀라울 정도로 여러 지방의 전통이 모여들었다. 공간의 도시화 방식은 몬테 알반에서 보는 것과 유사하나, 의례 장소들을 모아놓고 성채城砦를 조성하는 점은 마야의 시스템에 근접해 있다. 건축물의 단段들은 촐룰라식으로 경사면과 돌출부로 되어 있으나, 건물 상층부에 장식용으로 돌출부를 두르는 것은 타힌의 풍습이다. 케찰코아틀 신전의 장식은 테오티우아칸의 주제를 재현하고 있지만, 이 신에 대한

카칵스틀라 유적의 채색 벽화

숭배 이외의 것에서 소치칼코인들은 쇠락하는 대도시와의 접촉을 회피한다. 소치칼코인들은 멕시코 계곡의 광산보다는 훨씬 더 멀리 떨어져 있는 미초아칸의 광산에서 흑요석을 조달하길 원했다. 소치칼코의 달력과 관련해 새겨진 내용에는 비록 새로운 체계를 만들려는 노력이 엿보이긴 하나 오아하카의 영향이 뚜렷이 드러난다. 카칵스틀라에서와 마찬가지로 소치칼코에서 발견되는 형식들 중에는 마야 예술을 잘 알고 있는 엘리트 그룹과의 긴밀한 접촉을 가정하지 않고서는 설명할 수 없는 것들이 있다. 케찰코아틀 신전에 조각된 인물상들은, 의심의 여지없이, 마야의 조형전통, 아마도 멀리 떨어져 있는 코판의 조형전통에서 유래된 것이다.

테오티우아칸이 빈자리를 남겨 놓게 되자, 모두가 각자 자기 지역에서부터 과거의 교환망을 재건하려고 서둘렀던 것으로 보인다. 전에는 중심 권력에 의해서 운영되던 그 망 속에 이제는 다양한 주도 세력들이 서로 겹치는 지점들이 형성되고 있었다. 의심의 여지없이 격동의 시기였고, 군사 활동이 집중되던 시기였다. 레르마 강이 시작되는 곳에 있던 테오테낭고는 공격하기 어려운 산에서 발전했다. 소치칼코와 카카스틀라는 구릉 높은 곳에 위치해 있는 것도 부족해서 참호와 성벽으로 둘러싸여 있다. 카카스틀라의 벽화에는 인간과 가뭄과의 싸움이 잔인한 전투의 형태로 그려져 있다. 소치칼코에 있는 케찰코아틀 신전 상부에 조각된 인물들은, 커다란 방패와 한 다발의 창을 들고 있다.

8세기 동안 군사적 행동은 마야지역에서도 강도가 높아져, 전에 볼 수 없었던 수위에 도달했다. 서로 영향권을 정하려는 다툼은(그것은 결국 속으로는 경제적 자원을 차지하려는 투쟁이었는데) 전쟁의 회오리를 낳았고, 수세기 동안 저지대에서 꽃피웠던 마야 문화의 사멸과 함께 끝이 났다. 파시온 강과 페텍스바툰 호수 지역에서 일어난 몇 가지 일은 광폭한 전쟁의 시기를 생생하게 보여 준다. 그곳에서는 서기 760년대에 지역 분쟁이 일어났는데, 도스 필라스, 아구아테카, 세이발, 아구아스 칼리엔테스, 아멜리아가 포함되어 있었다. 도스 필라스는 그때까지 그 지역에서 가장 강력한 도시였는데, 그 지역 귀족들에 의해서 버림받았다. 그곳에 남아 살게 된 사람들은 옛 광장과 의례 장소들을 가로지르는 이중 성벽을 만들었다. 아구아테카의 주민들도 방어를 더 튼튼히 하기 위해 성벽을 쌓았다. 그리고 어쩌다가 어느 섬으로 피신하게 되었는데, 그 섬 또한 요새로 만들었다. 이 위기의 마지막 시기인 830년경, 그 지역에서 유일하게 어느 정도 발전을 이룩한 도시는 세이발이었다. 일반적으로, 9세기를 지나면서 마야의 도시들은 해결할 수 없는 위기를 맞게 되고, 그 결과 버려지게 되었다고 말할 수 있다. 약스칠란은 서기 808년경에 사람이 살지 않게 되고, 곧 이어 팔랑케 역시 그렇게 된다. 티칼은 서기 870년경에 버려지고, 거의 1세기 동안 쇠퇴해 가던 칼라크물도 마침내 서기 909년경 버려진다. 그리고 같은 해에 토니나도 버려진다.

가장 최근의 역사연구는 마야의 몰락이 불가사의하다는 과거의 생각을 바꾸었다. 오늘날 우리는 옛 마야 왕국들에게 최후의 재앙을 가져온 것은 전쟁이었다고 알고 있다. 하지만 이러한 전쟁들 뒤에는 비이성적이고 현기증이 날 정도의 호전주의 그 이상의 것이 있었다는 것을 다시 언급할 필요가 있다. 밀림에 사는 사람들의 '생존을 위한 투쟁'이라는 표현을 가장 절실하게 생각해 볼 필요가 있다. 그 밀림은 겉으로 보기엔 풍요로워 보이지만, 많은 숫자의 사람들을 부양하기에는 취약한 곳이었다. 마야인들은 경작을 위해 강변에 있는 기름진 토양을 활용했고, 그 토지들에 관개수로를 설치하는 경우도 흔했다. 또 내륙의 토지도 경작했는데, 산의 나무를 베고 초목을 태우면서 얻은 땅들이었다. 하지만 강변의 토지는 적었고, '베고, 태우는' 방식도 약점이 있었다. 2~3년 경작한 땅들은 자연 생태와 자양분을 회복하도록 길게는 10년까지 휴경지로 두어야 했다.

귀족은 전쟁을 통해 패배자들에게 공물을 부과하면 자신의 재물을 손쉽게 증식할 수 있을 거라고 판단했다. 하지만 이런 전쟁에 들어간 에너지와 시간 때문에 농업 관련 조직과 효율에 큰 손실을 입게 되었다. 특히 관개 시설이 필요한 지역에서는 더 심했다. 고전시대 후기 동안 마야 농민의 영양상태가 점진적으로 악화되었다는 확실한 증거들이 있다. 농업 생산 감소 때문만은 아니었을 것이다. 몇몇 엘리트가 자기 도시를 더 융성하게 하기 위해 지나치게 공물을 요구했기 때문이기도 했을 것이다. 사회의 결속력은 떨어지고 더 쇠락해진 데다가, 귀족은 끊임없이 전쟁을 통해 자신의 지위를 강화하고 재물을 더 얻으려 했던 결과 왕국들은 위태로운 순간에 이르고 말았다. 수많은 도시가 파괴되거나 기력이 다해 몰락했다. 다른 도시의 경우 농민은 귀족에게 등을 돌렸다. 농민이 몇 달씩 산으로 들어가 버리는 것만으로도 귀족은 지탱할 수가 없었다.

케찰코아틀의 전사들

마야지역 바깥에서도 고전기시대 쇠퇴기^{Epiclásico}의 도시들은 발전을 멈추고, 서기 900년경에는 부분적이든 전체적이든 사람이 살지 않게 된다. 타힌, 소치칼코, 카칵스틀라가 그런 도시들이다. 테오티우아칸 자체도 지역 중심도시로 전락해 2세기 이상을 생존해 왔지만, 결국 폐허가 되었다. 그래서 우리가 알고 있는 고전기이후시대^{Posclásico}가 시작된다. 이 시기는 에스파냐에 의해 정복될 때까지 지속된다.

고전기이후시대의 시작을 알리는 또 다른 현상은 메소아메리카의 북부지역에 있던 많은 주민이 자기 정착지를 버리고 남쪽으로 이동한 것이다. 수세기 동안 바히오와 알토스 데 할리스코, 그리고 서부 시에라마드레 산맥에서 살던 부족들이 푸에블라-틀락스칼라, 멕시코, 톨루카 계곡과 타라스카 고원으로 이동하였다. 그들 대부분은 나우아족이었지만, 파메족, 프레페차족도 있었던 것으로 보인다. 식민시대의 자료들에서는 그들 모두를 치치메카인으로 언급하고 있다. 이들은 문명의 경계선에 사는 것에 익숙해 있던 사람들로 수렵과 채집을 하던 무리들이 다니던 거친 지역에 살았다. 마치 군대조직처럼 그들은 아주 호전적인 집단으로 전사들에게 사회의 가장 높은 지위를 부여했다.

테오티우아칸의 헤게모니가 사라진 뒤 끊임없이 분쟁이 지속된 상황에다. 북쪽에서 흘러들어온 사람들의 호전성이 더해져, 고전기이후시대에 전쟁은 도시들의 공적인 삶의 중심에 놓이게 되었다. 전사는 종교적인 성격을 부여받고 등장한다. 전투는 신의 이름으로 치러진다. 전투 이후에 행해지는 인신공희는 우주의 질서가 유지되기 위해 필요한 것으로 받아들여진다. 전사의 이미지와 가치들은 전례 없이 사회적으로 인정받기 시작했다. 엘리트 군대조직, 특히 독수리나 재규어 부대는 군주들의 주요한 지지기반이 되었다. 독수리와 재규어의 대립과 관련된 주제는 그것들 사이의 싸움, 교미 혹은 병치로 표현되었는데, 고전기이후시대의 성화聖畵에서 아주 흔한 것이었다. 전쟁중인 사회에서 선호하는 은유법이었다.

하지만 모든 분쟁이 무력을 통해 해결된 것도 아니고, 모든 사회가 전쟁에 전념했기에 살아남을 수 있었던 것도 아니다. 고전기이후시대 왕국들은 동맹이나 외교적 합의를 통해 분쟁 상황을 처리하거나 안정시키려 노력하였다. 동맹은 주로 3자간 동맹이었다. 하지만 4자 동맹도 물론 있었다. 그 동맹을 통해 지역에 대한 정치적 지배틀을 도모하였다. 동시에 각 왕국에 일정 지역과 특정 인구에 대한 영향력을 인정해 주고, 공물로 받은 이익을 나누었다. 고전기이후시대의 잘 알려진 동맹들로는, 유카탄 반도의 치첸 이차, 욱스말, 마야판 동맹, 미초아칸의 이우아치오, 파츠쿠아로, 친춘찬 동맹, 멕시코 계곡의 테노치티틀란, 테즈코코, 틀라코판 동맹이 있다. 이와 같은 '친구들'끼리의 동맹 외에도 적대적인 왕국들 사이에 일종의 외교적 관계를 가능하게 해준 일시적인 합의 또한 존재했다. 이런 합의에 대해서는 미초아칸의 몇몇 고관들이 메시카 왕국의 왕 즉위식 축제에 참여했던 사례가 웅변적으로 증명해 주고 있다. 타라스코의 고관들은 여러 날에 걸쳐 잔치와 여흥에 참여하고서 자기들

땅으로 돌아갔다. 그리고 나서 멕시코-테노치티틀란과 그 동맹국들에 대한 공개적 적대관계는 계속되었다.

고전기이후시대 초기(서기 900~1200년)에 가장 중요한 도시는, 현재의 이달고 주에 위치해 있었던 툴라였다. 그곳에는 치치메카인의 호전적인 대담함과 테오티우아칸의 후예들인 남부 나우아족의 전통이 혼합되어 있었다. 툴라에서 전사들은 무대의 주인공이다. 그들은 그 도시에서 가장 중요한 건물의 정상부를 차지한다. 그 기저에는 코요테와 재규어, 유혈이 낭자한 심장을 물고 있는 독수리들이 일렬로 장식되어 있다. 구기 경기장들은 그곳에서 아주 중요한 곳으로, 일종의 전쟁의식의 무대였을 것이다. 그 전쟁의식의 절정은 전쟁포로들의 목을 자르는 것이었다. 툴라는 메소아메리카에서 끔찍한 촘판틀리가 처음 사용된 도시이다. 촘판틀리는 일종의 거대한 주판 같은 것인데, 각각의 가로줄에는 사람의 머리가 염주처럼 꿰어져 있다. 이것은 치치메카인이 메소아메리카 역사의 마지막 몇 세기에 기여한 것들 중 하나이다. 또한 툴라는, 여러 개의 기둥을 나란히 늘어 놓은 형태로 된 거대한 입구와, 착몰로 알려져 있는 유인원 형태의 제단을 처음으로 사용한 곳이기도 하다. 이 두 가지 형태는 서부 산악지역의 정착지들에서 그 전례를 찾을 수 있다.

툴라의 성공은 테오티우아칸의 성공만큼 대단하지는 않았지만, 정치·군사적 역량은 원거리 교역을 추진하기에 충분할 정도였다. 그 교역로는 남쪽으로는 중아아메리카까지, 북쪽으로는 적어도 시날로아까지 이르렀다. 차코 계곡의 푸에블로 보니토 같은 뉴멕시코의 농업 오아시스 정착지에서 발견된 메소아메리카 기원의 일부 유물은 톨테카 시대의 것으로 보인다. 그 유물들이 툴라의 상업적 추진력에 의해서 그곳에 도착했는지, 지역적 관계망을 통해 그곳에 도착했는지는 확실하게 알 수

툴라의 착몰(유인원 형태의 제단)

없지만 말이다. 소노라 지역의 강변에 있는 농경 마을들이 시에라 마드레 산맥 주변의 마을들과 교역을 했다는 것을 우리는 알고 있다. 또 치와와, 두랑고의 산악 주민들과 뉴멕시코, 아리조나의 농경민들이 접촉을 했었다는 징후들이 있다. 오늘날 멕시코 영토의 가장 북쪽에 있던 농경 정착지는 치와와에 있는 파키메(카사스 그란데스로 불리기도 한다)였다. 그곳에서는 거대한 다가구 벽돌 주거지가 지어졌는데, 4층 높이에 난방과 하수도 시설이 갖추어졌고, 여러 단(壇)들과 의례 광장들이 주변을 둘러싸고 있다. 아마도 파키메는 메소아메리카 생산물들을 북쪽으로 가지고 가던 사람들의 노정에서 중요한 기착지였을 것이다. 툴라에서 출발한 상인들이 적어도 파키메까지 이르렀으리라고 가정하는 것이 불가능한 것은 아니다. 그들은 그 지역에서 유통되던, 뉴멕시코의 광산에서 나오는 터키석에 관심이 있었을 것이다.

테오티우아칸의 전성기 때 그랬던 것처럼, 톨테카인들도 마야지역

치첸 이차의 석조 촘판틀리

에 중요한 입지를 가졌다. 톨테카의 경우 마야지역과의 관계가 어떤 방식으로 이루어졌는지 정확하게 밝히는 것은 더욱 어려운 일이다. 유카탄 반도의 치첸 이차 도시는 실질적으로 서기 900년경에 고전 시대의 옛 도시 한쪽 옆에 다시 세워졌다. 새로운 치첸에는 툴라의 몇 가지 주요 이미지와 구조가 재탄생했다. L자형 바닥에 세워진 기둥들로 이루어진 입구, 전사들의 신전, 그 신전의 정상부에 두 개의 깃털달린 뱀이 기둥처럼 곧추 서 있어 지붕 덮힌 공간으로 들어가는 입구 역할을 하는 형태, 표면에 전사들의 모습을 새겨 넣은 기둥들, 착물, 건물의 장식처럼 독수리와 재규어를 새겨 넣기, 게다가 톨테카의 실제 두개골 주판 대신 조각으로 두개골을 새겨 넣은 촘판틀리 등이 있다. 어쩌면 치첸을 다시 세운 사람들은 톨테카에서 이주해 온 사람들이 아니고, 마야 혈통의 강력한 상인 집단(푸툰인이라고 부르기도 한다)일 수도 있다. 그들은 나우아의 도시들을 자주 방문했고, 그 도시에 익숙해진 사람들이었다. 툴라를 가 보지 못한 사람이 새로운 치첸의 건물들을 설계했으리라는 것은 도저히 생각할 수 없는 일이다. 치첸 이차는 1300년까지 유카탄 반도에서 가장 강력한 도시였다. 비록 욱스말과 마야판과 동맹 관계 속에서 그 힘을 사용하기는 했지만 말이다. 마야판은 동맹을 파기하고 그 지역을 통제했다. 1450년까지 아주 전제적으로 통제했던 것 같다. 하지만 치첸 이차의 명성과, 쿠쿨칸(케찰코아틀의 유카탄식 이름)과 동일시되었던, 그 도시의 개혁적 엘리트 계급의 명성은 에스파냐 정복 때까지 지속될 것이었다.

물질적인 부침을 넘어 툴라는 메소아메리카의 부족들에게 영광의 궤적을 남겼다. 그 명성은 나우아의 경계를 넘어섰고, 항상 정치적 역량과 문명적 사고와 연계되어 있었다. 톨테카인들의 전설적 존재인 케찰코아틀도 동일한 영광을 누렸다. 예를 들면, 과테말라의 마야 키체족의 첫번째 왕은 케찰코아틀에 의해서 그 직위를 인정받았다고 말해지곤 했다. 키체인들은 케찰코아틀을 쿠쿠마츠라고 불렀다. 믹스테카인도 자신들이 고전기이후시대에 지배하던 왕국들을 건국한 것은 케찰코아틀이라고 했다. 마야인은 물론 믹스테카인도 자기들 이야기에서 툴라를 언급한다. 마야인은 자기 지도자들의 조상이 툴라에서 왔다고 단언한다. 믹스테카인은 위대한 정복자인 재규어 오초 베나도가 자신의 지위를 인정받기 위해 툴라로 여행했었다고 말한다. 한편 16세기 대부분의 나우아 부족들은 툴라를 자기 통치자들의 혈통 발원지로 언급한다. 찰카, 테츠코카, 촐룰테카, 쿠아우틴찬틀라카 부족들뿐만 아니라, 메시카와 다른 부족들도 그렇게 생각했다.

툴라와 케찰코아틀이 메소아메리카 부족들의 이데올로기에 남긴 깊은 흔적은 툴라지역의 톨테카인의 활약과 상업행위와 군사적 힘만으로는 설명되지 않는다. 뭔가 다른 것이 더 있다. 툴라(나우아틀어로 정확한 발음은 토얀Tollán인데)는, 어원학적으로 '갈대밭', 즉 갈대 혹은 토인tollín이 많은 곳이란 뜻이다. 은유적으로 갈대밭이란 도시의 특성이라고 할 수 있는, 거대한 인구집단을 의미한다. 식민지 시대의 원주민 전통과 관련된 자료들에서 툴라라는 말은 경이롭고, 신화적이고, 케찰코아틀이나 테스카틀리포카 같은 신들이 살던 도시를 가리켰다. 또한 그 말은 촐룰라, 쿨우아칸, 테노치티틀란, 바로 이달고의 툴라 같은 현실적이고, 역사적인 도시들을 언급하기 위해 별칭으로 사용되기도 했다.

    툴라라고 하는 낱말들에 공통적인 함의는 번영, 도시의 큰 규모, 높은 문명 수준, 지혜, 통치자들의 종교성이다. 툴라는 말 그대로 그런 도시였다. 경이로운 도시였고, 그런 각각의 요소가 지상에 투영된 곳이었다. 아마도, 툴라라는 도시들의 전형이었던 도시는 고대 멕시코에서 가장 크고, 강력하고, 가장 번성했던 도시인 테오티우아칸일 것이다. 거기에서 나우아의 도시 전통과 케찰코아틀 숭배도 시작되었다. 이달고의 툴라에서는 케찰코아틀 신화도 더 굳건해졌다. 권력 행사와 관련되어 몇 가지 새로운 사고들이 탄생한 것 같다. 예를 들자면, 툴라의 통치자는 케찰코아틀이라고 불렸고, 다른 도시의 통치자들을 자신의 이름으로 승인해 주는 특권을 가지고 있었다. 그런 의미에서 다른 도시 통치자들의 코 가름막을 독수리와 재규어의 발톱으로 뚫어 주었던 것이다.

    마야인과 믹스테카인이 툴라의 사고방식과 케찰코아틀 신과 친숙했다는 것은 나우아의 전통이 남쪽지방에 미친 충격을 반영하는 것이다. 이 충격은 테오티우아칸 시기에 시작되었으나, 톨테카 시기에 정치적·종교적 영향을 가장 많이 미친 것 같다. 그러니까 마야인의 신인 쿠쿨칸은 치첸 이차의 지배 신일 것이다. 마찬가지로 믹스테카인들이 문헌에서 언급하는 툴라는 촐룰라일 가능성이 높다. 촐룰라는 여러 세기 동안 테오티우아칸의 전통을 보존해 왔고, 오아하카와 긴밀한 관계를 맺고 있었다. 그리고 고전기이후시대에는 케찰코아틀 신의 가장 주요한 성소라는 명성을 가지고 있었다. 확실한 것은 툴라도 여러 곳이 있었고, 케찰코아틀 신도 여럿이 있었다. 그리고 적어도 고전기 이후 시대에는 메소아메리카의 서로 상이한 도시들이 그 전설과 그런 상징들에 밀착되어 있었다. 그것은 권좌를 정당화하고, 우두머리를 인정하고, 귀족의 공통 가계에 경의를 표하기 위한 전략의 일부였다.

만약 메시카족이 이달고의 툴라를 신성한 케찰코아틀의 도시로 동일시하고, 그 도시를 촐룰라나 테오티우아칸보다 역사적으로 더 중요하게 생각한다면, 그것은 툴라가 바로 '자신들의 툴라'이자, 자신들의 메트로폴리였기 때문일 것이다. 메시카인은 아마 케레타로 지역에서 톨테카 왕국의 북쪽 지방 일부를 형성해 왔을 것이다. 그리고 자신들의 메트로폴리가 위기에 처하고 마침내 버려지자, 멕시코 계곡을 향하여 남하했다. 그것이 서기 1200년이 되기 조금 전이었다. 툴라가 번창하던 시기에도 메시카인은 거대한 석상과 착몰이 있던 그 고대도시를 약탈하기도 하고, 테노치티틀란에서 공물로 유통되던 물건들을 찾아다니기도 했다. 그리고 그 버려진 도시의 몇몇 디자인에서 영감을 받아서 자신들의 예술작품을 만들기도 했다. 메시카인은 스스로 그 툴라의 직접적인 계승자로 생각했고, 테오티우아칸을 시기적으로 더 아득한, 세상이 만들어지던 시기의 도시로 여겼다. 툴라는 서기 1200년경, 심각한 갈등들 속에서 몰락한 것으로 보이며, 그때부터 고전기이후시대의 후기가 시작되고, 이 시대는 에스파냐의 정복으로 끝이 난다.

물의 귀족들

에스파냐의 정복 직전에 멕시코 계곡은 놀라울 정도로 도시들이 번창하고 있었다. 수많은 도시들이 있었고, 모두 인구가 많았다. 연대기 작가들은 거리와 수로마다 사람들이 많은 것을 언급하고, 시장이 서는 광장마다 북적거리는 것에 놀랐다. 찰코-아텐코, 소치밀코, 코요아칸, 쿨우아칸, 이스타팔라파, 테츠코판, 틀라코판, 아스카포찰코, 멕시코-테노치티틀란, 멕시코-틀라텔롤코 등의 대도시가 있었고, 코아틀린찬, 믹스코악, 타쿠바야 같은 중간도시도 있었다. 멕시코 계곡에는 200만 명 이상의 인구가 이런 인구 집중 지역에 분산되어 살고 있었다.

이 도시들의 대부분은 나우아 귀족 혈통의 지배 아래 놓여 있었다. 하지만 많은 도시에는 다른 인종들도 살고 있었는데, 특히 오토미족이나 마틀라친카족을 들 수 있겠다. 나우아인들은 인구와 땅을 포함하는 도시를 가리키기 위해 알테페틀(물의 언덕이라는 뜻)이라는 낱말을 사용했다. 각각의 알테페틀은 틀라토아니 혹은 왕에 의해서 다스려졌고, 왕은 판관, 세리稅吏, 군 지휘관 및 다른 행정관들이 포함되는 두터운 관료집단의 보좌를 받았다. 비록 각 도시가 내부적인 통치에 있어 상당한 독립성을 지니고 있었지만, 그 중에서도 세 개의 큰 왕국은 다른 왕국들에 비해서 더 높은 위상을 지니고 있었다. 그 세 왕국은 다른 왕국들로부터 공물을 받았고, 전쟁이나 다른 공적인 사업을 위해 다른 왕국들을 동원할 수도 있었다. 그 세 왕국은 틀라코판, 테츠코코, 멕시코-테노치티틀란인데, 이 멕시코-테노치티틀란 왕국은 고전기이후시대의 삼각동맹 중 가장 유명한 왕국이다. 틀라코판은 부속 왕국의 통치자들로부터 받은 공물의 1/5만을 차지했고, 동맹체제에서 별 비중이 없었다. 한편 테츠코코는 테노치티틀란과 상당히 대등한 관계를 맺고 있었다. 하지만 전시에는 예외였다. 메시카인이 동맹체제에서 군사적으로는 리더였다는 점은 분명하다.

삼각동맹은 필요한 것이었다. 멕시코 계곡에 있던 어떤 왕국도 혼자서는 복잡한 도로와 시장의 체계, 공물을 바치는 지방들, 귀족 혈통들 사이의 계약관계 등을 관리할 수 없었다. 또한, 단순히 행정적 역량의 문제만은 아니었다. 다시 말해, 그 왕국들이 어떤 주민이나 인종집단에 대해 가지고 있는 전통적인 권위를 존중하는 것이 중요했다. 이런 점에서 왜 메시카인과 테츠코코인들이 전쟁에서 아스카포찰코에 살던 테파네카인들을 무찌르고 나자마자, 역시 테파네카인들의 왕국이었던 틀라코판을 동맹에 가입시켰는지 이해할 수 있다. 멕시코 계곡의 서쪽과 톨루카 지역에 살던 부족들, 특히 마틀라친카인들에 대해 테파네카인들이 가졌던 영향력을 고려해야만 했던 것이다. 게다가, 아스카포찰코의 시장은 멕시코 계곡의 경제에서 결정적인 역할을 하고 있었다.

16세기 멕시코 계곡에서 인구가 밀집하고, 복잡한 도시가 형성된 것은 농업이 아주 발달해서 가능한 것이었다. 코르테스가 도착하기 전 2세기 동안에 대해서는 정복 관련 자료에 자세하게 나와 있는데, 심각한 기아에 대해서는 두 번만 언급이 된다. 계속된 가뭄으로 인한 것이었다. 멕시코 계곡에서 농업 효율성이 높았던 것은 굳은 땅에서는 관개시설을 일반화했고, 호숫가나 섬에서는 습지 농법을 실시했기 때문이다. 또 농지는 진흙이나 박쥐 배설물로 거름을 했고, 어떤 경우에는 묘상기법을 통해 각 토지에 가장 잘 자라는 식물만을 재배할 수 있었다.

고전기이후시대에 나우아족의 농산물은 테오티우아칸이나 톨테카를 비롯해 메소아메리카의 대부분의 부족들이 재배했던 것과 동일한 것이었다. 옥수수, 강낭콩, 호박(특히 쿠쿠르비타 페포라는 작은 호박 종류), 고추, 다양한 형태의 토마토, 치아, 아마란토 등이 있었다. 게다가 멕시코 계곡은 농산물 말고도 다른 식량자원을 많이 제공해 주었다. 물고기, 새, 개구리, 다양한 곤충, 뱀, 토끼, 사슴 외에도 다양한 종류들이 더 있었다. 호수 바닥에는 소금도 있었고(테츠코코 해당지역), 주변의 숲에서는 마게이 선인장을 재배하고, 땔감나무를 구할 수도 있었다. 테호코테와 앵두 같은 과일들은 그 지역에서 얻을 수 있는 또 다른 자원이었다.

각각의 왕국은 자기 백성이 생산한 것과 자신의 영향권에 있는 다른 백성이 공물로 바치는 것으로 유지되었다. 모든 정착지의 주민은 자신의 지배자에게 현물로 공물을 바쳐야 했다. 전쟁과 공공사업에 참여해야 하는 것은 물론이었다. 삼각동맹에 참여하고 있던 왕국과 같이 큰 왕국들은 먼 지방으로부터도 공물을 받았기 때문에, 그들의 창고는 케찰새와 앵무새 털, 황금, 가공된 보석, 장식된 모포, 면화, 옥, 카카오와 같은 물건으로 가득 차 있었다. 이 사치품들은 귀족들이 사용하거나 종교적인 축제에 사용하기 위한 것이었다.

멕시코 계곡에 있던 모든 나우아 도시의 주민들은 기본적으로 두 가지의 사회집단으로 구분되었다. 귀족인 피필틴^{pipiltin}(단수는 피지^{pilli}), 그리고 일반인인 마세우알틴^{macehualtin}(단수는 마세우아지^{macehualli})으로 나뉘었다. 귀족이나 일반인은 태어날 때부터 결정되어 있었다. 아주 드물게 군사적인 업적을 통해 일반인은 귀족의 대열에 끼일 수 있었다. 일반인은 농부, 어부, 수공업자나 다른 전문적인 일에 종사하는 사람이었고, 귀족에게 공물을 바쳐야 했다. 귀족은 통치, 재판, 전쟁 준비, 종교의례와 관련된 업무를 맡았고, 틀라토아니라고 불리던 왕이 정기적으로 분배하는 물건으로 생활을 했다. 그 물건들은 평민이 왕궁에 갖다 바친 것이었다. 어떤 귀족은 직접 공물을 받는 식으로 수입을 얻었다. 재판관의 경우가 그런데, 어떤 땅에서 나오는 생산물은 그 직책에 연계되어 있었다. 어떤 사람은 일종의 영지領地 같은 것을 소유하고 있었는데, 팔거나 상속할 수 있었다. 전쟁 수행 중 두드러진 업적을 세운 장교들이나 왕이 포상하고 싶은 귀족들이 해당되었다. 이 두 가지 경우 땅을 받았는데, 거기서 나오는 생산물을 차지하고, 그 땅에서 살고 일하는 사람들을 직접 부려먹기도 했다.

　입법화를 통해 계급차이는 강화되었고, 귀족의 권위와 힘은 공고해졌다. 귀족 의상과 귀금속은 평민에게 금지되었다. 설령 한 평민이 시장에서 옥으로 된 귀중품을 살 수 있었다고 가정해도, 그것을 사용하면 사형당할 수도 있었다. 귀족의 옷은 면으로 만들었지만, 일반인의 옷은 거친 섬유로 만들었다. 귀족의 집은 부유하고 높았으며 더 장식되었다. 귀족은 아내를 여럿 둘 수 있었지만, 평민들은 그렇지 못했다. 귀족은 깃털과 쿠션, 면으로 된 시트, 사슴 가죽으로 된 안락한 잠자리에서 잤다. 반면 평민은 아주 검소하게 살았다.

　이렇게 사회가 두 계급으로 나뉘어져 있었지만 일종의 예외와 비정상적인 것이 섞여 있었다. 수공업자는 공공사업에 참여할 의무가 없었고, 단지 현물로 공물을 바치면 되었다. 게다가 어떤 수공업자는 왕국과 연결되어 있어, 귀족의 비호 아래 안락하게 살았다. 상인 또한 부역에 동원되지 않았다. 다른 평민처럼 전쟁에 참여할 의무도 지지 않았다. 그들은 적의 도시에 다니면서 은밀한 정탐 활동을 통해 왕국에 기여했다. 그들은 의심을 받지 않으면서 여행을 다닐 수 있었기 때문이다. 독수리, 재규어, 늑대 전사, 오토미 부대 전사 등 엘리트 전사들은 아주 특별한 삶을 누렸다. 그들은 미친 듯이 용감하게 전투에 뛰어들었고, 전장에서 죽거나, 적의 희생 제물로 돌 위에서 죽기 일쑤였다. 하지만 평화의 시기에는 비교할 수 없이 사회적 특권을 누리고 인정을 받으면서 지냈다. 춤추고, 코코아를 마시고, 많은 여자들을 거느리면서 즐겼다. 이들은 나이가 들면 학교에서 젊은이를 교육하는 일을 맡았다.

 농민들 중에는 자기 소유의 땅이라고 여기면서 농사를 짓는 사람이 있었다. 많은 칼푸지스^{calpullis}(옛날 씨족사회 때부터 형성된 부락들) 중 어느 칼푸지스의 구성원인 사람들이다. 그들의 주거권은 알테페틀이라고 불렸던 각 도시의 역사 속에서 인정되었던 것이다. 그 사람들은 자료에서 칼풀레케^{Calpuleque}(단수는 칼풀레^{calpule})라고 불리는데, 자기 왕에게 공물을 바쳤다. 하지만 정복당해서 귀족이나 군대 장교에게 영지로 수여된 땅에서 살면서 일하는 농민도 있었다. 어떤 자료에서는 이 사람들에게 마예케^{mayeque}(단수는 마예^{maye}, 노동력을 가진 사람이라는 뜻)라는 명칭을 붙인다. 식민시대 문헌에서는 마예케들의 상황이 칼풀레케보다 열악한 것으로 소개한다. 아마도 현물이든 노동이든 그 땅의 주인인 귀족에게 바쳐야 하는 공물의 부담이 지나치게 컸던 탓으로 보인다.

 극빈층에서는 사회적 계급이 더 미묘해지고 다양해졌다. 일반 평민보다 열악하거나 불안정한 여건에서 사는 사람들이었기 때문이었다. 고전기이후시대에 인구가 많았던 도시들은 부랑자, 범죄자, 다양한 종류의 악당들도 완전히 배제하지는 않았다. 처음에 모든 개인은 자신이 속한 공동체에 예속되어 있으면서 동시에 보호를 받았다. 하지만 한 개인이 자기의 공동체로부터 떨어져 나오게 되면 다른 공동체에 끼어들어가는 것은 불가능했다. 떠돌이 생활 이외에는 다른 길이 없었다. 한 젊은이가 아버지의 집으로부터 벗어나길 결정하거나, 누군가 죄를 지은 뒤 재판을 피하기 위해 공동체로부터 도망가기로 결심하거나, 혹은 어느 공동체나 도시가 중대한 죄를 저지른 사람을 추방하는 벌을 가했을 경우 떠돌이 생활을 할 수밖에 없었던 것이다. 아마도 이렇게 해서, 자료에서 말하는 시장의 짐꾼인 타메메^{tamemes}(짐 지는 사람^{tlamama}이라는 단어에서 유래)가 생기고, 걸인, 창녀, 도둑, 노상강도가 등장했을 것이다. 어떤 문헌에서는 누더기를 걸치고, 머리를 산발하고, 온몸에 상처가 있는 사람들이 인간으로서는 한계 상황에서 상당히 드라마틱하게 묘사된다. 거의 잠도 못 자고 술에 취해 비틀거리며 거리를 돌아다니거나, 상인들이 버리고 간 찌꺼기를 찾아 밤마다 시장을 배회하는 것이다.

이렇게 배회하는 사람이 존재했다는 사실은 아주 인상적이다. 더구나 협동조합같이 잘 조직된 사회에서 일어난 일이라 더욱 의문스럽다. 멕시코 계곡의 나우아인들은 노동자의 공동체인 칼푸지에 소속되든지, 상업에 종사하는 부족에 속하든지, 아니면 귀족 혈통에 속했다. 어디에도 속하지 않는다는 것은 존재하지 않는 것이나 다름없었다. 귀족 혈통은 규약에 아주 세밀하게 문서화되어 있었다. 그리고 지속적으로 일부다처제를 했기에 한 세대만 지나도 한 무리를 이루었다. 그래서 통치자의 진정한 친척들만으로도 두터운 관료체제가 형성되었을 것이다. 노동을 하는 사람들의 공동체인 칼푸지는(단수 칼푸지, 복수 칼풀틴) 식민지 이전엔 모든 사회의 기초를 형성하는 세포였다. 그 공동체가 씨족집단처럼 혈통적인 집단이었는지, 아니면 국가의 통치기구가 정한 행정적인 구획인지에 대해서 많은 논쟁이 있었다. 문헌들에 의하면 정답은 결국 그 중간이라는 것이다. 부락에 혈연은 당연히 존재했고, 그 구성원들은 친인척 관계였고, 조상이 같다는 것을 알고 있었다는 점은 의심의 여지가 없다. 하지만 동시에 한 도시에 자리잡게 되고, 그 도시의 법률을 따르게 되면서, 칼풀지는 세금을 걷고 전쟁과 종교행사에 참여시키기 위한 행정적인 단위로 기능했다. 부락의 일에 통치자가 개입하는 것도 한계가 있었다. 하지만 마찬가지로 이런 공동체들의 자치권에도 한계가 있었다. 그 한계는 그들이 정치적 상위 권력과 맺는 복종의 약속에 따라 부과되는 것이었다. 공동체들이 이런 정치적인 질서에 소속되려고 하는 동기는 명백하다. 도시적 삶, 시장, 군사적 보호뿐 아니라 신의 가호를 받는 것이 그 동기들이었다.

도시의 부락들 내에서 생활은 나름대로 바쁘게 돌아갔다. 부락민은 자신들의 고유한 수호신에게 의례를 올리고, 순번제로 부역을 통해 신전을 관리하고, 자기 공동체의 불행한 사람들을 돌보고, 축제를 준비하였다. 그리고 매일 자기 부락의 광장과 거리에 모여 휴식을 취하고, 대화를 나누고, 농담을 주고받았다. 각각의 부락에는 수장이 있었는데, 일부 자료에서는 '맏형'이라고 칭하고 있다. 수장은 원로모임의 도움을 받아 자신에게 해당되는 결정을 내렸다. 원로모임과 각 부락의 가장家長들의 모임은 공공가옥에서 이루어졌다.

틀라토아니라고 불리는 왕은 세리와 십장들의 도움을 받았다. 그들은 각 부락이 바쳐야 하는 공물을 확인하고, 부락민을 공공사업에 동원하는 일을 맡았다. 게다가 각 부락의 청년들은 일종의 학교에 가야 할 의무가 있었다. 그곳에서 군사훈련을 받았는데, 그 학교는 나우아어로 '텔포치카지', 즉 젊은이의 집이라고 불렸다. 이 학교에서 청년들은 경험 있는 전사로부터 교육을 받았는데, 그 중에서 용맹성이 뛰어난 젊은이는 부대장이 되거나 엘리트 전사로 발탁될 수 있었다. 그 사회의 눈으로 보면 진정한 영웅이 되는 것이다.

귀족 자제도 역시 학교에 갔다. 그 학교는 '칼메칵'이라고 자료에는 기록되어 있다. 그곳에서 귀족 젊은이는 더 엄격한 교육을 받았다. 군사

전략, 사제업무, 통치업무 등 지도자로서 일을 배우는 것이 목적이었다. 어떤 젊은이는 사제로서 신전에서 지내게 되고, 어떤 젊은이는 행정과 통치 업무를 맡게 되었다. 귀족학교에서 젊은이의 행동은 엄격하게 통제되었고, 여자들과 관계를 맺지 못하도록 했다. 반대로 부락 젊은이의 학교에서 규율은 더 느슨했고, 청년들은 자기와 같은 신분의 처녀와 자주 연애를 했던 것으로 보인다. 노래의 집을 뜻하는 '쿠이카카지'에서 저녁에 열리는 춤 연습 때 처녀들을 알게 되었던 것이다.

더 큰 단위에 소속된다는 사실은 일년 동안 수없이 열리는 그 도시의 종교적 축제에 참가하는 것으로 입증되었다. 학교에 다니는 연령의 젊은이들은 춤 공연을 하고, 의례적 놀이와 시범에 동원되었다. 그리고 모든 주민은 성지의 신전 상단부에서 펼쳐지는 그런 의례들을 구경했고, 도시의 거리와 광장 그리고 주변의 성소들에서 벌어지는 행사에는 더욱 적극적으로 참여했다.

나우아의 도시들에서 벌어지는 모든 의례 중에서 가장 강렬한 것은 인간의 죽음을 포함하는 의례였을 것이다. 메시카족은 고대 멕시코의 모든 부족 중에서 여러 형태로 인간의 희생의식을 가장 광란적으로 행했던 것으로 알려져 있다. 폭풍과 비의 신인 틀랄록을 기쁘게 하기 위해 수십 명씩 어린이를 제물로 바치기도 했다. 그 아이들을 소용돌이 물에 던져 버리거나 산에 설치된 제단에서 희생시키기도 했다. 어떤 축제에서는 노파의 목을 자른 뒤, 한 전사가 그 잘린 머리의 머리채를 잡고서 마구 흔들면서 온 도시를 돌아다니는 경우도 있었다. 봄의 신인 시페에게 예배를 드리기 위해 한 사제가 희생된 사람의 가죽을 뒤집어쓰고 거리를 돌아다니기도 했다. 상처 입히기, 사지절단, 죽음 등은 테노치티틀란과 다른 주변 도시에서 늘 볼 수 있었다. 주민들은 공개적인 유희가 제

아즈텍의 희생제의를 묘사한 그림

공하는 카타르시스에 참여함으로써 그러한 희생의례의 드라마틱한 장면을 극복할 수 있었다. 길거리 장난들이나, 장대기둥 타고 오르기같이 짓궂은 면이 있는 의례들도 있었고, 어릿광대극도 있었다. 특히 이 어릿광대극에서 사람들은 젊은이들이 땅벌 분장을 하고 건물 높은 곳에서 비틀거리다가 떨어지면 그들은 조롱하기도 했고, 늙은이나 불구자, 환자 역할을 하는 배우들을 조롱하기도 했다.

희생제의의 어떤 행사는 종교적인 의미 외에도 삼각동맹 군대의 군사적 힘을 보여 주려는 목적을 띠고 있었다. 메시카의 왕들 중에서 가장 호전적인 왕이었던 아우이초틀에 의해서 감행된 우아스테카족에 대한 공격은 수천 명의 적군과 남자 아이들, 여자 아이들을 희생 제물로 바치는 것으로 절정을 이루었다. 이들은 4일 밤낮 동안 멕시코 계곡에 있는 네 개의 신전 계단 앞에 각각 한 줄씩 서서, 돌로 된 제단에서 자기가 희생될 차례를 기다리고 있었다. 그들은 죽음을 향해 걸어가면서 관습처럼 슬픈 새 울음소리를 내었다.

정복 전야

에스파냐의 정복기까지 삼각동맹은 테노치티틀란을 선두로 자신의 지배영토를 양쪽 해안까지 넓혔다. 남북으로는 케레타로에서 오아하카까지 확장하였고, 게다가 치아파스의 소코누스코까지 통제 아래 두었다. 멕시코만 해안 지역 평원도 복속시켰다. 토토나코의 도시들은 번창하였는데, 거리는 돌로 포장이 되어 있었고, 관개와 배수를 위한 수로망, 과수원, 그리고 담으로 둘러쳐진 의례중심지들을 갖추고 있었다. 옥수수, 카카오, 바닐라, 과일, 면화, 목재 등이 풍부했다. 그렇지만 그들은 정기적으로 메시카족이 보내는 공물 징수관리들의 방문을 받지 않을 수 없었다. 게다가 삼각동맹의 도시들에 의해서 조직된 상단商團이 그 지역을 지나갈 때 보호해 주고, 머무르고 갈 수 있게 해주어야 했다. 한편 우아스테카 사람은 토토나코인의 북쪽 이웃인데, 지속적으로 메시카의 확장 전략에 도전해 왔다. 메시카인이 우아스테카인을 무력으로 진압한 뒤 집으로 돌아가 승리를 자축하기도 전에 우아스테카인은 다시 복종을 거부하고, 공물을 바치지 않겠다고 선언하곤 했다. 식민지 시대의 자료에는 우아스테카의 정복에 관해 많은 왕들의 공적이 언급되고 있다. 이는 어떤 왕도 정복을 실질적으로 완벽하게 해내지 못했다는 것을 명백히 입증하는 것이다.

메시카인은 남쪽으로 오아하카의 산악과 계곡에 있는 믹스테카 왕국들에게 공물과 거래의 조건을 자기 뜻에 따라 강요했다. 오아하카 계곡의 사포테카인에게도 마찬가지였다. 하지만 해안과 지협에는 다양한 독립 왕국들이 (투투테펙^{Tututepec} 왕국의 지도력을 중심으로 모여) 있었다. 오늘날 게레로 지방에서 틀라파네카인은 삼각동맹에 공물을 바쳤지만, 끈질기게 저항하는 지역들도 있었다. 텔롤로아판 왕국은 부유한 카카오 생산지였는데, 메시카인에 의해서 보호받는 상단이 지나가는 것을 원하지 않았다. 그 결과 그 시대에 가장 잔혹한 전쟁의 희생자가 되었다. 주민은 몰살당했고(그 지역의 개와 칠면조까지 몰살시켰다), 그 왕국은 멕시코 계곡으로부터 보내진 나우아 식민자들로 다시 채워졌다. 반대로, 요피친코의 거친 지배자들은 결코 복속된 적이 없었다. 그 주민은 언어적으로 아파체족과 유사성이 있는데, 때로는 메시카에 공물을 바치는 부족들을 공격했고, 메시카의 수비대까지도 공격했다.

    서쪽에서 삼각동맹은 국경을 더 확장할 수 없었다. 파츠쿠아로 호수에 중심을 둔 타라스코 왕국은 또 다른 삼각동맹에 의해서 다스려지고 있었다. 이우아치오, 친춘찬, 파츠쿠아로의 삼각동맹이었고, 미초아칸 전체와, 현재의 게레로, 콜리마, 할리스코, 과나후아토의 일부 지역까지 확장되어 있었다. 푸레페차인은 일부 농기구와 무기에 구리를 사용하고 있었고, 그것 때문에 많은 연구자들은 미초아칸에서 질적인 변화가 일어나고 있었다는 주장을 하게 되었다. 당시 신석기 형태의 메소아메리카 기술로서는 역사상 볼 수 없었던 변화라는 것이었다. 하지만 그 지역의 농업 생산력이 나머지 다른 메소아메리카 지역과 근본적으로 달랐다는 명백한 증거도 없고, 고대에 아시리아인이 철제무기로 얻었던 군사적 장점 같은 것을 미초아칸 사람들이 얻었다는 명백한 증거도 없다. 푸레페차인은 자신들의 영토를 잘 방어했다. 성벽과 작은 보루, 초소 등을 사용하고, 통일된 지휘체계를 통해 군사작전을 실행했기 때문에 멕시코 계곡에서 보낸 군대에 저항해 낼 수 있었다. 게다가 그 도시와 건축, 의복, 나아가 문자와 예술품에 이르기까지, 테오티우아칸 시대부터 내려온 나우아인의 특징들과 비교할 때 훨씬 세련되어 있었다.

    마야지역으로 말하자면, 사람들이 가장 밀집되고 도시가 가장 많았던 지역은 치아파스와 과테말라 고원지대, 그리고 특히 유카탄 반도 지역이었다. 마야판의 몰락 이후 유카탄 반도에는 17개의 독립 왕국이 있었다. 하지만 이러한 분열은 전체적으로 상당한 경제적 번영을 누리는 데 장애가 되지는 않았다. 그것은 해안을 통한 활발한 교역 덕분이었다. 킨타나 로오에 있는 툴룸항은 항로와 내륙도로를 연결하는 핵심적인 지점이었다. 유카탄 반도를 중앙아메리카나 카리브에 이어 주는 항로들과, 테우안테펙을 거쳐 삼국 동맹이 통제하는 영토들에 이르는 도보길을 연결하는 지점이 바로 툴룸이었다. 마야인은 고전기이후시대 후기의 나우아인과 교역을 했다. 그리고 메시카인은 테오티우아칸 사람들처럼 그런 지역에 개입할 만한 힘이 없었다. 사실, 테오티우아칸의 안정적이고 광대한 제국과 비교할 때 멕시코, 테츠코코, 틀라코판으로 이루어진 삼각동맹의 영토 확장 능력은 보잘 것 없었던 것으로 보인다.

에필로그

토토나카인은 메시카인의 지배를 벗어나기 위해 코르테스와의 동맹을 받아들일 만하다고 생각했다. 그 동맹에 대해서 토토나카인을 비난하는 것은 아무 의미 없는 일일 것이다. 그들은 뒤이어 바이러스와 백일해, 티푸스가 오고, 자신들의 도시가 황폐화되고, 시간이 지나면 옥수수 밭과 채소밭이 목초지로 변하게 되리라는 것을 알 방법이 없었다. 틀락스칼테카인은 초기엔 저항했으나 곧 에스파냐 사람들과 연합을 택했다. 연합을 통해 자기 영토의 온전한 보전을 보장받을 수 있을 거라 여겼기 때문이다. 틀락스칼테카인은 메시카족에게 어떠한 충성 의무도 없었다. 오히려 그들의 적이었다. 코르테스가 유카탄에 도착해서부터 틀랄텔롤코에 대한 봉쇄가 쿠아우테목의 체포로 막을 내릴 때까지 많은 왕국이 전투에서 패배했든, 아니면 코르테스와 협약을 맺었든, 코르테스 편에 가담하였다. 테노치티틀란의 정복은 틀락스칼테카인, 테스코코인, 토토나카인, 그리고 다른 많은 원주민 집단의 승리였다. 그것은 에스파냐 정복 이전 시대의 마지막 전쟁이었고, 그들의 역사에 속하지 않았던 소규모 군대가 지휘한 전쟁이었다.

 메시카 수도의 함락으로 에스파냐 사람들은 과거 삼각동맹에 복속되었던 영토의 많은 부분을 통제했다. 뒤이은 3년 동안 몇몇 전투와 수많은 협약을 통해 그때까지 독립을 유지해 왔던 지역들까지 카스티야 왕관 아래 복속시켰다. 미초아칸, 메스티틀란, 투투테펙, 그리고 치아파스와 과테말라 고지대에 있는 지역들이 이에 해당된다. 유카탄의 정복은 훨씬 더 느렸고, 거의 200년 이후까지도 완결되지 않았다. 타야살 왕국은 페텐-이차 호수로 피난을 갔고 1697년에야 복속되었다. 서부 시에라 마드레 산맥과 메소아메리카 북부에 위치한 영토들에는 수렵-채취인들과 몇몇 농경 부족들이 살고 있었는데, 그들에 대한 점령과 통치는 식민역사가 시작되고 3세기가 지나도록 해결되지 않은 과제였다.

2장
1760년까지의 식민시대

2장 | 1760년까지의 식민시대

베르나르도 가르시아 마르티네스*

멕시코 역사에서 두번째 큰 단계는 식민지 시대이다. 그 정의는 에스파냐 통치 시대에 해당되는 단계를 규정하는 것으로, 그 기간 동안 그 나라(이미 그렇게 부를 수 있는데)는 누에바 에스파냐라는 이름 아래 정치적 단일성을 획득하였다. 그런 이유로, 전통적으로 누에바 에스파냐 시대라고도 하는 식민지 시대는, 1521년 멕시코-테노치티틀란의 함락으로 시작해서 3세기 이후 독립 선언으로 끝을 맺는다.

하지만 그렇게 정확하게 연도를 지정하는 것은 정치적 단일체로서 누에바 에스파냐의 공식적 존재와 관련지을 때 유효한 것으로, 다른 측면에서는 적용할 수 없는 것이다. 예를 들자면, 인구와 문화적인 면에서 1521년에 시작하고 1821년에 끝나는 시기는, 경제적이고 사회적인 면에서는 언급될 수 없다. 이런 문제에 있어서는 정확한 날짜를 지정하려는 시도는 적절하지 못하다. 예를 들어, 시장 경제는 에스파냐 사람들이 16세기를 통해 상업, 농축산업, 광업 활동을 확장시켜 나감에 따라 점진적으로 변형되어 갔다. 하지만 그와 나란히 식민지 이전시대에 있었던

---

* 하버드대학교에서 역사학 박사학위 취득, 멕시코대학원 연구원.

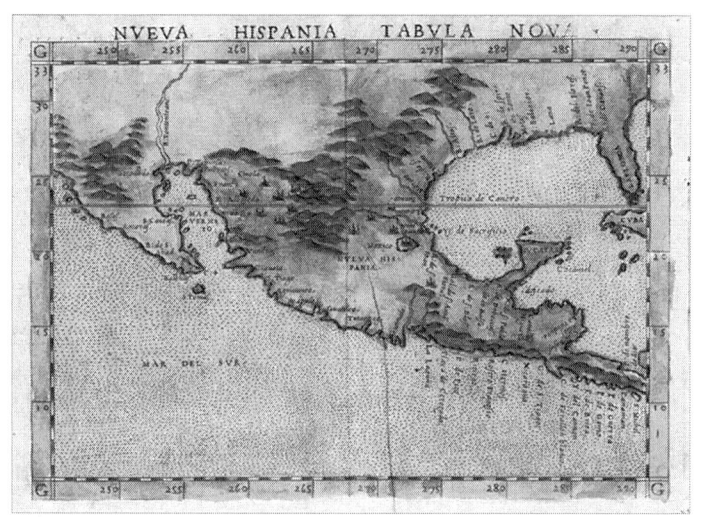

누에바 에스파냐의 지도(1562년)

생존의 경제도 지속되었다. 그 두 가지 경제 모두 독립 시기에도 근본적으로는 바뀌지 않고 지속되었다. 19세기 초에 경제적인 동요가 있긴 있었다. 하지만 그 주된 원인은 1804년 에스파냐에 의해 감행된 재정적 공습 때문이었다. 급격한 인구 감소가 1519년에서 1575년 사이에 있었다. 그 후 몇 년간 상대적인 안정기가 있었다. 그러고 나서 인구증가 시기가 있었는데, 1736년경의 변화였지, 독립시기인 1821년경은 아니었다. 환경의 역사는 물리적 환경에 인간이 미치는 영향을 연구하는데, 정복이 메소아메리카의 풍경에 (마치 목축을 도입함으로써 일어난 변화처럼) 아주 중요한 변화를 유발했다는 것을 인정한다. 하지만 환경의 역사에서 식민시기의 종말은 특별한 의미가 없다. 반대로 1780년은 연대기적으로 경계가 된다. 그때 선박 건조를 위해 벌목이 대대적으로 시작되었던 것이다. 혹은 1880년경이 경계가 되기도 하는데, 그때는 철도가 토지의 이용에 아주 심대한 변화를 유발했던 것이다.

무엇에 관련된 것이냐에 따라서 식민시대가 각각 상이한 시대적 경계 안에 놓일 수 있는 것은 앞에 언급한 사실들 때문이다. 시작되는 시점들은 크게 변화가 없다. 왜냐하면 거의 모든 세계가 거대한 변화를 경험한 순간과 일치하기 때문이다. 그 변화들은 콜럼버스의 항해들과 연이은 유럽과 아프리카, 아시아, 아메리카의 접촉과 교환에 따른 것이었다. 하지만 끝나는 시점들은 아주 상이하다. 왜냐하면 관련된 변화들이 그렇게 깊이 스며들지 못하였거나 시기적으로 일치하지 않기 때문이다. 하지만 대략 1760년경에 여러 성격의 중요한 (정치적·사회적·경제적·문화적) 변화들이 시작되었다는 점에서는 의견이 일치될 수 있다. 이 시점이 에스파냐 사람들이 메소아메리카 땅에 도착해 시작된 멕시코 역사의 한 단계에 종지부를 찍기에 적합한 시점인 것 같다. 우리는 그 시기를 관례상·편의상 식민지 시대라고 계속 그렇게 부르도록 하겠다. 물론 50~60년간의 에스파냐 통치 기간을 배제한다는 것은 알지만 말이다. 이 50~60년의 기간은 (정치적 단절에도 불구하고) 독립 과정 이후의 기간까지 포함하는 다른 시대에 포함되는 것으로 볼 수 있는 것이다.

식민지 수립 기간, 1519~1610

1) 정복자들의 침입, 1519~1530

식민지 시대의 시작은 일련의 흥미진진한 사건과 연계되었는데, 에스파냐 사람들의 도착과 그들이 처음으로 메소아메리카에 침입하는 사건으로 시작된다. 그 침입으로 정복이 시작되었는데, 정복이란 용어는 단순히 군사적 승리로 끝난 것으로 이해해서는 안 되고, 1560년 무렵까지 지속된 대립과 적응의 복잡한 과정으로 이해해야 한다. 정복을 이렇게 이해할 때, 정복은 (시작 단계와 확립 단계로 나뉘어져) 약 40년에 걸쳐 진행되었는데, 그 이후에도 또 다시 40년이 지나고 나서야 정복의 산물인 누에바 에스파냐가 수립기를 지나 성숙한 국면으로 접어들 수 있었다.

초기의 사건들을 자세히 살펴보기 전에, 그 사건들이 일어난 환경에 대해서 살펴볼 필요가 있다. 따라서 우리는 포르투갈의 해상세력 확장으로부터 시작된 유럽의 경제와 문화의 팽창을 떠올리게 된다. 포르투갈인들은 15세기 중반부터 교역을 위하여 해외 영토를 확보했다. 아프리카, 인디아, 동남아시아의 해안 몇 군데와 대서양의 카보 베르데, 아조레스 제도, 그리고 다른 섬 몇 개를 차지했던 것이다. 이러한 움직임은 향신료와 비단에 대한 유럽의 수요에 의해서 더욱 자극받았고, 사탕수수 재배에 대한 관심이 그 섬들을 점령하게 된 동인이었다. 몇몇 섬은 무인도였고, 다른 섬들은 원주민이 거의 전멸했기 때문에 사탕수수 경제는 노예의 노동을 바탕으로 이루어졌다. 이러한 맥락에서 일어난 첫번째 의미 있는 주민 운동은 기네아와 앙골라 해안의 아프리카 노예들의 운동이었다. 그들은 포르투갈인이 사거나 가끔씩 직접 포획한 노예였다. 포르투갈인의 행동은 그들의 이웃인 카스티야인들에 의해서 카나리아제도에 그대로 옮겨졌다.

카스티야와 레온의 왕들은 그 당시 형성되고 있던 교역망에 자신들도 활발하게 참여하고 싶어 했고, 그래서 1492년 크리스토퍼 콜럼버스가 인디아를 찾아나서는 여행에 자금을 제공하게 된다. 그 결과는 우리 모두 잘 알고 있다. 에스파냐가 카리브해 섬들, 특히 쿠바, 자메이카, 산토도밍고 그리고 푸에르토리코를 점령한 것은 카나리아제도에서의 경험을 상당 부분 답습한 것이었다. 강압적 점령, 설탕 생산, 원주민의 몰락, 아프리카 노예의 유입과정이 그러했다. 하지만 다른 것도 있었다. 새로운 땅에 이주하는 일, 공식적 정부가 있는 확고한 정착지를 만드는 일, 일종의 법질서를 만드는 일, 본국과 지속적인 연결고리를 유지하는 일, 가축과 다양한 농업활동을 옮겨가는 일, 그리고 궁극적으로 카스티야의 문화적·사회적 환경을 가능한 한 재생산하는 일에 대해서 카스티야인들이 관심을 가지고 있었다는 것이 다른 점이었다. 카스티야는 당시 인구가 증가하여 주민 대부분의 기본적 요구를 충족시켜 줄 수 없는 경제였기 때문에 그러한 관심은 쉽게 이해될 수 있다. 이어서 포르투갈인은 카스티야인의 행적을 따라서 브라질 해안에서 이와 동일한 과정을 반복했다.

이러한 사건들은 이베리아반도에서 1492년 회교도의 추방에 뒤이어 일어났다. 1492년은 카스티야 왕가와 아라곤 왕가의 결합으로 군주권력이 강화된 해이기도 하다. 얼마 지나지 않아 오스트리아의 합스부르크 왕가의 카를로스 1세가 즉위함으로써 군주의 권력은 더 공고해졌다. 카를로스 1세는 동시에 카를로스 5세라는 명칭으로 더 많이 알려진 독일의 황제였다. 국토의 통일과 새 국왕의 정치적 힘과 아메리카에서 얻은 경제적 이익으로 에스파냐는 유럽에서 지배 세력이 되려고 하였다.* 이러한 취지는 멕시코의 정복과 뒤이은 페루의 정복으로 현실이

---

* 에스파냐라는 국명과 지명, 민족 앞에 에스파냐라는 형용사를 사용하는 것은 16, 17세기의 상황에서 볼 때 상대적으로 정확하지 못하다. 왜냐하면 이베리아반도의 다양한 군주 국가들이 개별성을 유지하고 있었고, "에스파냐 영지"라는 것이 존재하지 않았기 때문이다. 이 글에서 에스파냐라고 언급할 때 그것은 거의 항상 카스티야 영지를 의미한다. 그리고 에스파냐인이라고 함은 카스티야인을 의미한다(엑스트레마두라인이나 안달루시아인을 포함하여 의미하기도 하는데, 이들은 동일한 왕가의 백성이었기 때문이다). 하지만, 예를 들어 아라곤 사람이나 카탈루냐 사람을 뜻하지는 않는다. 이렇게 명확하게 구분한 이상, 아메리카의 관점, 특히 누에바에스파냐의 관점에서 볼 때, 국명으로 에스파냐나 에스파냐 사람이라고 명명하는 것은 정당화될 수 있고, 16세기부터 이런 식으로 사용되었다.

되었다. 그것은 에스파냐인이 카리브해의 섬들을 넘어 진정한 아메리카 대륙으로 나아간 결과였다.

동시에 아메리카 대륙은, 그때는 아직 이렇게 불리지 않고 '누에보 문도'[신세계]라고 불렸지만, 조금씩 전지구적으로 퍼져나가던 교역망에 참여하기 시작했다. 이러한 교역은 사람, 동물, 식물, 광물, 제품과 이것들과 관련된 것, 다시 말해 질병에서 문화까지 모든 것을 포함하고 있었다. 자연히 그런 활동은 유럽인, 특히 에스파냐인의 잇속을 충족시켜주기 위해 이루어졌다. 그리고 그것으로부터, 그후 도래하는 여러 세기 동안 아메리카를 규정한 종속적 식민지 상황이 유래되었다.

큰 특징들만 본다면, 앞서 언급한 내용이 멕시코에서 식민시대의 시작과 연관된 사건들이 일어난 맥락이라고 할 수 있다. 이러한 사건들은 이미 쿠바에서 구체적으로 시작되었다. 이미 에스파냐인은 쿠바에 정착한 지 20년이 지나고 있었다. 확장에 대한 욕망에서 그들은 여러 차례 원정대를 조직하였다. 그 중 하나가 프란시스코 에르난데스 데 코르도바에 의해서 조직되었는데, 1517년 유카탄 해안에 도착했다. 이 원정대는 사실 탐사 여행을 나선 것인데, 유럽 세계와 메소아메리카 사이의 첫번째 접촉이 되고 말았다.

이 첫번째 원정에 이어 두번째, 세번째 원정이 이어졌는데, 세번째 원정에서 이미 정복의 의도는 명백해졌다. 정복 사업은 정복자들이 갈망하는 특혜와 권리에 대해서 (에스파냐 사람들 사이의) 다양한 법적인 문제를 정의하고 규정하는 일을 포함하고 있었다. 이 세번째 원정은 에르난 코르테스에 의해서 조직되었는데, 1519년 쿠바의 본거지에서 분리되어 나와 마을(베라크루스)을 세우고, 카빌도(시청 혹은 지방 정부 조직으로, 카스티야의 전통에 따른 것)를 만들었다. 이렇게 해서 자치적으로

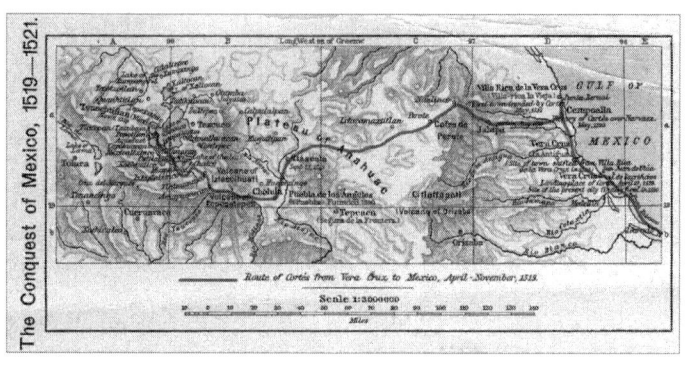
코르테스의 원정 경로가 그려진 지도

내륙으로의 진출을 합법화하고 조직할 수 있었다. 내륙으로의 진격은 몇 번의 군사적 충돌을 겪었고, 그 해 연말 에스파냐인들이 멕시코-테노치티틀란에 진입함으로써 절정에 달했다. 코르테스는 자신의 목적을 달성하기 위해 다양한 정치적 술수를 부렸는데, 특히 틀락스칼테카의 부족국들과 맺은 동맹을 활용했다.

메소아메리카에는 당시 수백 개의 부족영지領地가 있었다. 말하자면 작은 국가 혹은 정치적 집단인데, 그들은 다양한 수준의 자치권을 누리고 있었다. 나우아어로는 알테페틀이라고 불렸다. 그런 뜻으로 다른 원주민 언어에서는 다양하게 불렸지만, 알테페틀이라는 나우아어 단어가 가장 많이 쓰였다. 에스파냐 사람들은 그 단어를 '인디오 마을'pueblo de indios이라고 번역했다. 거의 모든 인디오 마을은 한 명의 지도자, 혹은 세습 '영주'領主에 의해 다스려졌다. 영주는 사실 작은 왕으로, 정치적 정통성을 체현하는 인물이었다(나우아어로는 틀라토아니. 에스파냐 사람들은 토후cacique라고 번역했다). 부족영지는 에스파냐 정복 이전 시대의 정치적 조직의 기본 단위였다. 많은 부족영지들이 삼각동맹(당시 지배적인 제국의 구조)에 공물을 바쳤다. 하지만 틀락스칼테카스 같은 부족영지들

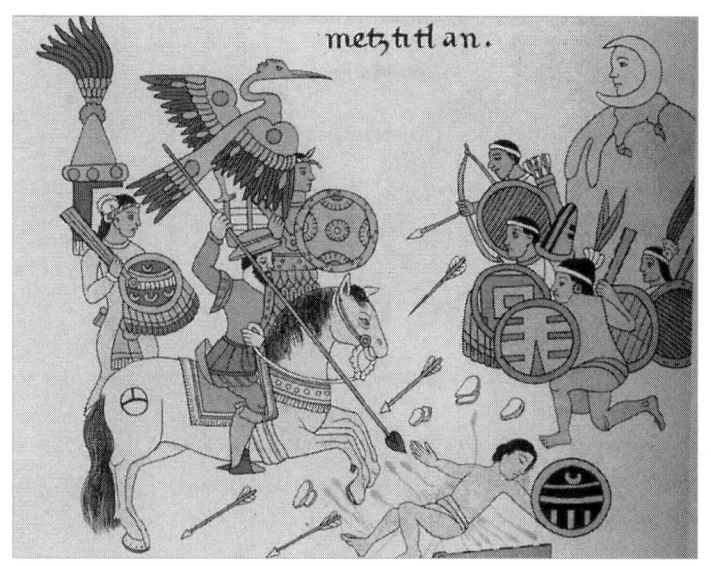
테노치티틀란 전투. 중앙에 말을 탄 인물이 코르테스이다.

은 독립을 유지하고 있었다.

에스파냐 사람들의 멕시코-테노치티틀란 입성은 형식적으로는 평화적이었지만, 며칠이 지나지 않아 군사적 점령으로 탈바꿈했고 메시카 왕 목테수마를 제압하고 투옥함으로써 용이하게 진행되었다. 그러한 점령은 1519년 11월에서 1520년 6월까지 7개월 동안 지속되었다. 그 기간 동안 에스파냐 사람들은 정보와 물자를 확보하려고 했다. 특히 메소아메리카의 정치적 관행에 모순되지 않은 방식으로 다른 많은 부족국들과 동맹을 맺으려 하였다. 이 기간 동안 삼각동맹은 깨어졌지만, 동시에 메시카의 저항운동이 일어났다. 저항운동은 목테수마의 폐위와 에스파냐인과 그 동맹국 사람들의 축출로 절정을 이루었다(이들은 이 사건을 '슬픈 밤'이라고 불렀고, 이 사건은 이후 민중의 역사에서 아주 중요한 위치를 차지하게 된다).

곧이어 메시카의 땅에 천연두가 발생했고, 그 파괴력은 즉시 나타났다. 그 병은 1520년 5월경 베라크루스에서 발생했다. 쿠바에 사는 에스파냐인의 이익에 충성스런 한 무리가 코르테스를 체포하기 위해 (판필로 데 나르바에스 원정대) 베라크루스에 도착하면서 그 병이 들어온 것이다. 천연두는 앞에서 언급한, 전지구적으로 확대될 교환망의 구성요소들 중 하나였다. 하지만 그때까지 메소아메리카에는 알려지지 않았던 것이다. 그래서 그곳에 사는 주민은 감염에 극단적으로 취약한 상태였다. 내륙으로 퍼지면서 일 년도 안 되어 적어도 3백만 명이 죽었다. 사망자가 천만 명에 이른다고 추정하는 사람들도 있다.

말 그대로 멕시코 정복전쟁이 시작된 것은 그때였다. 지극히 격렬하고 일방적인 싸움이었다. (에스파냐인만 가진 무력인) 말과 화약무기 때문에 에스파냐인은 엄청나게 유리했다. 그 전쟁에서 가장 압도적인 사건은 멕시코-테노치티틀란의 봉쇄인데, 그 도시는 천연두에 의해서 몹시 전력이 떨어져 있었음에도 불구하고 1년 내내 버티었지만, 마침내 1521년 8월 13일 도시는 점령당했고, 마지막 왕이었던 쿠아우테목은 체포당했다(에스파냐인들은 이 날을 정복전쟁 승리의 상징으로 삼았고, 식민시대 내내 기념했다). 하지만 전쟁은 이 전투에 국한되지 않았고, 다른 부족영지들(삼각동맹에 해당되는 부족영지들과 독립 부족영지들)로 확대되었다. 그리고 1525년 혹은 1526년까지 지속되었다. 격렬한 전투와 큰 난관이 없진 않았지만 (이 점에 대해서는 잘 알려져 있지 않은데, 대부분의 자료들은 멕시코-테노치티틀란의 봉쇄만 언급하는 데 그친다), 에스파냐 사람들은 모든 군사작전에서 승리하였다. 동시에, 다양한 압력과 정치적 술수를 통해 멕시코 중남부의 수많은 부족영지를 폭력을 사용하지 않고, 혹은 적어도 전투 없이 복속시켰다. 그 중 규모와 정치적 중요성에

설탕을 생산하고 있는 엔코미엔다의 모습

서 가장 눈에 띄는 부족영지는 미초아칸 영지였다.

    앞서 언급한 과정의 직접적 결과는 에스파냐 사람들과 500개가 넘는 개별 부족영지 사이의 공식적 지배관계의 확립이었다. 이 일은 1522년에서 1525년 사이에 집중된 정치적 활동을 포함하는데, 논쟁과 협상, 그리고 때론 폭력적인 조정을 포함했다. 위의 관계를 확립하기 위해 엔코미엔다[위임지] 제도를 이용했다. 그것은 각 부족영지를 개별 정복자 1인에게 위임하는 것이다. 그것을 위임받은 자를 그 부족영지의 엔코멘데로[위임받은 자]라고 한다. 그 제도는, 한편으로 부족영지들이 정치적 실체의 성격, 통치의 기능, 공물을 징수하는 능력을 유지하되, 다른 한편으로는 징수한 공물의 상당한 부분을 해당 엔코멘데로에게 바치도록 되어 있다. 엔코멘데로의 의무는 군사적 경계警戒를 유지하고, 에스파냐 사람들이 성취한 승리와 동맹관계가 후퇴하는 일이 없도록 하는 것이었다. 규모가 크고, 특별히 중요하다고 생각되는 몇몇 부족영지들은(예를 들어 멕시코나 틀락스칼테카 부족국들 같은 경우) 에스파냐 왕가 대리인들의 통제 아래 놓이게 되었다.

정복자들이 에스파냐 왕의 이름으로 자신들의 업적을 세워나감에 따라 시간이 갈수록 카스티야 왕가를 대리하는 중앙 정부의 수립이 가능해졌다. 중앙 정부 수립과정의 첫 걸음은 '목테수마 제국'의 (다시 말해, 삼각동맹) 계승 국가로 '누에바 에스파냐 영지'를 구상하고 합법화하는 정치적 형식화 과정이었다. 이 구상에 맞추어 정복자들은 패전으로 반쯤은 부서진 멕시코의 도시를 재건하여 정복지의 수도로 삼으려 했다(테노치티틀란이 호수에 위치해 있음으로서 발생하는 문제들은 도외시한 채). 거대한 상징적 의미를 담고 있는 이와 같은 방법들 외에도, 그러한 정부를 수립하기 위해서는 다양한 직책과 기능, 특히 재정확보와 치안 행정과 같이 왕가로서 대단히 중요한 일들을 조직할 필요가 있었다. 한편 왕가로서는 일부 지방이나 지역을 멕시코의 권력 영역으로부터 분리할 필요가 있다고 생각했다. 그래서 별도로 파누코(단지 짧은 기간 동안), 과테말라(1527년부터), 유카탄(1527년에서 1549년까지, 다시 1565년부터)에 정부를 구성했다.

이와 거의 동시에 1522년 혹은 1523년부터 많은 에스파냐 사람들이 도착하기 시작했고, 갈수록 눈에 많이 띄었다. 이들을 군사적인 정복자와 구별하기 위해 포블라도레스[pobladores, 식민지 정착인 혹은 건설자라는 의미]라고 불렀다. 정복자와는 어쩔 수 없이 원만한 관계를 맺어야 했는데, 시간이 가면서 조금씩 정착인의 관심은 다양하게 드러났다. 정복자와 정착인은, 특히 정착인은 의기투합하여 정착마을을 세웠다(각각의 마을에 자치단체를 세움으로써 공식화했다). 그리고 교역관계를 내부는 물론, 안티야스[앤틸리스]나 에스파냐와 같이 외부와도 확립했다. 또한 가축과 식물, 그리고 유럽의 물품들을 누에바 에스파냐로 들여오고, 축산, 농업, 제조업과 관련된 것들을 보급했다. 그렇게 함으로써, 시간이 지남에 따라 잘 정비되고, 문화적으로 에스파냐화된 지역들이 탄생하는 씨앗이 뿌려졌던 것이다. 1531년에 세워진 푸에블라 데 로스 앙헬레스라는 정착마을이 그 대표적인 예라고 할 수 있겠다.

앞에 언급된 상황에서 또 중요한 것은 탁발 수도회(프란시스코, 도미니코, 아구스티노 수도회) 성직자들이 1524년부터 도착한 일이다. 그들은 점차적으로 복속된 부족영지마다 복음과 종교 활동의 터전을 마련했다. 종교인들은 대단한 권위를 누렸다. 그들은 정복을 이데올로기적으로 정당화하는 데 절대적으로 중요한 역할을 했다. 기독교의 사고방식에서 정복은 이교도를 기독교인으로 개종시키는 것을 최종 목적으로 할 때만 수용할 수 있는 것이기 때문이다. 현실적으로 성직자나 전도사는 엔코멘데로, 특히 그곳에서 태어난 귀족들의 도움으로 자신의 임무를 수행할 수 있었다. 게다가 성직자는 활동을 지속하기 위해 공물에 의존할 수밖에 없었다. 이런 활동 토대에다가 대의에 매진하는 성직자들의 열정 덕분에 얼마 지나지 않아 세례와 미사 참석(음악, 노래, 다양한 축제가 함께했다), 성자숭배 같은 다양한 종교 활동은 물론, 성과 결혼과 관계된 기독교의 규범이 동시에 널리 퍼져나갔다.

* * *

앞서 언급한 일들을 계기로 식민시기 초기 몇 년의 성격을 규정하기 위하여 몇 가지를 살펴볼 필요가 있다. 처음으로 살펴볼 것은 메소아메리카 세계는 아주 급진적인 변화를 겪었지만, 변하지 않고 지속되는 것도 있었다는 것이다. 이런 것들 중 가장 관심을 끄는 것은 부족영지 체제들의 존속이다. 그 체제는 지방 통치와 공물제도, 선교사업의 해결책으로 유지되었다. 정복자들과 동맹관계를 맺었던 부족영지들에서는 명백히 존속되었다. 특히 틀락스칼테카스 부족영지들은 더 현저하게 지속성을 발견할 수 있다(그들은 식민시대 내내 특권적인 지위를 유지했다). 하지만 강제적으로 복속된 영지들에서도 영주 체제는 지속되었다. 군사행동이 종결되자마자 에스파냐 사람들은 이들 영지들 중 대부분에 자신들과 결탁한 새로운 영주들을 앉혔고, 새로 된 영주들은 지역적 조직을 그대로 유지했다.

왜 이렇게 체제가 존속되었는지 설명하는 일은 간단하다. 에스파냐 사람들은 소수였고, 활동능력에는 한계가 있었다. 지배적인 위치에 섰지만 그렇게 크고 다양한 나라를 통치하는 데 요구되는 무한한 일을 떠맡을 수가(원하지도 않았지만) 없었던 것이다. 그렇다면 자신들의 목표를 어떻게 이루어낼 수 있을 것인가? 그 목표는 그곳에 머무르면서 부와 다른 이익을 얻고, 자신들의 가치를 심고, 수용할 만한 수준의 안전을 유지하는 것이었다. 유일한 방법은 자신들이 수행할 수 없는 일과 기능을 위임하는 방법, 다시 말해 간접지배 체제를 확립하는 것이었다. 메소아메리카에서는 그것이 가능했다. 삼각동맹이라는 전례(그 동맹체제는 상당 부분 동일한 간접지배 체제에 기초하고 있었다)가 있었고, 그 간접지배라는 목표에 부합하는 정치·사회·경제적인 체제를 가지고 있었기 때문이었다. 그 핵심은 부족영지 체제를 지속하는 것이었다. 그것은 통치기능, 사법행정, 질서유지, 일의 조직, 공물 징수 등에서 지속성을 유지하는 것이었다. 이러한 원칙들을 실천에 옮길 수 있었던 것은 바로 코르테스의 정치적 기지 덕분이었다. 역설적으로 보일 수 있을지 몰라도, 그 혼돈의 시기에도 수백 개의 부족영지가 지배자 혈통과, 사회적 구성, 경제생활, 영토의 경계, 재산, 상대적 자율성과 기본적인 문화를 유지하였다. 어쨌든 그러한 해결책은 그 부족영지들에, 적어도 지배 엘리트들에게는 자신들의 특권적 지위를 유지할 수 있어 좋았던 것이다.

오히려 에스파냐 사람들끼리 훨씬 더 갈등이 많았다. 정복자들은 수익이 더 많이 나는 엔코미엔다나 정부 내의 요직을 차지하기 위해 처절하게 다투었다. 일부 분별 있는 사람조차 다른 사람들의 탐욕과 무책임과 폭력으로 그 빛을 잃었다. 1525년경에는 그 다툼이 너무나 치열한 나머지 정복 사업이 파탄 날 지경에 이르렀다. 에스파냐 왕가의 개입으로 1528년에는 통치권을 지닌 재판소가 설치되고 종교인들과 다른 이주자들이 도착하면서 그 혼란은 완화되었지만, 다른 갈등 요소들이 또 들어왔다. 누뇨 데 구스만이라는 사람이 바로 새로운 갈등을 대표하는 사람이다. 그는 초대 재판장으로 불미스런 통치를 앞장서서 한 사람으로 나중에는 코르테스가 사용한 방법보다 훨씬 폭력적이고 정치적이지 못한 방법으로 서부 메소아메리카의 정복 사업을 수행했다. 그는 누에바 에스파냐로부터 분리되고 싶은 나머지 자신의 정복한 지역을 누에바 갈리시아 영지라 칭하고 1531년 새로운 정부를 세웠다. 이 정부는 형식적으로는 에스파냐 왕가로부터 인정을 받았지만 멕시코 정부로부터 완전히 독립된 지위를 획득하지는 못했다.

2) 정복의 공고화(1530~1560)

대략 1530년부터 1560년까지 소위 정복의 공고화가 이루어졌다. 이전 시기와 비교하면 이 시기는 조용한 시기라고 할 수 있다. 하지만 흥분이

고조된 시기라고도 할 수 있다. 다음은 이 시기에 가장 두드러진 것들만 요약한 것이다.

우선 전반적으로, 평화의 시기가 시작되었다는 것을 지적해야 할 것이다. 그것은 부족영지 간의 지속적인 전쟁이 끝나고, 정복의 군사적 측면이 종료되고, 에스파냐 사람들 사이에 무력 충돌이 중단된 결과였다. 또한 앞에서 언급했듯이 간접지배 체제를 도입한 것이 적중했기 때문이기도 하다. 이러한 역사적 연표에 예외적인 상황이 있었다. 유카탄 반도에서는 정복사업이 늦게 시작된 데다 오랜 시간이 걸렸고, 누에바 갈리시아에서는 구스만의 공격적인 정치가 '믹스톤(오늘날의 할리스코 북부)의 전쟁'(1540~1542)이라고도 알려진, 칵스칸족의 피비린내 나는 반란을 불러일으켰다.

정복의 공고화를 명백히 보여 주는 두번째 측면은, 역설적이게도 정부의 가장 상층부에서 정복자들이 공식적인 권력의 자리에서 물러나고, 그 자리를 학식이 있는 관료들이 차지했다는 것이다. 이것은 시민정부의 수립에 해당되는 것으로, 에스파냐 왕가는 정복자들에게 원한을 샀지만 그것을 무시하고, 1535년부터 부왕^{virrey}(문자 그대로, vice^{副}-rey^{王})이라고 하는 가능한 최고의 권위를 지닌 인물을 통하여 왕가를 대리하도록 했다. 대부분의 부왕들은 카스티야의 최고 귀족 출신이 차지하게 된다.

부족영지(정복 이전 정치 조직의 기본단위)들이 식민 체제에 적응한 것에서도 정복이 공고해졌다는 사실을 확인할 수 있다. 그것은 상당히 복잡한 과정이었는데, 다양한 상황에 영향을 받았다. 그 중 가장 두드러진 영향은 1545년에 발생한 대역병의 영향이다. 바로 홍역이었는데, 당시로선 메소아메리카에 알려지지 않은 병으로, 두번째 나타난 역병이지

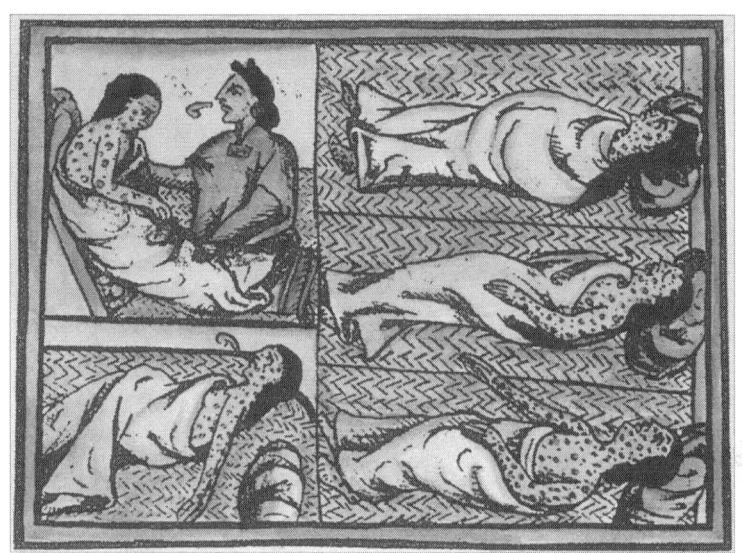
1545년 발생한 홍역을 묘사한 그림

만 아마 가장 인구를 격감시킨 병이었을 것이다.

이 비극과는 별개로 부족영지들은 식민체제에 적응하는 과정에서 심대한 변화를 겪어야 했는데, 자신들의 존속을 위해 치른 대가라고 할 수 있다. 부족영지들 사이에는 엄청난 차이가 있었는데, 그것은 정복 이전 시대의 복잡하고 다양한 그들의 역사를 반영하는 것이었다. 하지만 에스파냐 사람들은 그 차이들을 없애 버리려 했다. 한편으로는 그 차이를 이해할 능력이 없었기 때문이고, 또 한편으로는 누에바 에스파냐의 광대한 영토를 동질하게 만들고자 하는 욕망 때문이었다. 그 목표를 달성하기 위해 여러 수단을 동원했다.

첫번째 수단은 부족영지에 협동조합 같은 조직을 강요했다. 그것은 에스파냐의 자치단체 카빌도에서 착안한 것으로, 어느 정도 일리가 있었다. 왜냐하면 둘 다 정치적 조직체로서, 사법적 인격체로서 일정한 영

2장 | 1760년까지의 식민시대 85

토와 상대적인 자치권을 인정받고 있었기 때문이다. 이와 같은 조정은 부족영지를, 앞서 언급한 바와 같이 인디오 부족 (비록 나우아어로 알테페틀이라는 형태, 다른 언어로도 그에 해당되는 형태가 보존되었지만)이라는 개념 아래 다시 정의한 일에도 반영된 것이다. 인디오 부족들의 자치 단체는 '공화국의 조직체'라고 명명되었고, 시장과 시의원으로 구성되었는데, 에스파냐 사람들의 직책에 유사하게 맞춘 것이었다. 그러한 직책은 귀족이나 좋은 가문의 사람들('프린시팔'principal이라고 불린)에게 주어졌고, 통치자의 직책은 토후들에게 부여되었다. 서로 다른 집단 간에 이익이 순환되도록 하기 위해 제한적 선출제도를 만들었다. 또한 공동체의 재무기관을 만들도록 장려했는데, 이 제도는 조금씩 화폐의 사용이 일반화되어 가면서야 의미를 가지게 되었다. 경우에 따라, 이 모든 것은 정복 이전 시기에 실행되었던 일들에 이름만 바뀐 것에 불과할 수도 있었고, 혹은 진정 갈등이 첨예했던 변화과정을 의미하기도 하였다.

두번째 수단은 공물의 부담을 단일화하는 것이었다. 인디오 부족의 각 가장은 자신의 엔코멘데로에게, 혹 일부 부족에서는 직접 왕가에 매년 1페소와 옥수수 반 파네가(카스티야에서 파네가는 55.5 리터) 혹은 그에 해당되는 것을 바치도록 하는 (그 당시 존속하고 있던 지역적 조세 부담은 별도로 하는) 이상적인 정책을 추구하였다. 그렇게 하기 위해는 오랜 시간이 흘렀고(다시 한번 우선 화폐의 사용이 일반화되어야 했다), 예상했던 대로 그 효과는, 일반적인 부족 내에서 경우에 따라 아주 달랐다. 통상적으로 귀족과 주요 인사들은 그러한 조세부담을 면제받았고, 그들에게 딸린 사람들(마예케스)도 마찬가지였다. 이들은 어떤 마을에서는 공식적으로 공물을 바쳐야 하는 사람들(마세우알레스) 숫자만큼이나 많았다.

세번째 수단은 인디오 부족에게 그 주민을 (오늘날까지 존속하는 것처럼, 중심광장, 우뚝 솟은 교회, 곧은 길들이 있는 거주지의 기원인) 도시 형태의 거주지로 모으도록 유인하거나 압력을 가하는 일이었다. 일반적으로 각 인디오 부족에는 이러한 특성을 지닌 거주지가 여러 곳 형성되었는데, 가장 주요한 곳을 우두머리 마을, 나머지를 부속 마을이라고 불렀다. 이 일은 초기 몇 년 동안은 아주 느리게 실행되었지만, 결국에 가서는 인디오 부족들을 식민지 체제로 적응시키고 점진적으로 변화시키는 데 가장 큰 역할을 했다.

복음화의 진전은 앞의 일과 아주 밀접하게 관련되어 있었는데, 전도를 담당하는 성직자는 위에 언급한 조정들과 무관하지 않았기 때문이다. 인디오 부족들은 종교인들의 활동 기반을 이루고 있었다는 것을 잊어서는 안 된다. 그래서 성직자는 각 부족마다 성당이 있는 수도원 설립을 계획했고 (우두머리 마을을 우선으로), 각 마을마다 고유한 성인을 숭배하도록 장려했다. 게다가 공화국의 조직체 선출에 관여했고, 조세의 많은 부분을 종교 활동 비용으로 돌렸다. 이 모든 것들이 인디오 부족들에게 새로운 정체성을 부여하는 데 기여했고, 교회가 자처했던 중심적 역할이 돋보이게 하는 데 기여했다. 교회에 유리한 이러한 구조와 어린이들에 대한 교육과 세대교체 덕분에 전도사들은 원주민 종교의식과 원주민 성직자들을 (가끔은 폭력을 통해) 말살하거나 고립시킬 수 있었다. 하지만 동시에 문화 전파 활동과, 역사 및 언어에 관한 대단히 가치 있는 연구들을 통해 자기 업무의 긍정적인 측면을 강화하기도 했다. 토리비오 데 모톨리니아 신부와 베르나르디노 데 사아군 신부의 작품들이 그런 경우이다. 또한 그들은 기념비적인 아름다운 수도원을 건축했다. 그 수도원은 수많은 사람들이 기거하고, 정복과 문화이식이라는 자신들의 프로젝트에 해당되는 기능을 담당하도록 지어졌다.

다른 한편, 정복의 공고화 단계의 또 다른 측면은, 비록 제한적이긴 하지만, 외부 세계와의 연결고리들이 고착화되었다는 것이다. 본국은 자신의 아메리카 소유지들이 이 점에 있어 자유를 누리길 원치 않았기 때문에 사람과 재화, 소식의 이동은 심한 통제 속에서 제한을 받거나, 정해진 쿼터나 경로를 따라야 했다. 에스파냐에서 아메리카와 연결고리가 될 수 있는 유일한 항구는 세비야뿐이었다. 누에바 에스파냐에서 그러한 배타적 특권은 베라크루스에게 주어졌다. 반대로 태평양 쪽의 교역은 자유로웠다. 누에바 에스파냐는 아주 일찍 페루와 관계를 맺었고, 우아툴코와 아카풀코를 항구로 사용했다.

여러 가지 제약에도 불구하고 에스파냐에서 온 정착민들은 상당한 규모였고, 16세기 중반에는 2만여 명에 달했다. 이들은 산악지역과 해안지역은 피해, 주로 내륙지역에 정착했다(오아하카의 안테케라, 미초아칸의 바야돌리드 같은 도시를 세웠다). 그 도시들은 멕시코 시와 푸에블라와 함께 (누에바 갈리시아의 과달라하라, 유카탄의 메리다도 추가해서) 경제와 권력의 중심지로 자리를 잡아갔다. 각 도시마다 하나의 자치단체 청사와 주교가 있는 성당이 만들어졌고 (또 다른 의회인 수도사회도 만들어졌다), 유럽식 건물들이 들어서고, 고유한 문화 양식들이 형성되어 갔다. 멕시코 시는 선두에 있었는데, 정치 1번지일 뿐 아니라 경제·문화적으로도 중요했기 때문이다(1553년에 자체 대학을 열었다). 모든 도시들도 각자 해당 주교 관구에 따라 설정된 경계 내에서 자신들의 영향력을 행사했다. 이들 지역이 시간이 지나면서 식민시대 후반에는 관할구 intendencia가 되고, 독립 공화국에서는 주州가 되었다.

앞에서 언급한 것과 동시에, 문화적인 활동에서뿐만 아니라 생물학적인 활동에서도 혼종이 일어났다. 비록 일부 사람들은 (특히 성직자들은) 인디오와 에스파냐 사람들이 결합하는 데 반대하고, 또한 법령도 양자 간의 차이를 명시했지만, 현실에서는 두 인종은 일찍이 긴밀한 관계를 맺었다. 비공식적인 성관계가 대부분이었지만 인정받는 혼인도 있었다. 특히 에스파냐 사람과 지위가 좋은 인디오 여성과의 혼인이 그러했다. 1550년경에는 에스파냐 사람들 중 나우아어와 다른 원주민어를 유창하게 하는 사람들이 많았다. 반대로 적지 않은 숫자의 토후들과 귀족들이 일찍이 스스로 에스파냐화되었고, 몇몇 종교 학교에는 원주민 엘리트들이 라틴어 수사학 같은 유럽 문화의 세련된 측면들을 (단지 짧은 기간 동안이었지만) 접할 수 있게 되었다. 게다가 여기에 노예로 누에바 에스파냐에 데려온 상당수의(16세기 중반에 약 1만 5천 명) 아프리카인들이 추가되어야 한다. 그들 대부분은 남성들이었고, 원주민 여성들과의 혼종이 곧바로 일어났다.

혼종의 진행은 메소아메리카 지역에서 새로운 경제 활동의 유입과 동시에 진행되었고, 그 효과는 외부적으로 못지않게 내부적으로도 크게 느껴졌다. 내부적으로 목축업(특히 소와 양의 사육), 밀과 설탕의 생산, 양잠, 은광의 개발이 두드러졌다(그 모든 것들은 환경적으로 심대한 변화를 초래했다). 외부적으로는 에스파냐와 페루와의 교역이 두드러졌다. 교역에서는 은과 염료, 공산품(천, 연장, 가구)의 교환이 포함되었다. 동시에 (특히 도시지역에) 노동시장이 생겨났고, 새로운 운송수단이 개발되었고(지배적인 수단은 마차로 끄는 것), 화폐의 사용이 확대되었다. 화폐는 1536년부터 멕시코 시에서 주조되었다. 그것으로 자본주의 경제의 씨앗이 뿌려졌고, 누에바 에스파냐는 세계적 교환망에 유입되었다.

점증하는 에스파냐 인구의 욕구와 새로운 교역망의 개설로 특별한 형태의 농축산 기업의 등장이 촉진되었다. 이런 기업은 탄탄한 인프라와 현지 노동력, 엄격한 조직과 이윤추구라는 명백한 목적을 가지고 있었다. 그 첫번째 예가 될 수 있는 것이 쿠에르나바카 주변의 설탕농장들인데, 그들은 주된 노동력으로 주로 아프리카 출신의 노예를 사용했다. 그 기업들에서는 나중에 누에바 에스파냐에서 아주 중요한 의미를 지니게 될 아시엔다[대농장]의 배아적 형태를 발견할 수 있다.

정복의 공고화 단계와 관련된 마지막 특징으로 북부지역으로의 확장을 들 수 있다. 이 확장은 다양한 침공이나 탐험으로 시작되었는데, 그중 일부의 경우 일확천금에 대한 환상으로 추진되었다. 대륙 중심부 어느 곳엔가 '시볼라의 일곱 도시'라는 상상의 도시가 있을 거라 생각했던 것이다. 하지만 그것이 가져온 가장 큰 결과는 1548년, 누에바 갈리시아 내에 있던 사카테카스 은광의 발견이었다. 그 은광의 발견으로 (그 전에는 단지 수렵과 채취로 생활하는 부족이 살았던) 은광과 주변지역으로 온갖 종류의 사람들이 대거 모여들었고, 그로 인해 도로가 개설되고, 경작지가 조성되고, 목축업이 눈에 띄게 퍼져 나갔다.

* * *

누에바 에스파냐의 대부분 지역에서 평화가 정착된 것은 확실하다. 하지만 갈등이 없었다는 것은 아니다. 갈등이 있었고, 그것도 아주 첨예했다. 단지 큰 잡음 없이 해결되었을 뿐이다. 이전에는 아메리카와 에스파냐의 접촉이 이루어지는 상황이었다면, 1530년에서 1560년 사이에 지배적인 화제는 누에바 에스파냐를 정복자들의 꿈 이상의 그 무엇으로 바꾸는 것이었다.

하지만 나라를 세우는 일로 많은 기획안들이 있었고, 많은 이해관계도 생겨났다. 에스파냐 사람 대부분은 세 가지 주요한 기획안들 중 한 가지를 지지했다. 하나의 안은 초기 접촉과정의 경험에서 바로 나온 것으로, 핵심은 앞서 설명되었듯이 정복 이전의 부족영지 체제의 존속에 바탕을 둔 간접적 지배 체제다. 엔코멘데로, 종교인, 토후가 핵심 세력으로 유지되는 체제인 것이다. 다른 말로 해서, 누에바 에스파냐가 봉건적이고, 폐쇄적이고 보수적인 성격의 사회로 기틀을 잡아야 한다는 것이다. 그런 사회에서는 권력과 결정권이 그런 특권적 인물들에게 돌아가게 되는 것이다. 게다가 이 안을 주장하는 사람은, 정복자에게 포상이 돌아가야 하고, 어느 누구보다도 선교 전도사에게 혜택이 돌아가야 하고, 지배를 위해서는 토후들이 필수불가결한 요소라는 논리를 폈다.

하지만 다른 에스파냐 사람들은 특히, (갈수록 숫자가 늘어났던) 정착인들은 그렇게 생각하지 않았다. 이들은 우선 자신들에게 해당되는 공간과 자신들을 대표할 수 있는 정부를 요구했다. 당연한 것이, 엔코멘데로에게 예속되기 위해 그들이 간 것은 아니었기 때문이다. 새로운 도시에서 그들의 숫자가 지배적이었기 때문에 많은 자치권을 지닌 강력한 자치단체들이 있는 상황을 선호했다. 또한 이들은 인디오 노동력에도 접근하고 싶었지만, 엔코멘데로와 성직자, 토후가 독점하고 있었던 것이다. 교회와 관련해서, 이들은 주교와 세속 사제를 선호했다. 이들은 누에바 에스파냐가 에스파냐와 유사해지길 원했다. 더 개방적이고 자유로운, 동시에 직접적인 지배·착취에 유리한 지배체제를 원했다는 것이다.

세번째 기획안은 왕실의 안이다. 왕실은 정착민에게 일정한 공간을 양도하는 것을 받아들였지만, 무엇보다도 강력한 중앙정부의 수립을 선호했다. 인디오뿐 아니라 에스파냐 사람을 다스리고, 그 나라와 그곳에 사는 사람들에게서 뽑아낼 수 있는 재원에서 가능한 한 많은 지분을 왕실로 보내는 특별한 기능을 수행하는 데 필요한 것이었다. 에스파냐 사람을 통제하는 것이 가장 어려웠는데, 왜냐하면 대서양을 건너는 모든 사람이 야심에 가득 차고 반항적이었기 때문이다.

왕실은 자신들이 권위가 있어도 그것을 행사할 수단이 없다는 것을 알고 있었다. 군대도 관료체제도 사용할 수 없었기 때문에, 만약 법령을 시행하고, 관료를 임명하고, 엔코멘데로와 성직자의 의도를 제한하고, 공격적인 자치단체들을 통제하려 할 때는 아주 정치적인 수단을 이용하거나 인내를 발휘하는 수밖에는 없었다. 왕실에서, 1543년, '신법'Nuevas Leyes이라고 불리는 일련의 제한조치를 취하려 했을 때 저항이 일었던 사건에서 왕실의 힘에 한계가 있다는 사실이 명백하게 드러났다. 페루에서는 현지의 이익이 아주 침해되었다고 느낀 나머지 반란이 일어났고, 그 결과 그곳의 부왕이 살해되었다. 멕시코의 부왕, 안토니오 데 멘도사는 그 사건을 교훈으로 활용했다. 때가 오길 기다리고, 모순적인 법안을 추진하고, 다른 집단들끼리 서로 다투도록 내버려 두고, 그리고 마지막 순간에 개입해서 중재를 하는 것이 좋은 방법이라는 것을 알았던 것이다. 그는 그런 통치 방식이 누에바 에스파냐에 있는 거친 에스파냐 사람들을 조용하게 다스리는 가장 적합한 방식이라고 생각했다. 1549년 그는 그것을 입증했다. 그 해에 부왕은 엔코멘데로에게 맞서는 움직임의 일환이라고 여겨지지 않도록 하면서, 정착인들이 일종의 공물 성격을 지닌 혜택('리파르티미엔토'repartimiento[부역]라고 부른 것으로, 인디오 마을에 부과된, 보상은 되었지만 의무적인 노동의 일종)을 받는 방안을 찾아냈던 것이다.

당시 상황이 왕실의 기획에 유리하게 작용하기도 했다. 왜냐하면 경제가 역동적이었고, 북부지역으로 점령지가 확장되고 있어 가장 야욕적이고 불만이 많은 자들을 잠재울 수 있는 탈출구가 마련되고 있었기 때문이다. 또한 이러한 상황 덕분에 인디오 마을과의 심각하고도 반복적인 대립을 피할 수 있었다. 인디오 마을들은 가용자원이 가장 부족했기에 그들과의 대립은 피할 수 없었을 것이다. 예를 들어, 북부로의 확장을 통해 대단위 목축업을 위한 공간이 생겨났고, 인디오들조차 나라의 역동성과 성장의 혜택을 누렸다. 그래서 일부는 과거에는 결코 누리지 못했던 노동 수요와 개인적 자유를 활용해 도시로 이주하거나 북부로 이동했다. 그런 기회는 메스티소도 이용했다. 그들은 태어날 때부터 문화적 유연성을 가지고 있었기 때문에 어느 곳에서나 적응이 가능했다.

3) 건국과정의 종결(1560~1610)

왕실은 자신의 기획과 통치 체제를 대략 1560년에서 1610년 사이에 확립했다. 이 기간 동안 다양하고도 아주 복잡한 사건들이 일어났는데, 그중 많은 사건을 통해 누에바 에스파냐에 대한 전례 없는 전망이 가능해지게 되었다. 이렇게 어느 정도는 이 단계를 통해, 전 단계들에 비해서는 더 선명하게 미래의 전조를 엿볼 수 있게 된다. 그렇지만 전체적으로 보았을 때, 그 사건들은 누에바 에스파냐 건국과정의 종결에 기여하였다고 보는 것이 적합할 것이다.

이 단계의 시작은 북부로의 확장사업, 혹은 당시에 티에라덴트로 Tierradentro ['내륙으로'라는 의미]라고 불렸던 사업의 출발과 함께한다. 그 사업에 주된 동기부여를 한 것은 은광의 발견이었다. 그것은 즉각적인 경제적 이익을 가져다 주었다. 물론 확장사업에는 농업과 목축업이 가져다 주는 이익도 함께 고려되었지만 말이다. 그것들이 멕시코 시의 손해 아래 누에바 갈리시아에 혜택을 가져다 줄 가능성이 있다고 생각한 부왕들은 자기들만의 점령계획을 세웠고, 1562년에는 사카테카스 이북 지역을 담당할 별도의 정부를 만들었다. 누에바 비스카야 왕국(만들어질 당시에는 오늘날 두랑고, 치와와, 소노라와 시날로아의 대부분 지역에 해당되었다)이라는 이 정부는 겉으로는 일정한 자치권을 유지했지만 실제로는 엄격하게 말해서 누에바 에스파냐의 연장이었고, 누에바 에스파냐의 이익을 지키는 기구였다. 같은 목적을 위해서 나중에 점령된 지역들을 구분하기 위해 부왕정부 형태에 맞추어 누에보 레온, 누에보 멕시코 같은 별개의 정부들이 세워졌다. 이 모든 관할지역의 구분은 본질적인 면에서 오늘날까지 존속되고 있다.

북부로의 확장 초기 단계 동안 점령된 지역들이 정치·사회·경제적으로 통합되자 곧바로 누에바 에스파냐의 핵심적인 부분이 확대되는 결과가 되었다. 원래 이 지역들이 메소아메리카의 공간과는 무관한 지역이었는데 순식간에 누에바 에스파냐의 지역들 중 가장 역동적이고, 당시로는 가장 풍요로운 지역이 되었고, 나중에 바히오 지방이라고 일컬어진다. 이 지역에 세워진 거주지들 중 많은 곳은 아시엔다, 혹은 기업농의 형태를 갖추었는데, 그것은 식민사업의 기본적인 요소로 작동한다.

확장 사업은 바히오와 북부지역에서 새로운 도시 건설의 열풍을 동반했다. 두랑고^{1563}, 산타 바바라^{1567}, 헤레스^{1569}, 셀라야^{1571}, 사모라^{1574}, 아구아스칼리엔테스^{1575}, 레온^{1576}, 살티요^{1577}, 산 루이스 포토시^{1592}, 살라망카^{1602}, 산타 페^{1609}가 그 당시 건설되었고, 다른 도시들도 있었지만 시간이 흐르면서 중요성을 상실했다. 또한 이 지역들에는 1591년부터 틀락스칼라와 미초아칸에서 이주한 원주민 집단에 의해서 건설된 거주지들도 있었다.

에스파냐 사람들이 북부에 유입되면서 일련의 새로운 폭력사태가 발발했다. 비록 강도는 약했지만 식민시기 중 가장 오랫동안 지속된 것이었다. 치치메카 전쟁이 바로 그것인데, 내륙의 반半유목 부족들과의 일련의 충돌을 일컫는 것이다. 이들은 독립적으로 살면서 가끔씩 침공을 감행했다. 만약 메소아메리카 지역에서 정착된 지배체제를 그대로 확립할 수 있었다면 아마도 그러한 상황은 일어나지 않았을 것이다. 하지만 그 부족들은 에스파냐 사람들과 문화적으로 너무나 달랐고, 그 부족들 간에 안정된 정치 조직과 조세 제도가 없었고, 새로운 정착인들의 야망이 지나쳤고, 원주민들을 잡아 노예로 삼으려 했기 때문에(누에보 레온에서는 어느 정도 노골적이었다) 실현 가능한 해결책을 찾을 수 없었던 것이다. 정부는 군사 요충지 혹은 수비대를 설치하면서 그들을 장악하려고 했고, 그 덕분에 이주지를 통제할 수도 있었지만, 동시에 더 큰 폭력의 소용돌이를 초래했다. 그 충돌은 부왕 비야만리케 후작이 1585년부터 평화정책을 펼치고서야 끝이 났다. 하지만 당시 많은 부족들이 멸망한 뒤였다. 그럼에도 불구하고, 북부지역에서 폭력은 일반적이었다. 그 후 얼마 지나지 않아 또 반란들이 일어났고, 북부지역에 정주하던 원주민 마을들도 포함되었다(1600년의 아카세에인들, 1616년의 테페우안인들의 경우처럼).

 그 시기는 (북부뿐만 아니라) 일반적으로 원주민에겐 참혹한 시절이었다. 티푸스로 추정되는 세번째 대역병이 원주민 인구에 최후의 일격을 가했다$^{1576~1581}$. 남은 인구는 전체가 200만도 되지 않았고, 저지대와 해안지방에 있는 수많은 원주민 마을들이 마지막으로 치명적인 붕괴를 맞이했다. 그 이후 몇 십 년 동안에도 원주민은 더 줄어들게 되었고, 그런 다음 아주 서서히 회복하게 된다. 하지만 압도적인 아메리카 원주민 숫자에 의해서 에스파냐 사람들이 질식할 것 같았던 시절은 지나가 버렸다. 1600년경에는, 지역적인 차이를 고려하지 않는다면, 누에바 에스파냐 인구 너댓 명 중 한 명은 에스파냐 사람이거나 그 문화에 동화된 사람이었다. 누에바 갈리시아에서는 그 비율이 더 높았다. 하지만 과테말라, 유카탄, 그리고 북쪽 지방에서는 그렇지 않았다. 그곳에서 에스파냐의 존재는 상대적으로 더 미약했다.

인구 감소는 다른 영역에서 다양한 결과를 초래했다. 가장 두드러진 것은 엔코멘데로와 복음전도사, 그리고 토후들의 점진적인 퇴조였다. 그들의 권력과 수입이 영향을 받았기 때문이다. 엔코멘데로의 경우, 세대가 바뀌면서 그들을 지위에서 물러나게 하는 것은 용이했고, 거의 모든 원주민 마을의 공물 징수는 정부의 손으로 넘어갔다. 복음전도사들은 (그들의 수도회들은 쇠퇴기에 접어들었는데) 점차적으로 주교들에 종속되는 세속 사제로 대체되었다. 소외되고 궁핍해진 토후들은 자기 마을 안에서 새롭게 부상하는 권력집단에 대항할 수 없었고, 17세기 초기에 이르러서는 전반적인 공화국 조직체에서 배제되었다.

역설적으로 그 당시가, 특히 정복 말기와 대역병 사이의 시기가 전도사들이 (여전히 정복적인 상황의 산물인) 찬란한 건축물을 완성하고, 그 건축물과 관련된 예술적 표현, 다시 말해 그림, 제단의 장식, 조각 등의 발전을 이룬 시기였다. 멕시코 중부지역의 수많은 원주민 마을에 세워진(치아파스와 유카탄을 제외한 저지대에는 이런 작품들이 세워지지 않았는데) 이러한 작품들이 이루는 전체적인 조화가 빛나는 식민지 예술사의 첫 장을 열었다.

여기에 덧붙여, 정복기간 동안 지배 세력이었던 집단들이 감소한 덕분에 중앙정부는 결정적으로 공고해졌고, 에스파냐 왕가의 지배 프로젝트를 대표하는 부왕과 재판소, 그리고 다른 권력기구의 권위를 확고히 할 수 있었다. 그래서, 예를 들어 정부의 대리인 격인 군수나 시장을 지방으로 보낼 수 있었다. 이 두 직책을 맡은 이들은(실질적으로는 똑같았는데) 점진적으로 인디오 마을과의 연결 고리 역할과 공물 징수 역할을 맡았던 엔코멘데로를 대체하거나, 에스파냐 사람들의 자치단체 곁에서 그들의 자치권을 잠식했다. 정부에서 에스파냐 사람들과 정치적인 거래를 할 때 가장 강력한 무기는 바로 원주민의 노동력 분배를 통제하는 일이었다.

중앙정부가 공고해지는 데는 또한 여러 중요한 사건이 도움이 되었다. 정치적 성격의 사건으로는, 1566년 마르틴 코르테스(정복자 에르난 코르테스의 아들)가 포함된 반란 기도 이후 엔토멘데로에 대한 불신이 생긴 것과, 5년 뒤 종교재판소가 설치된 것을 들 수 있다. 이 기구가 정치적·이데올로기적 통제와 관련해 가지고 있던 영향력은 종교적 정통성과 관련된 영역에서 가지고 있던 영향력에 못지않았다. 관료주의의 확장도 그에 못지않게 중요했다. 1568년 법원 인력의 확대, 1592년 인디아 재판소의 설립, 그리고 1605년 회계감사원의 설립이 그것이다. 마지막으로 경제적 성격의 다른 사건들, 특히 1574년에 알카발라(교회와 인디오 마을이 한 거래를 제외한, 상품 거래에 부과한 세금)라는 세금을 부과한 일과 에스파냐 왕실의 재정수입을 강화한 다른 조치들도 있었다.

동시에 정복과 관련된 조건들이 면제된 성직 단체가 힘을 가지게 되었는데, 그 단체는 교황이 에스파냐 왕가에 부여한 특권 덕분에 정부에 의해서 관리되었던 것이다(그것이 바로 '왕실 후원'이라고 불렸다). 이 과정에서 십일조의 징수 덕분에 교회와 주교의 세력이 강해졌다는 것은 의미 있는 일이었다. 십일조는 에스파냐 주민의 농업 생산에 부과되는 종교 세금으로, 에스파냐 사람이 늘어감에 따라서 그 총액이 불어났다.

또한 1572년 예수회의 도착도 의미 있는 일이었다. 이들은 원주민을 (북부지방을 제외하고) 종교적으로 관리하는 일에는 개입하지 않고 오직 에스파냐 사람들을 교육하고 지적 엘리트들을 교육하는 일에만 종사했다.

상업의 영역에서는 폐쇄적이고 보호주의적 제도가 심어졌는데, 그것은 누에바 에스파냐뿐 아니라 아메리카에 있는 나머지 에스파냐 점령지에도 영향을 미쳤다. 그 정책이 가장 두드러지게 드러난 것은 1561년부터 대서양 무역을 선단船團방식이라고 하는 한 가지 방법으로 통제한 일이었다. 선단 방식은 공식적으로 1년에 한 번의 항해에 무역을 집중시키는 것으로, 그때 배들이 한꺼번에 해군의 호위를 받으며 항해를 하고, 선적물은 엄격하게 기재되고 여러 세금이 부과되었다. 세비야에서는 콘술라도라고 하는 무역업자들의 조합이 결성되었다. 비록 무역이 자유로웠던 적은 결코 없었지만, 선단 방식의 강요는 무역을 더욱 제한하고 비용이 많이 들게 만들었다. 그에 따른 반작용으로, 밀무역에 대한 유혹이 커졌다.

과거와 동일한 방식으로, 펠리페 2세 치하1556~1598에서부터 에스파냐 사람들은 태평양을 통해 아시아에 도달하려는 오래된 꿈을 다시 갖게 되었다. 1564년 나비다드 항구에서 출발해서 항해가 충분히 가능한 항로를 개척해 나갔고, 마침내 1571년 마닐라에 정착함으로써 그 목표를 이루었다. 필리핀 제도는 누에바 에스파냐의 속지屬地로 떠올랐고, 태평양을 통한 무역은 새로운 차원을 획득했다. 광동에서 출발한 10여 척의 중국 범선이 향료와 비단, 도자기를 마닐라로 가져왔고, 에스파냐 사람들은 멕시코의 은으로 그것을 구매해 아카풀코로 가져갔다. 왕가에 의해서 규정된 년 1회 항해 제도를 활용했다.

아카풀코는 페루와의 무역에서 연결지점이기도 했다. 페루가 누에바 에스파냐 못지않게 번영을 이루었기 때문에 태평양을 통한 교역은 괄목할 만한 성장을 보였다. 16세기 말, 그 교역 규모는 베라크루스와 세비야 간의 규모보다 훨씬 더 컸다. 하지만 그런 상황은 에스파냐 사람들의 이익에 배치背馳되었기 때문에 왕가에서는 멕시코와 페루의 교역을 제한하기에 이르렀고, 1631년에는 금지시켰다. 8년 뒤 다시 허용했으나, 중국 물품은 교역하지 않는다는 조건이 붙었다.

누에바 에스파냐에서 앞서 언급한 무역의 발전은 강력한 상인 엘리트의 탄생을 동반했다. 그들은 세비야 사람들을 모방하여 1592년 멕시코 시에 자신들의 콘술라도를 결성했다. 두 대양을 통한 해상무역, 수입과 가격의 통제는 그들의 손에 넘어가게 되었다. 상품과 돈을 독점하게 되었고, 정치적 영향력과 경제력은 계속 커져만 갔다. 에스파냐 왕가는 표면적으로는 에스파냐 제조업자들을 보호하기 위해 아메리카 땅에서 일부 소비재(연장, 포도주, 종이, 고급 천)가 생산되는 것을 점차 금지하였지만, 근본적으로는 만족할 줄 모르는 상인들의 욕구 앞에 양보하지 않을 수 없었다. 이들은 자신들의 특권에 만족하지 않고, 밀무역을 통해 추가 수익을 올렸다.

* * *

앞서 언급한 내용들을 통해 정복의 상황은 지나가고, 대신 진정한 식민통치제도가 등장하고 있다는 것을 알 수 있다. 전지구적으로 구상된 자원 약탈 정책이 에스파냐 사람들의 복잡한 현실과 이해관계에 적응된 형태를 갖추고 있었다. 정복자와 엔코멘데로의 제한되고 불안정한 분위기와는 거리가 멀었다. 애초에 복음화의 윤곽을 그릴 때처럼, 아메리카와 관련된 기획이나 이상적인 생각을 할 때 인디오들을 중심에 두면서 가졌던 걱정거리도 없었다. 16세기 후반 동안에는 에스파냐의 과거뿐 아니라 원주민 세계의 과거에 굳게 닻을 내리고 있던 정복의 세계가 막을 내리고, 본질적으로 새로운 질서가 점점 나타나고 있었다.

누에바 에스파냐의 특성은 주로 과거 원주민 시대가 많은 부분 지속되었다는 사실에 있다. 그렇다고 정체된 채 지속되었다는 것은 아니다. 그렇게 지속된 것들 중에서 토후들의 쇠락처럼 어떤 것들이 단절되었는지 짐작될 것이다. 게다가 변화가 점점 축적되어 17세기가 시작되면서 눈에 띄게 과거와는 멀어졌다. 누에바 에스파냐는 그 핵심에 있어, 그리고 에스파냐의 관점에서 볼 때, 성공이었다 할 수 있는 90년 동안의 경험을 가지고 있었다. 정치적 속박, 경제적 지배, 물리적 공존, 종교적 개종을 비롯하여 원주민 세계와 관련된 문제들이 완전히 해결된 것은 아니나, 극복된 상태였다. 식민지 상황이 발생시킨 문제들, 예를 들어 에스파냐 사람들이 만들었고, 계속 만들어 가고 있는 문제들은 적절한 방법으로 대응하여, 극복되었다고는 말할 수 없어도, 적어도 통제 가능했다고 할 수 있었다. 한 국가의 역사라는 관점으로 계속 바라보는 사람들은 1821년 독립하게 될 나라 전체의 핵심적인 모습을 엿볼 수 있을 것이다. 특히 북부지역으로의 확장을 고려한다면 말이다.

누에바 에스파냐가 세계에서 차지해 가고 있던 지위를 눈여겨 볼 필요가 있다. 누에바 에스파냐에서 생산된 은(페루에서 생산된 은과 마찬가지로)은 에스파냐에만 뿌려진 것이 아니라 유럽 대부분 지역에 뿌려졌다. 그 최종 목적은 에스파냐 왕가의 엄청난 부채를 갚고, 공업발달이 부진했던 관계로 생산할 줄 몰랐던 재화들을 구매하는 것이었다. 유럽 경제에 있어 이렇게 뿌려진 은의 영향은 엄청났다. 한편, 누에바 에스파냐의 은은 중국에도 유통되었다(중국에서 멕시코 화폐의 사용은 19세기까지 흔한 일이었다). 또한 다른 무역 경로를 통해 인디아와 아시아의 다른 지역에까지 도달했다. 일본의 무역사절단이 1610년 커다란 기대를 가지고 멕시코에 도착했을 때, 모든 면에서 누에바 에스파냐가 혹은 적어도 그 일부라도 전지구를 얽어 새롭게 짜인 틀에서 핵심적인 위치를 점하고 있다는 것을 알리는 것 같았

펠리페 2세 시대의 은화

다. 불과 수십 년 전만 해도 메소아메리카가 고립 속에 있었다는 것을 생각해 보면 놀라운 일이라 할 수 있다. 더욱 의미심장한 점은, 언급된 교류가 순전히 상업적인 것만 아니라 상당한 문화적 교류를 포함하고 있었다는 것이다. 페루와 긴밀한 관계도 마찬가지였다. 하지만 누에바 에스파냐는 전지구적 차원에서 자신의 입지를 확보하려는 바로 그때 그 추진력을 억압당하게 된다.

    거의 같은 시기에 에스파냐가 근본적인 변화를 겪었다는 점도 알아 둘 필요가 있다. 에스파냐 왕가가 자신의 행정기구를 해외로 펼쳐나갈 때 그 주요 동기들 중 하나는 재정수입을 확장하고 더 효과적으로 하는 것이었다. 그것은 잘못된 통치로 늘 전쟁과 부채와 빈곤에 시달리던 에스파냐가 자신의 무적함대가 1588년 영국에 패함으로써 입게 된 커다란 상처로부터 회복하려고 할수록 더욱 중요한 의미를 띠고 있었다. 여러 비평가들과 사회개혁주의자들은(분별없는 계획자라고 불렸던 사람들) 상이한 통치원칙들(혹은 분별없는 계획)을 제안하고 적용했다. 그것은 에스파냐 전국에 걸쳐 눈앞에서 벌어지는 일을 벗어나거나 적어도 완화시키려는 것이었다. 그것은 바로 제국주의적 헤게모니의 종말이었

무적함대의 패배

다. 그것은 자신들의 문학이 찬란한 황금세기를 구가하는 것으로 조금 보상되었을 뿐이다. 힘의 균형은 유럽 북부 나라들 쪽으로 기울고 있었다. 이러한 상황은 아메리카의 점령지로서는 갈수록 더 경제적인 압박에 직면하게 된다는 것을 의미했다.

성숙과 자치의 시기, 1610~1760

1) 외부 세계와의 만남, 1610~1650

앞서 밝혀진 세 단계를 거치면서 식민 역사에서 건립과정이라고 부를 수 있는 시기가 끝이 나고, 동시에 일종의 성숙 국면의 요소들이 나타나는 것이 목격되었다. 이 국면이 시작되면서부터 17세기 중반까지 상당한 흥분의 단계가 있었다.

네덜란드인(에스파냐의 지배로부터 막 해방된), 영국인, 프랑스인들이 바다의 주인이 되고 있었다. 1621년 네덜란드 서인도회사가 설립되면서 새로운 힘의 균형은 명백하게 드러났다. 그 회사는 대서양과 태평양에서 에스파냐 배들에게 늘 골칫거리였다. 1628년, 베라크루스를 출발한 선단이 네덜란드 함대에 의해서 쿠바 근처에서 나포된 사건은 에스파냐의 쇠락을 명백하게 드러냈고, 멕시코 상인들에겐 엄청난 손실이 되었다. 그 후부터 항해의 불확실성은 만성적인 문제가 되었다.

이런 전체적인 상황 앞에서 아르비트리스타^{arbitrista}라고 불렸던 개혁주의자들은 전 제국에 대한 야심찬 개혁 프로그램을 추진했다. 그들은 이미 1621년 백작이자 공작인 올리바레스(펠리페 4세 왕이 총애한 신하)라는 인물을 통해 권력을 잡았다. 그 개혁 프로그램을 누에바 에스파냐에서 실행하는 것은 부왕이었던 헬베스 후작에게 맡겨졌다. 그에게는 재정수입을 더 늘리고, 밀무역을 퇴치하고, 기득권층에 맞서 싸우라는 임무가 주어졌다. 하지만 이 인물은 정치적 감각이 부족하고 지나치게 의욕을 앞세우면서, 그 현지의 입장을 무시했다. 그 결과 누에바 에스파냐의 가장 힘 있는 권력집단들을 적으로 만들었다. 현지 재판소, 멕시코 시 시정부, 무역업자 조합인 콘술라도, 교회 조직들과 적이 되었던 것이다. 대주교와 대립하게 되면서 그의 지위는 더 이상 지탱될 수 없었다.

그 결말은 식민역사에서 대단한 사건이 되었다. 1624년 부왕은 현지 재판소에 의해서 기도된 쿠데타로 폐위되었다. 재판소는 민중 봉기를 핑계로 부왕을 권좌에서 폭력적으로 몰아내려고 결정적인 순간을 활용했다. 그 사건의 중요한 의미는, 누에파 에스파냐에서는 나름대로의 규칙에 따라서 정치가 행해지고 있으며, 식민지 중앙정부가 공고해졌다고는 하나 그것이 본국에 봉사하는 견고하고 전능한 기구가 되기에는 거리가 멀었다는 사실을 명백히 드러내었다. 왕의 권위는 인정되었지만 현실적으로 한계가 있었다. 누에바 에스파냐에 거주하는 에스파냐 사람들은 자신들의 관점과 이익을 현실화시켰다. 누에바 에스파냐를 건설할 무렵 만들어졌던 프로젝트들 중 정착인이 원했던 프로젝트에 진로를 터 줄 수 있을 순간이 왔던 것이다. 그 프로젝트는 더 개방적이고 자유로운 사회를 추구하고 있었다. 본국 사회와 유사하고, 자치단체와 세속 사제, 농업인, 광업인, 상인들에게 더 많은 행동 공간을 허용하는 사회를 추구했던 것이다.

왕실은 현실을 수용할 수밖에 없었다. 그렇지 않으면 더 큰 손실을 볼지도 몰랐기 때문이다. 게다가 더 중요한 일들이 있었는데, 그 일들을 위해서는 현지 엘리트들의 지원이 필요했던 것이다. 더 중요한 일들 중 하나는 '제국연합'이라는 재정기획을 공고히 하는 것이었다. 그 재정기획은 제국 내의 가장 부유한 단체들로 하여금 거액의 자금을 통해 왕실을 돕게 하려는 것이었다. 동시에 바를로벤토 함대라는 카리브지역 방어함대의 창설[1635]에 나섰고, 그 함대의 유지비는 멕시코의 자체단체와 상인들에게 부과되었다. 또한 누에바 에스파냐 영토 이외 지역의 방어부대 유지와 성곽의 건립을 위한 특별세금인 시투아도스situados가 인상되었다.

이러한 조치들의 결과로 누에바 에스파냐의 은 중에 많은 부분이 세비야로 가지 않고, 대신 다른 에스파냐 점령지의 방어와 유지비로 돌려졌다. 필리핀, 쿠바, 산토도밍고, 자마이카, 플로리다가 그 지역들이다. 17세기 말 누에바 에스파냐의 재정수입 중 거의 반이 그러한 목적으로 사용되었다. 본국은 그 손실을 페루에서 보낸 송금으로 보충했다. 페루는 당시 가장 풍요로운 시기를 보내고 있었다.

누에바 에스파냐는 본국의 쇠약으로 초래된 문제들과 함께 살면서, 제국 내에서 자신에게 부과된 새로운 역할을 수용하는 데 익숙해져야 했다. 이것은 구체적으로 자치단체, 상인, 그리고 다른 협동단체들이 주머니를 열어 놓고 살아야 한다는 것을 의미했다. 하지만 그들에게 나쁜 것만은 아니었다. 그 대가로 그들은 결코 무시할 수 없는 특권들을 놓고 협상할 수 있었다. 그 중에는 정치적으로 중요한 사건들과 지역적인 사안들이 뒤섞여 있었다.

이 사건들 중에 정치적 함의로 보나, 누에바 에스파냐의 경제적 지형도를 순식간에 바꿔 버린 점에서 보나, 가장 중요한 사건은 1629년부터 5년간 멕시코 시에서 일어난 홍수였다. 그 분지의 물을 적당히 퍼내서 홍수 피해를 입지 않게 하는 것은 항상 해결해야 할 과제였다. 그래서 그 이전부터 터널과 수로를 건설하느라 많은 돈이 들어갔지만, 결코 충분하지 못했던 것이다. 홍수 때문에 격렬한 정치적 공세가 일었고(예를 들어, 퇴위당한 부왕이 오로지 지출을 줄이겠다는 생각으로 생사가 걸린 배수 공사를 중단하라고 명령했다고 비난을 퍼부었다), 노동력 배분에 대한 특별조치를 요구했고(그런 공사들을 마무리하기 위해) 그것으로 멕시코 중부의 인디오 마을들 전체가 영향을 받았다. 도시를 약간 높은 곳인 옛 호숫가로 옮기자는 제안이 있었으나 기득권 세력이 우세했다. 그러는 사이 푸에블라는, 짧은 기간이긴 하지만 전국에서 가장 활발한 상업과 제조업의 중심지로 탈바꿈하는 이득을 보았다.

홍수의 간접적인 결과로 1549년부터 지속되어 온 노동력 분배 시스템을 유지하는 것이 불가능해졌다. 긴급한 배수 공사를 위해 정부는 1632년 다양하게 조정을 해야 했다. 그 중 가장 주된 것은 에스파냐에서 온 주민들은 더 이상 그 제도의 혜택을 볼 수 없게 하는 것이었다. 그것

후안 데 팔라폭스

은 부왕에게는 참으로 어려운 결정이었다. 왜냐하면 그가 압력 수단으로 사용했던 무기를 상실하는 것을 의미했기 때문이다(예를 들어, 그 몇 해 전 푸에블라 자치단체는 제국연합기금을 내는 것을 거부했다가, 부왕이 그 자치단체 구성원들에게 노동력 배분을 중단하겠다고 하자 태도를 바꾸기도 했다). 일반적으로 에스파냐 주민들은 당시 분개했지만, 결국은 얻은 것이 더 많았다. 왜냐하면 정부의 통제에서 벗어난 노동시장이 열렸고, 마침 인구 감소로 인해 노동력이 줄어 수요가 아주 늘어난 시기였던 것이다.

정치적 정상화를 위한 마지막 노력이 1640년에 시도되었다. 에스파냐에서 개혁 집단이 권력에서 밀려나기 직전이었다. 그 마지막 시도를 주도한 사람은 후안 데 팔라폭스였다. 그는 푸에블라의 주교로 다양한 시기에 걸쳐 민간정부와 부왕정부에서 최고위직을 맡았다. 팔라폭스는 누에바 에스파냐의 복잡한 상황에 지혜롭게 대처했다. 얽혀 있는 이해관계 사이에서 균형을 잡으려고 애썼지만 결국 충돌을 피할 수 없었고, 그로 인해 자신은 1649년 에스파냐로 돌아갈 수밖에 없었다. 주교의 특권을 놓고 예수회와 벌인 논쟁은 심각한 정치적 문제로 비화했다. 그 사건의 여파로, 그리고 잠재적으로 불안을 조성하는 효과가 있었기 때문에 왕실은 그나마 남아 있던 개혁 열망을 포기해야 했다. 팔라폭스는 세속 사제와 그와 관련된 것들을 옹호한 것 때문에 누에바 에스파냐에 있던 에스파냐 사람들의 정치·사회적 프로젝트의 수장이 되었다.

왕실의 궁핍한 사정은 이러한 과정에 일조를 했다. 재정확보와 다른 사안들 사이에 충돌이 있을 경우 항상 재정확보를 우선시했던 것이다. 이렇듯, 왕실은 기득권이나 권리남용을 타파한다는 목표에 비추어 봤을 때는 논란의 여지가 있음에도 불구하고, 행정비용을 줄이거나 확실한 수익만 보장된다면 식민정부의 조치들을 지지했다. 그 중 가장 두드러진 조치는 공공업무 기능을 파는 것이었다. 다시 말해, 대민 행정 기능이나 공공 아시엔다를 민간에 위탁하는 것이다. 예를 들어 공증업무, 우편물 배달, 조폐소 운영, 세금 징수 업무(읍면장이나 시장의 임무), 상품 판매세 징수(이 일은 오랫동안 멕시코 자치단체에게 위임되어 있었고, 그 이후 무역업자 조합인 콘술라도에 위임되어 있었다) 등이 민간에 위임되었다. 또한 자치단체 구성원 자리도 판매되었고, 가끔은 종신직으로 팔았다. 그 업무 기능이나 관직은 돈을 가장 많이 제시하는 사람에게 넘어갔고, 당연히 그 가격은 그 일로 얼마나 이익을 볼 수 있는지, 얼마나 권위 있는 자리인지에 따라서 결정되었다.

그렇게 해서 이 시기는 누에바 에스파냐에서 태어난 에스파냐 사람들이 영향력 있는 자리로 올라가고, 다양한 행정직책에서 힘이 커지는 (가장 높은 직책들은 예외였지만) 시기였다. 물론 경제적인 지위도 나아졌다. 에스파냐 사람이라는 자격은 혈통이나 상속으로 유지되는 것이지, 태어난 장소로 결정되는 것은 아니었다. 하지만 이베리아 반도에서 직접 온 사람의 관점이나 잇속에서 보면 자신이 아메리카에서 태어난 사람 혹은 크리오요(이 개념에 다양한 비율로 혼혈이 된 사람들도 포함되었다)와 구별되는 것은 당연했다. 반도에서 온 사람이 가장 좋은 지위를 차지하거나 살아가는 데 유리했지만, 늘 그런 것은 아니었다. 에스파냐가 광범위하게 권위를 행사할 능력이 없었기 때문에 아메리카에서 태어난 사람도 당시 엄청난 행동의 자유를 누렸다.

    이 시기는 문화적으로도 꽃을 피운 시기로 부각된다. 다양한 학교(특히 예수회 학교)와 대학이 틀을 잡았고, 대성당과 도시의 교구 교회와 생활관의 건립이나, 그림과 조각의 제작, 문학과 음악 작품의 창작 등에 소요될 재정이 토대가 되었기에 가능했던 것이다. 정복기의 대체로 시골스런 분위기는 지나고, 일종의 도회적 예술 분위기가 나타났다. 이 과정에서 다양한 문화적 혼종의 양상이 드러났는데, 그 중에서도 페르난도 데 알바 익스틸릴소치틀의 역사적 작품(1625년 이전 작품)이 두드러진다. 그 작품은 정복 이전의 과거를 찬미하는데, 그 작품 정신에 있어 좀더 오래된 운문작품들, 예를 들어 누에바 에스파냐의 아름다움과 가치를 노래했던 베르나르도 데 발부에나의 『위대한 멕시코』*Grandeza Mexicana* 같은 작품들의 계열이다. 그리고 17세기 동안 수녀들의 수도원이 많이 생겨났는데, 남성 성직자의 수도원과는 달리 순수하게 사색적이고 폐쇄적인 종파들이었다. 이것 또한 누에바 에스파냐의 정체성을 나타내는 또 다른 측면이다.

    마지막으로 북부로의 확장을 잊어선 안 된다. 북부로의 확장은 1631년 파랄에서 은광들이 발견된 뒤 새로운 추진력을 얻었다. 이 시기의 확장은 주로 시날로아와 소노라 방면으로 미션이라는 전도단의 설립을 통해 진행되었는데, 주로 프란시스코회와 예수회에 의해서 주도되었고, 주된 목적은 새로 차지한 지역의 원주민을 새로운 환경에 적응시키고 개종시키는 데에 있었다. 고정된 거주지가 확립되어야 전도단의 근거가 마련되는 것이기에, 중부 인디오 마을의 조직을 어느 정도 재구성하려고 시도했다. 어떤 전도단은 그것을 달성했다. 하지만 다른 전도단은 존속할 수 없었거나, 새로운 개종자들을 유지하기 위해 힘에 의존해야만 했다. 또한 반란 같은 상황에도 직면해야 했는데, 1648년에 봉기한 타라우마라 부족의 경우가 그 예가 되겠다. 동시에 북부에는 새로운 수비대나 군사 거점, 그리고 민간인 거주지가 생겨났다.

* * *

누에바 에스파냐는 눈에 띄는 다양한 특징과 함께 성숙 단계로 진입했다. 우선, 왕실이 권력 구조 안에 배치한 구성 집단들 중 어떤 집단도 정치를 조정하는 모든 끈을 움직일 수 있을 만큼의 충분한 권위를 지니지 못했다. 중앙정부는 안정되어 있었지만 부왕이나 재판소의 소관업무나 권한은 완전히 규정되어 있지 않고, 또 부분적으로 서로 중첩되었다. 교회당국이나 종교재판소와 충돌지점도 있었고, 자치단체들과도 마찬가지였다. 권위의 분화는 코르테스 시절부터 있어 왔지만, 정부기구의 틀을 제공한 (아니, 어중간하게나마 제공한) 법령들이 복잡하고 모순되어서 더 가속화되었다. 그것도 부족했던지, 왕가는 가끔씩 방문제도를 실시했는데, 이는 에스파냐에서 광범위한 지시를 주고 직접 관리를 보내는 제도였다. 방문관리들이 다른 관계기관들 위에 군림할 수 있는지, 없는지는 늘 분명하지 않았다. 예를 들어 팔라폭스는 방문관료였지만 동시에 부왕이었다. 게다가 법률적 경계와 용어도 애매했다. 그 결과는 시소 같은 체제로 나타났는데, 그 체제는 다양한 경향과 의견들이 드러나는 것을 허용했고, 서로의 잇속이 드러나게 했으며, 최고 권위를 인정하면서도 동시에 그것으로부터 거리를 두었다.

왕가는 누에바 에스파냐에서 자신에게 가장 유리한 정부를 세울 수 있는 토양을 발견하지 못했다. 상황에 맞추느라 한 쪽을 조금 억누르고 다른 쪽에 좀 양보를 해줄 경우에, 원하는 결과를 항상 얻은 것은 아니었다. 그렇다고 참담한 결과도 아니었다. 시소 체제는 왕가에 적당히 맞았고, 그렇기 때문에 자신의 점령지를 그렇게 오랫동안 평화롭게 지켜 왔던 것이다.

    첫째, 그러한 체제는 한 사건의 산물이 아니라 에스파냐의 영토 내에서 권력 행사에 대한 지배적인 개념에서 나온 것이다. 그 세계에서 권위는 강제적 행위에 근거하지 않고 정의를 바탕으로 이루어지는 것이었다. 정의를 널리 실현하는 것이 왕의 최상의 권위였다. 그리고 그의 대리인들과 사절들은(부왕에서부터 읍면장과 시장에 이르기까지) 각자 자신의 영역에서 이러한 기능을 수행하고 있었다. 그래서 그들을 판관이라고 부르는 일이 흔했던 것이다. 법령은 개별적인 경우들을 잘 고려했고, 관리들이 법을 적용할 때 폭넓은 자율권을 행사할 수 있도록 허용했다. 관리들의 충분히 있을 수 있는 (그리고 흔했던) 자율권 남용은 '현지 평가'라는 제도를 통해 제재를 받았다. 현지 평가를 통해 부왕을 포함해 모든 왕실의 대리인들은 자기 임기가 끝날 때 공개적인 감사를 받아야만 했다. 많은 사람들이 과실이나 직권남용으로 엄하게 과료처분을 받았다. 물론 징계를 받지 않은 사람도 있었다. 완벽하지는 못했지만 그 체제 내에서 폭정의 사례는 아주 드물었다. 게다가 그런 사례가 있는 경우 상당히 신속히 해결되었다.

    둘째, 시소 체제는 무력에 바탕을 둔 위험스럽고 비용이 많이 드는 독재체제가 필요 없게 만들었다. 게다가 에스파냐 영토처럼 그렇게 광대한 제국에서는 독재를 시행할 수가 없었다. 그러한 사정 뒤에 숨은 논리는 바로 원주민 귀족들에 대해 간접적인 지배체제로 귀결되었던 논리와 다르지 않은 것이었다.

그 당시 에스파냐 제국의 사회 내에서는 주로 협동단체에 관심이 많았다는 것을 상기할 필요가 있다. 개인은 자신이 속한 단체를 통해 개인의 중요성을 확보했고, 그 단체를 통해 정치판에 개입했다. 누에바 에스파냐는 많은 단체가 굳건히 자리잡고, 자신의 행동 영역을 확보했을 때 성숙기에 도달했다. 재판부, 자치단체, 콘술라도(무역업자 조합), 종교단체, 인디오 마을, 대학, 수공업자 조합 등이 그러한 단체들이었다. 각 단체는 온전한 법인체로서 자기 집단을 대표하고 이익을 지켜 나갔다. 또한 왕실과 마찬가지로, 어떤 것을 얻기 위해 다른 것을 양보할 수밖에 없기도 했다. 당연히 단체들 안에는 다양한 입장들이 있었고, 각 단체는 더 큰 사회의 축소된 세계였다. 17세기부터 누에바 에스파냐의 단체들 내에서 크리오요와 반도에서 온 사람 사이에 주요한 의견 차이가 느껴지기 시작했다.

정치적 역학 관계는 크리오요들이 비중 있는 단체에서 활약해 나가면서 크리오요들의 이익에 유리하게 전개되었다. 또 거시적 경제 상황도 그들에게 유리하게 진행되었다. 17세기 전반에 누에바 에스파냐는 개화기를 맞아 뿌린 씨앗의 열매를 거두고 있었다(적어도 에스파냐에서 온 사람들은 그랬다). 광산업은 일정한 성장을 유지했고, 목축과 밀, 그리고 다른 작물의 도입이 성공적으로 끝나고, 이제 유럽에 뿌리를 둔 제조활동으로 넘어갔다. 많은 숫자의 밀 제분공장이 엄청난 양의 밀가루를 생산했고, 누에바 에스파냐 전체 사회에서 빵 소비는 폭발하고 있었다. 동시에 수 십 군데의 제당시설 압착기는 설탕을 풍부하게 공급해 주고 있었다. 천, 특히 모직천의 생산시설인 오브라헤들은 100여 군데가 넘었고, 각 시설마다 평균 50명 정도의 직원을 고용하고 있었다. 이러한 것들을 바탕으로, 가장 큰 액수의 돈은 누에바 에스파냐의 지배적 경제활동이라고 할 수 있는 상업, 특히 해외무역 활동과 관련되어 있었다. 많은 인디오 마을들도 나쁘진 않았다. 왜냐하면 (상대적으로) 새로운 재화의 순환체제에 끼어들어 그 혜택을 누리고 있었고, 자신들의 생산품에 (특히 연지벌레) 좋은 가격을 받을 수 있었고, 마부 등으로 운송과 관련된 활동에서 일부를 담당할 수 있었기 때문이다.

이러한 전반적 상황에다 왕실의 궁핍한 사정을 대비해 볼 필요가 있다. 왕실의 경제적 사정이 어려워지면서 왕실의 관심은 더 협소해졌다. 결과적으로 자금을 확보하는 것이 모든 것에 우선되었다. 세금과 특별기부금, 공공업무의 매각을 통해 본국은 상당한 규모의 안정된 수입을 확보했다. 하지만 (16세기를 통해 엔코멘데로와 전도 사제, 토후의 행위를 제한하면서 그렇게 어렵사리 획득한) 왕실 권력의 일부를 양도해야만 했다. 상인과 지방정부, 그리고 일반적으로 말해, 현지의 소수 권력자들에 의해서 지배되는 중간 수준의 관료집단에 양도해야만 했던 것이다. 이와 같이 정부는 안정을 위해 대가를 지불했다. 대가란 권력을 광범위하게 나누는 것이었는데, 그것은 누에바 에스파냐의 입장에서 보면, 상당한 수준의 자치로 나타났다. 이것에다 에스파냐가 세계무대에서 자신의 쇠락한 지위를 유지하기 위해 아메리카의 영토에 의존할 수밖에 없는 현실을 함께 고려할 때, 결과적으로 누에바 에스파냐(혹은 적어도 누에바 에스파냐의 특권 엘리트들)에게 상당히 바람직한 것이었다.

2) 번영과 그 한계 (1650~1715)

누에바 에스파냐는 대단히 복잡한 일련의 발전을 경험했다. 그것은 17세기의 2사분기부터 아주 독특한 방식으로 드러났는데, 어떤 발전들은 이미 그 이전 시기에 윤곽이 드러났다. 누에바 에스파냐의 역사에서 이 시기는 논란의 여지없이 절정기의 증거들을 드러내지만, 동시에 일정한 한계에도 부딪힌다.

이 시기의 특징으로(동시에 이전 시대의 연속으로) 하나의 고유한 정체성이 뿌리내리고 발전한 것을 지적할 수 있다. 그 속에서 한편으로, 문학과 다성적 음악에서 볼 수 있듯이 유럽 문화가 그 지역적 양식으로 성공적으로 육성되었다. 다른

후아나 이네스 데 라 크루스

한편으로는, 건축에서 볼 수 있듯이 명백하게 누에바 에스파냐적인 예술 형태와 양식이 창조되었다. 여성 시인 후아나 이네스 데 라 크루스 수녀의 문학작품은 1680~95년 사이에 주로 쓰여졌는데, 비록 그녀가 멕시코를 벗어난 적이 없지만, 에스파냐 문학에서 일류에 속하는 인물이 되었다. 그 작품의 가치는 오늘날까지 세계적인 것으로 인정받고 있다. 음악 활동은 수도사 자치회에 의해서 열성적으로 장려되었다. 도시의 역동성이 건축의 눈부신 발전에 기여했다. 대부분의 도시는 수십 년 동안 안정과 성장을 이어왔다. 세속 교회는 모든 도시와 거주지에서 가장 좋은 장소를 요구했고, 바로크적 영감으로 새로운 건축을 시도함으로써 자신들을 각인시켰다. 그들의 건축물은 그 화려함에 있어, 탁발 수도사의 옛 수도원 건물들(당시는 이미 거의 방치된)에 견줄 만했다. 분명히 종교가 문화 전반을 지배하고(그리고 제한하고) 있었지만, 과학적 지식에 관한 본보기들도 무시할 수 없을 정도로 있었다. 특히 광업, 천문학, 수학 분야에서 두드러졌는데, 디에고 로드리게스와 카를로스 시구엔사 이

공고라의 작품들이 이를 증언하고 있다.

누에바 에스파냐적이라고 할 수 있거나, 오늘날 관점에서 온전히 멕시코적이라고 할 수 있는 다른 문화적 요소들, 예를 들어 음식, 의복, 가구, 언어, 대중음악, 춤 등이 그 개성을 획득하거나 성숙기에 도달한 것도 또한 이 시기였다. 그 모든 것들 내에서 문화적 혼종과정이 진행되었는데, 주로 원주민 세계와 에스파냐에서 유래된 것들이 포함되었다. 하지만 아시아나 아프리카에서 유래된 것도 있었다(비단과 상아가 널리 사용된 것이나, 도기, 폭죽, 계피의 일반화와 음악적 표현에서 그 예를 찾아볼 수 있다). 아프리카에서 온 노예 중 많은 사람이 가사업무를 맡고 있었고, 이것이 도시의 삶에 특별한 분위기를 자아내고 있었다. 이런 문화 현상은 여러 방향으로 작동되었다. 예를 들어, 17세기 중반의 나우아어는 많은 표현 형태에 있어 정복 이전의 모습과 달라져 있었다. 다른 현상들은 환경적인 요소도 가지고 있었다. 예를 들어 목축의 확산은 일종의 문화적 혁명을 유발했을 뿐 아니라(양털의 사용과 정기적인 고기 소비는 거의 모든 원주민들의 복장과 식단을 바꾸었다), 동물들의 배설물로 인해서 농업체계의 일부분이 영원히 바뀌어 버렸다.

누에바 에스파냐의 문화적 특이성은 다양한 명칭의 성모마리아에게 바치는 여러 종교의식의 성행을 통해서도 엿볼 수 있다. 그 중에서도 과달루페 성모처럼 그렇게 눈에 띄는 것은 없었다. 특히 1648년부터 과달루페 성모는 멕시코 시 가까이 있는 최초의 성전으로부터 누에바 에스파냐 전역으로 전파되기 시작했다.

경제 영역에서는, 한편으론 이전 시대의 특징으로 언급된 것들이 확산된 점을 유의해야 하고, 다른 한편으로는 (부역과는 관련 없는) 자유로운 노동시장이 공고해졌다는 것을 유의해야 한다. 이것은 에스파냐 사람 개인들, 혹은 수도원이나 예수회(이 기관들은 대지주가 되었다) 같은 단체에 의해서 운영되는 농업기업들에게 도움을 주었다. 이미 언급된 1632년의 노동 배분법 개혁과 화폐의 점진적 확산이 이 과정에서 기폭제 역할을 하였다. 대부분 인디오 마을 출신의 노동자들은 수당을 받고 일하기 시작했다. 농업생산물은 정복에서 비롯된 공물제도와 멀어지면서 광범위의 경쟁적인 시장망 속으로 편입되었다.

이러한 일들은 아시엔다가 최종적인 형태를 갖추고 급증한 것과 관련되어 있었다. 최종적인 형태의 아시엔다는 개인 소유의 부동산, 농축산 기업, 그리고 정착마을이 조합된 것이었다. 더 이전 시대의 모습과는 달랐다. 이제 아시엔다의 핵심적 특성은 노예 노동자의 소유나(일부 아시엔다는 노예를 가지고 있었지만) 식민화 과정과 연관되어 있지 않았다. 자유를 가진 노동자에 의존하고 있었고, 중부지방에서는 인디오 마을과 뒤섞여 있었다. 이러한 새로운 아시엔다는 누에바 에스파냐의 시골 풍경의 핵심적 요소가 되었다. 그리고 자유를 가진 많은 주민들, 일반적으로 메스티소 피를 지닌 그 사람들이 새로운 정착지를 찾고, 인디오 마을 사람들이 일자리를 찾거나 공물로부터 자유로워지기 위해 자기 마을을 버리면서 (일시적으로나 영원히) 이 새로운 아시엔다는 더욱 공고해졌다. 그렇게 해서 일꾼으로, 수당을 받는 노동자로 그 기업의 땅에 살고, 기업으로부터 일정 부분 보호받았다(왜냐하면 당시에 노동력은 부족하고 귀했기 때문에). 동시에 지주들은 이웃 마을로부터 사거나 빌리는 식으로 자신들의 소유지를 확장해 갔다. 인디오 마을과 아시엔다 사이에는 거의 한 세기 동안 상대적인 균형이 유지되었다.

비록 아시엔다가 광활한 토지를 기반으로 하고 있었지만, 모두가 대단한 재산 가치를 지닌 것은 아니었다. 그 가치는 토지뿐만 아니라 생산력에도 관련되어 있었다. 그리고 농촌의 모든 소유지가 아시엔다는 아니었다. 토지소유자도 적지 않게 이질적인 집단이었다. 가장 보잘 것 없는 지주로는 평범한 자산을 가진 정착인과 일부 성직자를 들 수 있는데, 그들 대부분은 크리오요이거나 메스티소였다(그들을 구별하는 것은 매우 어려웠다). 하지만 인디오 마을의 일부 토후도 그 그룹에 속한다. 정반대쪽에 재산을 많이 축적한 상인과 광산업자가(크리오요와 에스파냐에서 온 사람) 자리했다. 게다가 이들은 아시엔다를 대여섯 개씩 소유하면서 자기들끼리 배타적 사업 영역을 구축하고 있었다. 그리고 그 그룹에는 교회 단체들——종파(프란시스코파는 제외하고)들, 예수회, 수녀원——도 포함되었는데, 그들은 구매를 하거나, 특히 신앙심에서 우러난 헌납을 통해 수많은 소유지를 가지고 있었다. 이 기관들은 도시의 토지들도 수없이 가지고 있었고, 거대한 자금으로 신용대출 사업도 할 수 있었다. 점점 더 많은 농촌 토지들이 종교단체에 유리하게 담보로 잡혔다.

이와 같은 확장의 역사와는 대조적으로, 누에바 에스파냐의 모든 지역에 있는 인디오 마을들은 17세기 중반부터 정치적인 분열의 국면으로 진입했다. 정복 이전의 부족영지들을 계승한 그 마을들은 이미 토후들로부터 분리되어, 지리적 구획이나 종속성(부속마을과 구역들)에 따라서 나누어지는 경향이었다. 그리고 이미 설치된 공화국의 조직체들을 무시하기 시작했고, 본래 자신들의 조직단위가 가지고 있던 협동조합적 특성들을 축소한 형태로 다시 부활시키면서 자신들의 고유한 단체를 조직할 수 있는 권리를 주장했다. 정부는 그것을 허용하는 데에 반대하지 않았다. 그 결과 백여 년 전만 해도 하나밖에 없었던 곳에 대여섯 개의 작은 인디오 마을이 생기기에 이르렀다. 이런 역학적 변화과정에서 많은 거주지가 당장 시급하면서도 주거환경과 관련되어 필요한 일들(예를 들어, 자신들의 공동 소유지 속에서 안전을 더 확보한 일)이 충족되는 것을 확인했다. 하지만 그 과정에서 인디오 마을들이 유지할 수 있었던 모든 정치적 역량이 사라졌다. 이것은 또한 정복 당시의 상황이 이제 얼마나 먼 과거가 되었는지를 보여 주는 또 다른 예이기도 하다.

 인디오 마을로서는 그렇게 변화가 많은 상황에서 자신들의 이상적인 입장을 찾는 것이 쉽지는 않았다. 17세기 후반에는 폭정과 권력 남용, 품귀현상과 독과점 같은 성격의 폐단들 탓에 일어난 소요사태가 상당히 있었다. 가장 악명 높았던 것은 많은 군수나 시장들이 개입된, '상품의 배분'이라고 불렸던 그릇된 행정이었다. 인디오 마을의 주민들에게 모든 종류의 상품을 (부풀려진 가격으로) 강매하는 조치였다. 이따금, 이 조치는 잔혹한 노동착취를 포함하기도 했다. 예를 들어 주민들에게 실을 강매하고 나중에 천을 (최소한의 가격으로) 팔도록 강요하는 식이었다. 그 조치에 인디오 부족은 그동안 겪었던 조세부담의 고통이 하나 더 가중된 것으로 여기고 어느 정도까지는 참고 받아들였다. 그리고 이는 관료들에 대한 보상방식으로도 받아들여졌다(실제로 관료들은 봉급을 받지 못했거나, 관직을 돈 주고 샀던 것이다). 하지만 권력남용이 사회적으로 받아들여지는 데에도 한계가 있었기에, 그 한계를 벗어나자 여러 형태의 저항이 일어났다. 이 시기에만 한정된 것은 아니지만, 이 시기 동안 지방 봉기들(테우안테펙, 1660)과 도시 폭동들(멕시코 시, 1692)이 일어났는데, 상대적으로 격렬했고 정치적 반향이 상당했다. 과거에는 없었던 도적떼가 길목마다 득실거렸다.

 비록 다른 맥락이었지만, 앞서 언급한 것과 견줄 만한 권력남용이 동인이 되어 1680년 누에보 멕시코의 마을들에서 대규모 봉기가 일어났다. 그 사건의 결과로 에스파냐 사람들은 그 지방에서 쫓겨났고, 10년 동안 돌아올 수 없었다. 물론 누에보 멕시코는 변방지역이었지만 그 사건은 아주 의미심장했다. 그때까지 화려하게 진행되었던 북쪽으로의 확장사업이 처음으로 맞은 역경이었기 때문이다. 게다가 그 사건을 기점으로 몇 년간 에스파냐 제국은 다양한 이유로 그 사건에 못지않은 다른 충격들을 겪어야 했다.

당시 에스파냐의 적이었던 프랑스 사람들은(이들은 5년간의 전쟁을 막 끝냈고, 곧 다른 전쟁을 시작할 참이었다) 북아메리카에 맹렬하게 공세를 취하고 있었다. 1685년에는 텍사스의 한 해안 지점이 프랑스 원정대에 의해 점령당했는데, 불행히도 이 원정대원들은 얼마 못가 다 죽고 말았다. 왕실은 아메리카 대륙의 이 지점에서 일어나는 사태에 아주 민감해했기 때문에 즉각적으로 반응했다. 여러 조치가 취해졌지만 그중에서도 두드러진 것은 코아우일라로 진격한 일과(그 결과 몽클로바가 1689년 세워졌다), 여러 군사시설들이 강화된 일이었다. 하지만 이 모든 것에도 불구하고 수년 뒤에나 그 엄청난 중요성을 인식하게 될 사건이 일어나는 것을 피할 수는 없었다. 루이지애나에 프랑스 식민지가 건설된 일이었다. 에스파냐는 이 충격을 바하 칼리포르니아를 점령하는 것으로 상쇄시킬 수 있었다. 그 점령은 1697년부터 예수회가 순전히 자신들의 전도구역을 확장할 목적으로 추진되었던 것으로, 그 결과는 별로 실속이 없었다.

북부지역에서의 전체적인 손익 상황이 에스파냐 왕실로서 우려스런 것이었다면, 영국인, 프랑스인, 네덜란드인 들의 활동이 증가하는 상황은 더 염려스러웠다. 이들은 해적질을 통해 카리브를 장악해 나가고 있었다. 많은 노략질 중에는 1683년과 1685년에 베라크루스와 캄페체를 인정사정없이 공격한 일도 있었다. 방위세인 시투아도스 자금도, 에스파냐의 쇠약해진 방어력도 영국인들이 1655년 자마이카를 점령하는 것을 막지 못했다. 또 영국인들이 자마이카를 거점으로 5년 뒤 타바스코 동부의 광활한 지역을 점령하는 것도 막지 못했고(테르미노스 호수 주변 지역으로 1716년까지 머물렀다), 벨리스 같은 경우는 점령한 뒤 계속 주둔하는 것도 막지 못했다. 1692년 쿠바를 잠시 점령한 사건은 엄청난 불안을 야기했다. 에스파냐의 엄청난 손실은 1697년 마야의 거점 하나를 복속시킴으로서 조금이나마 보상되었다. 페텐지역의 타야살에 정복시기부터 계속 실질적으로 독립 상태로 남아 있던 마야의 거점이었다.

* * *

누에바 에스파냐가 자신의 해안 두 곳에 영국 점령지를 둔 채 17세기를 마감한다는 것은 아주 의미심장한 일이었다. 그러한 침입은 100년 전만 해도 상상도 할 수 없는 일이었다. 그것은 에스파냐 해상력의 쇠락과 적들의 부상을 반영하는 것이었다. 다른 한편으로, 누에바 에스파냐는 식민지 건설 국면에서부터 지속되었던 고립상태에서 벗어남과 동시에 성숙단계에 이르렀다. 외부 세계의 사건들이 직접적으로 영향을 미치고 있었다.

하지만 아주 대단한 것은 아니었다. 영국의 침입은 16세기부터 거의 사람들이 살지 않던 지역의 일부만을 혼란스럽게 했을 뿐이다. 게다가 누에바 에스파냐는 북쪽으로의 영토 확장과 잇속에 관심을 돌리면서 중앙아메리카나 유카탄으로부터 멀어지고 있었다. 카리브 지역의 사건에 연루된 것처럼 보인 것도 사실은 왕실의 요구 때문이었다. 더 심각한 것은 누에보 멕시코를 일시적으로 상실하고, 북동해안에 프랑스 사람들이 다가오는 것이었다. 이 사건들은 즉각적이고 단호한 대응을 불러왔다. 하지만 앞에서 언급한 모든 것들은 변방지역에 타격을 입힌 것이지 누에바 에스파냐 중심에 타격을 입힌 것은 아니었다. 이 점이 바로 커다란 차이였던 것이다.

외부 세계의 사건들과 관계가 점점 늘어남에도 불구하고 누에바 에스파냐는 내부에 집중된 채, 실질적으로는 외부와의 경계가 폐쇄된 나라로서 성숙기에 도달했던 것이다. 베라크루스, 캄페체, 아카풀코를 제외하면 해상 교역의 가능성이 있는 해안이나 해변은 없었다. 게다가 추가적으로 해적들에 대한 당연한 두려움이 바다를 무대로 하는 삶에 자신감을 갖지 못하게 했다.

누에바 에스파냐는 타바스코, 유카탄, 과테말라와의 국경 등 동쪽 방면에 대해서는 확연하게 애써 모른 체했다. 앞서 언급한 영국에 의한 벨리스와 테르미노 호수 점령 사건은 응징할 필요도 없는 하나의 불상사 정도로 여겨졌다. 17세기의 상당기간 중요했던 과테말라(독립된 정부가 세워질 때부터 치아파스를 포함하고 있었다)와의 교역 고리도 쇠퇴하고 있었다. 마지막 역병 이후로 거의 사람이 살지 않던 소코누스코 해안지방도 법적 분쟁의 대상이었지만 사실 아무도 해결에 관심이 없었다. 그러는 가운데 유카탄에서도 그 지방을 실질적으로 분리된 단위로 만드는 여러 특이한 측면들이 점점 더 두드러지고 있었다. 법적이고 교회와 관계된 문제에 있어서 멕시코에 종속되어 있었고, 그 지방 정부는 부왕에 종속된 것을 이론적으로는 인정했지만, 유카탄의 사건들은 완전히 자치적으로 다루어졌고, 그래서 직접 에스파냐에서 취급했다. 그 지역 경제는 아주 폐쇄적인 것이었고, 아주 오래된 구조를 유지하고 있었다. 그중에서 가장 두드러진 것이 엔코미엔다이다. 부왕 정부는 이런 사건에 거의 관심을 보이지 않았다.

북부의 외부 경계(북부는 이 시기에 일반적으로 셉텐트리온이라는 명칭으로 불렸다)는 완전히 미확정 상태로 지속되었고, 거의 빈 공간으로 확장되고 있었다. 북쪽의 아타파스카노 인디오(소위 아파치 인디오)들의 초기 공격은 또 다른 걱정거리였다. 정부는 다양한 통제장치를 만드는 데 많은 돈을 썼다. 북쪽의 재조직과 방어를 위한 수많은 계획들 중 텍사스에서 소노라까지 일련의 군사시설 혹은 수비대의 연결 사슬을 구축하는 것이 가장 중요시 되었다. 이 계획의 성과에 대해서는 논란이 많았는데, 주로 그 시설을 유지할 인력이 부족하고 준비되지 못했기 때문이다. 그런 시도들이 실패했지만, 잠시 후 군대의 장교집단에 들어가거나 정부의 중요한 직책을 맡게 되는 개인들에겐 좋은 경험을 제공했다. 북쪽과의 친숙함과 그 지역의 문제들과 상황에 대한 관심은 다가오는 시대에 누에바 에스파냐에서 중요한 자국을 남기게 된다.

점증하는 중요성과 그 모든 것에도 불구하고 북쪽은 아직 누에바 에스파냐의 해안들과 동쪽 지방만큼이나 거의 변방에 불과했다. 다시 언급하지만, 누에바 에스파냐는 자신의 내부로 경도된 나라였다. 모든 중요한 도시, 모든 역동적 지방, 모든 경제 활동, 모든 소통 경로, 모든 예술적 표현, 모든 부, 모든 사람은 멕시코 중부고원에 집중되어 있었다. 이와 같이 16세기 동안 만들어지고, 17세기 동안 공고해진 누에바 에스파냐의 이 일반적 모습은 오늘날까지 이 나라의 지형도에서 압도적으로 유지되고 있다. 이 사실을 설명해 줄 기후·환경적 이유들은 있다. 모든 것이 중부고원에 집중된 현실은 또한 상당 부분 누에바 에스파냐가 애초에 멕시코-테노치티틀란 지역에 건설되었다는 점에서 유래하고 있다. 하지만 그에 못지않게 중요한 것은 왕실이 의도적으로 아주 제한적인 상업체제를 만들고, 폐쇄적인 국경을 만들었다는 데 기인하고 있다.

누에바 에스파냐의 전반적인 지형도는 그러했다. 누에바 에스파냐는 이미 2세기 동안 존재해 왔고, 100여 년을 성숙기로 보내 왔다는 긍정적인 측면을 가지고 있었다. 구체적으로, 특히 핵심적인 부분을 살펴본다면, 식민지 경험이 만들어 낸 지역들이 뚜렷하게 형체를 드러냈다. 믹스테카 알타와 다른 산간지역에서 그러했듯, 어떤 지방들은 정복 이전의 과거로부터 물려받은 공간체계를 거의 바꾸지 않은 채 다시 재생산했다. 하지만 다른 지방들은, 푸에블라 계곡처럼 그 탄생과 발전에 있어 순전히 식민지풍이었다. 이런 지방들 중에 바히오 지방처럼 화려하고 역동적인 지역은 없었다. 그 지역은 북쪽으로 처음 진출하면서 탄생했지만, 곧 나라의 핵심부분이 되었다. 18세기 초 바히오 지방은 인구가 가장 많이 증가한 지역이고, 도시발전, 농업 생산, 사회의 역동성이 가장 많은 지역이었다. 이 때문에 그 지역은 누에바 에스파냐 역사에서 갈수록 더 중요한 지역으로 자리잡는다.

3) 마지막 시기의 징조들 (1715~1760)

에스파냐에서 오스트리아 왕가(일명 합스부르크 왕가)는 후계자가 없어, 당시 프랑스를 통치하고 있던 부르봉 왕가로 왕위가 이양되었다. 에스파냐의 새로운 왕은 펠리페 5세로 루이 14세의 손자였다. 그 사건으로 에스파냐에서는 대단한 동요가 일었지만, 멕시코에서는 일상에 별 변화가 없었다. 적어도 직접적이고 명백한 변화는 보이지 않았다. 단지 몇 년 후인 1715년경 새로운 시대가 도래하고 있다는 것은 감지할 수 있었다. 누에바 에스파냐의 역사에서 또 다른 시기(이 장에서는 마지막 시기)가 형성되는 데는 유럽 정치의 몇몇 사건들도 기여했다.

에스파냐와 프랑스의 왕조가 인척관계라는 사실이 두 나라 사이의 불신을 지워 버리지는 못했지만 안정적인 공존을 보장했다. 반면 영국과의 관계는 꼬여서 수차례의 전쟁으로 귀결되었다. 그것은 에스파냐 왕위 계승에 관련된 갈등에 영국이 개입하는 아주 오래 지속된 전쟁으로 시작되었다. 1713년, 위트레흐트 조약으로 이 전쟁은 끝났는데, 에스파냐에서 부르봉 왕가의 존속을 승인하면서, 부르봉 왕가가 영국인들을 위해 여러 상업적 양보를 하도록 강요했다. 그때부터 영국인들은 아프리카 노예를 아메리카에 데려가는 일에 배타적 권한을 얻었다.

에스파냐에서는 그 상황을 활용해서 대서양무역을 지배하던 경직된 제도에 몇 가지 개혁조치를 취하고자 했다. 해상교통의 관리는 세비야에서 카디스로 옮겨졌고, 선단 제도에 몇 가지 수정이 가해졌다. 추가로 선단에 대한 관리를 강화하기 위해 호송선단이 아메리카 땅에 도착할 때를 맞추어 일 년에 한번씩 무역 견본시장을 열었다. 누에바 에스파냐에서는 1728년부터 할라파에서 그 시장이 열렸다. 하지만 이러한 조치들은 상당히 표피적인 것이어서, 해가 거듭될수록 가시화되는 사태에 대한 효과적인 답을 제시하지는 못했다. 다시 말해, 영국인들은 노예무역(그것은 누에바 에스파냐에서는 보잘 것 없는 규모에 불과했지만)에 대한 배타적 권리를 활용해 유럽의 상품을 들여오고, 곧바로 상당한 밀무역 조직으로 탈바꿈할 인적 거점을 마련하기 시작했다. 그렇게 해서 에스파냐가 점령하고 있는 아메리카 땅에서 상당한 몫을 챙겼던 것이다. 에스파냐 본국이 지나치게 무역을 통제함으로써 누에바 에스파냐에서는 이런 행위가 일어날 수 있는 비옥한 토양이 조성되었던 것이다.

1739년에 일어난 영국과의 새로운 전쟁은 무역 분야에서 직접적인 결과를 초래했다. 그 중에서 두드러진 것은 1754년까지 선단운항이 중단된 것이다. 이 사건의 가장 중요한 점은 선단의 부족으로, 등록된 선박이라고 불렸던 개별 선박들에 의해서 무역이 성공적으로 이루어졌다는 것이다. 그 선박으로 인해서 몇 십 년 뒤 무역의 점진적 자유화를 확립하는 데 기여하게 될 선례가 만들어졌다.

새로운 환경은 무역문제에만 반영된 것이 아니었다. 왕실은 1714년부터 아메리카의 일을 취급할 정부 대행기관을 재조직하기 시작하였다. 그 후 20년 동안 누에바 에스파냐의 운명은 연이은 두 부왕(발레로 후작과 카사 푸에르테 후작)에게 맡겨졌다. 이들은 안정적이고 잘 정비되어, 갈수록 효과적인 정부를 만드는 데 성공했다. 그 이후의 다른 부왕들도 전임자들의 평균보다는 더 능력 있는 사람들이었다. 통치 스타일과 기술에서도 눈에 띄는 변화가 있었다. 관료화가 더 진행되었다고 말할 수 있을 것이다.

아주 중요한 사건 하나는 1719년에 위임재판소가 설치된 일이다. 그것으로 누에바 에스파냐에서 처음으로 효과적인 경찰조직이 만들어졌다. 나라의 모든 길을 황폐화시키는 도적떼의 숫자가 우려할 수준에 이른 데에 대한 대응으로 설명할 수 있을 것이다. 그럼에도 불구하고, 보다 큰 의미는 당국이 지닌 권위의 효력과, 그 권위를 발휘하는 데 필요한 수단을 강구할 필요를 강조하던 정부의 새로운 철학이 처음으로 구체적으로 드러났다는 것이다. 누에바 에스파냐에서 그 당시까지 존재하던 유일한 군대는 부왕의 호위대와 지방의 다양한 무장단체였다. 어떤 단체는 임시적이었고, 어떤 단체는 항구적으로 조직된 단체로 그 목적은 해안과 북부 국경을 방어하는 (적어도 겉으로는 그렇게 보였다) 것이었다. 어떤 단체도 직업군인들에 의해서 조직되어 있지 않았으며, 근대 군대 고유의 계급구조와 조직은 찾아볼 수 없었다.

다른 중요한 사건은 마틀라차우아틀이라고 불렸던 티푸스 역병의 발발이다. 1736에서 1739년까지 지속되었는데, 16세기에 있었던 전례들에 비해 덜 치명적이었다. 하지만 인적·물적 자원의 교환이 확대된 결과 지리적으로는 더 넓은 지역에 펴져 있었다. 그 역병은 17세기 중엽부터 증가하고 있던 인구추세를 바꿀 정도로 강력하지는 않았다. 하지만 경제적 결과 때문에, 그리고 역병을 보다 잘 통제하기 위한 다양한 계획을 가지고 정부가 개입하는 데 빌미를 제공했기 때문에 의미가 아주 큰 것이다. 그것은 정부의 변화된 근대화 자세를 보여 주는 초기 예들 중 하나로 여길 수 있을 것이다.

1750년 무렵 누에바 에스파냐의 인구는 4백 5십만 명을 웃돌고 있었고, 그 중 반 혹은 그보다 약간 더 많은 인구(다시 말해, 공물을 바치는 자로 등록된 사람과 그의 피부양자)가 인디오 마을에 관계되어 있었다. 나머지는 기본적으로 크리오요나 메스티소(혹은 물라토나 그 외 다양한 혼혈이었는데, 보통 혼혈인을 카스타^{casta}라고 불렀다)였다. 이 숫자 안에서 일부 개별 집단의 규모는 아주 크지 않았다. 아프리카 출신은 노예와 자유인을 포함해서 전체가 1만 명을 넘지 않았고, 이베리아 반도에서 온 사람도 일정 시점에서 2만 명을 넘지 않았다. 어떤 지역, 특히 바히오, 누에바 갈리시아, 북부지방에서는 메스티소가 과반을 차지했다.

농촌지역에서 메스티소와 물라토의 숫자가 늘어나면서 자유를 가진 주민들의 숫자가 의미심장하게 늘어났다. 이들은 소지주들(다시 말해, 공물을 바치지 않고, 인디오 마을이나 아시엔다에 소속되지 않은 사람들)이기도 했다. 일반적으로 이들은 란체로^{ranchero}라고 알려졌는데, 그들의 본래 거주지가 비공식적이고 작은 거주지인 란초^{rancho}이기 때문이다. 어떤 자유인들은 아시엔다의 소작농으로 정착하기도 했다. 어떤 경우 이 란체로들은 자기 거주지가 공식화될 경우 갖게 될 이점을 깨달고는 (비록 그들의 사회적 구성과 역사가 오래된 진짜 인디오 마을과는 전혀 유사하지 않았지만) 인디오 마을처럼 협동조합과 같이 스스로 조직화했다. 어쨌든 이 자유인들의 존재가 갈수록 중요해짐에 따라 농촌지역의 사회구조는 얼마간의 변화를 겪었고, 갈수록 복잡해져 갔다.

누에바 에스파냐의 삶에서 이 시기에 북부지방의 사건들은 아주 많은 관심을 끌었다. 단지 앞으로 언급하게 될 광산업의 붐 때문만이 아니었다. 주로 소노라 지역의 예수회, 텍사스(1715년부터 결정적으로 식민지가 된)의 프란시스코회 교단의 포교활동이 절정에 달한 점을 주목할 필요가 있다. 그들의 종교적 기능과 지방 정치조직으로서의 성격과는 별도로, 일부 전도지역은 안정적이고 상대적으로 인구가 많은 거주지로 자리잡았다. 그렇기 때문에 다양한 사람의 이주를 촉발시켰고, 이 이주인은 그 포교지역의 주변에 정착했다(전도사들은 이 현상을 탐탁하지 않게 여겼다). 교환망은 더 조밀하고 빈번해졌다. 야키, 오파타, 타라우마라족과 그외 여러 부족이, 선조가 아주 다양하고 사회적 변동성이 뛰어난 메스티소 주민들 옆에서 그 교환망에 참여했다.

1748년부터 타마울리파스나 누에보 산탄데르를 점령한 것은 북부지역으로서는 아주 중요했다. 이 사건은 두 가지 이유에서 개별적으로 언급될 가치가 있다. 첫째 이유는 그 점령으로 아직 확장 사업이 파고들지 못했던 거대한 공간들 중 하나가 작은 마을들로 채워졌다는 것이다. 둘째 이유는 더 의미가 큰데, 타마울리파스에서는 새로운 식민화 모델이 처음 시행되었다는 것이다. 정부의 통제 하에, 거의 군대식으로 조직되어 시행되었다. 당국이 계획안을 추진할 때 혁신 정신을 가지고 했다는 것을 보여 주는 또 다른 예인 것이다.

그렇지만 북부지역의 인구밀도는 계속 낮았고, 거대한 아시엔다들이 사람이 살지 않는 아주 광활한 지역을 관할했다. 이러한 환경 속에서 시간이 흘러가면서 몇몇 측면에서 나라의 중심부 생활 방식과는 다르면서 전형적으로 북부지방의 생활 방식으로 이해될 수 있는 문화적 모델이 형성되었다. 하지만 이와 같은 일반화가 어느 정도까지는 유효하지만, 북부지역 내부에서 생성되어 가던 커다란 차이를 숨겨서는 안 된다. 그것을 드러내는 것이 바로 나야르지역(다시 말해, 코라족과 우이촐족이 살던 산맥)에 존재했던 예외적인 경우이다. 이 지역은 상대적으로 북부지역의 중심부에 있었던 이질적 지역으로 에스파냐의 통치로부터 벗어나 있으면서, 1722년까지 정복되지 않았었다. 25년 전 페텐 지역의 경우와 마찬가지로 정부는 자신이 해결하지 못한 과제를 숨기고 있었던 것이다.

하지만 새로 설정된 우선과제들은 비용이 많이 드는 것이었고, 갈수록 더 뚜렷해지는 왕실의 경제적 쇠약에 직면했다. 왕실에게는 다행스럽게도 누에바 에스파냐는 상업과 풍부한 농업 생산, 특히 다시 찾아온 광산업의 화려한 붐을 기반으로 상당한 경제적 번영을 누리고 있었다. 광산업 붐은 은 광산의 발견으로 주도되었다. 구아나세비, 쿠시우이리아칙, 바토필라스, 치와와, 알라모 같은 북부지역뿐 아니라, 구나후아토, 레알 델 몬테, 탁스코 같은 중부지역에서 가까운 곳에서도 은 광산이 발견되었다. 이 지역의 대단히 풍부한 은 광산에서 어마어마한 부가 형성되었고, 본국은 그것에서 지속적으로 이익을 취했다.

왕실은 항상 수익이 많은 새로운 부의 원천을 찾고 있었기에, 공직을 파는 정책의 연장선상에서 한발 더 나아가 더 귀중한 자리를, 예를 들어 재판소 내의 직책을 제공하기에 이르렀다. 이것은 크리오요들이 자신의 입지와 인간관계를 향상시키는 데 기여했다. 동시에 왕실은 새롭고 화려한 귀족 작위들을 개방했다. 그로 인해 이미 나름대로 이질적인 누에바 에스파냐의 사회구조에 새로운 불평등 요소가 만들어졌다(누에바 에스파냐에는 1700년 이전에는 단지 옛 작위를 가진 집안이 셋밖에 없었지만, 1759년에는 열 네 집안이 있게 된다). 새로운 귀족은 무엇보다 대부분 에스파냐에서 온 광산업자나 북쪽의 힘든 과업을 수행하면서 공을 세운 (그리고 돈도 번) 개인들로 구성되었다.

* * *

18세기 중엽의 누에바 에스파냐는 상당히 굳건한 나라였다. 식민지 상태임에도 불구하고 그 나라에서는 나중에 독립한 멕시코에서 나타나게 될 정체성과 관련된 많은 요소를 이미 발견할 수 있을 정도였다. 국가적 정체성의 공고화, 혹은 더 보편적인 용어로 말해 아메리카적 정체성의 공고화는 크리오요와 메스티소 문화의 근본적인 관심거리였다. 그 이전 세기에 씨 뿌려진 토착적 관점을 다시 취한, 호세 호아킨 그라나도스 갈베스 같은 역사가들은 톨테카 대국('아나우악 땅'에서 역사를 시작한 문명)이라는 개념과, 합법적 군주국 혹은 '멕시코 제국'이라는 개념을 되살렸는데, 이는 크게 보아 창안한 것이라고 할 수 있다. 이로부터 한 발만 더 나간다면 당시 누에바 에스파냐에서 형성되고 있던 국가적 정체성을 '멕시코적'이라고 정의할 수 있을 것이다.

당연히 그러한 정체성 형성 시도들은 (어쩌면 천 명 남짓일) 한정된 지식 엘리트에 제한되어 있었다. 일반인들은 이런 문제에 전혀 의식이 없었다. 특히 아주 기본적 교육도 한정된 사람만 받을 수 있었고, 게다가 역사적 주제들은 먼발치에서도 건드리지 않았다. 이러한 의식이 부족하다고 해서 공통적인 특징조차 없었다는 것은 아니다. 이전 시기를 다루면서 이미 많은 고유한 특징들이 언급되었다. 과달루페 성모에 대한 신앙은 갈수록 더 대중화되었고, 하나의 훌륭한 이데올로기적 촉매제가 되었다. 하지만 가장 강력한 정체성들은 지역적 정서에 기반하고 있었다. 원주민들의 경우 부족마을의 특질에 기반하고 있었다. 비록 부족마을이 진화하고 파편화되었음에도 불구하고, 문화적·사회적 삶의 가장 기본적이고, 종종 유일한 고려사항이 되었다. 협동조합적인 정체성은 그들의 모든 표현에 아주 강하

과달루페 성모의 기적을 묘사한 그림

게 드러났고, 다른 모든 정체성에 대해서 하나의 균형추를 의미했다.

경제 영역에서도 통합의 징표와 통합의 결여를 나타내는 징표가 번갈아 드러났다. 광산업 활동에 투입되는 자원과 생산물들은 거의 전국을 포괄하는 넓은 순환체계를 이루고 있었다. (환어음, 신탁, 약속어음과 그 밖의 수단들을 활용하는) 신용제도는 한쪽 끝에서 다른 쪽 끝까지 퍼져나갔고, 농축산업 활동을 지원하던 저당抵當제도는 도심과 모든 지방을 맺어 주었다. 도시에 고기를 공급하기 위해서는 멕시코 시와 시날로아 사이처럼 엄청난 거리를 따라 가축떼를 이동시켜야 했다. 이러한 교환은 이런저런 방식으로 총괄적인 틀이 짜이는 데 기여했다. 하지만 경제생활의 다른 면들을 살펴보면, 대부분의 농산물과 공산품은 그 지역 경계를 벗어나는 시장을 갖는 경우가 아주 드물었다. 재화의 가격과 취득가능성에 있어 지역별 차이는 대단히 컸다. 게다가 특히 란초라고 하

는 농촌 거주지와 인디오 마을에서는 주로 생존 경제가 지배적이었다.

도로망은 어떤 면에선 완벽했고, 어떤 면에서는 불완전했다. 한편으로, 거의 모든 누에바 에스파냐를 오솔길이나 말이 지나갈 수 있는 길을 따라 돌아다닐 수 있었다. 밀림지역이나 사람이 거의 살지 않는 지역을 제외하고는 모든 영토에 (평지든, 산악지역이든) 길이 나 있었다. 우기에만 자유로운 통행이 제한을 받았다. 다른 한편으로 수렛길이나 다리 외에, 다양한 물자를 대량으로 경제적으로 수송하기 위해 필요한 요소들은 드물었고 상태도 불량했으며, 중부지방과 북부 일부에 제한되어 있었다. 공간적 이동이 상대적으로 광범위했지만, 물자보다는 사람의 이동이 많았다.

이러한 공간이동의 파노라마를 사회적 이동의 파노라마와 비교해 보면 18세기 중엽의 누에바 에스파냐는 상당히 대조적인 그림을 제공하고 있었다. 정복시대의 선명한 사회적 구분(에스파냐인과 인디오)은 사회적 거리를 유지하거나, 문화적 고립을 유지했던 일부 집단에 있어서는 여전히 인식 가능하였다. 하지만 이런 예외적인 경우를 제외하면 그런 구분은 이미 작동하지 않았다. 주민들은 너무나 섞인 나머지 그런 용어들로 사회적 경계를 긋는 것은 의미가 없었고, 인종적·문화적으로 계속 섞여 갔다. 법은 차이를 유지하는 것을 허락했는데, 많은 사람들이 다양한 특권을 누리기 위해 그런 차이를 강조하려 했다. 하지만 그것은 사회 현실을 기만적으로 반영한 것이었다. 반대로, 식민 역사에 있어 이 시기에는 다른 어떤 고려사항보다 경제적 지위에 따라 결정된 사회계급이 탄생하는 조짐이 있었다. 부자와 가난한 사람들 사이의 거리(부자는 아주 소수였고, 가난한 사람은 많았다), 대립되는 이해관계, 현실에 대한 상이한 인식은 누에바 에스파냐의 마지막 시기의 역사에서 중요한 의미를 갖게 된다. 마찬가지로 유사성으로 인해, 한편으로는 가장 특권을 누리는 엘리트들이 단결을 하게 되고, 다른 한편으로는 공물을 바치는 자, 노동자, 시골 농부, 수공업자, 그리고 정부와 교회 내에서 가장 보잘 것 없는 인력들이 단결을 했다. 왕실이 정의를 바탕으로 정당성을 유지하는 데 더 이상 관심을 보이지 않고, 대신 자신의 권력을 더 확고히 하고 재정적 욕구를 채우는 데 더 관심을 가지게 되면서 이러한 사회경제적 차이들은 더욱 심각해졌다.

결론

에스파냐는 소위 '7년 전쟁' 동안 영국에 맞서는 프랑스를 도우면서 많은 것을 상실했다. 이 유럽의 사건은 아메리카 대륙에 중요한 반향을 일으켰다. 영국인들은 1762년 쿠바를 차지했다. 이는 선단 제도의 결정적 파괴를 불러왔고, 에스파냐 정부에 엄청난 불안을 초래했다. 평화조약이 서명되자 에스파냐는 아바나를 되찾고, 무역 업무를 재개할 수 있었다. 하지만 그 경험은 깊은 상처를 남겼다. 1588년 무적함대의 패배 이후와 마찬가지로, 에스파냐에서는 제국의 쇠약함을 치유하고 잃어버린 영광을 되찾아야 한다는 우려의 목소리가 높아졌다. 그리고 거의 2세기 전과 마찬가지로 왕실은 해외에 있는 점령지로부터 얻을 수 있는 자원에 손을 내밀었다. 하지만 이 유사성만 제외하면 주변 여건은 아주 달랐다. 첫째, 유럽 강국들은 권력과 국가에 대한 자신들의 개념을 변화시키면서, 오래된 세습적 시각을 많이 포기하고 '계몽적 독재'라고 알려진 것으로 나아갔다. 다시 말해, 독재적이고 중앙집권적이고 효과적이고 이성적이며, 물질적 진보에 관심을 보이면서도 또한 무슨 수를 써서라도 재정적 바탕을 넓히는 일에 강박적이지는 않더라도 관심이 있는 정부를 추구했다. 게다가 1759년에 아주 적극적인 군주인 카를로스 3세가 에스파냐의 왕좌를 차지했다. 그와 그의 대신들은 정부 인사를 교체함과 동시에, 수많은 조정과 개혁을 완수하게 된다. 에스파냐에서 온 새로운 관료 세대는 많은 경우 군사교육을 받았고, 북쪽의 열악한 환경에서의 경험을 가지고 있었기에 식민지 관료들을 대체하게 된다. 이 학식 있는 새로운 세대의 눈에는 식민지 관료들이 능률이 떨어지고 부패해 보였다. 그리고 권력을 행사하는 그렇게 많은 자리가 크리오요의 손에 쥐어져 있는 것을 묵인할 수 없었다.

누에바 에스파냐가 17세기 동안 상당한 수준의 자치를 누려 왔다는 사실과, 자신이 창출한 부의 상당 부분이 아메리카 땅에 남아 있도록 했다는 사실을 고려한다면, 왕실의 행동과 의도는 근본적인 변화와 그 부에 대한 요구를 예고했다. 일부 역사가들이 이 18세기 중반 무렵을 에스파냐의 자칭 계몽정부가 무력했던 시기를 끝내고 권위의 시기를 연 때라고 정의한 것은 이해할 만하다.

3장
부르봉 왕가의 개혁들

3장 | 부르봉 왕가의 개혁들

루이스 하우레기[*]

18세기 시작 무렵부터 에스파냐 왕실은 아메리카의 광활한 영토를 관리하는 방법에 변화를 도모했다. 18세기 전반, 개혁은 상당히 조심스러웠다. 그런 후, 일반적으로 '부르봉 왕가의 개혁'이라고 알려진 활기찬 혁신이 이루어졌다. 조심스럽든 대담하든, 모든 개혁은 아메리카에서 (특히 가장 풍요로운 영토인, 누에바 에스파냐에서) 권력의 끈을 다시 잡으려는 부르봉 왕가의 욕구에 답하였다. 이렇게 해서 그 세기 내내 지속될 근대화 과정이 시작되었다.

    부르봉 왕가의 근대화는 계몽으로 알려진 사고방식과 가치체계에 바탕을 두고 있었다. 계몽운동의 주된 특징은 인간 이성에 대한 믿음, 전통에 대한 불신, 무지에 대한 반대, 세상을 바꾸는 수단으로서 과학적이고 기술적인 인식 옹호, 그리고 종교가 아닌 이성을 통한 사회문제 해결이었다. 간단히 말해서, 계몽정신은 개혁의 이상을 따랐다. 계몽정신의 적용은 18세기에 실질적으로 거의 모든 유럽 군주들이 추진한 근대화 과정이었다. 그래서 그런 정부 형태는 '계몽적 전제주의'로 알려졌다.

---

[*] 멕시코대학원에서 역사학 박사학위 취득, 모라연구소(Instituto Mora) 연구원.

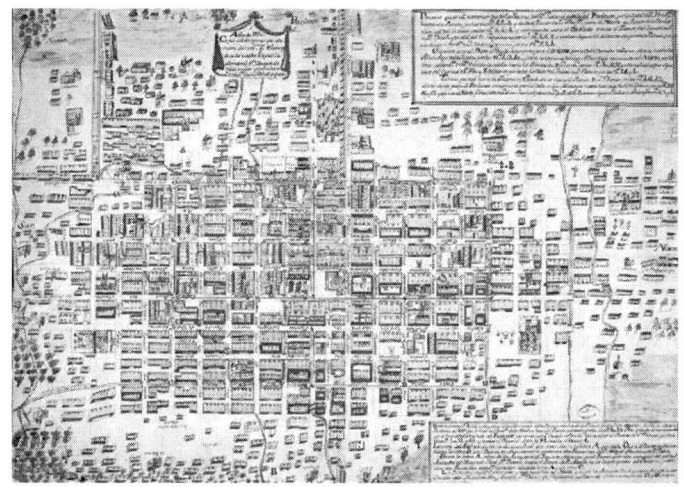

18세기 중엽의 멕시코 시 지도

계몽주의는 전통적 가치에 밀착된 사회와 충돌을 일으켰기 때문에, 귀족, 관료, 성직자들을 통해 에스파냐에 들어왔다. 이들 중 한 사람이 바로 베니토 헤로니모 페이호오다. 그는 유쾌하고 직접적인 산문을 통해 자신이 보기에 잘못된 보편적 사고들에(항상 가톨릭 신앙의 한계 내에서) 문제를 제기했다. 페이호오 신부의 글은 아주 대중적이어서 세속인과 종교인 모두가 읽고 언급을 했다. 한편 부르봉 왕가의 권력행사는 계몽적 전제주의의 뚜렷한 예가 되었다. 카를로스 3세$^{재위:1759~1788}$와 그의 아들 카를로스 4세$^{재위:1788~1808}$의 대신들은 두 군주의 개혁 정신에 영향을 미쳤다. 게다가 이 대신들은 '나라를 생각하는 경제협의회'와 막 등장한 정기간행물을 통해 계몽사상을 전파했다.

아메리카에서 새로운 사상들은 아무도 그 권위를 의심할 수 없는 절대군주가 있는 계몽적 정부 형태의 틀 안에서 적용되었다. 이러한 동기에서 해가 지나가면서 부왕 정부의 형태에 근대적 변화가 시도되었다. 가장 두드러진 변화는 1760에서 1808년 사이에 일어났다. 소위 '부르봉 개혁'이라고 알려진 변화들이다. 이 개혁들은 제국 정부가 재정·군사·무역의 측면에서 중요한 변화와 다양한 생산 활동의 증진을 이룸으로써 물질적 이익을 확대하고 군주의 부를 증가시키기 위한 전략이었다. 이런 개혁의 분위기 속에서 특권은 희석되었고, 인디오의 상태는 얼마간 나아졌고, 문화는 더 확장되었다. 이 경우에 있어, 왕실은 많은 역할을 했는데, 과학, 예술, 산업을 발달시키기 위해 유럽으로부터 계몽적 인물들을 파견했다. 하지만 아메리카인들 역시 해방적이고 혁명적이기까지 한 계몽사상에 은밀하게 접근함으로써 새로운 사상을 받아들이는 데 나름의 역할을 했다. 또 문화적·경제적으로 더 풍요로워지면서 크리오요들은 에스파냐의 통치가 권력의 남용과 결점으로 가득하다는 것을 깨닫게 되었다. 이렇게 해서 누에바 에스파냐에서 부르봉 왕가의 개혁기는 경제성장의 달성과 대서양 세계로의 개방으로 중요한 시기였을 뿐 아니라, 한 사회가 자신이 다르다는 사실을 깨닫게 된 위기의 시대이기도 했기 때문에 중요한 시기였다.

전체적인 조망

누에바 에스파냐에서 부르봉 왕가의 개혁은 펠리페 5세^{재위:1700~1746}가 파견한 세 차례의 방문(인력과 사무실에 대한 검열)으로 시작되었다. 그 방문은 부왕령의 행정 상태가 한심스럽다는 왕실의 확고한 의식이 반영된 것이었다. 당시 경제가 활기찬 모습을 보여 주고 있었던 덕분에 왕실은 더 큰 규모의 개혁을 실행할 수 있는 재원을 확보할 수 있도록 행정적 개혁을 단행했다. 이러한 초기 개혁의 내용은 소위 '왕실 수입의 집중화'

라고 알려져 있다. 인력에 관한 세금 징수를 개인 손에서 왕실 관료의 손으로 이관하는 것이었다. 1762년 영국 함대에 의해 아바나가 점령되는 사태는 이전의 개혁보다 더 과감한 제2차 개혁을 추진하는 것이 필요하다는 것을 의미했다. 그 몇 해 전 부르봉 왕가 카를로스 3세의 등극은 이러한 분위기에 크게 영향을 미쳤다. 물론 새 군주는 통치 기술에 있어 폭넓은 경험을 가지고 있었다. 하지만 그가 부왕령들을 정치-행정적으로 재조직하지 않을 수 없었던 것은 바로 여러 상황 때문

카를로스 3세의 초상

이었다. 부왕령은 대부분 16세기 말의 규정을 그대로 유지하고 있었다. 주변 상황은 국제적인 성격을 띠고 있었고, 특히 전시戰時적 성격을 띠고 있었다. 그래서 카를로스 3세가 추진한 개혁은 방어체제의 강화, 특히 카리브와 누에바 에스파냐 북부에 있어서의 방어체제 강화와 관련이 있었고, 동시에 권력을 왕실 관료의 손에 집중하는 것과 관련이 있었다. 이 두 가지 과제에는 막대한 양의 자금이 필요했고, 그것을 위해 누에바 에스파냐 재무 행정의 근본적 개혁을 실시했던 것이다.

　이전 세기들 동안 누에바 에스파냐를 다스렸던 대부분의 부왕과는 달리, 카를로스 3세 통치기간 동안의 부왕들은 특별한 인물이었다. 그 누구도 귀족 출신이 아니었고, 모두 자신의 능력으로 그 높은 지위까지 올라갔다. 더 중요한 것은 모두 제국 전반의, 특히 누에바 에스파냐의 혁신에 대한 열정으로 가득 차 있었다는 점이다. 그것도 모자랐는지, 1770

년대 중반에 에스파냐 왕실은 누에바 에스파냐의 모든 왕실금고에 대한 전반적인 감사를 명령했다. 호세 데 갈베스의 그 유명한 방문[1765~1771]이 그것이었다. 1776년 이 인물이 인디아스 장관에 임명됨으로써, 누에바 에스파냐에서는 그가 방문기간 동안 필요하다고 인식했던 수정 조치들이 강력히 실행된다. 부왕직속 방어부대의 창설이 추진되고, 내륙지방 총사령부가 설치된 것도 이 시기[1776]이다. 또한 그 무렵에 부왕의 권력을 축소하려 하고, 감독관과 부대리인 직책을 만들어 지방 행정 개혁을 시작한다.

이 근대화 계획의 초기 열정은 1786년 갈베스의 사망으로(그리고 아버지보다 더 적대적인 국제적 상황에 직면해야 했던 카를로스 4세의 등극으로) 부르봉 왕가의 개혁주의는 변화를 보였는데, 초기의 의도에 비해 왜곡되어 있었다. 이 시기의 변화로 인해 에스파냐는 경제적 측면에서, 20년 전과 비교해 볼 때 상대적으로 정체된 모습을 보이게 된다. 그리고 국고도 누에바 에스파냐의 주민들로부터 이미 지나치게 재정을 뽑아 쓴 나머지, 과거보다 더 큰 비중으로 차관이나 기부에 의지하게 된다. 왜냐하면 국제적 분쟁들로 인해 누에바 에스파냐는 소위 '중립적 무역'으로 [1796~1802, 1804~1808] '혜택'을 받은 것으로 보였기 때문이다.

부르봉 왕가의 개혁은 사회·문화적 측면에서도 충격을 주었다. 주민들이 에스파냐의 통치에 대해서 반감을 가졌던 것도 그 무렵이었다. 특권을 지닌 사람들에게만 발전을 허용한 통치체제라는 것이다. 그리고 특권을 가진 사람들조차도 왕실을 지지한다는 것은 참 어려운 일이었다. 크리오요들은 그 시기 동안 쌓여진 원한에도 불구하고, 문화 제도의 많은 진보와 대서양 세계의 다른 사회들로의 개방에 따른 혜택을 누렸다. 인디오들에게도 에스파냐의 지배는 고통스러운 것이었지만, 그들에게 더 고통을 준 것은 그 무렵에 있었던 여러 차례의 생존 위기였다. 특히 1785~1787년과 1808~1810년 사이의 위기였다. 19세기 첫 10년경 누에바 에스파냐는 에스파냐 군주의 재정 금고였다. 그리고 경제는 견고해져 가고 있었고, 고유한 정체성을 가지고 있었다. 부르봉 왕가의 마지막 몇 해 동안 왕실이 누에바 에스파냐에 가한 압력으로 주민의 일부는 빈곤해졌다. 그리고 식민지로서, 독립된 멕시코로서 미래에 가질 수 있는 경제 성장의 가능성들도 사라졌다. 에스파냐 정부와 마지막 부왕들이 하지 않은 것이 있다면, 상황이 누에바 에스파냐 사람들에게 유리하게 바뀔 수 있다는 느낌을 완전히 지워 버리지 않았다는 것이다.

부르봉 왕가의 계몽주의자들이 착수한 주요 개혁을 전체적으로 조망함으로써 우리는 누에바 에스파냐의 마지막 시기와 독립된 멕시코의 초기 몇 십 년에 대한 인식의 틀을 갖게 된다. 또한 부르봉 왕가의 개혁 기간 동안 멕시코 공화국에 해당될 부분을 포함한 대부분의 지리적 분할이 이루어졌다고 말할 수 있다. 그리고 그 시기에 에스파냐의 통치에 모욕을 주는 사건들이 일어났고, 누에바 에스파냐에서 부르봉 왕가가 번영하는 가운데 독립된 멕시코의 경제적 쇠퇴가 마련되고 있었다고 말할 수 있을 것이다.

부르봉 왕가의 초기 개혁들

에스파냐에 있는 제국정부로서는 아메리카에서 가장 부유한 자신의 영토가 처한 상황을 더 이상 견딜 수 없었다. 세 차례의 갑작스럽고, 의도적인 방문[1710~1715, 1716, 1729~1733]을 통해 현상을 바꾸어야 할 필요성이 드러났다. 예를 들어, 1711년부터 본국의 당국자들은 만약 물품 양도세(물품 양도세가 부과되는 지역 내에서 물품을 양도할 때 받는 내국세)가 왕실의 관료에 의해서 관리된다면 어떤 단체(상인들이나 자치단체)에 그 기능을 임대했을 때보다 수익이 더 늘어날 것이라는 점에 관심을 보여 왔다. 문제는 부왕들이 거의 항상 그 기능을 왕실 손에 두지 않고 하나의 단체에 위임했다는 것이다.

물품 양도세뿐 아니라 다른 많은 세수입의 경우도(화폐소, 공물, 화약, 담배, 카드, 금속분석권, 면죄부, 풀케술 등등) 1732년 왕실이 멕시코 시 화폐소의 가장 중요한 직책을 차지함으로써 상황이 바뀌기 시작한다. 그 직책들이 돈을 가장 많이 내는 사람에게 팔리는 일이 더 이상 없어졌다는 것이다. 세수입의 집중화는 18세기 내내 지속되었다. 이 과정의 가장 중요한 예는 물품 양도세의 관리가 누에바 에스파냐의 재정행정에 포함되었다는 것이다. 그 변화는 여러 해 지속되었는데[1754~1776], 갈베스라는 시찰관의 결정에 의해 일시 중단되었다. 집중화의 과정은 세금징수 기능을 더 이상 일정금액을 받고 개별적 단체들에게 '팔지' 않는다는 것이며, 그로써 왕실이 그 임무를 떠맡을 수밖에 없었지만, 동시에 세수도 늘리고 비용을 줄일 수 있는 가능성도 갖게 되었다.

세수의 집중화를 달성하기 위해 왕실은 엄청난 양의 돈을 지불해야 했고, 동시에 누에바 에스파냐의 국고國庫관리 구조를 더욱 견고하게 할 필요가 있었다. 그것에 많이 도움이 되었던 것은, 부왕청의 경제가 17세기 말부터 계속 좋았다는 점이다. 특히, 정부에 낸 세금으로 판단해 볼 때, 광산업 활동은 1750년까지 합리적으로 성장했다. 경제 전체와 마찬가지로 광산업도 18세기 중반에는 정체를 보이다가, 1770년대와 1780년대에는 눈부신 성장을 이루었다.

비용이 많이 들었던 만큼, 초기 변화들 덕분에 18세기 중엽에 이르러 누에바 에스파냐의 국고가 상당히 증가하였다. 에스파냐가 7년 전쟁 1756~1763의 말기에 자신의 대서양 헤게모니에 타격을 받은 상황이었기에 개혁의 속도를 높일 수밖에 없었다. 한편으로는 수입도 줄고 있었다. 아바나와 함께 필리핀에서 마닐라가 함락되었고, 그로 인해 여러 해 동안 먼 아시아로부터 범선의 왕래가 중단되면서 누에바 에스파냐에 도움이 되던 재원도 중단되었기 때문이다. 다른 한편, 비용도 엄청나게 증가했는데, 대안티야스[대앤틸리스] 제도, 특히 아바나 항구를 군사적 보호막 아래에 두어야 했기 때문이다. 영국인들은 아바나 항구의 점령으로 누에바 에스파냐라고 하는 부의 주된 원천에 아주 가까이 도달했다. 그래서 1764년 베라크루스를 요새화하고 멕시코 시까지 안전한 통행을 확보하려는 계획을 세웠고, 베테랑 부대와 일반 민병대의 발판을 상당한 수준까지 마련하는 계획도 세웠다. 그 해 11월 누에바 에스파냐에 첫 주둔군(아메리카 연대)이 후안 데 비알바의 지휘 아래 상륙했다. 거의 동시에, 부왕령의 행정·사법적 상황을 분석할 시찰 방문이 준비되고 있었다. 이 임무를 위해 말라가 출신 호세 데 갈베스가 임명되었다.

누에바 에스파냐의 법정과 국고에 대한 전반적 시찰

시찰관인 갈베스에게 요구된 것은 진단만이 아니었다. 변화가 필요한 모든 것을 개혁할 수 있는 광범위한 권한이 그에게 주어졌다. 하지만 주요한 지침은 두 가지였다. 누에바 에스파냐 국고를 더 부유하게 하는 일과, 세수稅收행정을 개선하기 위해 권력 남용과 낭비에 대해 주의를 환기시키는 일이었다. 첫번째 임무를 수행하기 위해 시찰관은 담배에 대한 왕실의 전매제도를 확고히 했다. 이것은 왕실이 전적으로 담배씨를 뿌

호세 데 갈베스

리고, 가공하고, 판매하는 것을 의미했다. 주로 궐련 형태로 팔았는데, 궐련이 당시 누에바 에스파냐에서 광범위하게, 특히 여성들 사이에서 소비되었기 때문이다. 화폐가치로 보면, 담배 사업이 부왕령의 생산 활동에서 두번째 규모였다. 광산업 활동이 1위였던 것이다. 다른 한편, 갈베스는 사탕수수로 만든 증류주를 합법화했다. 그것의 생산이 금지된 터라 불법 소비가 엄청났고, 따라서 국고로 들어갈 세금의 손실이 있었던 것이다. 이와 동시에 시찰관 갈베스는 '공유지 자산과 지방세 총괄청'을 설립했다. 그로 인해 왕실은 마을과 작은 도시, 그리고 큰 도시의 재원들을 관리할 수 있게 되었다. 그 조치는 이 모든 자산을 왕실금고로 집중시켰고, 비록 사실은 왕실금고들이 왕의 것은 아니었지만, 여러 해 후 제국 간 전쟁을 위한 자금조달이 시급했던 순간에 그것은 대단한 유혹거리였다.

프란시스코 데 크로와가 부왕에 임명됨으로써[재위:1766~1771] 시찰은 더 용이해졌다. 그는 갈베스와 개혁 사상을 공유하고 있었다. 둘은 누에보 산탄데르에 대한 감사에 합의했다. 누에보 산탄데르는 설치[1748]된 이후로 거의 잊혀져 있었다. 이와 함께, 몇 달 뒤 갈베스는 개인적으로 누에바 에스파냐 북부의 광활한 지역에 대한 순시에 나섰다. 목적은 이 지역에 주민을 늘리고, 인디오들을 잠재우고, 그들의 광맥을 개발할 수 있는 전략을 세우는 것이었다.

그러는 가운데 부왕청 금고에서 지불되는 비용은 터무니없이 증가되었다. 시투아도스 금액(방어비용의 지급에 할당된 액수)이 증가했고, 예수회의 추방으로 불거진 1767년의 소요사태들을 진압하는 데 비용이 필요했기 때문이다. 이 문제에 대해서는 나중에 다룰게 될 것이다.

크로와 부왕은 시찰관에게 왕실금고와 법정을 감사하고, 부패한 자를 재판하고, 그들의 자리를 박탈하고, 필요하면 사무실을 폐쇄하도록 했다. 아카풀코 재무국 같은 경우 1년에 3개월만 기능을 하고 있었다. 국고의 부를 늘린다는 목적에서 본다면, 갈베스와 크로와는 얼핏 보기에 왕실의 이해에 반대되는 주장도 포기하지 않았다. (왕실의 전매품이었던) 수은 가격을 낮추는 일이었다. 광산업 육성을 위한 것이었는데, 은광 제련 과정에 수은이 필수적인 요소였기 때문이다. 갈베스의 여러 제안들 중 몇 가지가 그랬던 것처럼, 이 제안도 해가 지나면서 경제 활동에 활력을 주고, 나아가 국고 수입을 늘리는 측면에서 효과가 있음을 보여주었다.

* * *

교회당국의 왕에 대한 복종과 같은 왕권보호주의는 부르봉 정부의 표상이었다. 카를로스 3세와 그의 대신들에게 교회가 가지고 있던 특권들은 국가의 이익과 공존할 수 없는 것이었다. 그의 의도는 왕은 에스파냐 가족의 아버지이고 교회는 어머니라는 오래된 메타포를 끝내고, 하나의 우두머리, 즉 왕이라는 하나의 우두머리를 가진 남성적 정치 관념을 발전시키는 것이었다. 에스파냐에서 계몽 작가들이나 정치가들은 이런 태도를 옹호했는데, 교회의 법적 구조와 사회생활에서 교회의 참여를 세심하게 관찰했다. 그러한 태도는 교회 한 분파의 도움이 없었더라

1767년 예수회 추방의 모습을 그린 그림

면 성공하지 못했을 것이다. 그 분파는 바로 얀센파이다. 이 집단은 후기 바로크 교회를 기괴하고, 표리가 부동하고, 잘못된 취향을 가졌다고 여기고, 신고전주의 스타일의 단순함과 소박함을 옹호했다. 그리고 유럽에서나 아메리카에서 (교황의 권력을 옹호했고, 주교당국에 맞서 독립을 유지하려고 했던) 예수회를 신랄하게 공격한 것도 바로 얀센파였다.

누에바 에스파냐로부터 예수회를 추방한 것은 부왕령에서 발생한 이데올로기적인 기획의 결과가 아니라, 1767년 초 에스파냐 군주에 의해서 포고된 법령에 따른 것이었다. 그 법령은 예수회파가 번번이 교황에 대한 절대적 복종을 옹호하면서 왕권에 저항하는 것을 끝내고자 하는 욕망의 산물이었다.

확실히 예수회파는 누에바 에스파냐에서 아주 효율적인 대규모 농업 생산 단위들을 가지고 있었다. 도시에서도 상당한 토지를 가지고 있었다. 그럼에도 불구하고 부왕령에서 예수회의 가장 큰 영향력은 교육

사업에서 유래하고 있었다. 이 교육제도는 피교육자를 잘 훈련된 사상가로 만들었다. 그러한 교육 방법은 18세기 당시에 아주 위험했는데, 그때는 종교재판의 노력에도 불구하고 과학과 철학이 근대화되고 있던 때였다.

갈베스와 크로와의 사고가 거의 일치되었기 때문에, 왕령을 받았을 때 종교인들의 추방이 놀라울 정도로 신속하고 질서정연하게 진행될 수 있었다. "에스파냐의 권좌를 차지하고 있는 위대한 군주의 신하들은 그저 묵묵히 복종만 하도록 태어났다는 것을 알아야만 한다. 군주의 귀중한 일에 대해서 생각하거나 의견을 말하기 위해 태어난 것은 아니다"라는 군주의 말 그대로 행해졌다. 예수회 교단의 추방은 주민들 사이에 혼란을 불러왔다. 혹은 적어도 주민들을 핑계로 반란이 일어났다. 산 루이스 데 라 파스, 산 루이스 포토시, 과나후아토 그리고 미초아칸의 바야돌리드는 (부왕에게서 권한을 위임받은) 시찰관 갈베스의 희생물이 되었다. 갈베스는 강력한 진압을 통해서 왕실에 대한 자신의 맹목적인 복종과, 어떠한 반란의 조짐도 모든 희생을 감수하고 근절하겠다는 의지를 드러냈다.

1767년에 일어난 예수회 사건은 교회의 특권에 대해 왕실이 가한 명백한 타격 중 하나였다. 또 다른 타격은 사제집단의 구성원이 민법을 어겼을 경우 심판하고 처벌할 수 있는 국가의 권한에 관한 법을 제정하는 것이었다. 예수회의 추방은 사회의 교육받은 사람들에게 상처를 주었다. 이들은 치와와에서 메리다까지 누에바 에스파냐의 21개 거주지에서 예수회 사제들에게 혜택을 받아왔다. 이 사회 집단은 사제들로부터 초보적인 글에서부터 라틴 문법이나 철학과 과학의 고급 학문까지 교육받았다. 두번째 '타격'은 누에바 에스파냐의 모든 주민에게, 특히 가장 가난하고 무지한 계급에 악영향을 주었다. 그들은 사제를 받은 신성한 존재로, 세속인들과는 다른 부류로 보고 있었다. 어쨌든, 부르봉 왕가의 모든 반교회 전략은 식민지 체제를 약화시키는 데 기여했을 뿐이었다.

* * *

누에바 에스파냐 역사에서 경제적으로 가장 꽃을 피운 시기는 1770년에 시작된다. 그것은 통계로 판단할 때, 1750년 경 시작된 정체기를 지난 뒤였다. 번영이 시작된 시기는 안토니오 마리아 데 부카렐리 부왕의 통치1771~1779와 일치한다. 번영은 인구의 증가에 의해서 상당 부분 설명된다. 1742년에서 1810년 사이 누에바 에스파냐의 인구는 3백 3십만 명에서 6백 1십만 명으로 증가했다. 그것은 대단한 인구증가였고, 대부분 인디오 주민의 증가였다. 인디오 주민은 압도적으로 많은 인구가 농촌지역이나 약 4,682개 거주지에 살았다. 한 거주지의 주민은 2,000~3,000명 사이로 차이가 있었다.

주민 대부분이 농촌지역에 살았지만, '작은 도시'인 비야villas와 도시의 수는 그 시기 동안 증가하였다. 부왕령의 수도가 자리잡은 멕시코 관리지역도 도시주민의 비율이 상당히 높았다. 과나후아토와 푸에블라 관리구도 비슷한 상황이었다. 반대로 오아하카와 과달라하라(오늘날의 할리스코 주 일부를 포함하고 있었다)에는 농촌이 압도적이었는데, 인구가 집중되는 도시는 각 관리구마다 한두 군데로 줄어들고 있었다. 바야돌리드(미초아칸 주)와 베라크루스 지방의 상황도 유사했다.

인구 구조에 관련되어, 대부분은 16세 이하의 젊은이였다. 평균 수명은 백인의 경우 55~58세였는데, 인디오나 혼혈인의 경우 줄어들었다. 이 점과 관련해, 부왕령 당국은 주민의 생활 여건이 더 개선되어야 한다는 것을 인식하고 있었다. 전염병이 (인간적인 고려와는 별개로) 가난한 사람들에게 아주 치명적이고, 부왕령의 경제 성장 능력에 해악을 끼치기 때문이었다. 관리구 청사가 있는 도시들의 위생 상태 점검에 대한 관심은 두번째 레비야히헤도재위:1789~1794 부왕으로부터 시작되었다. 채택된 주요 대책은 묘지의 설치, 교회 내 매장 금지, 중고 옷에 대한 규정, 나병환자 병원의 설치 등이다. 몇 년 후, 1802년에 천연두 예방주사가 부왕령에 도착했다. 주민 접종을 위해 교구는 보건센터로 선택되었고, 사제는 그 관리 책임자가 되었다.

부왕 권력과 관리청장 제도

부카렐리는 갈베스가 누에바 에스파냐에 적용시키려고 하던 개혁들을 어떤 면에서 저지했는데, 그것은 반대했기 때문이라기보다는 신중한 입장 때문이었다. 일리가 있었던 것이, 그가 정부를 맡았을 때 국고 자원은 줄어들어 있었고, 부채는 상당히 많았다. 특히 방위비용인 시투아도스와 관련된 부채였다. 엄격한 긴축 계획의 결과로 5년 뒤 순수입의 실질적인 증가를 가져왔다. 자신의 통치 아래 있는 부왕령에 관리청장을 두는 것을 처음에는 지연시키고 나중에는 공개적으로 반대한 것이 긴축정책의 중요한 부분이었다.

17세기의 프랑스로부터 물려받은 관리지역 제도는 수년 전부터 아메리카의 다른 부왕령들에 적용되고 있었다. 갈베스는 시찰에서 관리청장들(지방의 통치자)과 관리청장의 보좌역들(관리청장들 밑에 있으면서 시장들을 대체하는 사람들)을 임명하는 것을 여러 제안 중 하나로 가지고 있었다. 부카렐리가 이 행정 계획에 반대한 것은 실천적인 면에 대한 고려 때문만이 아니라, 중요한 정치적 배경 때문이었다. 그 새로운 구상에 따르면 부왕은 자기 권력의 일부를 잃게 되는 것이었다. 이것은 갈베스의 의도이기도 했다.

    부왕은 다양한 기능을 가지고 있었다. 그들은 재판관이자 행정가, 감시관, 세금징수관, 총사령관이기도 했는데, 그러한 기능들을 수행하기 위해 읍면장이나 시장이라고 부른 지방관리 집단을 가지고 있었다. 이 왕실 고용인들은 봉급을 받지 않았기에(아니면 아주 조금만 받았는데), 자신의 직업과 관련 없는 활동에 종사하지 않을 수 없었다. 그런 활동 중 하나가 상품의 분배였다. 시장들은 멕시코 상인조합에 속한 상인들의 중재자로서 수입한 물품이나 부왕령에서 만든 물품을 비싼 가격에 팔고, 반대로 지방 물품을 싼 가격에 구입했다. 이러한 상황은 계몽 통치자로서 묵인할 수 없었다. 주민에 대한 정부의 조치들을 이행하기가 어려워지기 때문이었다. 정부의 조치들을 실현하려고 노력하는 대신 자기 장사를 하느라 더 바빴기 때문이다.

    갈베스의 제안은 부왕의 업무를 덜어 줄 협력자 집단을 만드는 것이었다. 12명을 임명해서 세금을 징수하고, 판결을 내리고, 군사를 조직하고, 자기 관리지역에 있는 도시와 마을을 관리하는 업무를 맡기려 하였다. 이러한 일 하나하나를 카우사^{causas}[대의, 임무라는 뜻]라고 불렀다. 즉 관리청장들은 아시엔다, 판결, 전쟁, 경찰 관련 임무를 수행해야 했다(그 시대에 경찰 업무는 단순히 범인을 추적하는 일보다 아주 광범위한 개념이었다). 다른 한편, 갈베스는 부왕령의 북부지방을 군사적으로 조직하려는 생각과, 오로지 재정문제만 담당하는 부서인 국고총관리청을 만들려는 생각이 있었다. 두 가지 안은 부왕의 기능을 줄이려 했던 것이다. 부카렐리는 이 모든 변화에 반대했고, 자신의 통치기간 동안 중지시키는 데 성공했다. 에스파냐의 인디아스 장관도 그 변화들을 좋은 시선으로 보지 않았고, 누에바 에스파냐의 재정업무도 잘 이행되고 있어 그 변화들이 불필요하게 여겨졌기 때문이다. 1776년에 호세 데 갈베스는 인디아스 장관에 임명되었다. 그때부터 십년 뒤 죽을 때까지 누에바 에스파냐에서는 그가 시찰하면서 낸 제안들이 모두 적용되었다. 그래서 부왕령은 그 말라가 출신 인물이 새로운 직책을 맡게 되면서부터 개혁의 홍수를 경험했다. 예를 들어, 1776년에는 내륙지방 총사령부가 창설되었다. 이 기구는 광활한 북부 영토의 물자·인구·문화 면에서 진보를 가져왔지만, 결코 멕시코 시에 있는 부왕의 통치로부터 완전히 벗어난 적은 없었다.

    1770년대의 마지막 해들은 심도 있는 변화의 해들이다. 한편으로, 페루와 누에바 그라나다에 제한되긴 하였지만, 누에바 에스파냐가 무역을 할 수 있는 더 많은 자유를 부여했다. 다른 한편으로, 행정에 있어 갈베스는 국고관리총국을 설치하고, 그 직책을 자신의 옛 동지에게 부여함으로써 부왕의 권위에 또 다른 타격을 입혔다. 이 조치는 본국 정부의 재정적 요구에 부응할 수 있는 '기술 관료적 지배'를 확립하고자 했던 것이다. 이 조치는 조세의 징수와 자원의 분배 기능을 부왕과 그 협력자들의 손으로부터 분리시켜, 그들을 단지 재판관으로 남게 하고, 그 기능을 새로운 관료집단(국고관리청장과 관리청장들)에 넘기는 것을 의미했다. 이 기획은 실패했다. 제대로 기획되지도 못했고, 시간이 지나면서 그것을 실행하는 데 필요한 법규들이 미비된 것으로 드러났기 때문이다.

    기술관료 계획을 지원하기 위해, 관리청장 제도가 누에바 에스파냐에 도달했다(이는 부왕령들 중에 가장 늦게 적용된 것이다). 이 시기는 제국 내의 상황이 아주 어려운 시기였다. 인디아스 장관인 호세 데 갈베스가 죽기 바로 전에[1787] 막 설치되기 시작했고, 부르봉 왕가 중 가장 개혁적이었던 카를로스 3세가 죽을 때 전면적으로 적용되었다[1788]. 어쨌든 그 법령은 지속적으로 시행되었는데, 그것을 통해 과거의 혼선과 분열을 제거하고 부왕령을 합리적으로 분할하려고 했다. 그 법령에 따르면 12개의 관리지역(두랑고, 과달라하라, 과나후아토, 메리다, 멕시코, 오아하카, 푸에블라, 산 루이스 포토시, 소노라/시날로아, 바야돌리드, 베라크루스, 사카테카스)마다 이미 설치된 수많은 관할지역들(정부직할지, 시, 읍면)이 맡겨졌고, 이 지역들을 디스트리토^{distrito}, 區라고 불렸다. 관리지역 프로그램의 시행에는 기술적 문제들이 많았다. 그 계획을 만든 사람들이 각 관할 구역의 경계들을 모르고 있었기 때문이었다. 그 결과 부왕령의 영토를 원했던 대로 조직할 수 없었다. 하지만 부르봉 왕가의 관리지역들은 멕시코 공화국의 구성을 위한 영토분할의 기초가 되었다.

* * *

1780년대는 문화가 꽃을 피운 시기다. 여러 요인들 중에서도, 비록 균등한 성장은 아니었지만, 성장하는 경제가 낳은 특징이라고 할 수 있다. 인디아스 장관의 형제인 마티아스 데 갈베스 부왕의 입안으로 멕시코 시에 산 카를로스 왕립 미술 아카데미가 설립되고, 정기간행물 『가세타 데 멕시코』$^{La\ Gaceta\ de\ México}$가 나온다. 도시 문제에 있어, 이 부왕은 수도를 네 부분으로 나누고, 구역장을 둔다. 이 부왕의 아들인 베르나르도 데 갈베스(1785년 6월부터 1786년 11월 사이의 부왕)는 멕시코 시에 조명시설을 하라 명했고, 그것은 마드리드의 조명과 비슷한 특징을 띠게 되었다.

다른 한편, 과학적 탐구에 대한 계몽주의적 열정의 결과로, 마누엘

광산업 전문학교

안토니오 플로레스 부왕은$^{재위:1787~1789}$ 멕시코 시에 식물원을 건설하기 시작하고, 그의 후계자이자 두번째 레비야히헤도 부왕이 완성한다. 이 부왕은 광산업 전문학교 건설공사를 시작하고, 그 건설책임은 발렌시아 사람인 마누엘 톨사에게 맡겨진다. 이 기관은 고등교육 방법론에 있어서 선구적인 역할을 했고, 그 학교의 학습과정에는 과학의 최신 흐름과 새로운 실험적 기술이 포함되어 있었다. 1811년 준공된 그 건물은 오늘날까지도 멕시코 시에서 가장 화려한 건물 중 하나이다.

방향전환. 1790년대

부르봉 왕가의 근대화 기획은 권력의 집중을 추구하고 있었다. 하지만 관리청장 제도가 이 의도를 완전히 드러낸 것은 아니었다. 오히려 왕가가 추구했던 것은 부왕령 행정의 단순화였다. 이 관리청장 제도로 새로운 관료들이 시장과 읍면장들을 대체하게 되었다. 이 과정에서 상품의 분배는 금지되었다. 시장들과는 달리 관리청장의 보좌역들은 봉급을 받았기 때문이다. 어떤 지역에서는 상품의 분배를 제거하는 것은 쉬웠다. 하지만 다른 지역에서는 법을 통해서든 사람을 통해서든 옛 제도를 제거할 수 없었다. 그 제도는 처벌을 피하기 위해 이름만 바꾸기도 했다.

관리청장과 그 보좌역 직책은 누에바 에스파냐인의 대부분 지역을 통제하기 위해 도입되었다. 그런 동기 때문에 그 제도와 보완법률은 저항을 불러일으켰다. 그래서 1786년에 그 제도의 주된 옹호자인 호세 데 갈베스가 죽게 되자 왕실은 압력에 굴복하게 된다. 그 제도가 온전히 실시되기도 전에 그 규정 중 어떤 것은 시행불가하다는 이야기가 나왔고, 많은 경우에 이전 상황으로 되돌아갔다. 그로 인해 그 제도 전반과 일부 중요한 조항에 있어 일관성을 상실했다.

관리지역 제도와 보좌역의 신설은 물론, 수년 전 시작된 징세의 집중화도 재정확보를 위해 유용했다. 하지만 일단 그 새로운 행정제도는 시행되자마자 곳곳에서 난관에 부딪혔다. 무엇보다도, 카를로스 4세 치하의 부왕들 중 가장 계몽적이었던 두번째 레비야히헤도 부왕은 관리지역 제도를 옹호했지만, 자기가 가진 권력을 줄이는 것에 대해서는 동의하지 않았다. 그런 생각을 관철시켰기 때문에 1789년 이후부터 관리청장들의 정책발의는 부왕의 사전 허가를 받아야만 했다. 두번째 난관은 누에바 에스파냐의 12개 관리지역의 영토적 경계는 주교의 관할지역 경계와 그리고 집중화된 징세 관리지역의 경계와 겹친다는 점이었다. 이 두번째 경우를 염두에 둔다면, 관리지역 제도는 '늦게 도착'한 것인데, 이미 누에바 에스파냐에는 징세기구가 있었고, 관리청장 제도가 그 뒤에 포개어진 것이라고 말할 수 있을 것이다. 조금만 상상력을 동원해 보면 산 루이스 포토시와 사카테카스의 관리청장들 사이에 있었던 어려움을 이해할 수 있다. 사카테카스의 매상세 절반이 산 루이스 포토시의 관리청장 구역에 해당되었던 것이다. 문제는 더 복잡해지는데, 법률적으로는 재무부(에스파냐 소재)에만 보고하면 되었는데, 두 관리청장은 '양도세와 풀케 세금 관리총국'(멕시코 시 소재)에 회계보고를 해야만 했다. 그리고 1789년 레비야히헤도의 개혁 이후에는 누에바 에스파냐에 있는 부왕에게 보고를 해야만 했다. 이 마지막 문제 때문에 관리청장들과 부왕령의 중앙행정부 사이에 뜨거운 논쟁이 벌어지기도 했다.

이 모든 문제에도 불구하고, 개혁안의 주요 내용은 뛰어난 결과를 가져왔다. 자료에 의하면 1765년에서 1804년 사이에 국고 수입은 4배가 증가했다. 이 사실은 여러 요인에 의해서 설명된다. 세금 종류의 증가(일반세든 특별세든), 세율의 인상, 행정의 변화에 따른 납세압력의 증대, 그리고 경제 성장에 따른 것으로 설명된다. 원인이야 어찌됐든 간에 세금 착취의 충격은 엄청난 것이었다. 사실, 누에바 에스파냐 사람은 본국의 주민보다 1인당 세금을 70% 이상 더 낸 것으로 계산된다.

1790년대에 누에바 에스파냐 주민의 조세부담은 특히 가중되었다. 왕실은 이미 정치적으로 일반적인 세금을 통해 돈을 더 긁어낼 수는 없었던 것이다. 그래서 자신들이 개입된 무력분쟁을 계기로(1793년 프랑스와의 전쟁, 그리고 1796년 영국과의 분쟁) 왕실은 대부와 헌금을 요청할 수밖에 없었다. 이것들은 전통적인 세금과 달랐는데, 왜냐하면 군주가 그 기여 부분에 대해 보상을 약속했기 때문이다.

독립이 완전히 이루어지기 몇 년 전까지도 이러한 상황이 지속되었다. 왕은 부왕령에서 가장 세금을 잘 '걷는 자들'에게 혜택을 주었다. 멕시코 상인조합, 가장 근래에 조직된 베라크루스와 과달라하라 상인조합, 그리고 광산업 재판소 등이 그런 단체들이었다. 하지만 시급한 곳이 더 많아지자 왕실은 관리청장들의 도움으로 법적으로는 왕실의 감시 하에 있지만 왕실 소유가 아닌 돈에 손을 대었다. 이 돈은 공유지 자산과 지방세(마을과 작은 도시, 그리고 큰 도시의 재원) 계좌에 있거나, 원주민 공동체의 자산 계좌에 있거나(비상시를 위해 인디오 마을에서 저축한 돈), 몬테피오스montepios(일반관리나 군인들이 자신들의 미망인들을 위해 모은 돈) 등이었다. 이런 돈들은 결코 되돌려지지도 않았고, 보상은 더더욱 없었다. 어떤 계좌들은 통제가 안 되던 기간에[1808~1814, 1820~1821]에 사라졌고, 어떤 계좌들은 1821년 이후 다시 시작해야 했다.

왕실 차용증서의 공고화와 누에바 에스파냐의 경제

왕실의 재정 상태가 가장 절망적인 경우 중 하나는 왕이 서명한 수많은 부채서류(왕실 차용증서)의 가격을 '안정화'시켜야 할 때였다. 이 차용증서는 에스파냐에서 거의 현금처럼 통용되고 있었다.* 소위 '왕실 차용증서의 공고화'의 목적은 본국에서 교회가 자기 소유재산을 팔고, 그 돈을 왕실금고에 '빌려 주도록' 하는 것이었다. 누에바 에스파냐에서는 교회가 재산이 많지 않았고, 예수회의 풍족한 아시엔다들은 세속적 유산이라는 이름으로 왕실 재무국 금고로 넘어가 버렸다. 많이 가지고 있던 것

---

* 군주는 자기 신하에게 대부를 요청하고 대신 차용증서(왕이 서명한 서류로서 빌린 금액이 표시되어 있었다)를 발행해 주었다. 이 서류는 사람들에 의해서 마치 돈처럼 사용되었다. 처음에 이 서류는 표시된 액수대로 받아들여졌다. 하지만 시간이 가면서 점점 더 많은 서류가 발행되자 가치는 떨어지기 시작했다. 왕실에서 '가치의 안정화'를 추진한 것은 아무도 차용증서를 받아들이지 않거나 아주 낮은 가격으로 받아들이는 경우 왕실은 돈을 빌릴 수 없었기 때문이다. 적어도 차용증서 방식으로는 빌릴 수 없게 되기 때문에, 그에 대한 대응이었다.

1799년 발행된 왕실 차용증서

은 돈이었는데, 부자와 가난한 사람들에게 영혼의 안식을 위해 미사를 올려주고 받은 것이었다. 사제직과 선행에 관한 재판소는 이 돈을 아시엔다와 소농가, 제조업이 작동할 수 있도록 빌려 주었다. 교회는 이 돈을 빌려 준 사람들에게서 돌려받아 국고에 '빌려' 주어야 했다.

왕실 차용증서 공고화 법령은 누에바 에스파냐에서 1804년 말 경에 공포되었고, 그 충격은 엄청난 것이었다. 다양한 생산단위가 가동에 필요한 신용과 자금을 구하기가 더 어려워졌다. 저축 기금들은 바닥났고, 많은 개인과 기관이 궁핍해졌다. 그 법령은 1809년 초에 중지되었다. 부왕 호세 데 이투리가라이재위:1803~1808에 맞서 일어난 쿠데타의 결과였다. 하지만 그 법령의 효과는 오래갔다. 경제가 중단기만에 회복될 능력이 줄어들었던 것이다.

어쨌든, 누에바 에스파냐의 경제가 상당히 성장했음에도 불구하고 부르봉 왕조 동안 본국에 의한 엄청난 자원 착취로 그 성장 부분을 빼앗기고 말았다. 앞에서 언급된 인구증가는 시장에 대한 수요가 더 커졌음을 의미했다. 인구증가로 상거래가 증가하였고, 이것은 또 농축산 활동을 유리하게 했다. 이런 의미에서 우리가 지금 살펴보는 시기 동안 농업은 이제 광산지역보다는 큰 도시의 시장을 겨냥하고 있었다. 광산업 분야는 1772년부터 중요한 성장을 보여 왔는데, 그것은 일반적으로 1795년까지 지속된다. 광산업의 역동성은 왕실의 장려정책에 호응하고 있었다. 수은과 화약에 대한 특별가격, 광산 활동과 직접 연관된 기자재 거래에 대한 매도세의 면제가 그것이었다. 광산업의 성장을 설명해 줄 수 있는 또 다른 요소는 그 무렵 아메리카의 영토들이 누리기 시작했던 상업의 상대적 자유화였다. 그리고 상업 활동에서 오는 수익이 줄어들자 상인들은 자금을 광맥 개발로 돌렸다.

앞서 언급한 모든 것과 상품교환 횟수의 상대적 증가와 관련해서, 이러한 것들이 누에바 에스파냐에 단지 하나의 시장이 형성되어 있었다는 것을 의미하지는 않는다는 것을 지적할 필요가 있다. 오히려 여러 개의 시장이 형성되어 있었고, 그 지역에서 필요한 것들이 그 지역에서 생산되었다. 예를 들어, 오아하카 관리지역에서는 옥수수가 재배되었고 그 지역에서 소비되었다. 두랑고 관리지역까지 운반하는 것은 의미가 없었다. 하지만 어떤 생산물은 아주 험한 길로 먼 거리를 이동하는 비용을 부담하고 높은 매도세를 물더라도 충분한 가치가 있었다. 은과 일부 직물, 증류주가 이런 물품에 해당되었다. 수입된 물건은 더 소중했다. 베라크루스를 통해 들어와 치와와뿐만 아니라 더 북쪽까지 가서 팔렸다. 수입상품 시장은 1789년 최고의 조건에 도달한 무역자유화 못지않게, 소위 중립무역에 의해서도 만족스런 상황을 맞이했다. 중립무역은 에스파냐와 영국 사이의 전쟁기간 동안 영국 측에 의해서 항구들이 포위될 처지에 놓이자 에스파냐가 받아들일 수밖에 없었다. 이런 중립무역이라는 형식은 에스파냐 왕실이 전쟁에 개입되지 않은 나라들에게 누에바 에스파냐 항구들을 드나들 수 있도록 허락한 것이었다. 이 조치의 효과는 필수적인 수은이 부왕령에 수급되도록 하고, 본국의 해당기관들은 이 풍요로운 식민지에서 발생되는 돈을 이용하는 것이었다. 이 과정은 다음과 같이 작동되었다. 에스파냐 왕이, 예를 들어 프랑스 투자자에게 돈을 빌리면, 이 투자자는 멕시코 시에 있는 금고에서 빌려 준 돈을 찾아갔다. 멕시코 시의 금고에는 일반 세금, 왕에게 빌려 주는 돈, 기부금 등이 모여 있었다. 그리고 왕실 차용증서의 안정화 조치 이후에는 교회가 생산자들에게 빌려 준 돈을 받아 왕에게 빌려 주었다. 물론 이런 재원들은 프랑스의 나폴레옹 보나파르트의 금고로 귀속되고 말았다. 영국에 대항해 나폴레옹이 벌이는 전쟁을[1803] 후원하기 위해 에스파냐 왕이 서명한 합의서에 따른 결과였다. 이렇게 해서 누에바 에스파냐 사람들이 절약한 돈의 많은 부분이 부왕령의 주민들과는 거의 관계가 없는 분쟁의 경비로 지출되었다.

내부적으로 누에바 에스파냐는 더욱 활력 있는 시장을 가지고 있었다. 바히오와 미초아칸은 광산에 생필품을 계속 보급했고, 갈수록 더 많은 제품들을 부왕령의 큰 도시와 안티야스[앤틸리스]제도에 공급했다. 푸에블라도 안티야스에 밀가루를 보급하고 있었는데, 경쟁력 높은 미국이 중립무역을 계기로 푸에블라의 이 사업을 종식시켰다. 하지만 푸에블라의 직물은 사카테카스, 시날로아, 두랑고, 오아하카와 과테말라에까지 퍼져나갔다.

과달라하라 관리지역의 인구증가와 자본증가는 그 지역을 누에바 에스파냐 경제에서 아주 중요한 지역으로 자리매김했다. 이 시기 동안 생산 거점들이 확대되었고, 원주민 공동체도 능동적으로 참여하는 상품

교환도 활발해졌다. 과달라하라의 발전은 많은 부분 1795년에 만들어진 그 도시의 상인조합이 그 경제에 활기를 불어 넣은 덕분이기도 하다. 멕시코 시와는 달리 이 단체는 처음부터 가장 자유로운 경제교환 형식을 적용했다. 그 덕분에 누에바 에스파냐에서 가장 큰 시장인 산 후안 데 로스 라고스 시장은 주로 과달라하라 상인조합에 의해서 공급을 받았는데, 가장 북쪽의 광산과 도시들의 보급 중심지로 자리잡아 갔다. 가장 북쪽 지방을, 특히 북서쪽은 새로운 광맥의 발견으로 급격한 경제 성장을 경험했다.

다른 한편, 산 루이스 포토시 관리지역(이 관리지역은 현재의 산 루이스 포토시, 코아우일라, 누에보 레온, 타마울리파스와 텍사스의 일부를 포함하고 있었다) 경제는 도시지역의 확대로 점점 더 성장했다. 그 도시지역으로는 살티요, 몬테레이와 누에보 산탄데르 이주정착지 내에 있는 여러 거주지들을 들 수 있겠다. 현재의 산 루이스 포토시 주의 광산들을 제외하면 중요한 광산이 없었던 이 지역의 경제는 다른 제품을 특화해서 부왕령의 중심부와 중요한 거래관계를 맺을 수 있었다. 가장 중요한 제품은 바로 목축제품과 그 파생상품이었다. 18세기 말경 멕시코 시와 중심계곡 지역 그리고 바히오 지역은 그런 경제활동을 위한 거대한 시장을 형성하고 있었다. 오아하카의 북쪽지역도 그와 유사한 상황에 놓여 있었는데, 중부지역 시장에 목축제품과 설탕을 공급하고 있었다. 이 관리지역에서는, 특히 믹스테카 알타 지역에서는 연지벌레물감 생산이 지속되면서 외국으로 수출되었는데, 갈수록 수요가 더 많아졌다. 그래서 이 지역에서는 상품의 분배 사업이 사라지지 않고 있었는데, 너무 수익이 높은 사업이라 왕명을 따를 수 없었던 것이다. 오아하카시 주변의 계곡에서는 이 도시에 생필품을 공급하고, 지협에 있는 치아파스와 과

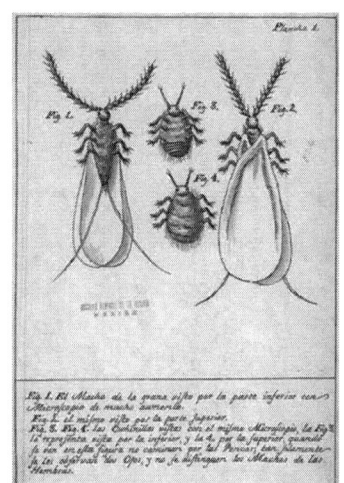

연지벌레(왼쪽)와 연지벌레를 채집하는 모습(오른쪽)

테말라와 교역함으로써 경제가 유지되었다. 한편, 유카탄은 왕실로부터 누에바 에스파냐의 다른 지역들과는 다른 특별대우를 받았다. 예를 들어, 1770년에 자유무역을 허락받아 특권을 누리는 특별한 상황이었다. 그것은 19세기 동안 지속적으로 문제를 일으켰다. 유카탄은 캄페체 항구를 통해 부왕령의 나머지 지역과 쿠바, 뉴올리언스에 지역산물을 공급해 주었다. 그리고 유카탄 지역의 인구증가로 이 지역들과 다른 지역으로부터 물품을 수입하지 않을 수 없게 되었다.

누에바 에스파냐의 민족주의 감정

정부구조의 변화과정, 새로운 교육방법, 문화적 제도, 유럽과 미국식 사고방식에 대한 (거의 은밀한) 개방뿐만 아니라 경제적 상황들 역시 필연적으로 누에바 에스파냐 사람들의 사고방식에 있어서 변화를 내포하고 있었다. 그 시기 내내 에스파냐의 정치적 문제들과 부왕령의 내적인 요구들 사이에 지속적으로 대립이 있어 왔는데 어떻게 이런 일이 일어나지 않겠는가? 처음에는, 즉 1790년대 이전에는 모든 종류의 일들이 실현 가능했다. 예를 들어, 공공사업이나 문화단체의 설립 등이 이루어졌다. 하지만 이런 시절은 본국 왕실에서 프랑스혁명의 자유주의사상들이 누에바 에스파냐에 도달할까봐 겁을 먹는 순간 끝이 났다. 1790년대에 반도사람들[에스파냐인들]과 아메리카 사람들 사이에 차이가 드러나기 시작한다. 그리고 그 둘 사이에 시기가 생긴다. 정부의 노력에도 불구하고, 자유, 진보, 국가 등과 같은 단어들이 사용되기 시작한다. 누에바 에스파냐 사람들의 사고방식에 변화가 일어난 시기였다. 아메리카에서는 쓸 만한 것은 전혀 창작되지 못한다는 에스파냐의 통념에 맞서, 18세기 중반부터 부왕령에서는 수많은 글을 통해 아메리카 주민들이 모든 종류의 지적인 작품을 창작할 수 있는 능력이 있다고 주장되었다.

부르봉 왕가의 개혁주의는 크리오요의 감정을 자극하는 데 많은 기여를 했다. 당시에 설립된 많은 기관들에서(산 카를로스 미술 아카데미, 광산 재판소와 광산 협회, 왕립 식물원) 반도사람들을 관리자로 지명하면서 크리오요들에겐 그 보조역할을 주었다. 마찬가지로, 고위관료직은 반도사람들이 차지했다. 그렇지만, 이 경우에도 관리청장들과 지역의 경제적 유력자 집단 사이에는 제휴가 일어났다. 어떤 통치상황을 방어하거나 경제적 특권과 관련될 때마다 제휴를 했던 것이다. 하지만 진실의 순간, 즉 독립전쟁이 시작되자, 관료집단에서는 반도의 본국에 대한 충성이 지배적이었다.

민족주의 감정을 자극한 하나의 중요한 요소는 누에바 에스파냐인을 외국인들과 접촉하게 만든 중립무역이었다. 중립무역은 누에바 에스

산 카를로스 왕립 미술 아카데미

파냐인이 더 큰 자신감을 가질 수 있도록 해주었다. 이렇게 자신감을 갖는 데 버팀목이 되어 준 것은 기이하게도 식민기간 동안 가장 돈만 밝히는 부왕들 중 하나인 호세 데 이투리가라이였다. 그는 지방군대(지방의 주민들로 이루어진 군사집단)를 창설했는데, 이 조치는 1804년 초에 시작된 에스파냐와 영국 사이의 전쟁을 계기로 누에바 에스파냐의 방어를 위해 이루어진 것이었다. 바로 이것이 누에바 에스파냐 사람들 사이에 국가의 군사력에 대한 의식을 심어 주었다.

이러한 조건 속에서, 부르봉 왕가의 마지막 해들은1808~1809 아주 어려웠다. 부왕령 자금이 바닥나고, 그 무렵의 가뭄으로 주민불만이 더 심해진 것 외에도 수많은 사건이 있었다. 왕실 차용증서의 공고화 법령 공포와 그 시행은 경제적인 효과가 있었지만, 누에바 에스파냐 주민들 사이에 부왕령 정부와 본국에 대한 불신을 불러온 것은 아주 심각한 일이었다. 첫번째 징후는1808 미초아칸의 바야돌리드에서 일어난 자유주의

3장 | 부르봉 왕가의 개혁들 161

혁명 기도의 실패였다. 두번째 징후인1810 미겔 이달고의 독립투쟁 시작은 식민통치의 아주 기나긴 종말이, 그 여파 또한 오래 지속될 식민통치의 종말이 이제 시작되었음을 알렸다. 이 복잡한 종말에도 불구하고, 부르봉 왕가의 개혁기는 그 이후 100년 동안에도 다시 볼 수 없는 경제적·문화적 절정기였다.

4장

독립에서 공화국의 안정화까지

4장 | 독립에서 공화국의 안정화까지

호세피나 소라이다 바스케스[*]

이 장은 1808년에서부터 1876년까지 기간을 다룬다. 다시 말해, 독립과 국가의 건립에서부터 프랑스의 개입과 최후의 군주제 기도를 극복하고 공화국으로서 안정화되는 과정을 다루고 있다. 이 시기는 자유주의와 민족주의가 국제무대에서 대세를 이루고, 새로운 민족-국가가 조성되던 과도기로서, 이베로아메리카[에스파냐와 포르투갈의 식민지였던 라틴아메리카 지역]의 국가들은 이 현상에서 개척자들이었다.

북미혁명과 프랑스혁명은 나중에 이베로아메리카 식민지로 퍼져 나갔는데, 그로 인해 정치적 삶과 국가 간 관계에 새로운 원칙들이 도입되었다. 이러한 새로운 원칙들은 1812년 자유주의적인 것으로 평가되었는데, 절대군주를 배척하고, 주권은 백성에게 있으며, 따라서 그 대표자들이 정부를 선택해야 한다는 원칙을 확립했다. 그리고 정부는 입법·행정·사법의 서로 다른 세 개의 권력에 의해서 이루어져야 하고, 이는 개인의 권리와 자유를 보장하기 위한 방법이라고 것을 확고히 했다. 성인

---

[*] 마드리드중앙대학에서 아메리카 역사학 박사학위 취득, 멕시코국립자치대학교에서 역사학 박사학위 취득, 멕시코대학원 연구원.

남성은 투표권과 대표자가 될 수 있는 피선거권을 부여받음으로써 신하에서 시민으로 바뀌고 있었다. 이러한 원칙은 나라의 구성과 내부적 관계에 영향을 미쳤을 뿐 아니라 국제관계에도 영향을 미쳤다. 이제 국제관계는 군주 주권과 시장에 대한 배타적 권리에 바탕을 둔 왕조들 사이의 관계가 더 이상 아니었다. 자유무역 원칙, 종교적 관용을 촉진시키는 개인과 사유재산 보호 원칙, 교섭의 상호호혜주의 원칙, 전시에도 중립국들의 해상에 대한 권리 인정 원칙에 입각한 국제관계로 변했다. 이와 같은 급격한 변화가 자리를 잡기까지 긴 과도기가 필요했다는 것은 당연했다. 이베로아메리카의 독립과정들은 이런 맥락 속에 놓여 있었다.

    누에바 에스파냐에서 부르봉 왕가의 개혁에 의해 강요된 '근대화'의 변화과정은 이미 2세기 이상에 걸쳐서 형성된 사회·정치·경제적 관계들을 바꾸었다. 그것은 누에바 에스파냐 사람을 전반적으로 불편하게 했고, 자치에 대한 열망을 불러일으켰다. 본국의 점증하는 경제적 요구들은 모든 사회 집단에게 영향을 미쳤고, 자치에 대한 열망은 커질 수밖에 없었다. 그래서, 앞으로 언급하게 될, 1808년 군주제의 붕괴와 에스파냐 자유주의혁명은 독립을 위해 호기가 되었다. 아메리카인들이 자신의 불만을 토로하고, 에스파냐의 자유입헌주의를 경험하게 해주었기 때문이다. 이 영향은 국가가 세워지고 첫 40여 년 동안 아메리카 정치사상에 배어들게 된다.

    아메리카의 다른 에스파냐 부왕령들에서와 마찬가지로 누에바 에스파냐에서도 독립은 기나긴 투쟁을 통해 이루어졌다. 그 결과 멕시코라는 국가는 쇠약한 상태로, 부채를 짊어진 채, 경제는 거의 마비되고, 사회는 분열되고, 조직은 완전히 와해된 상태로 탄생했다. 게다가, 번영과 풍요의 땅이라는 명성 때문에 새로운 상업 세력에겐 야심의 목표물이 되었다. 그럼에도 불구하고, 과거의 찬란함을 되찾을 수 있다는 낙관주의의 도움으로 두 개의 국가적 프로젝트가 등장하였고, 자유공화주의 기획이 지속적으로 추진되어 성공을 거두었다.

독립 혁명

누에바 에스파냐 사회의 인구는 모자이크로 구성되어 있었다. 반도인과 그의 후손인 크리오요들은 거의 도시에 거주했는데, 단지 17.5%에 불과했다. 반도인 집단은 소수였고, 관료들과 지속적으로 거주하는 사람들로 구분되었다. 크리오요 집단은 가장 교육을 잘 받은 집단으로서, 5%는 대재력가로서 어떤 사람은 귀족칭호까지 가지고 있었다. 하지만 인구의 대부분은 시골농부인 란체로, 상인, 기업인, 관리, 종교인과 고위직을 열망하는 중산층의 군인들이었다. 인구의 약 60%는 원주민이었는데, 그들은 협동조합 구조를 유지하고 있었다. '카스티야어'를 말할 수 있는 소수의 원주민 귀족 집단에서 토후, 지배자, 대농장주 그리고 상인들이 나왔다. 하지만 하나의 언어만 할 수 있는 대부분의 사람들은 주된 노동력이 되었고, 공물을 바쳤다. 정기적인 기후변화와 아시엔다의 발전으로 많은 원주민들은 농업노동자로서 보호받는 길을 찾았다. 전체 주민의 거의 22%는 에스파냐인, 크리오요, 인디오, 흑인, 물라토, 메스티소 사이의 다양한 혼혈인이 차지하고 있었다. 이들은 토지가 없었고, 공직을 맡을 수 없었으며, 직업별 조합에서 마에스트로의 자리에 오를 수 없었다. 그렇지만 공개적으로 금지되지 않은 온갖 일을 하고 있었다. 광부, 하인, 장인, 십장, 마부, 집사 등. 일부는 돈을 벌기 위해 북부로 갔고, 일부는 거지, 천민, 불량배로 도시와 광산지대를 돌아다녔다. 흑인은 단지 인구의 0.5%였고, 일부는 사탕수수 농장의 노예였다.

멕시코 시가 평온함을 누리고 있던 1808년 6월 8일, 카를로스 4세가 아들 페르난도에게 왕위를 물려주었다는 소식이 전해졌다. 그 사건을 축하하는 준비를 막 하려던 순간 또 하나의 소식이 분위기를 바꾸었다. 왕위가 나폴레옹의 손에 들어갔다는 소식이었다. 혼미한 가운데 그 사건이 누에바 에스파냐에 미칠 결과에 대해서 걱정이 이어졌다.

이 사건은 나폴레옹이 자신의 적인 대영제국에 대항해 대륙 전체로 포위망을 설치하려고 하던 아주 복잡한 맥락 속에서 일어났다. 이 포위망을 위해 나폴레옹은 당시 영국의 동맹국이었던 포르투갈을 복속시키기 위해 프랑스 군대가 에스파냐 영토를 가로지를 수 있도록 허가하라고 에스파냐에게 강요했다. 나폴레옹은 에스파냐 왕권을 자기 형인 호세에게 위임하기 전에 전국대표자 회의를 소집했고, 그것을 통해 에스파냐 사람들에게 헌법과 관련된 서한을 보냈는데, 에스파냐 사람들에게는 몇 가지 권리를 보장하고 아메리카인들에게는 평등권을 부여하는 내용이었다.

하지만 에스파냐 국민들은 나폴레옹의 강요를 뿌리치고 무장 봉기를 일으켰다. 무장 공격을 위해 각 지방위원회가 구성되었고, 조정과 대표성에 관련된 필요에 따라 최고위원회로 통합되었다. 하지만 이 최고위원회는 임무를 수행할 능력이 없어 집행부를 다시 임명했고, 그 집행부는 의회 선거를 공고했다. 다시 말해 귀족, 성직자, 민중의 대표자 모임인 의회를 통해 합법성을 띤 왕이 부재하는 제국을 어떻게 다스릴지 논의하려 했다.

비록 누에바 에스파냐인이 페르난도 7세에 충성을 맹세했지만 멕시코 시청은 제국의 다른 지역들과 마찬가지로, 왕의 부재로 식민지 주권은 식민지에 속하게 되었다고 생각했다. 그래서 자신들의 통치방식을 결정하기 위해 각 시청들의 모임을 소집하는 것이 필수불가결하게 되었다. 부왕 호세 데 이투리가라이는 동의했지만, 왕령집행위원회(부왕이 주재하는)의 판관들은 독립을 기도할까 두려워 반대했다. 몇몇 사람들은 주민을 행복하게 해줄 수 있는 자원을 식민지가 가지고 있다는 생각에 독립사상에 동조한 것도 사실이지만, 대부분은 자치를 기대하고 있었고, 자치를 할 권리가 있다고 믿고 있었다.

식민지가 본국에서와 비슷한 회의를 소집하고 있을 때 몇몇 반도 출신 관료와 상인들은 쿠데타를 준비하였다. 1808년 9월 15일 자정, 약 300여 명이 부유한 농장주인 가브리엘 데 예르모의 지휘 아래 궁전으로 진입해서, 부왕과 그 가족을 체포했다. 시청의 지도자들 역시 체포되었다. 동시에 왕령집행위원회 회의실에서는 식민지에서 가장 늙은 군인을 부왕으로 선언하고 있었다. 쿠데타는 합법적인 방식를 파괴했을 뿐 아니라 폭력의 길을 보여 주고 있었다. 이 같은 반도출신 사람들의 시대착오적 행위는 가뭄으로 곡식이 부족한 상황에서 크리오요에게 좌절감을 주었고, 그것은 반란 음모들을 통해 드러났다. 세비야 위원회가 대주교 프란시스코 하비에르 리사나를 부왕으로 임명한 이후, 바야돌리드에서 첫번째 음모가 있었다. 곧 발각되었지만, 대주교-부왕은 관용을 베풀어 관련자들을 추방하기만 했다. 그럼에도 불구하고, 음모는 이미 케레타로로 퍼져나간 뒤였다. 케레타로는 도로가 교차하는 번창한 지역이었다. 읍장들인 미겔과 호세파 도밍게스의 집에서 '문학모임'이 조직되어 있었는데, 군 지휘관인 이그나시오 아옌데, 후안 알다마, 몇 명의 사제와 상인, 그리고 돌로레스 읍의 신부인 미겔 이달고가 참석하고 있었다. 미겔 이달고는 바야돌리드의 산 니콜라스 대학교의 전 총장이자 학식이 풍부한 사람이었다. 음모자들은 산 후안 데 로스 라고스 축제 시기인 12월에 반란을 일으킬 계획을 하고 있었는데, 발각되는 바람에 아옌데, 알다마, 이달고는 투쟁에 나서는 수밖에 다른 선택의 여지가 없었다. 이 9월 16일이 일요일이었기 때문에, 이달고 신부는 미사를 소집했고, 신도들이 모이자 함께 힘을 합쳐 나쁜 정부에 대항하여 싸우자고 소리쳤다. 농업노동자, 농민, 수공업자와 아낙네들과 아이들까지 고무줄 새총과 몽둥이, 연장 등 닥치

미겔 이달고

는 대로 손에 잡았고, 무기가 있는 사람은 무기를 잡고 이달고 신부를 따랐다.

그날 밤 민중부대는 산 미겔 데 그란데를 장악했다. 며칠 뒤 셀라야에서 그 민중들은 이달고를 총사령관에, 아옌데를 부사령관에 임명했다. 아토토닐코 신전에서 이달고는 이 부대에게 첫 깃발을 주었다. 과달루페 성모상이 그려진 깃발이었다. 2주 후, 반란군은 부유한 도시 과나후아토의 입구에 도달했다. 이달고는 관리청장인 후안 안토니오 리아뇨를 불러내 항복할 것을 권유했다. 하지만 관리청장은 부자 이웃들과 함께 재물을 챙겨서 그라나디타스의 곡물 거래소 건물에 진을 치고 버티기로 결심했다. 이달고는 공격명령을 내렸고, 오랜 저항 끝에 민중들은 거래소 건물에 진입했고, 잔혹한 학살과 약탈에 뛰어들었다. 이달고와 아옌데도 제지할 수 없었다. 이 불행한 사건으로 그 민중운동을 지지하던 사람들이 줄어들었고, 전과戰果도 지지부진하게 되었다.

그 무렵 본국 카디스 의회에서 누에바 에스파냐를 대표할 17명의 의원을 선출하라는 통지서가 수도에 도착했다. 이 사실은 멕시코 사회를 들뜨게 했다. 대주교는 돈 프란시스코 하비에르 베네가스로 교체되었다. 불행하게도 베네가스가 부왕으로 취임한 지 며칠 만에 민중봉기가 일어났고, 멕시코에 대해 잘 알지도 못하는 상태에서 방어체제를 구축해야 했다. 그는 즉시 펠릭스 마리아 카예하 장군에게 멕시코를 향해 진격해서 레메디오스 성모상을 수도로 가져오라고 명했다.

과나후아토의 폭력이 불러온 두려움에도 불구하고 불평등과 부조리 때문에 반란은 누에바 에스파냐 전영토로 확산되었다. 카라쿠아로의 사제인 호세 마리아 모렐로스 신부는 미겔 이달고 앞에 나타났고, 아카풀코를 점령하라는 임무를 부여받았다. 호세 안토니오 토레스는 과달라하라를 급습했고, 다른 지역에서도 비슷한 일들이 벌어졌다. 반대로, 바야돌리드에서 선출된 주교인 마누엘 아바드 이 케이포는 누에바 에스파냐의 사회문제들을 공정하게 해결하는 데 크게 기여한 사람이었지만, 민중운동의 폭력을 거부하고, 이달고 신부를 파문했다. 반란세력이 바야돌리드로 진군하고 있다는 사실을 알게 되자 그는 도망을 갔고, 도시 당국자들은 과나후아토처럼 되지 않기 위해 도시를 넘겨 주었다. 그리고 사제단은 미겔 신부에게 내려졌던 파문을 철회했다.

10월 말경, 이달고 부대는 멕시코 시의 문턱이라고 할 수 있는 라스 크루세스 산에 있었다. 거기서 10월 30일, 이질적인 민중부대는 왕가를 옹호하는 천여 명의 크리오요 부대에 맞서 이겼다. 도시는 두려움에 떨었다. 이달고는 부왕과의 면담을 추진하다가, 퇴각명령을 내리고 말았다. 왜 그랬는지는 알려지지 않았다. 톨루카 계곡에 있던 인디오 마을들의 협조가 부족해서 후퇴했을까? 과나후아토 도시에서 있었던 지나친 폭력사태가 반복될까 두려워서 그랬을까? 카예하 부대에 의해서 궁지에 몰릴까 봐? 확실한 것은 승리의 단계는 이미 끝나고 있었다는 것이다. 며칠 뒤 반란군은 아카풀코에서 정부군과 맞섰지만 패배했다. 아옌데는 이달고의 지휘에 불복하고 과나후아토로 향했고, 이달고 신부는 과달라하라로 향했다.

과달라하라는 이달고를 열렬히 환영했다. 이달고는 자신의 어려운 여건을 잘 고려하지 않은 채, 전하殿下라는 호칭

『아메리카의 자명종』의 첫 호(1810년 12월)

을 가지고 정부를 구성하고, 민중운동 확산을 독려하면서 『아메리카의 자명종』*El Despertador Americano*이라는 신문을 발행하도록 명했다. 노예제도, 원주민의 공납, 전매제도의 폐지를 공포하고, 공동체의 토지는 오직 인디오들만 사용할 수 있다고 공포했다. 불행히도 그는 포로로 잡힌 에스파냐 사람들의 처형도 허락했다. 아옌데는 얼마 지나지 않아 패배하고 돌아왔다. 마침 그때 카예하와 방금 에스파냐에서 온 호세 데 라 크루스의 부대들이 과달라하라로 진격하고 있었다. 방어가 불가능하다는 것을 알면서도 아옌데는 방어를 준비해야만 했다. 1811년 1월 17일 칼데론 다리에서 5천 명의 훈련된 정부군에게 9만 명의 반란군이 참혹하게 패배했다.

반란군 우두머리들은 탈출에 성공했고, 북아메리카의 도움을 찾아 북쪽으로 가기로 결정했다. 파베욘 아시엔다에서 아옌데와 알다마는 이달고에게서 지휘권을 탈취하였고, 살티요에서 이그나시오 로페스 라이

온을 투쟁의 전면에 내세우기로 결정했다. 하지만 배신에 의해서 아옌데와 알다마, 이달고, 그리고 호세 마리아노 히메네스는 손쉽게 체포되었고, 치와와로 이송되어 재판을 통해 형을 선고받았다. 이달고는 두 차례의 재판과정을 통해 폭력을 유발한 죄와 재판 없이 많은 에스파냐 사람들을 사형시킨 죄를 솔직하게 시인했다. 왜냐하면 "재판할 이유가 없었다, 왜냐하면 그 사람들은 죄가 없었으니까!" 우두머리 네 명의 머리는 과나후아토로 보내져 그라나디타스 곡물거래소의 귀퉁이마다 내걸렸다. 하지만 그 민중운동은 부왕령에 치명상을 입혔다. 식민지의 질서를 파괴하고, 경제와 재정업무에 심각한 지장을 주었던 것이다.

한편, 합법적인 왕이 부재하는 상황에서 제국의 통치를 결정하기 위해 카디스에서 에스파냐 의회가 소집되었다. 누에바 에스파냐 사람들은 에스파냐에서의 논쟁과 의회에 관한 소식에 엄청난 관심을 가지고 읽었다. 그렇게 하면서 자신들의 정치적 입장을 정해 가고 있었다. 기나긴 토론 끝에 1812년 헌법이 공포되었다. 멕시코에서는 그 헌법에 대한 선서가 있었다. 새로운 최상위법은 입헌군주제를 확립하고, 권력분립, 출판의 자유, 공물의 폐지, 지방의회의 설치(누에바 에스파냐에서는 6개), 1천 명 이상의 주민이 있는 곳에 행정관청 설치 등을 명시했다. 지방행정관청은 시민군을 조직해 질서를 유지하고 유사시 국방에 기여해야만 했다. 부왕 제도가 사라지고 여러 명의 정무관政務官으로 대체되었다. 헌법은 자유와 대표성에 관련된 크리오요들의 몇 가지 열망을 충족시켜 주었다. 하지만 그들이 꿈꾸어 왔던 평등과 자치를 허용하지는 않았다.

아메리카인들이 언론자유를 이용해 신문, 전단, 소책자 등을 만들어 자유주의사상을 전파하고 있었기 때문에 베네가스는 언론자유를 정지시켰다. 그런 가운데, 반란군을 퇴치하기 위한 카예하의 계획은 어느 정도 성공을 거두었다. 그 일로 해서 그는 베네가스에 이어 정치 지도자로 지명되었다. 카예하는 반(反)혁명적 도구로서 헌법을 널리 알렸다. 하지만 1814년 페르난도 7세가 왕위에 오르자 헌법의 폐지를 스스로 축하했다. 헌법이 자기 권한을 제한하고 있었기 때문이다. 어쨌든, 누에바 에스파냐 사람들은 시민으로서 경험을 이미 맛보았던 것이다.

라이욘은 시타쿠아로에서 반란군의 전면에 아메리카최고통치위원회를 설치했다. 반란군들은 비밀결사대인 '과달루페 사람들'의 도움을 받고 있었는데, 이들은 반란군에게 돈과 정보, 조언을 보내주고 있었다. 하지만 카예하가 시타쿠아로에서 반란군을 몰아내는 데에는 오랜 시간이 걸리지 않았다. 그 무렵 모렐로스 신부가 뛰어난 지도자로 두각을 나타내고 있었다. 그는 마부로 일한 경험이 있었기 때문에 사람들과 길을 많이 알고 있었다. 그리고 타고난 군사적 소질이 있어 숫자는 적어도 규율이 잡히고 훈련된 군대를 만드는 것을 선택했다. 동시에 주변의 어려운 조건을 어떻게 잘 활용해야 하는지 감각적으로 알고 있었다. 자기의 소중한 조력자들인 에르메네힐도 갈레아노와 마리아노 마타모로스, 충직한 추종자들인 니콜라스 브라보, 마누엘 미에르 이 테란, 과달루페 빅토리아, 비센테 게레로 등과 함께 칠판싱고, 틱스틀라, 칠라파, 탁스코, 이수카르, 쿠아우틀라 등을 장악했다. 쿠아우틀라에서 두 달간 카예하의 포위를 견뎌 내고, 기적적으로 탈출에 성공하여 재정비하였다. 반란군이 넓은 영토를 지배하게 되자 모렐로스는 주권을 행사하고 정부를 구성할 의회를 소집했다. 의회는 1813년 9월 14일 칠판싱고에서 「국가에 대한 생각」Sentimientos a la Nación을 낭독하면서 시작되었다. 이 글을 통해 모렐로스는 아메리카는 자유롭고, 주권은 백성으로부터 나오고, 정부는 3권 분립을 해야 하며, 모두에게 평등한 법이 "풍요와 궁핍을 조정해야 한다"라고 선언했다. 의회는 독립선언서에 서명한 뒤 통치권을 모렐로스에게 양도했고, 모렐로스는 '국가의 머슴'이라는 칭호를 택했다. 의회가 초안한 헌법은 많은 부분 1812년 에스파냐 헌법에서 영감을 얻었으며, 아파친간에서 1814년 10월 22일에 공포되었다. 불행하게도 의회는 모든 권력을 장악했고, 모렐로스에게서 활동의 자유를 빼앗았다. 투쟁은 계속되었다. 비록 모렐로스가 아카풀코를 점령하는 데 성공하였지만, 바야돌리드에서 패하면서 포위되어 1815년 11월 5일에 포로가 되고 말았다. 재판과 사제직 박탈과정을 거친 뒤, 12월 22일 산 크리스토발 에카테펙에서 총살되었다.

이 무렵 식민지는 몇 년간 치른 전쟁의 흔적을 드러내고 있었다. 중부지방은 가난과 폐허로 황폐해져 있었다. 반란군은 넓은 지역을 지배하고 있었고, 행정과 세금징수제도를 해체시켜 버렸다. 전투와 관련된 필요에 따라 군 지휘관들은 (반란군이든 정부군이든) 광범위한 재정적·사법적 권한을 행사했다. 그것은 나중에 그들의 정치권력의 기반으로 작용한다. 어쨌든 누에바 에스파냐는 평화를 되찾은 것처럼 보였기 때문에, 에스파냐 정부는 화해의 정치를 실험해 보려고 결정했다. 후안 루이스 데 아포다카는 1816년 부왕으로 임명되자, 바로 반란군에게 사면을 제안했고, 많은 사람들이 받아들였다. 다시 질서가 확립되어 보이는 가운데, 1817년 세르반도 테레사 데 미에르 신부와 에스파냐 지휘관 프란시스코 사비에르 미나에 의한 해방 시도가 있었는데 곧바로 실패로 돌아갔다. 300여 명의 용병으로 미나는 바히오 지방까지 진격했으나 정부군에게 패배하고, 그해 11월 11일 총살되었다. 미에르는 산 후안 데 울루아에 수감되었다.

질서를 다시 회복시킬 수 없는 무능함 때문에 왕실의 옛 권위는 소진되었다. 그래서 1820년 1월 독립을 쟁취할 수 있는 유리한 상황이 벌어졌다. 1월 초순 반도에서는 지휘관 라파엘 데 리에고가 1812년 자유주의 헌법을 되찾겠다고 반란을 일으키면서 왕에게 그 헌법에 선서하라고 강요했다. 그 결과 전 제국 영토에서 같은 요구를 하게 되었고, 이어서 의회 선거가 공고되었다.

십 년 동안의 투쟁은 누에바 에스파냐를 너무나 바꾸어 놓아, 그 무렵에는 비록 각 집단마다 이유가 다르기는 했지만, 반도인들조차도 독립으로 기울었다. 군대의 최고위급과 교회는 새로운 의회가 자신들의 특권, 특히 자신들과 관련된 특별법을 폐지할까봐 두려운 나머지 독립을 지지했다. 다른 집단들은 식민지에 적합한 헌법을 원했고, 어떤 집단들은 공화국의 수립을 더 선호했다. 곧이어, 헌법에 기초한 질서가 잡히자 수감된 반란군들이 석방되었고, 출판의 자유가 효력을 발휘하자 선동적 출판물들이 나타났다. 이 상황에 덧붙여 국회의원, 지방의회 의원, 헌법상의 기초자치단체 선거가 있게 되자 사람들의 의욕은 다시 고취되었다.

이러한 맥락 속에서 왕실세력 내부로부터 독립 안案이 등장했다. 장본인은 바야돌리드에서 태어난 크리오요 군인인 아구스틴 데 이투르비데였다. 그는 자치를 선호했지만 반란이 몰고 온 폭력적 과정은 거부해 왔다. 1815년부터 그는 서로 싸우는 양측 군대의 아메리카인들이 하나가 됨으로써 쉽게 독립을 성취할 수 있다고 피력해 왔다. 돈 아구스틴은 단 한번도 전투에서 패하지 않았지만, 하나의 혐의로 인해 자신의 경력에 커다란 장애가 생겼고, 비록 그 혐의에서 벗어났지만 개인적 삶으로 돌아가길 선택했다.

전쟁 경험과 은퇴는 그로 하여금 현실상황에 대해서 깊이 생각해 볼 수 있도록 해주었고, 다양한 주민 계층과의 접촉으로 누에바 에스파냐 사람들의 다양한 관점에 친숙하게 되었다. 그는 평화적으로 독립을 성취하기 위해 누에바 에스파냐 사람들의 관점을 조정하고자 했다. 그의 권위 앞에 헌법에 반대하던 집단도 그에게 접근했지만, 지금까지 전통적인 해석과는 달리, 이투르비데는 이들과 한패가 되기보다는 전반적인 지지를 받고자 했다. 아포다카가 반란군 지도자 게레로를 제거하기 위해 이투르비데에게 남부군 지휘권을 제의하자, 이투르비데는 자신의 목표를 달성할 기회로 보았다. 그래서 자신의 계획을 에스파냐로 향하는 누에바 에스파냐 의원들에게 알렸다.

이투르비데는 게레로를 제압하거나, 사면을 수용하도록 할 자신이 있었지만, 그 과업이 더 복잡할 것 같아 그에게 자신과 함께하자고 요청을 했다. 게레로는 나름대로 자신의 고립을 인식하고 있었기에 유사한 결정을 내리고 있었다. 다시 말해, 독립은 왕실 측 지도자와의 단합을 통해서만 이루어질 수 있다는 것이다. 처음엔 자신의 오랜 적을 믿지 않았지만, 이투르비데가 자신에게 제의한 계획과 신변보장 약속에 설득되어 결국은 승복하였다. 그래서 자기 부대들에게 이투르비데를 '국군의 최고 지도자'로 인정하라고 요청했다.

합의를 이끌어내기 위해 이투르비데는 종교, 통합 그리고 독립이라는 세 가지 보장원칙에 바탕을 두고 자신의 계획을 수립했다. 이 세 가지는 1808년 크리오요들의 숙원과 반란군의 숙원을 요약하고 있었다. 그리고 통합의 보장은 반도인들을 안심시키기 위한 것이었다. 1821년 2월 24일, 이구알라에서 그 계획이 선언되었다. 그리고 사본을 왕과 왕국의 모든 민간·군사 당국과 정부군과 반란군 지도자들에게 보냈다. 그 계획은 모든 주민과 군인들에게 열렬히 환영받았다. 다만 군 수뇌부와 수도

이투르비데의 멕시코 시 입성

의 행정당국들, 그리고 반도 출신의 몇몇 군사령관들만 예외였다.

그러는 사이, 마드리드에서는 누에바 에스파냐의 의원들이 자유주의자 후안 데 오도노후를 누에바 에스파냐의 정치지도자로 임명토록 하는 데 성공했다. 또 에스파냐 제국 내에서 자치를 성취하기 위한 마지막 시도로서, 1821년 6월 의원들은 연방제 안을 제출했지만, 그 안이 논의조차 되지 않자 철수해 버렸다. 오도노후는 7월에 베라크루스에 도착했는데, 그때는 이미 이구알라에서 시작된 운동이 부왕령 전체로 퍼져 있었다. 그는 독립은 이미 돌이킬 수 없다는 것을 받아들이고, 본국 정부에 독립에 저항하는 것은 불가능하다고 보고했다. "우리는 한 백성이 자유를 원할 때 그들이 어떻게 현명하게 대처하는지 몸소 경험하였습니다." 그는 상황을 받아들이고 이투르비데를 만나기로 결정하고, 그와 코르도바 협약에 서명했다. 그 협약은 독립을 인정하고, 멕시코 제국의 건국을 인정했다. 하지만 당시 지배 왕조의 구성원이 멕시코 제국을 대표하게 함으로써 에스파냐와의 통합을 유지하려고 했다. 오도노후는 즉시 수도를 장악하고 있던 군대의 투항을 요구했고, 그 결과 1821년 9월 27일, 개선 아치로 장식된 도시는 열광적으로 해방지도자 이투르비데와 게레로, 그리고 세 가지 원칙을 내세운 그들의 군대를 환영했다. 부대의 사열, 불꽃놀이, 음악이 독립과 해방자들을 축하했다. 한편, 전반적인 낙관주의 때문에 왕실옹호자들과 반란군 사이에 존재하는 모순들이 감춰지고 있었다.

멕시코 국가가 건설되다

독립투쟁과 1812년 헌법으로 누에바 에스파냐는 조직이 와해된 상태였고, 광대한 영토는 소통이 원활하지 못했고, 인구는 부족한 데다 이질적이었다. 또 북쪽으로는 미국의 팽창주의에 노출되어 있었다. 비록 낙관주의가 팽배해 있었지만, 멕시코는 분할되고, 조직이 와해된 채, 재정파탄과 4천 5백만 페소의 부채와, 정치적 경험이 없는 주민들로 취약한 기반 위에 탄생하고 있었다. 오도노후의 인가로 새로운 국가의 앞길은 아무런 장애가 없어 보였다. 하지만 오도노후가 10월에 죽게 되자 그의 경륜과, 그를 통해 구현되고 있던 합법성이 그 나라에서 사라지게 되었다. 이렇게 독립의 축제가 끝나자 그 나라는 혹독한 과제 앞에 놓이게 되었다. 영토를 통제하고, 통상적인 세금 징수를 재개하고, 시민의 충성심을 되살리고, 국제적 인정을 얻어 외부와 관계를 정상화해야 했다.

이투르비데는 다양한 의견을 지닌 사람들로 '임시통치위원회'를 구성했다. 하지만 반란군은 그 위원회에도, 그 위원회에 의해서 선출된 5인의 섭정단에도 포함되지 않았다. 이투르비데는 섭정단 의장으로서 제국의 헌법을 기초할 국회의원 선거를 공고했다. 하지만 1810년의 에스

왕위에 오르는 이투르비데

파냐 의회의 의원선출방식을 무시하고, 단체대표제를 도입했다. 그것은 엘리트들에게 유리했다. 의원들이 선출되자 의회는 1822년 2월 24일 활동을 시작했다. 그 무렵 과테말라 사령부 합병이라는 반가운 소식이 전해졌다. 과테말라는 파산과 해체의 위협 아래 놓여 있어 출구가 필요했다. 하지만 별로 만족스럽지 못한 소식도 전해졌다. 에스파냐 의회에서 코르도바 협약을 인정하지 않았던 것이다. 에스파냐 왕실 옹호자들은 즉시 이투르비데의 왕위 등극에 동조하는 세력과 대립하기 시작했다.

상황은 복잡했다. 세금 인하와 세금 징수체제의 와해에 덧붙여 독립이 되면 세금을 내지 않아도 된다는 주민들의 인식까지 합쳐져 재정은 더욱 어려워졌다. 공무원과 군인의 봉급을 주는 일이 시급했기에 의회가 공공 재정과 군대에 관련된 입법을 추진하는 일이 필요했고, 헌법을 기초하는 일 또한 시급했다. 하지만 의회의 경험부족으로 의원들은 형식주의에 빠져 버렸다. 이투르비데도 경험이 없었기에 그 상황에 대처할 줄 몰랐다. 의원들과 부딪히게 되자 그는 사임하겠다고 협박했다. 대중적 인지도가 높은 속에서, 그의 사임 소문을 듣고 피오 마르차 상사는 셀라야 연대에 궐기하라고 부추겼고, 5월 18일 밤 "아구스틴 1세를 멕시코 황제로"라는 외침이 일어났다. 곧이어 수도의 군중들이 합세하면서 의회가 그 제안을 논의할 것을 요구했다. 의회는 이 제안을 거부하지 않고 그날 밤 군중의 외침 속에서 논의했다. 많은 의원들이 그 요청을 지지하고 있었기 때문에 과반수가 이투르비데의 왕위 등극에 찬성표를 던졌다.

공화제를 원하던 반란세력의 상실감과 불만 속에서 이투르비데는 7월 21일 왕위에 올랐지만, 섭정단 의장이었을 때보다 권한이 적었다. 반란세력이 불만에 차 있을 때 미에르 신부가 산 후안 데 울루아에서 석방되어 돌아오게 되었고, 그래서 음모들이 꾸며졌다. 황제는 혐의자들을 투옥시켰고, 그로 인해 너무 위태로운 상황이 도래하자 여러 의원들은 의회를 해산하라고 황제에게 권했다. 10월 21일 의회가 해산되자, 이투르비데는 의회의원들 중 선발된 사람들로 일종의 '국가제도화위원회'를 만들어 의회를 대체했다.

이 사건에 더해, 이투르비데 때문에 유리해진 중앙집권주의에 지방들이 두려워하고 있었고, 돈을 빌려달라는 정부의 강제적 조치로 지방의 불만이 쌓이고 있었기 때문에, 젊은 여단장인 안토니오 로페스 데 산타안나는 그 상황을 이용해 반기를 들었다. 1822년 12월 2일, 그는 베라크루스에서부터 이투르비데를 부인하고, 의회의 재건과 공화주의 정부의 수립을 요구했다. 그 제안은 거의 지지를 받지 못했지만, 비밀공제결사회들은 산타안나를 소탕하러 파견된 부대들 사이에 제휴를 성사시켰고, 이들은 1823년 2월 2일 카사 마타 계획을 발표했다. 이 계획은 새로운 의회의 선출을 요구했는데, 지방의회의 권위를 인정했기 때문에 지방의 지지를 얻었다. 이투르비데는 그 계획이 자기 개인에 대항하는 것이 아니라는 점을 믿고 해체된 의회만 재건하는 조치를 취했다. 하지만 불만이 가라앉지 않자 22일에 사임을 하고 5월 11일 자기 가족과 함께 배를 타고 이탈리아로 향했다. 의회는 이투르비데 제국의 불법성을 공포했을 뿐만 아니라 그가 멕시코 땅에 발을 붙이는 것도 불법이라고 규정했다. 1824년, 이투르비데가 멕시코 땅을 다시 밟으려 했을 때 이 법령을 근거로 총살형을 받게 되었다.

군주제에 대한 정치적 실험이 실패로 돌아간 뒤 멕시코는 통치자가 없는 상황을 맞이했다. 다시 개원한 의회는 전권을 차지하는 데 주저하지 않았다. 그리고 3월 31일 페드로 셀레스티노 네그레테, 과달루페 빅토리아, 니콜라스 브라보를 3인의 집정단으로 지명해 최고통치기구로 기능하도록 했다. 지방의회들과 군대는 그 기구에 복종하기를 거부하면서, 카사 마타 계획에 따라 새로운 의회를 구성할 선거를 요구했다.

중앙아메리카는 부왕령 시절에 별도로 관리되었는데, 영구적으로 분리된 유일한 지역이었다. 하지만 과달라하라, 오아하카, 유카탄, 사카테카스가 스스로 주권을 가진 자유로운 국가를 선언하자 멕시코의 해체는 임박해 보였다. 통치기구는 루카스 알라만을 외교장관으로 임명했고, 그는 가장 불만에 찬 지방인 과달라하라를 향해 군대를 움직였다. 과달라하라와 사카테카스의 대표들은 멕시코 영토가 일종의 연방처럼 구성된다면 의회의 권위를 인정하겠다는 것에 합의했다. 의회는 그 안을 받아들이길 거부했다. 하지만 남아메리카의 부왕령들처럼 해체될까 두려운 나머지 의회는 양보를 하면서 새로운 개헌의회 선출을 위한 선거를 공고했다.

새로운 의회는 1823년 11월에 개원했다. 과반수가 연방주의자들이었지만 통합은 유지하고자 하였다. 그렇게 해서 1824년 1월 31일 결의서를 통해 멕시코연합국$^{Estados\ Unidos\ Mexicanos}$을 구성했다. 그리고 긴 토론을 거쳐 9월에 이르러서야 1824년 헌법조문이 완성되었다. 그리고 이 헌법은 10월에 공포되었다. 헌법은 멕시코를 19개 주^{州}, 4개의 부속영토, 하나의 연방구로 이루어진, 대의제, 인민, 연방 공화국으로 규정하고 있다. 또한 국가 종교로 가톨릭을 유지하고 다른 종교를 허락하지 않으며, 3권 분립 정부이지만 입법권의 우위를 규정했다. 통치권은 대통령과 부통령의 손에 놓였고, 사법권은 법원과 대법원으로 구성되었다. 그리고 에스파냐 헌법에 의해 확립된 선거제도가 유지되었다. 그것은 일종의 간접선거제도로, 비록 1차 단계에서는 성인 남성은 누구나 투표할 수 있었지만, 제한적이었다고 할 수 있다. 공화국 대통령은 각 주 의회에 의해서 선출되었다. 이 헌법은 미국 헌법의 영향을 받았지만, 무엇보다도 1812년 헌법을 기초로 하였다.

전통적인 지역주의의 측면에서 보면 멕시코의 연방주의가 미국보다 더 근본적이었다. 연방정부로부터 국민들에 대한 재정권을 박탈했던 것이다. 국가채무의 지불, 국방, 질서유지, 국제적 인정의 획득을 연방정부의 책무로 규정해 놓고도, 그것을 연방정부가 실천하는 데 필요한 재원으로 각 주들이 지불해야 하는 분담금과(그것도 실천한 주들은 별로 없었다), 관세와 자잘한 세금에 대한 권리만 연방정부에 부여했다.

대통령선거 결과, 과거에 반란군이었던 과달루페 빅토리아와 니콜라스 브라보가 대통령과 부통령으로 선출되었다. 취임 선서는 낙관적인 분위기 속에서 이루어졌는데, 새로운 정치 체제가 발전을 보장하리라는 믿음 때문이었다. 그것은 나라의 실제 상황과는 대조적이었다. 부채를 지고, 조직이 와해된 데다, 나라로 기능하기 위해 신용과 국제적인 인정이 필요한 상황이었다. 멕시코 제국은 단지 그란 콜롬비아, 페루, 칠레, 미국의 인정만을 받고 있었다. 하지만 대영제국의 인정이 시급했다. 대영제국은 정치적·재정적 능력으로 에스파냐의 재정복 위협을 무산시키고, 필요한 신용을 제공해 줄 수 있는 유일한 나라였다. 대영제국도 멕시코의 은과 시장에 관심이 있던 터라 1825년 멕시코를 국가로 인정하고, 1826년에는 우호·통상조약에 서명했다. 영국 은행가들이 큰 이익을 얻으려는 열망이 대단했기 때문에 멕시코는 국가로 인정받기도 전에 두 번의 차관을 얻을 수 있었다. 비록 조건이 공정하지는 못했지만, 차관 덕분에 첫번째 대통령 임기 동안 국가로 작동할 수 있었고, 멕시코에 있던 에스파냐 사람들의 최후의 보루였던 산 후안 데 울루아로부터 에스파냐 사람들을 몰아낼 수 있었다. 하지만 불행히도 멕시코는 이자를 지불할 수 없었기에 신용을 잃었고, 채무가 모든 정부들에게 악몽이 된다.

갈망했던 무역 자유는 독립과 함께 시작되었고, 유럽과 미국의 상인들이 들어올 수 있었다. 19세기 초 몇 십 년 동안 무역은 경제침체와 열악한 교통망, 치안불안, 고비용의 마차수송, 연화軟貨의 부족으로 거의 마비상태에 있었다. 이투르비데는 지폐 발행을 추진했지만 그의 몰락과 함께 폐지되었다. 그래서 환어음이 대체재로 사용되었다. 1829년에는 소액 거래를 활성화하기 위해 구리화폐가 도입되었는데, 곧 바로 대규모로 위폐가 제조되자 1841년 철회되었고, 공공재정은 엄청난 손실을 보았다.

무역 자유화에 걸었던 커다란 기대들은 18세기 말에 시작된 초기산업화가 무너지면서 곧 물거품이 되고 말았다. 어쨌든 유럽과 미국으로부터 화물을 싣고 멕시코 항에 도착하는 거대한 정기 화물선들은 일부

거래에 활기를 불어넣었다. 영국인들은 신속하게 저렴한 면포, 원사, 연장, 기계의 대규모 거래를 장악했고, 사치품은 프랑스인들의 독점물이 되었다. 국가간 조약에서 소규모 거래는 멕시코인들을 위해 보호되었지만, 프랑스인과 에스파냐인이 침투하는 것을 피하지 못했다. 그것 때문에 심각한 외교 문제들이 발생했는데, 정부는 할 수 없이 1842년에 금지 규정을 삭제했다. 무역 자유권은 또한 정치적 문제들도 야기했는데, 어떤 상인은 자기 나라의 영사나 부영사직을 맡으며 반란에 가담하거나 반란을 사주하기도 했다. 특히 베라크루스와 탐피코에서는 세금에 불만을 품고 반란을 일으키는 사람들을 이용하기도 했다.

멕시코의 수출품은 여전히 주로 은이었다. 염료나무, 쪽염료, 바닐라, 연지벌레, 에네켄, 설탕도 수출되기도 했다. 대부분 무역은 베라크루스, 탐피코, 마타모로스, 캄페체, 시살, 마사틀란, 구아이마스, 산 블라스를 통해 이루어졌고, 밀무역으로 타격을 입었다. 북쪽으로 개설된 일부 무역로, 특히 산타 페, 치와와, 텍사스와 미국 사이의 무역로는 아주 성공적이었는데, 이는 불행하게도 북쪽 이웃나라의 영토야욕을 키우는 데 기여하게 되었다.

경제적 침체에도 불구하고, 윤택했던 누에바 에스파냐에 대한 기억과 알렉산더 폰 훔볼트의 책 출판으로 일깨워진 야욕, 필수불가결한 멕시코의 은 때문에 영국과 독일 자본이 광산으로 몰려들었다. 하지만 자본수혈과 증기기관 도입도 이미 반으로 줄어든 과거의 생산을 유지하기에는 역부족이었다. 사카테카스를 제외하면, 광산업의 회복은 느렸지만, 평균적으로 매년 1천 5백만 페소를 합법적으로 수출하기에 이르렀고, 거의 같은 규모의 밀수출이 있었다.

농업도 노동력 상실과 치안불안, 높은 수용비 등으로 크게 타격을 받아 회복하는 데 시간이 걸렸다. 아시엔다는 여전히 크리오요 수중에 있었고, 그 주인들은 경제적 부침에 대응하기 위해 사업의 다양화를 지속했다. 수출용 설탕, 커피 혹은 에네켄의 재배를 위해 거대 아시엔다들은 마을의 토지를 침범하였고, 그것은 농민 반란의 원인이 되기도 했다.

교통문제 해결을 위해 철도를 건설하려는 꿈도 실천에 옮겨지지 못했다. 재정이 확보되지 못했기 때문인데, 그래서 18km만 건설하게 되었다. 같은 처지로 무역선단의 조직도 타격을 입었다. 단지 유카탄 상인들만 작은 배들로 이루어진 선단 하나를 가지고 연안무역을 했다.

정치 영역도 안정을 확보하지 못했고, 비밀공제 결사체들에 의해 조성된 패거리주의의 역병을 다스리지 못했다. 그리고 군인들의 반란으로 평화도 금방 물거품이 되고 말았다. 그런데 1832년과 1854년의 반란을 제외하면 군사반란은 제한된 지역에만 영향을 주었다. 스코틀랜드 비밀결사체는 에스파냐 군대를 통해 들어와 상류층 사이에 퍼졌다. 그래서 급진주의자들은 더 대중적인 결사체를 만들고자 하였다. 빅토리아 대통령은 '균형'을 잡기 위해 새로운 단체를 지원했고, 멕시코 주재 미국 대사인 조엘 R. 포인세트는 그 단체를 미국에 등록했다. 이 비밀 모임은 요크 비밀결사체로 알려졌는데, 반反에스파냐 수사修辭를 채택했고, 대중 계급이 선호했으며, 식민 질서로 되돌아가려는 호아킨 아레나스 신부의 음모가 발각되자 더 강화되었다. 이 사실은 비밀결사체들 사이에 대립을 가중시켰고, 정부 기능을 수렁으로 몰아넣었다. 마침내, 1827년 궁지에 몰린 부통령 브라보는 비밀단체와 포인세트 장관의 정치 개입에 대항해 반기를 들었다. 브라보의 패배와 망명은 요크 비밀결사체의 지배를 공고히 해주었고, 에스파냐 사람을 추방하는 법들이 통과되게 했다.

긴장된 분위기 속에서, 1828년 첫번째 대통령 승계를 위한 선거가

비센테 게레로

치러졌고, 멕시코는 시련을 극복하지 못했다. 지방의회들의 투표는 마누엘 고메스 페드라사에 유리했으나, 산타안나 장군은 베라크루스에서 게레로를 편들며 반기를 들었다. 멕시코 시에서 일어난 급진적 폭동이 산타안나의 반란을 지지하자, 페드라사는 사임했다. 의회는 헌법적 정당성도 없이 게레로를 대통령으로 지명했고, 아나스타시오 부스타만테를 부통령으로 지명했다.

짧고 불행한 대통령 임기 동안, 재정이 바닥난 가운데, 게레로는 에스파냐 사람들의 추방을 완수해야 했고, 이시드로 바라다스가 지휘하는 재정복 원정대에 맞서야 했다. 미에르, 테란, 그리고 산타안나 장군은 원정대를 격파했다. 이 성공에 덧붙여 노예제 폐지 법령이 발표되었다. 하지만 노예폐지법에 대한 좋지 않은 평판을 무마할 수는 없었다. 1829년 12월 국방을 지원하기 위해 할라파에 주둔하던 예비 부대는 게레로를 부정했고, 1830년 1월에 부통령 부스타만테는 외교장관 알라만과 함께 통치권을 장악했다.

부스타만테 행정부는 군부반란을 종식시키고, 공공재정을 정비하고, 영국에 진 부채 상환을 정상화하고, 경제발전을 도모하는 데 애썼다. 알라만은 공공재정을 정상화하고, 외채를 인정하고, 경제발전과 산업화에 힘썼다. 이를 위해 아비오은행을 설립했고, 직조 기계와 면화 씨, 산양, 고급 비쿠냐[안데스 산맥에 서식하는 라마의 일종] 등을 수입했다. 알라만의 노력과 『엘 메르쿠르오』 *El Mercurio* 같은 신문을 통한 실용지식의 전파는 직조 공장의 설립에 도움이 되었고, 이 공장들은 19세기 중반 무렵에 이르러 그런대로 생산력을 갖게 되었는데, 영국의 생산력에는 상대가 되지 못했다.

산타안나

비록 모두가 알라만의 수완을 인정했지만, 그의 정치적 술수를 경계했다. 그는 술수를 부려 몇몇 주에서 정권의 적들을 제거했다. 그래서 주지사들은 그가 행정을 중앙집중화 하려는 것이 아닌지 두려워하게 되었다. 그런 불안에다 1831년 게레로 장군과 다른 급진주의자들에 대한 총살 집행으로 야기된 불만이 추가되었다. 산타안나는 대통령 자리를 갈망하고 있던 차에, 그런 불만을 이용해 1832년 1월 반란을 일으키기로 결정했다. 그의 반란은 정부에 너무나 많은 비용을 유발시켜 정부는 교회에 돈을 빌리고, 세관들을 저당 잡히고, 화폐제작소와 염전의 수익을 탕진하지 않을 수 없었다. 그 결과 마침내 정부가 어중간하게라도 기능하기 위해서는 고리대금까지도 써야만 했다.

산타안나는 민병대의 지원과 베라크루스와 탐피코 세관 수입收入의 도움으로 부스타만테와 정부군에 승리할 수 있었다. 주들은 산타안나에게 도움을 주면서, 고메스 페드라사가 복귀하고 선출 당시 정해진 임기를 마칠 수 있어야 한다는 조건을 달았다. 1833년 선거가 실시되었고, 산타안나와 발렌틴 고메스 파리아스가 선출되었다. 급진적이고 경험이 없는 국회가 구성되었다. 산타안나가 계속 자기 아시엔다에 머물거나, '종교와 교회의 특권'을 주장하면서 미초아칸과 멕시코 주지사들에 대항해

4장 | 독립에서 공화국의 안정화까지 **187**

봉기를 일으킨 세력을 진압하기 위해 야전에 있었기 때문에, 거의 첫 1년 동안 통치권은 부통령인 고메스 파리아스가 행사하고 있었다.

이 급진주의자들은 자유주의 개혁을 수행하기로 결정하고, 중요한 반대자를 없애기 위해 의심스런 사람의 명단을 작성하고, 그들을 추방할 수 있는 법을 만들었다. 1833년 10월, 콜레라가 창궐한 가운데, 의회는 교회에 타격을 주는 법령들을 발표했다. 십일조를 받기 위해 공권력을 동원하는 것을 금하고, 서원誓願의 실천 의무를 폐지했다. 공석이 된 주임신부 자리는 정부가 충원하고, 대학을 폐지하고, 고등교육은 종교적 색채를 배제하도록 했다. 그러나 고메스 파리아스는 주임신부 자리를 정부가 충원하는 것을 중단했다. 왜냐하면 비정치적인 일이라고 판단했기 때문이다. 하지만 의회는 계속 그 효력을 유지할 것을 요구하면서, 저항하는 주교들에게 추방 결정을 내렸다. 반대파 시민들의 추방에다 그 조치까지 더해지면서 민중들의 불만은 폭발하고 말았다.

종교개혁은 산타안나의 동의를 받았지만, 의회가 군대의 재조직을 문제 삼으려 하자, 산타안나는 부통령과 급진주의자들에 대한 원성을 이용해 대통령 직무를 다시 장악했다. 산타안나는 온건파 내각을 임명하고, 개혁을 중단했다. 단지 대농장주들에게 엄청난 혜택을 주고 있던 십일조 납부폐지 제도는 그대로 두었다.

사실, 1829년부터 위헌적 상황이 만연하고 있었다. 의회는 여러 차례 헌법을 위반했고, 통치권은 비일상적인 권한을 통해 기능할 뿐이었다. 그리고 연방이 약해서 정부는 제대로 기능할 수 없었다. 말하자면, 개헌이 시급했다. 1835년, 텍사스의 식민지주들이 분리를 준비하던 위태로운 상황 속에서, 연방의회는 민병대를 감축하는 법안을 통과시켰다. 사카테카스, 코아우일라, 텍사스 주는 그 법에 대항하기로 결의했다.

외교 장관 호세 마리아 구티에레스 데 에스트라다는 그 법이 합법적이고, 예외를 둘 수 없다고 사카테카스 주지사를 설득하려 했지만 소용없었다. 사카테카스는 그 법에 저항하기 위해 민병대를 준비했다. 하지만 정부군이 도착하자, 사령관과 민병대, 그리고 주지사는 도망을 쳤다. 그래서 주 수도는 무혈 점령되었다. 하지만 이런 사태들은 연방제를 반대하는 사람들이 더 설득력을 갖게 해주었다.

외국의 위협 앞에서 중앙집권제와 독재를 경험하다

사카테카스의 도전과 텍사스의 분리 위협으로 연방제는 국토의 분열을 조장한다는 생각이 보편화되었다. 그래서 비록 1834년에 선출된 의회가 개헌에 대해서 논쟁을 시작했지만, 결국은 입법기관에서 입헌기관으로 탈바꿈하고, '자신들의 필요와 풍속에 어울리는 형태'를 채택하라는 외침에 굴복할 수밖에 없었다. 따라서 산타안나가 텍사스로 원정을 나선 동안, 의원들은 새 헌법을 기초하기 시작했다. 그들은 기존 헌법의 '잘못된 점들'을 세밀하게 연구하기 시작했고, 그것들을 수정하는 방식에 대해 토의하였다.

    첫번째 중앙집권주의 헌법인 '7조법'$^{\text{Las Siete Leyes}}$은 1836년 12월에 완성되었다. 비록 연방주의자들은 보수적인 헌법이라고 부정했지만, 자유주의 색채를 띠고 있었다. 그러니까 대표성과 권력분립을 유지하고 있었다. 게다가 제4의 권력이라고 할 수 있는, 다른 권력을 감시하는 기능을 맡는 관리권을 추가함으로써 권력분할을 더 강화했다. 광범위한 대표성은 불안정을 초래한다는 인식 때문에 대표성을 축소시켰다. 그래서 대표성을 인정하는 모든 나라에서 주로 채택하는, 세금을 내거나 재산이 있는 사람만 선거와 피선거권을 갖도록 하는 세금연계 투표권을 채택했다. 선거는 여전히 간접선거를 채택했다. 각 주는 자치권을 상실하고 관할구로 바뀌었다. 관할구의 지배자는 관할구위원회가 추천하는 3인 중에 국가 통치자가 선정하도록 되었다. 각 주의회들은 단지 7명의 의원으로 이루어진 관할구위원회로 바뀌었다. 기초자치단체들은 1808년에 존재하던 곳과 주민 8,000명 이상의 거주지, 주민 4,000명 이상의 항구로 감소되었다. 대통령 선출은 더 복잡해졌다. 상원과 대법원이 각각 3인을 추천하고, 그 중에서 하원에서 3인을 선출하고, 그 3인은 관할구위원회로 넘겨진다. 이어서 각 관할구위원회의 투표 하나 하나를 하원에서 개표해서 하원의장이 누가 승자인지 발표하게 되었다. 공공재정은 중앙정부를 강화하기 위해 집중화되었다. 게다가 대통령 임기가 8년으로 늘어나고 부통령제도가 폐지되었지만, 통치권은 여전히 아주 나약했다. 왜냐하면 관리권력과 의회, 통치자문위원회에 예속되어 있었기 때문이었다. 비록 7조법이 텍사스에서의 참패 후에 공포되었지만, 멕시코 국민은 항상 기적을 믿기에 아나스타시오 부스타만테를 대통령으로 선출했다. 그 체제를 '미래를 보장하는 새로운 시작'으로 보는 낙관주의가 지배했다.

    모르는 사람들은 텍사스의 독립이 중앙집권주의 탓이라고 말한다. 하지만 텍사스의 상실은 팽창주의 성격의 미국 식민자들이 들어오고, 1825년 미국의 포인세트 장관이 텍사스 구매의사를 밝힘으로써 예고되었던 것이다. 에스파냐 왕실은 과거에 앵글로 아메리카의 초기 식민자들이 들어오는 것을 허가했는데, 그 지역에 사람을 살게 하고, 루이지애나와 플로리다에(이 지역은 상실한 상태였다) 살던 자기 백성들에게 도피처를 제공하는 데 관심이 있었기 때문이었다. 왕실은 그 사람들에게

몇 가지 특권을 주면서 텍사스로 이주를 허가했다. 멕시코가 독립하자 정부는 북쪽 지역에 사람들이 살게 하려고 그 정책을 유지했다. 앵글로 아메리카 식민자라도 가톨릭 신자이기만 하면 입주를 허락했고, 그들을 충성스런 시민으로 만들겠다는 희망으로 특혜를 더 많이 주었다. 일부 이주관련 '사업자'에게는 거대한 영토를 양도해 주었는데, 이들은 정직한 식민자들이 그 지역에 살게 하겠다는 약속을 했다. 사업자들은 그 지역에 이주해 오는 식민자들에게는 땅을 실질적으로 공짜로 주겠다고 하면서, 구획정리와 토지 분할비용만 내면 된다고 하였다. 코아우일라 텍사스 주는 소유권 등록비와 상징적 비용만 받았다. 불행하게도 엄청난 지역에 걸친 국경, 수도로부터 먼 거리, 자원의 부족으로 개신교도이자 노예제 옹호자들이 대다수 들어왔고, 법을 어겼다. 그래서 정착지에는 불법이 만연했다.

    1824년에 구성된 제헌의회가 텍사스가 코아우일라와 합쳐질 때 많은 것을 문제 삼았던 것도 사실이다. 하지만 1834년경에 이르러 대부분의 문제는 해결된 상태였다. 갈등의 진정한 원천은 노예제 문제와, 면제기간이 끝난 뒤 세관설치 문제였다. 주 헌법에 대한 논의가 시작될 때부터 앵글로색슨 사업가인 에스테반 아우스틴은 노예제를 폐지하려는 의원들에게, 무슨 자금으로 "노예 값"을 그 주인들에게 지불할 거냐고 협박했다. 그래서 1827년 헌법은 "그 주에서는 아무도 태어날 때부터 노예가 될 수 없다"라고만 선언하는 데 그쳤다. 1829년, 게레로는 멕시코에서 노예제가 폐지됨을 선언했지만, 텍사스에서는 예외로 했다. 한 명의 노예라도 더 수입하지 않는다는 조건을 달았다. 하지만 가까운 시일 내에 노예제가 폐지될지 모른다는 사실이 이주자들을 불안하게 했다.

    어쨌든, 불만이 만연하게 만든 것은 앵글로 아메리카인들의 이주를 금지한 1830년의 이주정착법이었다. 그 불만은 1832년 첫번째 세관이 문을 열자 더 커졌다. 아나우악시에서는 폭동이 일어났는데, 그로 인해 첫번째 앵글로 아메리카인 회의가 소집되었다. 20년대 말에 이주해 와서 미국으로의 합병을 통해 큰 이익을 챙기려는 자들은, 조용히 있는 이주민들을 사주하기 위해 "이런 모욕적 처사들"을 기민하게 활용했다. 두번째 회의는 아우스틴이 멕시코로 가서 의회에 몇 가지 요구사항을 제출하도록 결정했다. 아우스틴은 1833년 선출된 의원들 사이에 친분이 많았기에, 앵글로 아메리카인의 이민금지를 취소하고, 세금 유예 기간을 연장하고, 코아우일라가 텍사스의 대표성을 더 많이 인정하고, 영어를 행정과 사법적 절차에서 사용할 수 있도록 하고, 배심원 재판을 승인하도록, 다시 말해 법법자들이 재판정에서 같은 시민들에 의해서 재판을 받도록 하는 데 성공했다.

1835년, 새로운 세금 유예 기간이 다시 끝나고 세관이 문을 열게 되자 사람들은 다시 불안해졌다. 군 사령관은 문제들을 어떻게 해결할지 몰랐고, 합병주의자들은 멕시코의 노예제 폐지론에 대한 이주민들의 불안을 다시 조장하여, 독립을 선호하도록 유도했다. 이주민들은 자신들의 행동에 더 힘을 실을 목적으로, 자유를 향한 투쟁에 동참해 달라고 미국인들에게 도움을 요청했다. 그래서 미국에서는 지원자를 모집하고, 무기와 자금을 모으는 클럽이 수천 개 만들어졌다. 앤드류 잭슨 대통령 자신은 멕시코 내부 문제라며 '중립'을 선언했지만, 중립마저 지키지 않았다.

정부는 텍사스의 반란을 진압하기 위해 원정대를 보내기로 하고, 산타안나 장군에게 지휘를 맡겼다. 재정이 부족하고 급조된 군대라서 조직과 보급이 부실했다. 하지만 전투는 성공적으로 시작되었고, 처절한 전투를 통해 알라모 요새를 탈환했다. 하지만 이 승리도 1836년 3월 6일 텍사스 사람들이 독립을 선언하는 것을 막지는 못했다. 이들은 임시정부를 구성했는데, 멕시코인 로렌소 데 사발라는 부통령으로 지명되었다. 산타안나는 그 임시정부를 소탕하러 나섰는데, 방심하는 사이에 포로가 되고 말았다. 두번째 지휘관을 맡고 있던 비센테 필리솔라 장군은 리오 그란데(나중에는 리오 브라보로 개명) 강 너머로 군대를 철수시키라는 옥중 대통령의 명령에 따랐다. 이것으로 텍사스의 독립과 그 강이 관할구의 경계가 되게 하려는 텍사스인들의 의도가 확고해졌다. 궁핍한 재정 때문에 멕시코 정부는 다시 원정대를 파견할 수 없었다. 이제 텍사스를 다시 찾는 일은 하나의 강박적인 관념으로 바뀌고 말았다. 그래서 정부는, 더 많은 손실을 피하려면 텍사스의 독립을 인정하라고 영국이 권고했을 때 받아들일 수가 없었다.

중앙집권주의로 인해 꿈꿔 왔던 희망이 꺾이는 데는 오래 걸리지 않았다. 기초자치단체들의 폐지와 모든 주민들에 대한 세금부과(인두세)는 농촌지역에 반란을 불러왔고, 북쪽지방에서는 연방주의자들의 봉기를 불러왔다. 이런 식으로, 중앙집권주의가 주도한 10년은 19세기 중 가장 불안했던 10년이었고, 경제적 마비가 더 심화되는 기간이었다. 정부의 쇠약은 외국의 개입을 더 용이하게 했는데, 멕시코 정부가 외국의 배상청구에 제대로 응하지 않았다는 것이 개입의 이유였다. 대부분의 경우 그 요구들은 부당하고 과장된 것이었다. 미국의 지불요구에 대한 국제적 중재에서 미국측 요구금액이 15%로까지 축소된 경우를 보면 알 수 있다. 1838년 프랑스는 배상청구를 빌미로 베라크루스와 탐피코를 포격하고 봉쇄하면서, 멕시코 정부가 차관을 빌려서라도 그 부당하기 짝이 없는 손해배상을 실행하라고까지 강요했다.

궁핍한 재정으로 정부의 부채는 증가했고, 할 수 없이 국회는 수입 물품에 15%의 세금을 부과하는 법령을 발표했다. 이로 인해 많은 외국 상인들과 몇몇 멕시코 상인들이 파산했다. 그래서 첫번째 대통령 임기가 끝나기도 전에 일부 사람들은 '외국 왕자를 모시는' 군주제나 군사독재에서 문제의 해결책을 찾기도 했다. 호세 마리아 구티에레스 데 에스트라다는 군사독재를 위한 음모가 꾸며지고 있다고 확신하고, 자신은 군주제를 대안으로 내세웠다. 군부는 기민하게 공화주의자들의 소요를 부추겼고, 그 소요는 군사독재의 길을 열어 주었다. 1841년, 외국상인들은 안토니오 로페스 산타안나, 마리아노 파레데스, 그리고 가브리엘 발렌시아 장군에게 반란을 사주했고, 10월에 산타안나를 우두머리로 하는 군사독재가 확립되었다. 온건한 연방주의자들은 새로운 제헌국회를 소집한다는 조건하에 독재를 지지했다. 산타안나는 그렇게 했고, 연방주의자들은 과반수를 차지했지만, 그것으로 연방주의자들의 운명도 끝이 났다. 1842년 12월, 정부는 의회를 해산하고 저명인사위원회로 대체했고, 이 위원회는 권력구조안^案을 만들었다. 그 새로운 중앙집권주의 헌법은 관리권을 제거하고, 행정권을 강화했다. 그리고 입법의회라고 부르는 관할구역 대표기관의 대표성과 권한을 확대했다. 하지만 재정파탄으로 이 기관은 기능하지 못했다.

1843년, 일단 권력구조안이 공포되고 선거가 실시되었다. 산타안나는 대통령으로 당선되었다. 온건 연방주의자들로 구성된 의회는 대통령이 헌법 질서를 지키도록 많은 애를 썼다. 그래서 1844년 11월 대통령이 의회를 해산하려 했을 때 의회는 저항했고, 1844년 12월 5일 사법부와 수도시청과 시민의 도움을 받아 대통령을 자격정지시켰다. 내각수반이었던 호세 호아킨 데 에레라는 법에 따라 잠정적으로 통치권을 맡았다. 에레라는 온건 연방주의자 중 유력인사로 내각을 구성하고, 여러 분야의 갈등을 무마할 수 있는 정직한 정부를 구성하고자 노력했다. 온건주의자들은 전쟁을 불사할 수 있는 상황이 아님을 알고서 전쟁을 피하기 위해 텍사스 인정문제를 협상하는 길을 선택했다.

하지만 국내외 상황은 불리했다. 멕시코를 위협하는 것은 미국만이 아니라 에스파냐도 마찬가지였다. 에스파냐 왕가는 멕시코에 군주제를 심기 위해 음모를 꾸며왔고, 프랑스와 대영제국은 이를 묵인하고 있었다. 에스파냐 장관인 살바도르 베르무데스 데 카스트로에 의해 주도된 그 계획은 알라만 같은 유력 인사들의 협조를 받고 있었다.

그 계획은 정계를 더욱 분열시켰다. 그것마저도 부족했던지, 1840년경에 이르러 멕시코와 이웃 미국과의 불균형은 몇 곱절이 되었다. 미국 인구는 2천만 명을 넘어서고 있을 때, 멕시코 인구는 겨우 7백만을 넘기고 있었고, 인적·물적 자원이 풍부한 역동적인 나라를 상대하기에는 부족한 요소들이 많았다. 불행하게도 텍사스 인정문제를 협상하려는 멕시코의 제안은 때를 놓쳤고, 1845년 6월 텍사스는 미국의 합병제안을 받아들였다. 그러자 급진적 연방주의자들은 에레라가 텍사스와 캘리포니아를 팔려 했다고 비난했다.

그렇게 예민한 상황에서, 군주제 지지자들은 예비사단 사령관인 마리아노 파레데스 이 아리야가 장군에게 접근했다. 그는 정권을 잡기 위해 그들의 지지를 이용하게 된다. 파레데스의 정직함과 능력은 평판이 나 있었기 때문에, 그는 정부의 재원을 지원받을 수 있었다. 왜냐하면 그 사단의 전력을 강화하는 것이 북부를 위협으로부터 방어하는 데 도움이 되었기 때문이다. 그럼에도 불구하고 그는 에레라를 인정하지 않았으며, 북쪽 국경으로 진군하라는 명령을 거부하고 대통령 자리를 강탈하기 위해 수도로 향했다. 그의 군사독재는 완전히 실패로 끝났다. 부패도 척결하지 못했고, 국가재정도 재정비하지 못했으며, 국방도 강화하지 못했다. 예상되었듯이, 곧바로 과달라하라에서는 연방주의 운동이 일어났고, 파레데스는 미국이 멕시코 영토로 진격하고 있음에도 불구하고, 연방주의자를 소탕하겠다고 병력 일부를 빼돌렸다.

 파레데스는 전쟁을 회피하려 했다. 하지만 제임스 포크는 무슨 일이 있어도 캘리포니아를 획득하겠다는 결의에 차 있었다. 포크는 지역 문제를 더 확대시키지 않기 위해 전쟁을 회피하려 했다. 그래서 망명한 산타안나에게 아바나에서 뇌물을 제공했고, 그 영토를 구매하려고 했다. 1845년 말경, 포크의 사절단이 다양한 제안을 가지고 멕시코 수도에 나타났지만 거절당했다. 사절단의 임무가 실패했다는 소식을 듣자마자 포크는 재커리 테일러 장군에게 리오 그란데 강으로, 다시 말해, 멕시코 영토로 혹은, 최악의 경우 분쟁 지역으로 진격하라고 명했다. 3월에 폭력사태[리오 그란데에서 미국의 도발로 미군 16명이 멕시코군에 살해당한 사건]에 대한 소식을 접하자 포크는 1846년 5월 12일 전쟁을 선언했다. "미국 영토에서 미국인의 피를 뿌린" 책임을 멕시코에게 추궁하였지만, 그것은 거짓이었다.

 그 무렵, 이미 5월 8일과 9일에 멕시코는 첫 패배들을 맛보았다. 그 소식에 멕시코 주민들은 혼돈에 빠졌고, 파레데스 독재와 중앙집권주의에 대해 결정적 불신을 가져왔다. 전쟁 중에 정치적 변화가 적절하지 못하다는 것을 무시한 채, 8월 4일 연방주의자들은 파레데스를 거부하고, 1824년 헌법의 복구를 선언하였다. 이 사태는 국토방위 체제를 구축하는 데 장애가 되었다. 한편으로는 연방주의로의 복귀가 정부의 권한들을 박탈했고, 실질적으로 전쟁의 일선에 정부를 홀로 남겨 두게 되었다.

다른 한편, 지방관청 내에서의 자리쟁탈전과 각 주와 연방의 권력 다툼이 전선에 대한 관심을 분산시켰던 것이다.

일단 전쟁이 나자 결과는 예상된 것이었다. 멕시코는 모든 것이 다 부족했다. 무기는 케케묵은 것이었고, 장교들은 전문성이 떨어졌고, 병사들은 오합지졸이었다. 이런 군대가 어쩌면 숫자는 적어도 전문적인 데다, 위생과 병참 지원을 받고, 장거리 포를 갖추고, 정기적 훈련을 받고, 혁신을 거듭하고, 지원병 자원이 엄청난 군대와 맞섰던 것이다. 멕시코 군대가 남에서 북으로 이동하는 동안 미국은 여러 부대를 파견해서 여러 전선에서 동시에 공격했던 것이다. 동시에 해군은 멕시코 항구들을 봉쇄하고 점령한 뒤, 멕시코 정부로 가는 세관 자원을 차단했다. 그리고 침략자들은 전쟁 비용을 충당하기 위해 세관 자원을 착취했다. 세금을 줄였기 때문에 무역이 활기를 띠었다. 유카탄은 바로 자신들의 항구가 점령되는 것을 피하기 위해 그 전쟁에 대해 중립을 선언했다.

1847년 1월에 이르러 주민이 적고 거의 방어력이 없던 누에보 멕시코와 캘리포니아는 미국에 합병되었다. 미국의 우위로 북부와, 나중에는 베라크루스-푸에블라 축에 대한 미국의 승리와 점령이 확실해졌다. 멕시코 군대는 잘 못 먹고, 무기도 형편없던 데다, 적이 기술적으로 월등할 뿐 아니라, 자기편 부상 동료가 버려지는 것을 보고 사기가 떨어져 있었다. 이들은 보급을 잘 받는 상대 병사에 맞서 계속 버티었지만 그들의 희생은 거의 소용이 없었다. 몬테레이와 베라크루스는 큰 희생을 치르면서 버티었다. 안고스투라에서는 멕시코 군대가 이틀 동안 영웅적인 전투를 지속하다가 후퇴하는 순간, 패배로 끝이 났다.

베라크루스에 상륙한 군대는 곧이어 푸에블라를 점령했고, 멕시코 시의 함락이 불가피해졌다. 멕시코 계곡에서 네 차례 패배한 이후 산타

미국의 멕시코 시 점령

안나는 큰 비극을 피하기 위해 수도로부터 군대를 철수하라는 명령을 내렸다. 하지만 백성들은 적이 쳐들어왔다는 것을 알고서 수도를 방어하고자 했다. 그래서 도시는 피바다가 되었고, 계엄령이 내려졌다. 1847년 9월 14일 국립 궁전에 미국 국기가 나부끼게 되었다.

다음 날, 과달루페 계곡에서 산타안나는 대통령직을 사임했고, 대법원장인 마누엘 데 라 페냐 이 페냐가 맡게 되었다. 새 대통령은 수도를 케레타로로 옮겼다. 급진주의자와 군주제 지지자의 적극적인 반대에도 불구하고 온건주의자는 의회와 여러 주지사를 소집할 수 있었고, 정부가 어느 정도 정상적인 것처럼 보이려고 노력했다.

그런 가운데, 여러 차례에 걸친 승리로 미국 내에서는 과격한 팽창주의가 일어났고 멕시코 전체를 흡수하라는 주장까지 나왔다. 포크는 평화협상을 위해 니콜라스 트리스트를 보냈다가, 미국이 계속 승리하자 평화협상에서 더 많은 영토를 요구하기 위해 돌아오라고 명령했다. 트리스트는 그 명령을 받고 도덕적 딜레마에 빠졌다. 게다가 멕시코 정부 측으로부터 협상 대표단의 명단까지 있는 통지문을 받아들인 상태였던 것이다. 루이스 쿠에바스, 베르나르도 코우토, 미겔 아트리스타인이 명단에 있었다. 베라크루스에서 멕시코 시까지 진격해 온 총사령 윈필드 스콧 장군과 영국 장관의 간청을 받아들여 트리스트는 소환명령에 불복하고 어려운 협상을 시작하기로 결심했다. 협상은 1848년 2월 2일, 과달루페 시에서 평화조약에 서명함으로써 끝이 났다. 트리스트는 자기 가족에게 "모든 회의에서 …… 우리 측이 멋대로 힘을 남용하면서, 전쟁의 사악함 앞에" 부끄러움을 느꼈다고 고백하게 된다. 조약에서 멕시코는 영토의 반 이상을 잃게 되는 것을 인정한다. 미국은 1천 5백만 페소의 손해배상금을 멕시코에 주고, 멕시코의 외채 중 잃어버린 영토에 해당하는 부분을 분담하는 것에 합의했다. 왜냐하면 실지失地들은 무력에 의해 점령되었기 때문이었다. 협상단은 바하 칼리포르니아와 테우안테펙을 구해냈고, 실지에 사는 멕시코인들의 권리를 보장받았다. 11조는 유일하게 멕시코에게 유리한 조항인데, 미국은 초원에 사는 인디오들의 공격으로부터 국경지역을 방어해 주겠다는 약속을 했다. 하지만 그것은 한번도 지켜지지 않았다. 데 라 페냐 대통령은 그 조약을 국회에 제출하면서, 점령된 지역을 되찾기 위해 서명했다고 하면서, "공화국은 그 불행을 극복하고 살아남을 것이다"라고 강조했다.

    군주제 옹호자와 급진주의자의 반대에도 불구하고, 정부는 선거를 감행했고, 케레타로에서 소집된 국회는 5월에 그 조약을 승인했다. 대통령선거에서 에레라가 당선되었고, 그는 6월에 다시 멕시코 시로 정부를 이전했다. 에레라는 전반적인 침체분위기 속에서 나라를 재조직하기 시작했다. 군주제나 연방주의 옹호자들의 반란 위협 속에서 여러 주에서, 특히 유카탄에서 원주민 반란에 대응해야 했다. 그게 다가 아니었다. 멕시코는 또 다시 영토의 일부를 노리는 미국의 원주민과 해적들의 공격에 시달려야 했다.

에레라 정부는 행정을 재정비하고 군대를 줄이는 데 성공했지만, 온건적 연방주의자, 급진주의자, 군주제 옹호자에다 산타안나 장군을 따르는 집단까지, 양극화된 정치를 중재하지는 못했다. 참담한 현실 앞에, 정치적 집단들은 서로 전쟁의 실패 책임을 전가했고, 그런 과정에서 자기 집단의 원칙을 분명히 할 수밖에 없었다. 이렇게 해서 1849년 보수정당이 등장하는데, 알라만에 의해서 기획된 프로그램을 가지고 있었다. 이 프로그램은 연방주의자들이 스스로를 자유주의 정당으로 규정하도록 압박하였다.

1851년, 에레라는 평화적으로 대통령직을 자신의 후계자인 마리아노 아리스타에게 넘겼다. 아리스타는 전임자만큼 운이 좋지 못해, 공격과 반란 앞에서 사임하고 말았다. 대법원장의 직무대행 기간 이후, 군부의 합의에 따라 마누엘 마리아 롬바르디니 장군이 대통령직을 맡았다. 한편 각 주들은 임시 대통령선거를 실시하고 있었는데, 그 대통령은 새 의회를 구성하기로 되어 있었다. 그 무렵 모든 정당들은 강력한 정부가 필요하다는 결론에 도달해 있었다. 그렇기 때문에, 선거에서 콜롬비아에 망명해 있던 산타안나 장군이 많은 득표를 하게 되었던 것이다.

1853년 4월 20일, 무책임한 베라크루스 사람인 산타안나가 다시 집권했다. 보수주의자 알라만은 그에게 강력하지만 책임감 있고, 어느 편만 대표하지 않는 정부, 존경받는 군대를 가진 정부, 종교적으로 결속된 정부, 유럽의 지원을 받는 정부가 필요하다는 것을 강조하는 계획을 제출했다. 자유주의자 미겔 레르도 데 테하다는 다른 계획을 제출했는데, 발전을 위한 경제적 대책들을 강조하고 있었다. 산타안나는 정당들 사이에서 중재하는 데 익숙했던지라, 알라만의 보수주의 계획을 선택하고 알라만을 내각 수반으로 하였다. 하지만 자기와 동향인이자 급진주의자인 레르도가 제안한 정치를 행동에 옮기려고 노력했다. 그리고 레르도를 새로 만든 산업진흥·이주·상공부의 서기장으로 임명했다.

산타안나는 탄압정치를 시작했고, 전직 대통령 아리스타를 추방했다. 보수주의자들은 독재를 군주제로 가기 위한 징검다리로 생각했기 때문에 군주를 찾기 시작했다. 하지만 당시 유럽은 터키 문제로 골몰하던 미묘한 상황이라서 쉽지 않았다. 알라만은 1853년 6월에 죽었다. 중재자가 없어지자 산타안나는 검열과 자유주의자들에 대한 추방을 강화했다. 산타안나가 다시 권력 맛을 아는 데 오랜 시간이 걸리지 않았다. 그는 독재체제를 종신제로 바꾸면서 자신에게 전하殿下 칭호를 붙였다.

독재는 만성적인 재정결핍과 부채문제를 피할 수 없었다. 그런데 그 독재자는 호화 사치를 마다하지 않았기 때문에, 그런 비용을 충당하느라 터무니없는 세금들을 신설했다. 그럼에도 불구하고, 독재는 잘한 일도 있었다. 그 중 하나가 처음으로 상법을 공포한 것이고, 산업진흥부를 통해 기계 수입을 장려하고, 도로망과 도서관을 확장한 일이다.

산타안나는 다시 미국의 팽창주의에 맞서야 했다. 미국은 멕시코 영토의 절반을 포식하고도 모자라 테우안테펙 지협과 바하 칼리포르니아를 차지하려 했고, 가능하다면 북부 주들도 차지하려 했다. 미국의 새 장관 제임스 개즈던은 멕시코 정부의 재정적 어려움을 알고 있던지라 쉽사리 영토의 상당 부분을 구매할 수 있을 것으로 믿었다. 미국 정부는 과달루페 조약을 협상하는 과정에서 사용된 지도의 오류를 핑계 삼으면서 철도건설을 위해 메시야 지역의 땅이 필요하다고 주장했다.

정부는 미국의 위협을 중화시킬 수 있는 유럽과의 연대를 구체화하

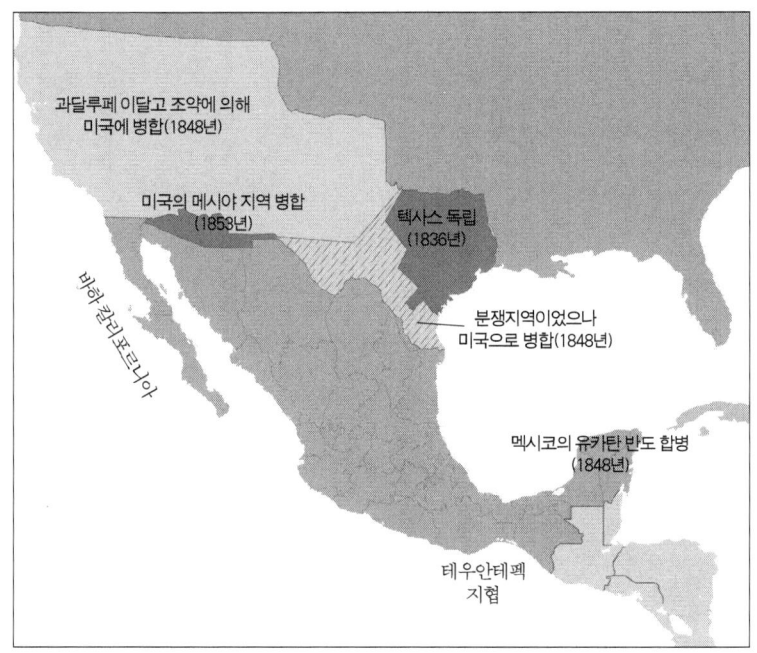

미국과 멕시코의 국경 변화

는 데 실패했다. 산타안나는 다시 전쟁이 날까 두려워 1853년 12월 협상을 받아들였다. 미국은 새로운 조약 서명을 통하여 메시야 고원을 차지하고, 원주민의 공격으로부터 국경지방을 방어해 주겠다는 조항을 삭제하는 데 성공했다. 미국으로부터 받은 1000만 달러는 산타안나가 정권을 유지하는 데 도움이 되었다. 하지만 조약의 정치적 비용은 컸고, 독재 정권에 대한 신임은 완전히 사라졌다. 다른 한편, '강력한' 정부에 걸었던 기대는 거품이 되었고, 집권 1년 만에 독재에 대한 증오는 보편화되었다. 1854년 3월, 후안 알바레스와 이그나시오 코몬포르트의 주동 아래, 너무나 잘 알려진 반란이 일어났다. 그 반란이 내건 아유틀라Plan de Ayutla 계획은 정부를 부인하고, 메시야 영토의 판매를 비난하면서, 새로운 개헌의회 선거를 통해 대표성에 바탕을 둔 연방공화국의 재건을 주장하였다.

비록 반란군은 뉴올리언스에 살던 추방된 자유주의자들의 정신적 지지를 받았지만, 재원이 부족해 게릴라식 전투에 한정하여 투쟁할 수밖에 없었다. 하지만 산타안나는 메시야를 팔고 받은 돈으로 반란세력을 격퇴할 수 있었고, 그래서 1855년 8월까지 권좌에 머무를 수 있었다.

자유주의 개혁, 프랑스의 개입, 공화국의 결정적 승리

산타안나의 독재는 정치적 입장들을 과격하게 만들었다. 비록 두 정당이 진보에 대한 열망을 공유하고 있었지만, 어떻게 진보를 달성할 것인가에 대한 생각이 서로 달랐다. 보수주의자는 오로지 군주체제와 협동조합적 성격의 사회, 그리고 버팀목이 되는 강력한 교회와 군대에 의해서 진보할 수 있다고 생각했다. 반면 자유주의자는 미국 모델과 유사하게 대표제, 연방제, 인민주의를 표방하는 공화국체제만이 진보를 보장할 수 있다고 생각하고, 따라서 속히 모든 식민 유산을 청산하고, 협동조합과 교회의 특권들을 제거하고, 성직자 단체의 재산과 공동체의 토지에 대한 한정상속권을 폐지해서, 멕시코를 소지주들의 나라로 바꾸어야 한다고 생각했다. 하지만 이 일을 실현하는 방식에 대해 자유주의자들은 나뉘어져 있었다. 온건 자유주의자는 서서히 진행해서 모든 폭력적 저항을 피하려고 했다. 그래서 1824년 개정 헌법을 복원하는 것을 선호하고 있었다. 반대로 순수 자유주의자는 과감한 개혁을 선호했고, 따라서 새로운 헌법을 원했다.

아유틀라 운동은 남쪽의 산악지형을 이용한 방어와 아카풀코를 통한 바다로의 접근을 통해 계속 유지될 수 있었다. 하지만 재원확보가 시급한 상황이라 코몬포르트는 미국으로 가 자금을 확보하려 했으나 거의 성과가 없었다. 그럼에도 불구하고, 정치적 상황은 그에게 유리하게 작용했다. 1855년 바히오에서 온건주의자들의 운동이 촉발되었고, 이어서 산 루이스 포토시에서 아들 아구스틴 데 이투르비데를 새로운 제국의 왕좌에 앉히려는 군주제 운동이 일어났다. 이 사태로 순수 자유주의자와 온건 자유주의자는 연합하게 되었고, 추방된 사람들이 귀국하게 되었다. 그러는 사이, 서서히 확산되어 가던 알바레스의 군사세력은 수도를 향해 진격했고, 1855년 8월 17일 산타안나는 도망을 갔다.

9월 16일까지 자유주의자들은 수도를 점령했다. 10월 14일, 전국주대표자회의는 후안 알바레스를 임시 대통령으로 선출했다. 알바레스는 순수 자유주의자들로 내각을 구성했다. 멜초르 오캄포, 베니토 후아레스, 폰시아노 아리아가, 기예르모 프리에토가 내각에 참여했는데, 이들은 막 두각을 나타내기 시작한 세대에 속하는 사람들이었다. 즉시 후아레스 법이 발표되면서 개혁이 시작되었다. 이 법은 군대와 교회의 특권을 박탈하면서, 법 앞에 시민으로서의 평등이 가능하게 했다. 교회는 1840년대부터 재조직을 해오고 있었는데, 반격을 시작했다.

후안 알바레스는 12월 11일 대통령직을 사임했고, 온건주의자 코몬포르트에 의해서 승계되었다. 코몬포르트는 즉시 내각을 온건주의자들로 대체했다. 그렇지만, 코몬포르트는 친종교적이고 특권옹호적인 지방의 봉기를 진압하는 데 성공하자 본보기로 징계를 내리기로 결심하고 푸에블라 주교단의 재산을 빼앗았다. 또 두 개의 개혁법을 공포했다. 레르도 법은 민간이나 종교 단체의 재산인 농촌과 도시의 토지에 대한 한정상속권을 폐지하는 법이었고, 교회법은 가난한 사람들에게 교구특별금 징수를 금지한 법이었다. 멕시코 대주교단은 이 법들이 교회에 대한 공격이라 여기고 거부했다.

선거가 실시되어 개헌의회가 1856년 2월 14일에 열렸다. 비록 과반수가 온건파였지만 순수파가 논쟁을 지배했고 논쟁은 뜨거웠다. 가장 논쟁적인 주제는 교육과 신앙에 대한 관용문제였다. 자유주의자들은 미래 시민양성의 틀을 만들기 위해 교육의 통제를 열망했지만, 가르침의 자유에 있어서는 자신들의 신념에 어울리게 양보를 했다. 하지만 종교적 관용을 감히 선언하지는 못했다. 민중 봉기에 대한 전반적인 두려움 때문이었다. 하지만 가톨릭이 국가의 종교라는 조항을 삭제하였고, "어떤 신앙의 수행"도 금지되지 않는다고 선언했다. 일부 자유주의자들은 민주적 제도로서 배심원 재판이라는 앵글로색슨 모델을 채택하려고 했지만, 승인되지는 않았다. 또한 농업개혁에 대해서도 논쟁이 있었는데, 결국 헌법에는 레르도 법만 포함했다. 레르도 법은 토지의 개인소유를 보장하고 있었다.

1857년 2월 5일 공포된 헌법은 급진적인 것은 아니었다. 하지만 체계적으로 '개인의 권리'들을 도입했다. 교육과 노동의 자유, 표현과 청원, 단체결성, 통행, 소유의 자유, 법 앞에 평등, 정당한 사유 없이 3일 이상 구금되지 않는다는 보장 등이 그런 것이었다. 헌법은 국민주권을 명시하고, "대표제, 민주주의, 연방제 공화국으로, 내부 제도의 모든 것과 관련해 자유롭고 자주적인 주들로" 구성된다고 명시하고 있었다. 정부는 3개의 권력으로 나누어지고, 단원제 의회가 최고의 권력이었다. 선거는 간접선거제도를 유지했고, 공화국의 대통령선거를 단순화했다. "1단계 간접선거와 비밀개표", 다시 말해, 시민들에 의해서 위임을 받은 대표자들에 의해서 선출되었다.

선거를 통해 코몬포르트는 대통령이 되었지만, 재원도 없었고, 자유주의자들이 가졌던 기대도 없었다. 즉 교회재산의 매각을 통해 국가의 재정 문제가 해결될 것이라는 기대가 사라졌다는 것이다. 왜냐하면 지불방식에 편의 제공, 가격할인, 가치도 없는 채권을 통한 지불 수용 등으로 레르도 법이 실속 없는 결과를 낳고 말았기 때문이었다. 그 법은 교회 재산의 매각을 통해 소작농들이 유리해지도록 하기 위한 것이었다. 하지만 소작농들의 지나친 염려와 가난 때문에 결국 교회 재산은 투기꾼들 손에 넘어가고 말았다.

헌법의 온건함에도 불구하고, 헌법은 보수주의자에겐 불만이었고, 순수 자유주의자에겐 부족한 것이 되고 말았다. 많은 정치가들이 의기소침해 있던 상황은 베니토 후아레스의 입지를 유리하게 해주었다. 그는 헌법에 대한 확신을 가지고 있었기에, 헌법을 위해 모든 것을 바칠 각오가 되어 있음을 보여 주었다. 후아레스는 원주민 언어만 사용하는 오아하카의 산악지역 종족이었는데, 오아하카 주의 신학교와 과학 학교에서 교육받았다. 그의 경력을 보면, 급진적 연방주의자뿐만 아니라 중앙집권주의자의 지지를 받아왔다. 1847년 멕시코 의회의 국회의원으로서 선출되어 중앙정치무대로 진입했다. 주지사직을 수행하기 위해 1847~1851년에, 그리고 다시 1856년에 자기 주로 돌아왔다. 그 해에 대법원장에 선출되자 다시 1857년 수도로 돌아갔다.

교황 피오 9세는 자유주의 정부의 행위를 비난하고, 대주교 안토니오 펠라히오 데 라바스티다에게 보수주의자들의 반란을 사주하도록 암시했다. 그래서 안토니오 대주교는 추방당했다. 이 사건으로 많은 자유주의자들은 과도기적으로 자유주의 독재가 필요하다는 생각을 갖게 되었다. 그러한 상황 속에서, 펠릭스 술로아가 장군은 1857년 12월 새로운 개헌의회의 소집을 요구하며 반기를 들었다. 코몬포르트 대통령은 스스로 당시 헌법으로 통치가 가능한지 의구심을 가지고 있던 터라 그 장군을 지지하고 후아레스를 투옥했다. 후아레스는 이 쿠데타를 거부했다. 몇 주 뒤, 술로아가는 코몬포르트조차 부인하고 스스로 대통령임을 선언했기 때문에, 코몬포르트는 사임하면서 베니토를 풀어 주었다. 베니토는 헌법에 따라 코몬포르트를 대신해 대통령 자리에 앉았다. 두 대통령의 존재로 전쟁은 불가피했다.

나라는 나뉘어졌다. 콜리마, 게레로, 과나후아토, 할리스코, 미초아칸, 오아하카, 케레타로, 베라크루스, 사카테카스 주정부들은 합헌적 길을 가겠다고 선언했고, 대부분의 군부와 성직자는 술로아가 편에 섰다. 술로아가는 수도를 차지하고 있었기에 외국대표단의 인정을 받았다. 후아레스는 항구적인 평화를 획득하려면 모든 것이 합법적이어야 한다는 확신을 가지고 과달라하라로 떠났다. 하지만 보수세력의 위협으로 베라크루스로 옮기지 않을 수 없었다. 그곳은 자유주의 세력이면서, 세관의 재원을 그에게 제공할 수 있었다.

군부가 보수정당을 지지했기 때문에, 자유주의 세력은 1846년에 영토 방위를 위해 동원되었던 국토방위대로부터 내려오는 민중적 요소들을 가지고 구성되었다. 하지만 급조되었기 때문에 그 대가를 치를 수밖에 없었고, 특히 미겔 미라몬 장군이 술로아가를 대신해 대통령 자리를 차지하자, 보수세력의 군대는 중부지방을 지배했다. 미라몬의 전략은 공격을 베라크루스에 집중하는 것이었고, 두 번이나 포위를 했다. 첫 번째 포위의 실패로 그는 육지와 바다로 동시에 공격하는 것을 계획하게 되었다. 그것을 위해 바다에서 공격할 배를 확보했고, 자신은 육지로 접근해 갔다. 후아레스는 보수세력이 영토 매각을 거부하자 미국이 보수세력에 대한 인정을 철회한 사실을 이용해서, 미국 함대에게 보수세력의 배를 해적행위로 나포하라고 요청했다. 미국 함대 사령관은 비록 당국의 승인이 없었지만 그 요청을 받아들였고, 그래서 포위는 실패로 돌아갔다. 비록 나중에 미국 법원은 그 행위가 불법이었다고 판결했지만 말이다.

사제단의 재산에 관심이 지대한 기업가와 순수 자유주의자들의 지지를 더욱 공고히 하기 위해 후아레스와 그의 순수 자유주의 내각은 개혁을 강화하기로 했고, 1859년 7월 12일 개혁법안들을 공포하기 시작했다. 사제단 재산의 국유화, 국가와 교회의 분리, 종교 단체의 폐지(신도 단체, 종교회의, 종교 결사), 민법적 결혼과 주민 등록, 묘지의 세속화, 최종적으로 신앙의 자유를 입법화했다.

두 진영은 재원이 부족하자 각각 외국과 협약을 맺으면서 나라를 위태로운 지경으로 만들었다. 워싱턴은 새롭게 영토를 구매하는 대신 자유주의자들을 지지하겠다고 했는데, 자유주의자들은 영토 매각에 대해서는 신경도 쓰지 않았다. 자유주의자들은 맥레인-오캄포 조약 서명을 수용했다. 그 조약에 따르면 멕시코에 200만 페소를 빌려 주는 대신 미국은 테우안테펙 지협을 자유롭게 통행할 수 있고, 상업적 특권을 가지며, 필요할 경우 군사 개입도 할 수 있다는 것을 인정받았다. 다행히도 미 상원은 그 조약에 동의하지 않았다.

보수세력은 유럽에 도움을 요청했고, 에스파냐와 몬-알몬테 조약을 맺었다. 그 조약은 산타안나가 서명한 1853년 협약을 인정했는데, 이 협약은 의심스런 부채를 인정하고 있었다. 게다가 스위스 은행가 제커와 부담스런 차관 계약을 맺으면서 영국 쪽 돈을 경원시했다. 그 일로 외국에 신용을 잃게 되었고, 멕시코 정부에 대한 배상요구가 증가하고 부채도 증가하게 되었다.

베라크루스 포위작전의 실패로 자유주의 세력의 승리가 용이해졌다. 실라오와 칼풀랄판의 승리로 자유주의 세력은 수도로 들어가는 문을 열 수 있었다. 후아레스는 1861년 1월 11일 수도로 입성했다. 하지만 평화의 정착과는 거리가 멀었다. 보수세력은 패배가 아쉬워 유럽에서 더 많은 음모를 꾸몄고, 암살 방법을 동원했다. 오캄포, 레안드로 바예, 산토스 데고야도가 암살로 희생되었다. 한편 후아레스는 교황청 대표부와 대주교를 비롯해 여러 주교들을 추방했고, 보수세력을 지지했던 에스파냐, 과테말라, 에콰도르의 공사들을 추방했다.

선거에 승리한 후아레스는 즉시 행정부와 교육을 재정비하고 미터법과 십진법을 채택하는 법을 공포했다. 하지만 재원 부족으로 정부의 부채상환을 중단할 수밖에 없었다. 영국 채권자들의 대부금 이자와, 에스파냐와 프랑스의 배상요구에 관련된 이자 상환도 마찬가지였다. 유럽에 거주하던 멕시코 군주제 지지자들은 그 조치를 이용해 프랑스 황제 나폴레옹 3세가 멕시코에 군주제 국가를 세우는 데 관심을 갖도록 했다. 프랑스 황제는 영국의 팽창을 저지할 방어벽이 될 수 있는 '라틴'제국을 건설하는 꿈을 가지고 있었다. 그러던 차에 외채상환의 중지조치는 개입하기에 좋은 기회라고 생각했고, 대영제국과 에스파냐에게 그 문제를 상의하기 위해 모이자고 했다. 1861년 10월 31일, 런던에서 세 나라는 합의서에 서명했다. 그 합의서에 따르면 세 나라는 멕시코만(灣)에 있는 멕시코 항구들을 봉쇄해 외채상환을 재개하도록 압력을 가하되, 내정 간섭은 하지 않기로 했다.

에스파냐 함대는 12월에 베라크루스에 도착했고, 프랑스와 영국 함대는 1월에 도착했다. 후아레스는 최후통첩을 받고, 마누엘 도블라도 장관을 보내 침입군과 협상을 했다. 후아레스는 열대병을 피하도록 외국 군대의 상륙을 허용했는데, 만약 협상이 합의에 이르지 못하면 다시 승선한다는 조건이었다. 도블라도 장관은 외채 상환 중지는 일시적인 것으로 가능한 시기에 재개될 것이라고 확인했다. 영국과 에스파냐는 수용했지만 프랑스는 그 안을 거부했을 뿐 아니라, 군대를 다시 승선시키는 대신 더 많은 병사를 상륙시켰다. 그들 중에는 모랄레스의 아들인, 후안 N. 알몬테 같이 군주제를 지지하는 멕시코인들도 있었다.

4월 17일 프랑스인들은 진격을 시작했다. 그렇게 위태로운 상황에서 후아레스는 보수파 군인들을 사면하고, 게릴라부대의 창설을 허가했다. 이그나시오 사라고사는 세계에서 가장 뛰어난 군대에 맞서 푸에블라를 지키기 위해 준비했다. 로렌세스 백작은 프랑스 군대의 절대적 우위를 확신하고 알몬테의 경고를 무시했다. 그리고 5월 4일과 5일에 걸쳐 사라고사 휘하의 '망나니'들은 프랑스 군대를 격파했다. 치욕을 당한 나폴레옹은 새로운 지휘관 아래 3만 명의 군대를 더 파병했다.

1년 뒤, 멕시코 군대는 티푸스로 사망한 사라고사 장군 없이 푸에블라에 집결했다. 오랜 기간 포위당한 끝에 푸에블라는 프랑스인들 앞에 굴복했다. 후아레스는 수도를 포기했고, 수도는 6월에 점령당했다. 프랑스인들은 명사^{名士}들로 구성된 회의를 소집했고, 그 회의는 7월 19일 제국의 탄생을 선언하면서, 합스부르크 왕가의 막시밀리아노를 멕시코 왕좌에 추대하겠다고 밝혔다. 섭정부는 몇몇 유명한 장군과 민간인, 성직자 등으로 구성되었는데, 성직자들 중에는 라바스티다 대주교도 있었다. 섭정부는 장식에 불과했으며, 대부분의 결정은 나폴레옹 3세의 지시에 따라 아쉴 바쟁 대원수가 내렸다. 막시밀리아노 황제가 부임하는 동안 프랑스 군대는 군사적 우위를 통해 도시를 하나씩 점령해 나갔다. 그렇지만, 자유주의파 게릴라들의 공격과 프랑스 군대의 거만함에 원한을 품은 민중들 때문에 점령을 유지하는 것이 힘들어져, 어떤 도시들은 여러 차례 다시 점령해야만 했다.

막시밀리아노는 오스트리아 황제의 형제로, 벨기에 왕의 딸인 카를로타 아말리아와 결혼한 상태였는데, 미라마르 성에서 멕시코 군주제 지지자들을 맞이했다. 막시밀리아노 대공은 자신을 멕시코 백성이 요청하는 것을 조건으로 내세웠고, 군주제 지

막시밀리아노 황제

지자들은 수천 명의 서명을 받아 그 조건을 이행했다. 그 서명을 받아 본 막시밀리아노는 1864년 4월 10일 왕좌를 수락했다.

그 황제는 나폴레옹 3세와 두 개의 조약에 서명했다. 나폴레옹 3세는 멕시코가 모험의 대가를 지불해야 한다는 것을 확실히 밝혔다. 프랑스는 2만 8천 명의 군사를 주둔시키고, 1억 7천 5백만 프랑을 대여해 주되, 그 중 막시밀리아노는 단지 8백만 프랑만 수령하게 되어 있었다. 왜냐하면 나머지는 그동안 불어난 프랑스에 대한 부채 상환과 전쟁 비용과 이자 지불로 사용되어야 한다는 내용이었다. 비밀 조약을 통해 프랑스 군대가 3만 8천 명까지 이르게 되고, 1865년부터 감축되기 시작할 것이라고 합의했다.

새로운 황제 부부는 교황을 방문한 뒤 베라크루스를 향해 승선해서 1864년 5월 말경에 도착했다. 자유주의 세력이었던 그 항구는 황제 부

부를 싸늘하게 맞이했다. 그와는 대조적으로 오리사바, 푸에블라, 멕시코 시는 '그 사회가 할 수 있는 최선'을 다해 열광적으로 그들을 맞이했다. 멕시코 시는 그 부부의 환심을 사기 위해 온갖 노력을 다했다.

온건한 자유주의자들 중에는 많은 사람이 제국 정부에 협조했는데, 1821년부터 멕시코의 골치를 썩이던 문제들을 그 정부가 해결했으면 하는 기대 때문이었다. 자유주의에 대한 확신에 차 있던 막시밀리아노는 황제로서 보호 의무를 수행할 것이라고 천명하고, 교황 사절단이 요구하더라도, 신앙의 관용과 사제단 재산의 국유화는 폐지되지 않을 것이라고 밝혔다. 이 결정으로 많은 보수주의자는 지지를 철회했고, 자유주의자로부터 조롱받는 계기가 되었다. 멕시코 시는 제국의 조정이 자리잡은 곳이 되면서 새로운 생명을 얻은 것처럼 보였다. 수도는 미화사업을 벌였고, 거리는 곧게 뻗어 나가고, 물푸레나무와 가스등으로 화려하게 치장되었다. '제국의 대로'大路가 등장했고, 나중에 자유주의자에 의해서 '개혁의 대로'로 개명되었다. 그리고 차풀테펙 성이 개보수 되었다. 황제는 법률제정에 임했다. 제국의 법령을 제정하고, 1865년 4월 10일 공포했다. 이어서 민법과 농업·노동법도 공포했다. 이 법에 따르면 인디오 주민에게 그들의 토지를 돌려주고, 토지가 없는 사람에게 토지를 양여해 주었다. 이 법은 최대 1일 10시간의 노동을 허용했고, 10페소 이상의 채무를 무효화해 주었으며, 체벌을 금지하고, 아시엔다 노동자를 괴롭히는 외상가게를 제한했다. 교육과 과학연구도 황제의 관심 대상이었다. 황후는 여성 교육을 장려했다. 막시밀리아노는 국토를 50개의 관할구로 나누기로 하고, 경제발전에 신경을 썼다. 그래서 멕시코 시에서 베라크루스를 잇는 철도건설 계약에 서명했고, 무역을 활성화하기 위해 런던, 멕시코, 남아메리카 은행의 설립을 허가했다.

프랑스의 점령으로 후아레스는 북쪽으로 옮겨갈 수밖에 없었다. 그는 프랑스 군대에 맞서야 했을 뿐만 아니라 배신자들과도 맞서야 했다. 1864년 한 해 동안 공화주의자들은 북쪽의 콜리마, 게레로, 타바스코 주와 남쪽의 치아파스를 지배하고 있었다. 하지만 1865년에 이르자 단지 몇 개의 외떨어지고 작은 보루만 남고 말았다. 이렇게 위태로운 상황에서, 미국에 있던 대법원장 헤수스 곤살레스 오르테가 장군은 후아레스에게 법적인 대통령 임기가 끝났으니 대통령직을 자신에게 넘기라고 요구했다. 베니토는 나라가 전쟁 중에 있기 때문에 자기의 임기는 프랑스의 점령이 계속되는 한 연장된다는 설득력 있는 논리를 폈지만, 그 결정으로 순수 자유주의자들의 지지를 많이 잃게 되었다.

1865년 말경, 상황은 변하기 시작했다. 미국 시민전쟁이 끝나자 자유주의자들은 미국으로부터 3백 만 페소의 차관계약을 체결할 수 있었고, 이웃 나라인 미국이 프랑스의 멕시코 침략을 비난하도록 만드는 데 성공했다. 공화주의파 게릴라들은 진정한 군대로 변신하여 진격을 시작했다.

멕시코 제국 정부는 프랑스의 차관이 바닥나자 만성적인 재정문제에 직면하게 되었고, 독일연방의 단결에 따른 위협에 대처하기 위해 나폴레옹 3세가 군대를 철수할 것이라는 소문으로 곤경에 처하게 되었다. 멕시코처럼 광활한 나라를 재배하는 것은 어려운 일이었고, 몰락은 예견되었다. 막시밀리아노는 국가의 군대를 조직하고자 했고, 그래서 외교적인 임무를 띠고 유럽에 가 있던 보수세력 장군들을 소환했다. 막시밀리아노의 형제인 프란시스코 호세는 4천 명의 오스트리아 병력을 보내 주려 했으나 미국의 반대로 승선하지 못했다. 황후는 몸소 유럽으로 가 나폴레옹 3세와 교황에게 조약 내용을 이행하라고 요구했으나 받아들여지지 않자 이성을 잃고 말았다. 그 소식을 듣고 막시밀리아노는 퇴위하는 수밖에 없다는 생각을 했으나 대신들의 반대로 철회했다. 하지만 그 이후 대신들은 황제를 운명에 맡기고 포기하고 말았다.

1867년 초, 공화주의자들의 신속한 진격으로 제국은 푸에블라와 베라크루스로 축소되었다. 황제는 케레타로로 퇴각했고, 거기서 미겔 미라몬과 토마스 메히아가 황제와 합세했다. 포르피리오 디아스가 4월 2일 푸에블라시를 점령하자 미라몬은 케레타로를 버리자고 제안했다. 하지만 막시밀리아노는 도주를 포기하고 포위에 맞서기로 결정했다. 배신자가 있어 그의 체포는 용이했다. 후아레스와 레르도는 1862년 법을 황제에게 적용해야 한다고 버티었고, 그래서 일종의 전쟁위원회에 의해서 재판을 받았다. 두 명의 유명한 변호사들이 그의 변호를 맡았지만, 최고형에 처해지는 것을 막지는 못했다. 전세계로부터 그 합스부르크 황제에게 선처를 요구하는 탄원이 도착했다. 죽음 앞에서 황제는 대단한 위엄을 보여 주었다. 자기 어머니와 아내에게 편지를 쓴 뒤 총살대 앞에 섰다. 1867년 6월 19일, 캄파나스 언덕에서 미라몬과 메히아와 함께 처형되었다. 사격 명령이 내려지기 직전 막시밀리아노는 자신의 피로 "나의 새로운 조국의 불행들"이 마감되기를 신에게 기원했다.

제국이 무너지자, 후아레스는 1867년 7월 16일 멕시코 시로 돌아왔다. 이번에 민중들은 국가의 주권을 지키고자 한 그의 투쟁을 높이 평가하고 그를 진정한 환호 속에서 맞이했다. 공화제의 승리는 마침내 군주제라는 대안을 폐기시켰지만, 이번에는 자유주의자 스스로의 정치적 야망으로 발생한 무질서와 봉기들을 종식시키지는 못했다.

후아레스는 8월까지 선거를 마치기 위해 서둘렀다. 정치적 투쟁에서 보수정당이 사라지면서 세 명의 자유주의자가 서로 대립했다. 후아

프랑스에 대한 투쟁을 이끌고 있는 후아레스

레스, 세바스티안 레르도 데 테하다 그리고 전쟁에서 군사적 영웅이 된 포르피리오 디아스였다. 비록 전쟁의 승리로 후아레스가 유리해졌다고 하나, 그의 적은 몇 배로 늘어났다. 그가 재선되었을 뿐 아니라 개헌을 하려 했기 때문이었다. 개헌은 후아레스가 그렇게 헌법을 고수하려고 애썼던 것과는 모순되어 보였다. 후아레스의 정치적 경험은 의심의 여지없이 독특한 것이었다. 왜냐하면 거의 10년을 전쟁 상태에서 통치를 했고, 특별한 권한을 가지고, 실질적으로 의회가 없이 지배했던 것이다. 그 경험 때문에 그는 통치권을 강화했다. 하지만 이제는 상황이 달랐다. 1857년 헌법은 입법권의 우위를 유지하고 있었고, 의회는 단원제였기에 입법권은 두려운 존재였다. 그래서 후아레스는 균형을 더 확보하기 위해 상원의 재건을 도모했다. 후아레스가 헌법옹호자들로 이루어진 문민 내각을 선출하자 군부는 불편함을 드러냈다. 그들은 승리를 이루어 낸 장본인으로 생각하면서, 포르피리오 디아스를 지지하고 있었다. 적이 너무도 많았기 때문에 베니토 후아레스와 그의 장관들은 풍자와 풍자화의 중심이 되었다. 그럼에도 불구하고, 공화국 재건기간 내내 완전한 언론자유는 유지되었다.

승리를 했지만, 전체적으로 복잡한 상황은 개선되지 못했다. 오랜 전쟁은 중앙과 지방 사이의 옛날식 대립을 다시 만들었다. 군 지휘관들이 광범위한 재정권을 휘둘러 권력이 파편화되어 있었기 때문이었다. 군 지휘관들의 재정권을 없애기 위해 의회는 후아레스는 지지했고, 법령을 통해 삭제했다. 다른 한편, 보수적 관료들에 대한 징계는 원한을 불러일으켰다. 후아레스는 그 원한을 완화시키고 화해를 이루려고 노력했다. 1870년 광범위한 사면을 단행했고, 그래서 라바스티다 대주교도 돌아올 수 있게 되었다. 하지만 그에 대한 존경심은 찾아볼 수 없었다.

공화국은 전쟁으로 보낸 해들을 안타까워하면서 경제 활성화를 원했다. 무질서로 인해 무역은 다시 희생을 당했다. 그런 가운데 북쪽 국경에는 자유무역 지대를 설치하여 거래를 촉진했고, 하나의 발전된 구역을 만들어 냈다. 미국 남북전쟁의 일부 기간 동안 멕시코의 면화는 마타모로스를 통해 수출되었고, 밀가루와 식료품을 비롯한 다양한 멕시코 제품이 미국에 팔렸다. 이를 통해 몬테레이와 피에드라스 네그라스, 라레도와 마타모로스가 성장할 수 있었다.

공화국은 재원이 없어 곤경에 처했다. 사제단 재산의 매각도 기대했던 성과를 내지 못했다. 하지만 그 매각은 공공금융이 정상화되는 데는 기여했다. 정부의 국내 부채로 유통되던 채권을 상당 부분 흡수했기 때문이다. 실용주의자인 후아레스는 공공재정의 전반적 재조직과 조정을 우선시했다. 성장을 촉진시키기 위해 필요한 자금을 확보하는 데 필수불가결한 것이었다. 호세 마리아 이글레시아스와 마티아스 로메로 장관은 공공재정과 채무에 대한 면밀한 조사에 착수했다. 4억 5천만 페소에 해당하는 부채를 분석해 멕시코 제국 시절의 빚은 상환 거부하고, 8천 4백만 페소로 조정한 뒤 새로운 지불 일정을 세웠다. 또한 긴축정책을 시작했는데, 그 중 하나가 군대를 2만 명 수준으로 줄이는 일이었다. 1870년에 이르러 로메로는 독립 이후부터의 공공재정의 내막과 변천에 대한 파악을 완료했고, 수입과 지출에 대한 명확한 생각을 가지고 처음으로 정부예산을 세웠다.

올바른 자유주의자로서, 성장과 발전에 대한 일념으로 후아레스는 모든 생산영역에 좋은 여건을 조성해 주고자 했다. 투자, 교통·통신(특히 전신망, 도로, 철도), 이주정착 등에 관심을 쏟았다. 미국의 몇몇 투자계획을 승인해 주었을 뿐 아니라, 베라크루스에서 멕시코까지 철도건설을 위해 멕시코 제국이 서명한 계약서를 인정했다. 로메로 장관은 통화 단일화를 위해 화폐를 발행하는 국립은행을 세우고 싶어 했지만, 자금부족으로 이룰 수 없었고, 그래서 런던, 멕시코, 남아메리카 은행의 역할에 맡길 수밖에 없었다.

개인적인 경험으로 인해 후아레스는 교육을 우선시했다. 처음부터 교육진흥을 통해 간절히 원하는 국가발전을 이루고, 원주민 종족들을 통합하고, 그들에게 국민으로서 합당한 지위를 부여하길 원했다. 그래서 1867년에 초등교육의 무상화와 의무화를 선언하는 법을 공포하고, 국립고등학교를 설립했다.

멕시코의 대외관계를 정상화시키는 것도 또 다른 근본적인 관심사였다. 전쟁으로 인해 대영제국, 프랑스, 에스파냐와의 관계가 단절되어 있었다. 하지만 국제적인 상황이 불리했다. 지리적 거리와 교통통신망의 부족으로 이베로아메리카 국가들과의 접촉도 어려웠다. 게다가 과테말라와는 국경문제도 있었다. 이러한 이유로 후아레스는 미국과의 관계가 흐려지는 것을 피하려고 애썼다. 두 나라는 서로 간 차이도 많고, 프랑스의 간섭 기간 동안 미국의 도움을 받지도 못했지만, 어느 때보다도 좋은 관계를 유지하고 있었다. 전쟁 이후 이웃나라의 산업화는 영토 팽창주의를 금융 팽창주의로 바꾸어 놓았다. 하지만 두 나라 사이에는 두 가지 문제가 놓여 있었다. 멕시코 유랑민과 도적떼의 월경문제와 배상요구 문제였다. 첫번째 문제는 미결 상태로 남아 있게 되었다. 왜냐하면 후아레스나 레르도나 미국사람들이 '죄인'을 쫓아 국경을 넘는 것을 허용하지 않았기 때문이다. 후아레스는 배상문제는 해결하려 했고, 그래서 그 문제를 해결하기 위한 양국위원회 구성안을 받아들였다. 그 위원회는 미국 측의 배상요구 사항들을 발표했으나, 멕시코 측의 사항들은 미결로 남겨 두었다. 1869년 멕시코는 새로운 두 나라, 이탈리아 왕국과 북부독일연방과 외교관계를 확대할 수 있는 기회를 맞이했다.

    1871년 선거가 도래했고, 비록 베니토 후아레스의 인기는 줄었지만 재선에 성공했다. 이번에는 디아스가 패배를 인정하지 않고, 11월 8일 '무제한적인 연임에 반대하는' 라 노리아 계획을 발표했다. 디아스가 지역적 연대를 확보하고 있었음에도 불구하고 그 운동은 느리게 퍼져 나갔고, 후아레스를 지지하는 장군들에 의해서 진압되었다. 후아레스는 개인적 역경도 있었고 건강도 좋지 않았지만, 뛰어난 정치적 수완을 가졌기 때문에 자유주의자의 분열을 이용해 마지막 임기 동안 자리를 유지할 수 있었다. 1872년 7월 18일, 후아레스는 대통령 의자에서 앉은 채 숨을 거두었다.

    헌법에 따라 대법원장인 레르도가 통치권을 차지하였고, 일반 사면을 통해 라 노리아 반란을 종결지었다. 곧이어 선거를 공고하고, 압도적 다수 득표로 선출되었다. 세바스티안은 원칙적인 면에서 후아레스와 동일한 노선을 가지고 있었기 때문에, 정치적 수완을 발휘해 상원을 설치하고, 개혁 법안들을 헌법 조항으로 변경시켰다. 종교적인 문제에 있어서는 덜 유연해서, 카리다드 수녀회가 구호활동에서 탁월한 역할을 했음에도 불구하고 추방했다. 그는 '교권반대주의'로 많은 적의 표적이 되었고, 민중반란의 원인을 제공했다. 카헤메 지방의 야키 부족들 사이에서 일어난 반란과 테픽에서 일어난 마누엘 로사다의 끔찍한 반란도 그에 대한 저항이었다. 마누엘 로사다는 1873년 말 총살되었다. 레르도는 섬유노동자와 광산노동자의 파업을 계기로 범 멕시코 노동자 모임과 맞서게 되었고, 이미 베라크루스와 멕시코를 연결하는 철도가 1873년 개통되었음에도 불구하고, 무역과 관련된 이해관계 때문에 멕시코와 미국을 연결하는 철도개발허가권을 주지 않자 또 그 단체와 맞서게 되었다.

대통령직 승계는 다시 불화의 원인이 되었다. 레르도는 재선되기를 갈망했지만, 디아스는 선거가 치러지기도 전에 먼저 툭스테펙 계획을 제시하며 반기를 들었다. 그 문건에서 그는 "헌법 위반"으로 레르도를 비난했다. 디아스는 라 노리아 운동을 통해 교훈을 얻었기에, 이번에는 치밀하게 준비했다. 레르도가 오아하카의 선거에 개입한 것을 이용해 레르도에 반대하는 오아하카 주와 연대를 공고히 했다. 자기 주의 지지를 확신한 디아스는 1875년 말경, 브라운스빌로 옮겨, 거기서 여러 주지사들과 지역 군사령관들에게 자기 운동에 동참하라고 요청했다. 하지만 그 운동은 북서쪽 지방과 오아하카에 집중되었기 때문에, 그는 계획을 수정해 그 운동을 지지하는 사람들에게는 군사적 직책과 명예를 인정하겠다고 하자 반란 거점들이 몇 배로 늘어났다.

마리아노 에스코베도 장군은 반란자들을 계속 압박했다. 1876년 9월 선거가 실시되었고, 레르도의 당선이 발표되었다. 그 순간, 대법원장인 호세 마리아 이글레시아스는 "부정 선거이기에" 선거 결과를 인정하지 않겠다고 선언하고 툭스테펙 운동에 합류하면서, 살라망카에서 반기를 들었다. 이글레시아스는 별로 지지를 얻지 못했지만, 그의 반란은 디아스의 주장에 힘을 실어 주었다. 디아스는 11월 11일 직접 선두에 서서 테코악 지역에서 연방군을 패퇴시키고 있었다. 레르도가 도망가자 혼란이 일어났고, 여러 주지사들은 이미 이글레시아스를 대통령으로 인정했기 때문에 두 경쟁 집단 간에 협상이 필요했다. 디아스는 내각을 두 집단 사이에 반반씩 차지한다는 조건이면 이글레시아스를 임시 대통령으로 인정하고 본인은 전쟁장관직을 맡겠다고 제안했다. 이글에시아스가 받아들이지 않자 디아스는 과감한 수단을 선택했고, 11월 23일 직접 군대의 선두에 서서 멕시코 시를 점령했다. 일주일 뒤 그는 대통령직을 차지했다.

공화국으로 서서히 변화하다

누에바 에스파냐에서 1821년 독립 국가로 바뀐 영토에 사는 6백 5십만 주민은 이질적인 집단으로서, 역사적 경험과 종교에 의해 결합되어 있었다. 그 중 소수만 에스파냐어를 사용하고 있었다. 심하든 약하든 정도의 차이는 있었지만, 거의 모든 주민이 11년간의 전쟁을 통해 자신들의 삶이 엉망이 되어 버린 것을 목격했고, 300년간의 질서가 어떻게 뒤틀어지고, 어떻게 기나긴 변화의 시기가 시작되는지를 현장에서 경험했다. 에스파냐의 자유주의는 새로운 개념들을 도입시켰고, 많은 경우 그 의미는 전통적인 개념들에 맞추어져 갔다. 에스파냐에 종속된 상황에 환멸을 느낀 엘리트와 중간 집단은 새로운 질서가 가져올 미래를 낙관적으로 바라보았다. 하지만 고통스러운 사건들로 인해 그 낙관적 전망은 지워지게 된다.

멕시코의 영토는 이투르비데 제국 시절에 가장 넓어져 450만km^2에 달했고, 그 광활한 지역에 많지도 않은 주민들이, 그것도 중부와 남부에 집중된 채 살고 있었다. 그 인구는 정기적인 역병과 전쟁 때문에 늘어날 수 없었고, 그래서 19세기 중엽에 이르러 겨우 7백만 명을 넘어섰으며, 1870년대에 이르러 9백만 명을 넘어섰다. 그럼에도 불구하고, 수도의 인구는 25만에 달했는데, 큰 차이로 그 뒤를 잇는 지역은 푸에블라, 과나후아토, 케레타로, 사카테카스와 과달라하라였다. 북부지역에 주민을 거주시킬 능력이 없었고, 게다가 정치적 변화와 외부의 위협 등으로 영토는 줄어들었다. 그리고 과테말라는 1823년에 분리되었다. 텍사스는 1836년에 독립했다. 미국은 누에보 멕시코와 알타 칼리포르니아를 점령했다. 그리고 1853년에는 메시야가 매각되었다. 결국 공화국은 1,972,546km^2로 축소되었다. 19개 주, 4개의 부속영토와 하나의 연방지구는 1869년에 이르러 28개 주와 하나의 부속영토로 바뀌었다.

연속성이 있었음에도 불구하고, 독립과 공화국 건립은 처음부터 협동조합 성격의 사회에 충격을 주었다. 투쟁 자체도, 특히 크리오요와 메스티소들에게 어느 정도 사회적 이동을 허락했다. 어쨌든 부를 독차지하는 소수의 지나친 부富 앞에 민중들의 절대적 빈곤을 완화시키지 못하는 부끄러운 현실에서 평등은 하나의 희망으로 남았다. 다른 한편, 정치적 변화는 모든 사람들에게 영향을 미쳤다. 도로 위의 무질서와 불안은 상인들에게는 재산피해를, 아시엔다들에게는 생산의 차질을 가져왔다. 광산의 방치로 많은 광산들이 침수되었고, 재원 부족으로 팔리거나 외국자본과 연대가 이루어졌다. 관료조직은 독립과 함께 안정성을 상실했고, 그래서 밀린 봉급을 받거나, 다시 일자리를 잡을 수 있으리라는 희망으로 그 구성원들은 정부의 교체를 지원했다. 전문직 종사자들은, 몇몇 잘 나가는 의사와 변호사를 제외하면, 관료조직을 비대하게 하는 데 기여했다. 어쨌든 부유한 반도인들의 출국과 그들의 추방을 위한 법 덕택에 크리오요들은 주민의 상류층을 독차지했다.

광산노동자는 그때까지 누려온 이점을 상실하고, 기술직에서는 유럽인으로 대체되었다. 게다가 저질 천이 들어옴으로써 오래된 직조공장의 노동자는 타격을 입었다. 나머지 주민은 시대에 적응하며 살았다. 한편 교활한 자나 야비한 자는 무질서를 이용해 재화를 약탈했다.

사제단은 독립투쟁에 참여함으로써 구성원을 잃게 된 것을 한스럽게 생각하는 가운데, 삶의 점진적 세속화로 종교적 소명이 줄어들었다. 한편, 교회는 40여 년 동안 모든 성향의 정부들로부터 우선적인 표적이 되어 수입과 자금이 줄어들었다. 하지만 10명의 주교와 177명의 수도승이 계속해서 교회의 부를 향유하는 동안, 1825년에 이르러 3,500명으로 축소된 일반 사제와 세속 사제단은 궁핍하게 생활하였다. 그럼에도 불구하고 일반 신도들은 사제단의 급료를 내야 하는 것에 불만을 품고 있었다.

전쟁과 혼란으로 가장 덕을 본 집단은 군대였다. 1821년에 7만 5천 명이던 군인은 재원 부족으로 3만 명으로 감축되었는데, 그렇게 광활한 영토를 감시하기에는 부족한 숫자였다. 상당수의 장교가 정치와 연관되어 살았기 때문에, 반란에 가담함으로써 승진할 수 있었다. 그런 상황 때문에 전문화가 이루어지지 않았고, 많지도 않은 병사에 비해 장군 숫자가 지나치게 많아지게 되었다. 관료조직처럼, 지속적으로 급료가 제때에 지불되지 않았기 때문에, 장교들은 사채업자에게 돈을 빌려 쓰기도 했고, 강제 동원된 병사들은 기회만 되면 탈영하려 했다.

시민들의 새로운 관습과 축제는 새 질서를 합법화시켜 주고 있었고, 종교 축제와 경쟁을 벌이면서 조금씩 우위를 점해 갔다. 사실 눈에 두드러진 변화는 외국인의 도래와 함께 항구와 수도에서 일어났다. 정기선의 입항으로 화물만 반입된 것이 아니라, 소식과 유행, 발명품도 들어왔고, 미국과 유럽으로의 여행이 더 쉬워지게 되었다. 새로운 역마차 회사는 국내 여행기간을 단축시켰다. 멕시코 주에서 베라크루스까지는 7일, 과달라하라까지는 13일, 산타 페까지는 한 달이면 되었다.

계몽주의가 고취한 진보에 대한 믿음은 유지되었는데, 교육을 통해 국가적인 악습들이 해결될 거라는 신뢰에 근거하고 있었다. 주민의 탈문맹 사업은 랭커스터회에 위임되었다. 이 랭커스터회는 일부 저명인사에 의해 1822년에 설립되었다. 외국 석학들도 멕시코로 와 후원자를 자처하거나 사립학교를 세우기도 했다. 반대로, 대학은 권위를 상실했고, 과학적 지식을 전파하는 학술원이나, 공화주의자에 의해 장려된 새로운 과학예술 연구소에 의해서 대체되었다. 이 기관들은 19세기 중반 정치에 입문하게 되는 세대를 교육했다.

달력과 연감은 역사적·과학적 소식을 전파하는 임무를 수행하였다. 1808년에 시작된 정치적 의식화와 새로운 국가의 헌법은 정치적 성격의 신문과 팸플릿, 전단지의 인쇄를 용이하게 하였다. 알고자 하는 욕구에 가득 찬 거대 집단들은 이 인쇄물들을 선호했고, 그것들을 돌려 가면서 읽거나, 이발소나 카페, 공공광장에서 큰소리로 읽는 것을 듣곤 했다. 이런 정치적 관심은 역사에 대한 관심으로 옮겨갔다. 역사에 대한 관심은 세르반도 테레사 데 미에르, 카를로스 마리아 데 부스타만테, 로렌소 데 사발라, 호세 마리아 루이스 모라, 루카스 알라만 등에 의해서 잘 드러났다. 문학도 자기 길을 개척하게 되고 사회적 변화에 대한 증언을 호세 호아킨 페르난데스 데 리사르디, 마누엘 에두아르도 데 고로스티사, 페르난도 칼데론 등이 작품을 통해 남기게 된다. 반대로 예술은 정부에서 이탈리아나 독일에서 수학할 수 있는 장학금을 지급하였음에도 불구하고 빛을 발하는 데 시간이 걸리게 된다.

반 세기 이후나 되어서야 사회의 세속화가 확고히 자리잡아 가면서 진정한 변화가 도래한다. 교회는 부왕령 시기 동안 행사해 온 사회 통제력을 독립과 함께 상실하였는데, 개혁헌법을 통해 출생, 결혼, 사망에 관한 등록권과 교회재산을 상실하기에 이른다. 이런 과정을 통해 교회는 그때까지 병원과 학교, 보호시설에서 베풀어 왔던 사회적 봉사를 더 이상 할 수 없게 된다. 교회재산이 매각되면서 많은 수도원들은 붕괴되거나, 혹은 애초 목적과는 다른 목적으로 돌려졌다. 어떤 교회는 개신교 종파에 양도되면서, 사회적 서열의 변화는 생겨나지 않을 수 없었다. 신학교가 사라지지는 않았지만, 공교육은 대대적으로 세속화되었다.

대부분 언론분야 출신이었던 지식인은 정치적 대립으로 인해 검열에 맞서거나 독재에 맞서 투쟁하면서 현실참여를 하지 않을 수 없었다. 언론 활동은 국가적 문제에 대한 세련된 분석을 가능하게 했고, 그래서 재능 있는 자유주의 지식인은 사회문제에 관한 중요한 작품들을 출판했다. 이와 같이, 풍속주의 소설가로 알려진 마누엘 파이노는 공공부채나 한정상속법의 폐기와 개혁헌법에 대해 깊이 탐구했다. 미겔 레르도 데 테하다는 무역과 경제에 대해서, 멜초르 오캄포는 교회와 국가의 문제에 대해서 깊이 탐구했다. 그래서 1860년대와 1870년대에 언론은 대단히 성숙한 단계에 도달했고, 자유주의 정권들은 비록 언론이 지나친 면이 없지 않았음에도 불구하고 언론자유를 존중했다는 사실이 이상할 것도 없다. 언론은 그 지나친 영향력으로 '제4의 권력'이 되었다.

여러 전쟁으로 깊은 분열을 경험한 공화국 재건자들은 교육과 문화를 통한 국가적 통합을 우선시하게 되었다. 또 다시 대립을 통해 멕시코 국민이 분열되는 것을 피하기 위한 것이었다. 그래서 멕시코 시가 수복되자마자 법무부 장관은 공공교육안을 제시하려고 서둘렀다. 그것은 1867년과 1869년 법안으로 귀결되었다. 그 안은 기본교육에 중요성을 두었다. 그리고 국립고등학교라는 중등교육의 모범이 될 학교를 설립하였다. 그 학교에서는 전통교육을 타파하기 위해 오귀스트 콩트의 실증주의 방식을 채택하였다. 그래서 종교적·형이상학적 설명을 논리적·과학적 설명으로 대체하였다. 그렇게 함으로써 미래 지도자의 정신을 밝혀 줄 수 있기를 기대했다. 후아레스와 레르도는 법을 바꾸는 것에 그치지 않고, 초등학교를 세 배로 늘렸다. 원주민을 국민으로 편입시키기 위해 그들에게 에스파냐어를 가르치려는 후아레스 정권의 노력은 큰 반대에 부딪혔다. 한편, 중등교육과 고등교육에서 실증주의를 공식 채택한 것은 지식인 사이에 논쟁을 불러일으켰고, 그 논쟁은 재건기와 포르피리오 집권기 동안 전개되었다. 많은 자유주의자가 그것을 자신들의 원칙에 모순되는 것으로 여겼기 때문이다.

다른 한편, 프랑스의 간섭은 일종의 민족주의를 불러일으켰고, 민족주의는 예술, 문학, 음악 등 모든 문화형식에 스며들었다. 이그나시오 마누엘 알타미라노는 자신의 문학 모임들과 잡지 『르네상스』*Renacimiento*를 통해 민족주의를 고취했다. 자유주의와 보수주의 작가들이 그 내용을 읽었다. 마누엘 파이노, 이그나시오 라미레스, 기예르모 프리에토, 호세 토마스 데 쿠에야르, 비센테 리바 팔라시오, 프란시스코 피멘텔, 호세 마리아 로아 바르세나, 안셀모 데 라 포르티야 등이었다. 그런 분위기는 멕시코 지리통계협회, 멕시코 철학회, 멕시코 언어학회 등 학술단체들이 설립되는 데 우호적이었다.

민족주의는 풍속소설과 역사소설이 꽃피게 했고, 출판물로 연재되기 시작했다. 역사 연구는 특권적 지위를 유지했고, 국민적 단합을 추진할 필요성에 따라 '조국'의 역사교과서가 처음으로 등장했다. 프란시스코 데 아랑고이스, 마누엘 오로스코 이 베라, 호아킨 가르시아 이카스발세타 등 보수주의자와 기예르모 프리에토, 비센테 리바 팔라시오 등 자유주의자들은 '국가'의 과거를 해석했다. 자신의 이데올로기적 성향에 따라서 동시대 사건을 연구하거나, 먼 과거인 식민시대와 식민이전시대를 재해석 하거나 발굴하는 경향이 있었다.

산 카를로스 아카데미는 복권復券 덕분에 미국과의 전쟁 기간 동안 새로운 모습으로 바뀌었고, 조형예술은 조금씩 중요성을 되찾아 갔다. 후아레스는 그 아카데미를 국립예술학교로 개명하고, 거기서 조각가 마누엘 빌라르, 화가들인 펠레그린 클라베, 에우헤니오 란데시오는 유럽의 기술과 스타일을 지속적으로 전수했다. 그럼에도 불구하고, 그들은 민족주의적 열망을 억누를 수 없었고, 마침내 수용하고 말았다. 그렇게 해서 풍경과 역사적 주제가 종교적 주제를 대체했다. 한편, 석판화와 만화가 정치에 봉사하는 공격 도구로 변해 갔다. 호세 마리아 벨라스코가 뛰어난 멕시코 풍경화로 당대 가장 뛰어난 인물이었다는 점은 의심의 여지가 없다. 물론 수도에서 활동하는 예술가들은 새로운 경향에 가장 관심을 두었던 반면, 지방 예술가들은 정물화와 인물화를 통해 개성을 유지하고 있었다. 호세 마리아 에스트라다, 에르메네힐도 부스토스 같은 풍속주의 화가의 작품이 그 예라 할 수 있을 것이다. 조각은 '개혁의 대로'['레포르마'라고 불리는 멕시코 시의 대로]를 장식하게 될 조각상의 주문으로 크게 도움을 받았다. 건축은 독립 이후 몇 십 년 동안 상당히 쇠락해 국립극장과 몇몇 시장, 교도시설을 건축하는 데 그치고 말았다. 그러다 건축가 하비에르 카바야리에 의해 철재 사용기술이 도입되면서 좋은 기회를 맞게 되었다.

음악 역시 비상을 시작했다. 1866년 설립된 필하모니협회가 공화국의 승리와 함께 폐쇄된 대학 건물을 본부로 사용하게 되었고, 거기서 강의를 하고, 음악회와 강연회를 열었다. 대중적으로 잘 알려졌던 아니세토 오르테가의 행진곡들은 음악에서 민족주의적 색채를 드러내고 있었다.

이 민족주의는 새로운 국가의 모든 물리적인 모습들을 드러내게끔 영감을 불어넣었고, 그러한 시도는 영토와 자원에 대한 연구에 도움을 주었다. 과학의 신격화와 실증주의의 유입이 연구 수행에 큰 자극이 되었기에, 1865년 구시대 대학이 완전히 문을 닫으면서 학술단체들이 급속히 늘어났고, 전문화를 촉진했다.

과학분야의 연구는 의사, 자연과학자, 지리학자, 화학자, 지질학자의 노력으로 진전되었고, 멕시코 과학문학예술위원회가 구세계와의 접촉과 연구목적의 여행을 장려함으로써 힘을 얻었다. 비록 그 결실은 나중에 나타나기는 했지만, 멕시코 지리통계학회 회보에 실린 번역물과 보고서들이 과학발전의 기초를 놓았다.

* * *

19세기 초에 시작된 기나긴 여정은 그 세기의 마지막 30여 년 동안 사회에 깊은 영향을 미쳤다. 협동조합 성격의 구시대 사회는 사라지고 개혁을 통해서 세속화됨으로써 비로소 진정한 공화주의 사회가 되어가고 있었다. 관습의 변화로 사회적 삶은 달라졌다. 그리고 대중들이 흔히 "라 볼라"[원래 공, 구슬이라는 뜻이나 반란이라는 의미로도 쓰였다]라고 불렀던 혼란기 동안 징병된 사람들이 영토의 이곳저곳을 다니게 되면서 스페인어의 사용이 늘어나게 되었고, 이제 평화가 정착되면서 공립학교에서 '국가 언어'에 대한 교육이 실시되었다.

정치적 실패 경험과 외국에 대한 군사적 패배 경험 역시 흔적을 남겼다. 이제 사회는 비록 발전에 대한 희망을 잃어버리지는 않았지만, 더 의심하고 신중하게 되었다. 공화주의와 자유주의가 승리하면서 멕시코인들은 물질적 발전을 가져올 수 있는 평화를 갈구하고 있었다. 따라서 질서와 진보를 담보할 수 있는 제도를 받아들일 준비가 되어 있었고, 그 대가를 지불할 각오가 되어 있었다. 포르피리오 디아스는 그 열망을 이용할 줄 알게 된다.

5장

포르피리오 통치시대

5장 | 포르피리오 통치시대

엘리사 스펙크만 게라[*]

포르피리오 디아스는 1877에서 1911년 사이의 34년 중 30년 동안 통치했다. 그래서 그 시기는 포르피리아토라는 이름으로 알려져 있다. 그 시기는 두 개의 정치적 사건으로 경계가 지어진다. 1877년 레르도 추종자들과 호세 마리아 이글레시아스 추종자들을 물리친 후 몇 달 뒤, 디아스는 첫번째 대통령 임기를 시작한다. 그리고 혁명이 발발한 지 몇 달 뒤인 1911년, 디아스가 권력을 포기하고 망명을 떠남으로써 그의 통치 시기는 끝이 난다.

보수주의자와 제국주의자에 대항해 투쟁했던 영웅, 포르피리오 디아스는 1830년 오아하카에서 출생했다. 그래서 베니토 후아레스와 세바스티안 레르도 데 테하다보다는 나이가 적었다. 게다가 그들과 달리 군인의 길을 걸었고, 장군 계급에 이르렀다. 세 차례에 걸쳐 대통령선거전에 뛰어들었는데, 후아레스와 레르도에게 패배했다. 두 차례에 걸쳐 선거 결과를 인정하지 않고 무장 봉기했다. 첫번째로 1871년 노리아 계획을 발표했고, 두번째로 1876년 툭스테팍 계획을 발표했다. 두 번 다 반독

---

[*] 멕시코대학원에서 역사학 박사학위 취득, 멕시코국립자치대학교 연구원.

재, 반중앙집권주의 깃발을 내걸었다. 입법, 사법권과 주정부에 비해 대통령의 권한이 지나친 것을 반대했다. 게다가 재선에 반대하면서, 대통령의 권한을 헌법이 정하는 범위 내로 축소시키기 위해 투쟁했다. 반대로, 각 주의 주정부와 작은 지방관청의 권한을 강화하기 위해 투쟁했고, 기초단체마다 선거를 통해 자치기구들을 구성해 자기 문제에 대해 결정할 수 있는 권한을 갖도록 하기 위해 투쟁했다.

지방의 이익과 집단을 옹호하고 대표하는 자로서 디아스는 토후나 지역 지도자들의 지지를 받았다. 또한 후아레스와 레르도에 의해서 쫓겨난 군인들의 지지도 받았다. 동시에, 정치적 자치를 원하던 마을과 농민 단체도 호의적이었다. 그들은 한정상속권의 폐지와 단체 구성원 사이의 토지 분할을 수용했다. 그 토지 분할이 자신들의 관습과 필요에 따라 이뤄진다면 언제든지 가능하다는 것이었다. 마지막으로, 도시 집단의 동조도 얻었는데, 이들은 디아스가 통합과 주권을 지키고, 50년 이상 동안 나라를 망가뜨린 전쟁상태를 종결시킬 수 있는 유일한 사람이라고 여겼다.

1876년 11월, 디아스는 개선장군처럼 멕시코 시에 들어가 선거에서 승리한 후, 1877년 대통령 자리에 앉았다. 첫번째 임기 동안에는 재선반대 깃발을 존중했다. 1878년에 연임을 금지하도록 헌법을 개정하고, 1880년 권력을 콤파드레 관계[한 아이의 생부와 대부 사이의 관계]에 있는 마누엘 곤살레스에게 넘겼다. 그것으로 그의 정치적 역량은 증가했고, 곤살레스 정권 동안 새로운 결속과 연대를 다지면서 더욱 키워 나갔다. 그렇게 해서 다시 단일 후보로 선거를 통해 두번째 임기를 시작한다[1884~1888]. 그럼에도 불구하고, 이번에는 대통령 자리를 그만둘 생각을 하지 않는다. 1884년에 다시 헌법을 개정하여 한 번의 연임을 허용하는

포르피리오 디아스

것으로 한다. 다시 말해, 한 차례만 연임을 할 수 있다는 것이다. 그렇게 해서 1888~1892에 걸쳐 4년 임기를 또 맡게 된다. 1890년에는 헌법에서 재선과 관련된 모든 제한이 삭제된다. 그리고 1903년, 대통령 임기는 6년으로 연장된다. 그렇게 됨으로써 큰 반대 없이 포르피리오는 1892~1896, 1896~1900, 1900~1904, 1904~1910의 임기에 해당하는 선거에서 승리하게 된다.

그 기간 내내 너무나 많은 변화가 일어났기 때문에 단순히 포르피리아토 통치기간이라고 하나로 묶기는 불가능하다. 적어도 포르피리아토 통치기를 둘로 나누고, 위기의 해들을 따로 언급해야 할 것이다.

포르피리오의 정치

1) 첫번째 시기

포르피리오의 첫번째 통치시기는 1877년 시작해서 포르피리오 디아스의 세번째 대통령임기 시작 무렵에 끝나거나[1888], 아니면 무한 재선에 법적인 모든 제약이 제거되었을 때 끝난다[1890]. 건설, 평화정착, 통일, 화해와 협상의 시기지만, 억압의 시기이기도 하다.

권력을 잡자마자, 포르피리오는 다양한 도전에 맞서야 했다. 우선, 국가와 민족을 공고히 하기 위해서는 많은 것이 부족했다. 1857년 공포된 헌법과 국가와 사회에 관한 일반적인 자유주의적 기획들도 온전히 적용되지 않은 상태였다. 앞 장에서 언급된 대로, 헌법은 법 앞에 평등한 개인으로 이루어진 사회를 규정하고, 통치자는 개인의 권리를 존중할 의무가 있었다. 이와 함께, 권력의 집중을 막기 위해 권력을 (법을 집행할 의무가 있는) 행정권, (법을 만들 의무가 있는) 입법권, (법의 적용을 감시할 의무가 있는) 사법권으로 나누고, 국민에게는 그 권력의 구성원(대통령, 주지사, 국회의원, 대법원과 고등법원의 법관, 몇몇 판사 등)을 선출할 의무를 지웠다. 마지막으로, 국가와 교회의 분리를 규정했고, 신앙의 자유를 위해 교육이나 복지관련 활동을 정부의 손에 두었다.

그럼에도 불구하고, 헌법을 적용하는 일은 헌법 옹호자와 비판자들 사이의 전쟁으로 난관에 부딪혀 있었다. 이런 장애는 1867년 공화주의자의 승리로도 제거되지 못했는데, 상이한 국가적 기획들이 여전히 존속되고 있었기 때문이었다. 게다가 이것만이 유일한 장애는 아니었다. 그 헌법으로 통치가 가능한가 하는 문제가 있었다. 예를 들어, 권력 균형을 위해 헌법상 통치권을 우위에 두지 않았기 때문에, 대통령이 단체들의 반대를 통제하거나, 지방권력을 장악하는 것이 어려웠다. 그래서 후아레스와 레르도는 헌법에 규정한 것보다 더 강력하게 권력을 집중시켰던 것이다. 게다가, 보기에 따라 그 헌법은 당시의 현실과 너무 동떨어져 있었다. 이 입장이 포르피리오 통치기 내내 내세운 논리였다. 여러 지식인의 주장에 따르면, 헌법은 무엇보다도 개인으로 이루어진 사회를 규정하고 있는데, 실제로 멕시코 사회는 이질적이고, 그 구성원들은 여전히 자신을 어떤 단체의 일부로 여기고 그 단체를 통해 행동한다는 것이었다. 따라서 그런 헌법을 적용하는 것은 늦춰져야 한다고 믿고 있었다. 요컨대 헌법에 명시된 제도가 뿌리내리기에는, 또한 헌법의 효용성을 드러낼 수 있는 정치체제가 뿌리내리기에는 아직 많이 부족한 상태였다. 게다가 설사 후아레스와 레르도, 그리고 디아스가 어떤 지역에서는 대단한 인기를 누리고 있었다 하더라도, 합법성과 합의를 유지하고 그것을 전국으로 확대하는 것이 더 필요했다. 무엇보다도, 정치세력과 지방세력을 결집시켜 반란이나 영토 분열의 위험을 제거해야만 했다.

다른 한편, 확실한 국민적 응집력이나 정체성이 존재하지 않았다. 어떤 거주지역은 격리되어 있었고, 자신들을 포괄하는 더 큰 단위의 일부분이라는 생각을 갖지 않았다. 그 마을의 지배자들은 다른 문화를 가지고 있었고, 나라의 문제에는 관심도 없었다. 게다가 국경들은 허술한 상태였고, 외국의 개입 위협이 잔존하고 있었다.

그러니까 포르피리오 디아스가 직면한 도전은 정치세력과 지방세력을 하나로 응집시키고, 헌법을 존중하거나, 존중하는 것처럼 보이게 하면서 체제에 정통성과 합법성을 부여하고, 국제적인 인정을 받는 것이었다.

첫번째 과업을 위해 디아스는 후아레스와 레르도가 지켜 왔던 정치와 비슷한 정치를 선택했다. 그리고 자신이 지방단체나 농민집단에게 했던 약속을 항상 지키지는 않았다. 그는 근본적으로 두 개의 노선을 걸었다. 첫째는 화해와 타협의 길이었다. 자신을 지지해 왔던 집단의 충성을 유지시키면서 오래된 반대세력을 끌어들였다. 그런 식으로 툭스테펙 계획을 수호했던 전사들을 군대에 합류시키고, 또한 후아레스와 레르도에 의해 쫓겨난 사람들도 합류시켰다. 그리고 레르도 추종자와 이글레시아스 추종자도 포함시켰다. 카르멘과 결혼했는데, 과거 레르도 추종자였던 마누엘 로메로 루비오의 딸이었다. 그 결혼을 통해 레르도 파벌과의 화해는 마무리되었다. 자기 내각에는 군인 경력이 있으면서도 재건공화국 기간[1867~1877] 동안 배제되었던 자유주의자도 포함시키고, 동시에 정치적 경력과 지식인으로서 활동 경력이 있는 자유주의자들도 계파와는 관계없이 포함시켰다. 예를 들자면, 1884년에 장관 중 포르피리오 추종자로 분류되는 사람은 한 명밖에 없었다. 반대로 후아레스파 2명, 레르도파 2명, 제국체제옹호자 1명이 있었다. 이와 같이 자유주의 계파들을 통합시켰을 뿐 아니라, 제국체제옹호자와, 더 나아가 가톨릭교회까지도 끌어들였다.

그 무렵 종교계는 아주 쇠약해져 있었다. 재산소유가 금지되어 있었고, 교회의 수입은 제한되어 왔다. 따라서 종교계는 경제적으로 국가에 종속되어 있었다. 게다가, 종교계는 자기 구성원의 일부를 이미 상실한 상태였다. 세속사제의 존재만 허용되었던 것이다. 그리고 사회에 참여할 수 있는 공간도 상실한 상태였다. 왜냐하면 예배를 성당 밖에서 거행하는 것이 금지되어 있었고, 종교인들이 교육, 복지, 자선기관을 운영하는 것 또한 금지되어 있었다. 이런 상황은 포르피리오 정부 아래서 바뀌었다. 디아스는 반종교적인 법들을 폐기시키지는 않았지만, 그렇다고 다 적용하지도 않았다. 교회가 재산을 되찾도록 허락했고, 정규사제(수사와 수녀)직을 다시 둘 수 있도록 했고, 교육활동과 환자와 극빈자를 돌보는 일에만 전념하는 종교단체의 설립을 허용했다. 이와 마찬가지로, 영부인 카르멘 로메로 루비오를 포함한 관리 부인들은 종교활동을 지원했다. 그리고 종교적 축제들은 공개적으로 열렸고, 때로는 1892년 과달루페 성모의 대관식처럼 대단히 화려하게 거행되었다. 그 대가로 교회의 고위층은 디아스에게 우호적으로 행동했다. 종교의 이름으로 반란을 일으키는 것을 인정하지 않았고, 아키족과 마요족에 대한 포교활동에 참여했다. 한편, 자선과 교육활동에 다시 복귀하면서 정부예산으로 감당할 수 없는 영역들을 대신해 주었다.

농민집단이나 토후 혹은 지역 지도자들과 디아스의 관계는 아주 복잡하고 다양했다. 어떤 지역의 경우 대통령은 부락과의 합의를 지키고, 정치적 자치를 존중하고, 한정상속권의 폐지를 저지시켰다. 다른 지역에서는 단체소유의 땅이 분할되는 것을 막지도 않았고, 빈 땅에 사람들이 이주하는 것을 막지도 않았다. 이주정착 정책은 경작하지 않는 땅의 휴경休耕 상황을 고발하는 경계측량회사에 그 땅의 3분의 1을 주고 난 후, 생산과 시장으로 편입시키려는 것이었다. 문제는 이런 회사들이 실제 경작하는 땅도 뺏으러 달려들었다는 것인데, 주인들은(마을도 포함해서) 소유등기문서가 없었던 탓에 자기 땅을 잃고 말았다.

포르피리오가 주지사나 지방 수령과 맺은 관계도 역시 다양했다. 일반적으로, 대통령은 각 주의 수장으로 자기에게 충성하는 사람이나, 그 지역의 다른 집단들의 동의를 얻고 있는 인물을 앉히려 했다. 만약 자기 지지자 중에 (많은 경우 토후들이었는데) 두 가지 조건을 만족시키는 자가 있으면 그에게서 군사력을 제거한 뒤, 대신 주지사직을 차지하도록 도와주거나 계속 주지사직을 유지하도록 도와주었다. 만약 두 가지 조건을 만족시키지 못하면 그들을 정계에서 멀어지게 하는 대신, 부를 축적할 수 있는 수단을 제공해 주었다. 그렇게 해서 지방의 리더들을 자기편으로 만들거나 아니면 그들을 약화시켰다. 그리고 주지사직을 자기에게 충성하는 자가 차지하게 만들었다. 그리고 주지사에게 어느 정도 자유를 부여하고, 그들이 그 지역의 평화를 보장하기만 한다면 그들의 일에 개입하지 않았다.

포르피리오 디아스는 외국과도 화해를 이루고, 세번째 자기 목표를 달성했다. 즉, 국제적 인정을 얻은 것이다. 후아레스가 모라토리엄을 선언한 이후 단절되어 있던 프랑스, 영국, 독일, 벨기에와의 외교관계를 다시 확립했다. 이와 동시에 미국의 호의적 태도도 얻어 냈다. 북쪽 이웃과의 관계는 다양한 성격의 문제도 내포하고 있었다. 외채, 원주민 부족과 목축 도둑들의 멕시코 영토 침범과 그들을 쫓는 군대의 미국 영토 침범, 멕시코가 사람들을 이주시키기 위해 국경에 설치한 무관세 지역과 그것으로 발생하는 밀수 문제, 그리고 멕시코 노동자들의 미국 영토로의 이동 등의 문제를 내포하고 있었다. 그럼에도 불구하고, 무엇보다 멕시코가 외채와 보상금을 지급하고, 그리고 투자자들에게 편의를 제공함으로써, 1878년 미국은 디아스 정권을 인정했다. 그럼에도 불구하고, 멕시코 대통령은 단호하게 국가의 주권을 방어했다.

포르피리오 디아스는 화해와 타협을 통해 일을 해결할 수 없는 경우 두번째 수단, 즉 힘과 압력을 선택했다. 그것을 위해 군대와 경찰, 지방경찰을 동원했다. 예를 들어, 1879년 베라크루스 주지사는 레르도를 추종하는 아홉 명의 반란자를 총살했다. 반란의 주모자들을, 게다가 그들은 해군의 장교들이었기에 엄단하라는 대통령의 명령을 과장되게 따른 결과일지도 모른다. 어떤 이들은 "그들을 즉시 처형하라"는 [디아스의] 다른 전보가 있었다고 말하는 사람들도 있다. 그리고 나중에 다루게 될 테지만, 소노라와 유카탄의 농민반란도 처참하게 유혈 진압되었다. 게다가 도로의 강도들이나 도적떼들을 체포해 "도주 법"$^{ley\ fuga}$[체포된 범법자를 사형장소로 데려가 풀어준 뒤 달아나기 시작하면 사격을 가하되, 무사히 도망치면 살려주는 법]을 적용해 살해했다. 그 중에는 헤수스 아리아가('방탕한 개')도 있었고, 에라크리오 베르날('시날로아의 번개')도 있었다.

이제 정권의 합법성 문제, 다시 말해 정권이 헌법 규정에 가까운지

먼지를 알아보자. 포르피리오는 주지사 임명에 개입함과 동시에 국회의원, 상원의원, 연방대법관 선거를 조작했다. 이런 선거들은 간접선거였다. 멕시코에서 태어난 남성(여성들은 투표할 수 없었다), 멕시코인의 아들이거나 귀화한 외국인의 아들로서, 결혼한 경우 18세 이상, 결혼하지 않은 경우 21세 이상으로 '정직하게 사는' 사람이라면 선거인단을 선출하기 위해 투표했다. 그리고 그 선거인단이 대표자들을 선출하기 위해 투표했다. 하지만 연방 투표는 종종 하나의 속임수에 불과했다. 선거 당일 투표함은 텅 비어 있었고, 투표용지는 투표자들에 의해 기표되지 않았다. 그럼에도 불구하고, 그런 선거가 치러지지 않은 적도 없었다. 매번 후보자 명단이 인쇄되고, 기표소가 설치되고, 투표용지가 인쇄되고, 개표를 하였다. 정치 시스템의 효율성을 보여 주고, 체제를 합법화하기 위한 의례였다. 몇몇 주(州) 선거에서도 어떤 경우에는 간접선거였기에 똑같은 일이 일어났다. 이와 같이, 선거 영역에서 법이 항상 준수된 것은 아니었지만, 겉으로라도 합법성을 띠고 적어도 형식이라도 갖추려는 관심은 존재했었다. 또 다른 경우는 반교회 성격의 법의 경우인데, 그 법들도 항상 적용된 것은 아니었다. 고위 성직자들의 끈덕진 요구에도 불구하고 그 법들은 폐지되지 않았고, 가톨릭교회에게는 지속적인 위협이 되고 있었다. 예를 들어 정규 성직단체의 재설립이 허용되었지만, 가끔씩 당국은 어떤 '은밀한' 수도원을 폐쇄시키곤 했다.

 요약하자면, 디아스 체제는 합법성과 위장된 합법성 사이를 오갔다. 다른 한편, 디아스는 통치 1단계에서 국제적 인정을 확보하고, 법개정과 무력사용에 덧붙여 화해와 타협을 통해 다양한 정당, 지역, 사회의 개인들과 관계를 맺음으로써 국민통합에 진전을 이루었다. 당시 정치가 이루어지는 지배적인 형식은 개인이 자기 집단을(자기 집안, 마을, 아시엔다, 직업 동료) 대표하는 식이었기에, 대통령은 사람을 끌어들이면서 그 집단을 끌어들였던 것이다. 자기 지지자들의 인맥을 활용했고, 충성의 피라미드에서 정점에 위치하는 데 성공했다. 그 결과, 영향력 있는 집단들이 분열의 핵이 되는 것을 막고, 디아스 자신의 정치적 건물을 세우기 위해 충성심으로 연결하였다.

2) 두번째 시기

1888년에서 1890년 사이에 시작해 1908년경에 끝나는 포르피리아토 두번째 시기는 중앙집권주의가 더 강화되고, 디아스와 주정부들이 점점 더 개인중심적·독재적 정부로 된 것이 특징이라 할 수 있다.

노선의 변화는 정치인들의 교체와 함께 일어났다. 디아스가 권좌에 올라 통치를 시작하던 몇 년 간 그와 함께했던 사람 중 많은 사람이 죽었다. 하지만 인물의 교체는 정치세력 간 새로운 게임에 대한 반응이기도 했다. 세 명의 인물(호아킨 바란다, 호세 이베스 리만토우르, 그리고 베르나르도 레이예스)이 포르피리오 지지 엘리트들의 투쟁과 분열에 있어 중요한 역할을 맡았고, 다양한 집단과 지역을 대표했고, 다양한 정치 방식과 국가에 대한 생각을 대표했다.

바란다는 제일 먼저 디아스 내각에 합류했고, 1882년부터 법무장관 직을 맡았다. 그 전에는 캄페체 주지사였고, 그 지역에 강력한 인맥을 가지고 있었다. 또 자기 형제들을 통해 타바스코와 유카탄에도 인맥이 있었고, 테오도로 데사 덕분에 베라크루스에도 인맥이 있었다. 개혁 시대의 자유주의자들 가운데서도 군인 경력이 없는 사람들과 변호사들을 대표하고 있었는데, 이들은 제한적인 정치기구를 원했다.

내각에 두번째로 합류한 사람은 리만토우르였는데(정계 입문은 가

호세 리베스 리만토우르

장 늦었다), 1893에서 1911년까지 재무장관직을 맡았다. 후스토 시에라, 마누엘 이 파블로 마세도, 로센도 피네다, 호아킨 카사수스, 프란시스코 불네스 같은 인물로 구성된 '과학자들' 집단의 일원이었다. 이들은 두각을 나타내는 전문인들이었는데, 어떤 이들은 부유한 집안 출신이었고, 어떤 이들은 그런 집안과 인맥을 가지고 있었다. 원래는 마누엘 로메로 루비오 주변에 모인 사람들이었고, '자유연합'의 창립자들이었다. 자유연합은 제도화된 정부를 주장했고, 기존의 제도를 강화하기 위해 투쟁하던 사람들로서, 부통령직의 신설 같은 개혁들을 제안했던 단체였다. 다른 한편, 실증주의 철학에 맞게 '과학자들'은 사회에 대한 연구와 사회 문제들의 해결을 위해 과학적 방법이 적용되어야 한다고 생각하고 있었다. 바꾸어 말하면, 사회에 대한 체계적인 연구를 통해 사회의 작동을 지배하는 법칙을 이해하고, 그 법칙을 조정할 수 있을 것이며, 그렇게 함으로써 사회진보를 방해하는 장애물을 제거할 수 있을 거라 생각하고 있었다. 이러한 방식을 통해 나오게 된 일종의 '과학적 정치'를 도입해야 한다고 지속적으로 주장했기 때문에, 또 그들은 그것을 구상하고 적용할 능력이 있는 집단이었기 때문에, 그들에게는 '과학자들'이라는 별명이 붙여졌다. 게다가 그들은 경제성장을 이루고, 멕시코 사회를 개혁할 수 있는 강력한 정부가 필요하다고 생각했다. 그래서 보건과 교육 프로그

포르피리오 디아스(왼쪽)와 베르나르도 레이예스(오른쪽)

램을 추진하는 데 관심이 많았다. 그들의 인맥을 보면, 경제적으로 힘이 있는 수도 사람들의 집단을 대표하고 있었지만, 멕시코 내륙지역이나, 중산층 혹은 일반 서민들과는 연결고리가 없었다.

베르나르도 레이예스는, 비록 그 시기에 이미 오랜 정치경험이 있었지만, 내각에는 세번째로 합류한 인물이다. 1876년에 이미 대령이었고, 1889년에는 누에보 레온 주지사였다. 게다가 포르피리오 통치 초기부터 멕시코의 북서부지방에 강력한 존재로 자리잡고 있었다. 1900~1902년 사이에 전쟁장관직을 맡았고, 고전적인 포르피리오 추종자들을 대표하고 있었다. 이들은 지방의 중하층 계급 출신의 군인들이면서, 주와 긴밀한 관계를 맺고 있는 추종자들이었다. 군대의 지지를 얻고 있었을 뿐만 아니라, 그가 누에보 레온 주지사로 재직하는 동안 도와주었던 집단인 기업인, 소시민계급, 중산층, 나아가 조직화된 노동자들의 지지도 얻고 있었는데, 노동자 보호정책을 장려했기 때문이었다.

몇 년 동안 디아스는 각 집단을 중재하는 데 성공했다. 하지만 한 명의 후계자를 선발해야 하는 순간이 오자 분열은 피할 수 없었다. 1898년 분열이 일어났다. 리만토우르가 후계자로 결정되었고, 레이예스와 바란다는 수용하리라 믿었다. 하지만 법무부장관은 반기를 들었고, 그래서 내각을 사퇴해야만 했다. 그렇게 해서 그의 집단은 입지를 상실했다. 그 입지란 본래 약한 것이었는데, 다른 두 계파의 입지에 비하면 더욱 보잘것 없는 것이었다.

그 후 2년 뒤, 대통령은 '과학자들'과 레이예스 파 사이에 균형을 유지하면서도, 동시에 그들 사이의 지속적인 대립에 기인한 약점을 이용하면서 통치하려고 노력했다. 다시 말해, 각 계파가 자신에게 제공할 수 있는 것을 최대한 활용했다. '과학자들'로부터는 경제를 활성화시킬 수 있는 역량과 수도에 있는 기업인, 금융인, 투자자들과의 인맥을 활용했다. 레이예스 파로부터는 북서부 지방에서의 그들의 입지와 군부세력에 대한 영향력, 그리고 기업인은 물론 중류층과 노동자의 기대에 부응하는 능력을 활용했다. 동시에 대통령은 두 계파 간의 분열에 따른 이익을 챙겼는데(그들의 지속적인 대립은 서로 세력을 키우지 못하게 했기 때문이다), 그런 상황에서는 그의 중재자 역할이 요구되었다. 그래서 레이예스는 전쟁장관으로, 리만토우르는 재무장관으로 임명되었던 것이다.

일단 한쪽 집단에 유리한 결정이 내려지자 대립은 더 첨예해졌다. 1902년, 리만토우르는 군대의 혁신과 근대화에 필요한 재원의 지원을 거부했다. 게다가 제2예비군을 비난했다. 이 군대는 레이예스에 의해서 창설되어, 갈수록 더 많은 민간인이 가담하여 주말에 군사훈련을 받고 있었다. 대통령은 정규군과 민병대를 통하여 레이예스가 가질 수 있는 힘을 두려워한 나머지 그를 누에보 레온 주지사로 돌아가라고 요청했고, 군대를 개편하고 치안대를 동원해제 했다.

1903년, 1904년에 이르자 '과학자들'의 우위는 명백했다. 디아스가 권좌에 오를 때 함께했던 지식인, 군인 출신의 자유주의자들은 내각에서 배제되었다. 다른 한편 '과학자들'은 1904년 선거에서 자신의 후보를 부통령에 앉혔다. 처음으로 부통령을 선출하는 것으로, 부통령은 대통령의 유고나 사망 시 대통령직을 승계하도록 되어 있었다. 디아스가 73세였다는 것을 고려하면, 충분히 일어날 수 있는 일이었다. 그래서 부통령을 선출한다는 것은 바로 수령의 후계자를 선출하는 것이었다. 그 자리를 차지하기 위해 리만토우르는 라몬 코랄을 추천했고, 디아스는 그를 앉혔다.

엘리트는 이미 분열되었고, 대통령은 그들을 결합시킬 수도, 화해시킬 수도 없었다. 자신이 '과학자들'로 기울면서 오래된 자유주의자들을 해임하고, 일부 군부 세력과 대립관계에 놓이면서 지방과 집단들과의 접촉이 단절되었다. 그리고 지방과 집단들은 정치게임에서 배제되었다. 새로 부상하는 다양한 영역들도 정치게임에서 배제되어 있었다. 그들은 마비된 정치 시스템이 불만이었다. 모든 것을 서로 묶어두고, 거래하고, 나누어 가지고 있었다. 이와 동시에, 대통령은 주지사나 지방 권력자와의 약속 때문에 시골 마을과의 약속, 특히 농부들과의 약속을 무시할 수밖에 없었다. 그리고 투자자와 기업인과의 약속 때문에 노동자들의 요구를 무시할 수밖에 없었다. 이 모든 것은 그가 왜 점점 더 강요와 전횡, 그리고 억압을 일삼았는지를 설명해 준다.

다른 한편, 이 두번째 집권기에는 비록 처음은 아니지만, 입법부와 사법부의 자치권에 대한 침해가 더욱 뚜렷해졌다. 이미 언급된 것처럼, 연방의원과 지방의원, 법관들은 실질적으로 대통령이나 그의 측근들에 의해서 임명되었고, 계속해서 재선출되었다. 그 자리를 그만두는 경우는, 자신을 뽑아 준 사람과 적이 되거나 더 좋은 자리를 제안받는 경우뿐이었다. 그래서 충성을 다할 수밖에 없었고, 자치권이 부족했던 것이다. 그래서 국회는 스스로 행정부의 발의안을 승인하는 역할에 그치고 있었다. 대법원은 정치에 관여하는 것을 스스로 자제하고, 상고심과 최종심을 하는 법원 역할에 그쳤다. 무엇보다도 선거의 유효성에 대한 판단을 내림으로써 헌법재판소 역할도 할 수 있었고, 연방법의 합법성과 올바른 적용에 대해 감시할 수 있었음에도 불구하고 말이다.

주지사들 역시 독립성을 상실했다. 비록 일정한 권한을 유지하고 있었고(예를 들어, 하원의원 선거에서 디아스에 의해서 선발된 자들 중에서 주지사가 후보를 선택하거나 그 대리인을 지명했다. 이 대리인들이 국회 회의에 참석하는 경우가 허다했다), 연방권력의 결정을 항상 수용한 것은 아니었지만(예를 들어, 교육 분야에 있어 입법할 수 있는 자신들의 권리를 지켜 내었고, 학습과정의 통일성을 수용하면서도 지역적인 색채를 가미했다), 지역의 정치와 경제에 대한 중앙권력의 간섭은 명백하게 증가하고 있었다.

게다가, 권력집중화는 각 주에서도 재생산되었다. 다시 말해서, 주의 통치자들도 역시 이기적이고 독단적인 방식으로 통치를 했다. 주지사와 기초단체장들 사이에서 중간역할을 담당해야 했던 정무관政務官들은 대통령이나 주지사에 예속되어 있었다. 또한 그들은 기초단체의 내각에 개입하기도 했다. 그래서 이 시기에는 시골마을들의 자치권은 더욱 축소되었고, 몇몇 지방에서만 기초단체들은 약간의 자유를 유지하고 있었다.

평행선을 이루듯, 정권 반대세력에 대한 통제와 탄압은 거세졌다. 멕시코 자유당에 뿌리를 둔 정당 형태의 정치적 반대 세력이 등장했다. 반대파는 언론을 통해서도 저항했다. 『엘 임파르시알』*El Imparcial* ['공평']

같은 어용신문도 있었다. 이 신문은 정부의 보조금을 독식했고, 뉴스에 집중하면서 사설은 등한시했다. 근대적 기계와 저비용 인쇄, 선정주의, 이미지 채택 등을 통해 독자를 배가시키는 데 성공했고, 과거 신문들의 발행부수를 엄청나게 추월했다. 물론 어용이 아닌 신문들(자유주의, 가톨릭, 혹은 노동자 신문들)도 있었다. 어떤 신문은 『엘 임파르시알』의 노선을 따라서 근대화한 반면, 일부 신문은 계속 낡은 기계로 적은 발행부수를 인쇄했다. 그럼에도 불구하고, 모든 신문에 공통적인 것은 있었다. 디아스의 정치를 비판하면서 소식을 전했기 때문에 탄압의 대상이 되었던 것이다. 발행인이나 편집자, 심지어 인쇄 담당자들까지 투옥되기도 했다. 필로메노 마타의 경우보다 더 좋은 예가 없을 것이다. 그는 『엘 디아리오 델 오가르』[가정일보]의 발행인이었는데, 너무나 여러 차례 투옥된 나머지, 사람들이 그에게 주소를 달라고 하면, 집주소와 벨렌 감옥 주소를 동시에 주었다. 두 곳 중 어느 곳에 있을지 몰랐던 것이다.

또한, 나중에 살펴보겠지만, 점증하던 사회적 항거에 대한 탄압도 가혹해졌다. 불만은 다양한 모습으로 표출되었다. 거리시위, 공공건물에 대한 공격, 약탈과 도적질, 노동파업이나 농민반란 등으로 나타났다. 그리고 그런 사태들을 진압하기 위해 다른 시대보다 더 많이 무력에 의존했다. 바로 이 시기에 야키족의 남자, 여자, 아이들 수백 명이 오아하카와 유카탄의 강제노동수용소로 유형되었다. 그리고 카나네아에서는 광부 학살이 있었고, 리오 블랑코에서는 노동자 학살이 있었다.

마지막으로, 디아스는 외국과의 관계에서 새로운 방향을 설정했다. 처음부터 미국에 대해서는 신중함을 보여 왔다. 미국의 팽창 위협을, 이제 영토적이기보다는 경제적인 팽창위협을 잘 알고 있었다. "불쌍한 멕시코, 신으로부터 너무 멀리 있고, 미국과는 너무나 가까이 있구나!"라는 유명한 그의 말에 나타나 있듯, 미국에 대한 신중함은 두 가지 이유에서 더 강화되었다. 카리브와 중앙아메리카에 대한 미국의 점증하는 영향력, 특히 과테말라에 대한 영향력(국경선과 주민의 통행과 관련되어 멕시코는 과테말라와 오래된 문제를 가지고 있었다)과 멕시코 경제에서 점증하는 미국의 비중 때문이었다. 미국의 지나친 간섭을 피하기 위해 영국, 프랑스, 그리고 일본과 외교적·경제적 관계를 돈독히 해나갔다. 그리고 미국이 유럽의 위협에 맞서 라틴아메리카의 보호자를 자처하고, 아메리카 나라들 사이의 중재자 역할을 하는 것에 반대하면서, 그런 일은 아메리카 국가들 스스로 할 일이라는 논리를 유지했다.

3) 마지막 해들

포르피리오 정권의 붕괴를 초래한 것은 여러 요인이 있었다. 사실, 하나의 위기라고 언급할 것이 아니라 여러 가지 위기라고 말해야 할 것이며, 그 위기들은 20세기 초 몇 해까지 거슬러 올라간다. 그리고 그 위기들은, 나중에 보게 되겠지만, 경제·사회·문화 영역에 영향을 미치고, 나중에 정치적인 영역에 영향을 미친다.

    포르피리오 정권은 노령화되어 있었다. 대통령은 80세였고, 내각 구성원의 평균 연령은 67세였다. 그리고 주지사와 대법관, 의원들의 나이도 비슷했다. 디아스만이 그렇게 여러 해 동안 권좌에 있었던 것은 아니었다. 재선은 모든 층위에서 자행되었다. 주정부의 경우도 마찬가지였다. 테오도로 데에사는 18년 동안 베라크루스를 통치했고, 무시오 P. 마르티네스는 17년 동안 푸에블라를 지배했다. 시날로아의 프란시스코 칸녜도, 과나후아토의 오브레곤 곤살레스도 마찬가지였다. 언급했듯이, 정권은 이미 마비된 상태로, 새로운 정치·사회적 영역들을 조정하고 수용할 능력을 이미 상실했다. 게다가 그것도 부족했는지, 정권은 분열되어 있었다. '과학자들'과 레이예스 파 사이의 대립은 레이예스가 누에보 레온으로 돌아간 것으로 사라진 것이 아니라, 1910년 선거 전야에 다시 나타났다.

1908년, 디아스는 제임스 크릴먼이라는 미국 언론인의 인터뷰 요청에 응했다. 그 인터뷰에서 자신은 다가오는 선거에 후보로 나서지 않겠으며, 멕시코가 민주주의를 위해 준비되어 있다고 생각하기 때문에 선거가 완전한 자유 속에서 치러지게 하겠다고 선언했다. 그 발언으로 여론은 들끓었고, 정치적 토론이 활발해졌다. 하지만 수령의 측근들이 보기에 그 말은 대외적인 선언에 불과했고, 다시 부통령직이 중요하다는 것은 명백해졌다. 그 당시 대통령이 점점 더 노령화되고 있었기 때문에, 부통령직은 정권승계를 보장받는 자리였다.

1909년, 디아스의 지지를 받는 '과학자들'은 다시 코랄을 추천했다. 레이예스 파는 행동에 나섰고, 레이예스를 부각시켰다. 그리고 전국에 걸쳐 중산층과 노동자로 이루어진 지지 모임이 만들어졌다. 그럼에도 불구하고, 레이예스는 디아스에 대한 충성심 때문이었는지, 아니면 평화를 깰 수 있는 군사행동에 앞장서거나 조장하는 데 대한 거부감 때문이었는지는 모르지만, 지지자들을 실망시키고는 대통령이 부여한 유럽에서의 임무를 수용했다.

그러자 반대파는 극단적으로 변했다. 레이예스 파와(레이예스 추종자들은 그가 외국으로 떠난 뒤에도 계속 지지운동을 했다) 자유주의 반정부세력, 마데로 추종자들이 그러했다. 이 집단들은 아주 상이했다. 지도자의 출신과 지지세력뿐 아니라 정치노선이 다양했다. 하지만 그 시기에는 여러 요구사항들을 공유했다. 헌법과 법률 준수, 투표에 대한 존중과 재선 반대, 또 정도는 달랐지만 농부와 노동자들에 대한 법적 보호를 요구했다.

이러한 분위기에도 불구하고, 선거는 늘 하던 식으로 실시되었고, 디아스와 코랄의 승리가 선언되었다. 6개월도 되지 않아 혁명이 발발했고, 1년이 채 지나지 않은 1911년 5월, 포르피리오 디아스는 권력뿐 아니라 나라도 포기하고 프랑스로 향하는 배를 타야만 했다. 그렇게 해서 포르피리아토는 끝이 났다. 앞서 설명한 대로, 그 시작과 끝은 정치사에, 구체적으로는 포르피리오 디아스의 즉위와 몰락에 좌우되기 때문이다.

이 시기는 민족-국가의 공고화를 위해 아주 중요한 시기였다. 비록 포르피리오 디아스가 완전하게 그 프로그램에 대응하지도 못하고, 그 모든 도전에 책임을 다하지는 못했지만 말이다. 정권의 두 가지 구호는 "질서와 진보", "정치는 조금, 행정은 많이"였다. 분명 어느 정도 질서는 이룩했지만(완전한 질서도 아니었지만, 봉기나 반란에 무관심한 것도 아니었다) 그렇다고 질서를 위해 정치를 적게 한 것도 아니었다. 비록 디아스가 힘을 동원했지만, 권력을 획득하고 유지할 수 있었던 것은 그의 개인적 친분, 거래관계, 협상능력, 화해능력, 정치인들로 하여금 자신의 중재에 의존하도록 만드는 능력 덕분이었다. 그렇게 해서 정치세력과 지방세력의 통합에 크게 기여했다. 다른 한편 합법성에 크게 얽매이지 않았고, 선거법을 존중하지도 않았다. 그리고 반교회 법들을 모두 적용하지도 않았고, 개인의 기본권리를 침해했고(표현의 자유 같은 것), 개인의 기본권리를 보장하지도 않았다(부채에 따르는 강제노동을 허용했는데, 그것은 노동의 자유, 나아가 출생의 자유에 반하는 것이었다. 왜냐하면 부채는 상속되고 있었기 때문이다). 하지만 동시에 자유주의 프로그램의 다른 영역들, 나아가 헌법의 다른 영역에 있어서는 진전이 있었다. 예를 들어,

개혁 법안과 세속화 프로젝트의 중요한 측면들에서(예를 들어 종교의 자유 같은) 효력을 발생시켰다. 그리고 근대적 권리와 정의가 정착하도록 노력했다(법전 편찬을 완료하고, 사법판결로부터의 보호를 법으로 정했다). 자유주의자들이 옹호했던 경제계획을 위해 결정적인 진전을 이루었다. 마지막으로 나라의 단합을 이루고, 국가적 정체성을 만들고, 주권을 지키는 데 기여했다.

그래서 이 시기에 20세기의 정치제도들이 만들어지거나 굳건해졌다고 말할 수 있을 것이다. 경제·사회·문화 분야도 마찬가지였다.

공공재정과 경제발전

포르피리오 디아스는 파산한 공공재정을 물려받았다. 외국과 국내 고리대금업자에게 진 빚이 상당했다. 관세수입은 국가의 채권자들에게 바쳐지고 있었다. 어떤 세금들은 각 주에 해당되어 연방에는 도움이 되지 못했다. 그리고 납세자들은 새로운 세금 신설에 반대했다. 이러한 재정문제를 해결하기 위해 재무장관들은(그 중에서도 마티아스 로메로, 마누엘 두블란, 호세 이베스 리만토우르가 두드러진다) 여러 수단을 동원하였다. 공공지출을 축소하고 재원을 신중하게 관리했다. 재정수입 관리도 강화했다. 새로운 세금을 신설했는데, 이전 시기와 달리 상거래에 세금부담을 주거나 방해가 되지 않았다. 마지막으로, 새로운 차관 덕분에 대내외 부채를 재편하였다. 또한 이를 통해 외국과 투자자들의 신용을 얻게 되었고, 다른 차관과 투자를 확보하게 되었다. 다시 말해, 외채 일부를 외국으로부터 얻은 돈으로 갚을 수 있었고, 나머지 부분은 채권자와 합의를 통해 지불 연기하고, 고정금리를 확정할 수 있었다. 그렇게 함으로써 전체 부채액을 계산할 수 있었고, 장기부채로 전환할 수 있었다. 이 모든 노력 덕분에 해가 가면서 지출은 수입을 초과하지 않게 되었고, 1894년에는 흑자가 기록되기까지 했다.

다른 한편, 생산체계의 변화는 놀라웠다. 우호적인 국제여건에 대응하기 위해 디아스와 곤살레스는 멕시코를 농업과 광업생산물의 수출국으로 국제경제에 편입시키고자 노력했을 뿐 아니라, 동시에 국내 상공업 발전을 장려했다. 포르피리아토가 시작될 무렵 국내시장은 아주 제한적이었고, 어떤 경우에는 광역규모의 지방경제 단위들이 존속하고 있었고, 어떤 경우에는 좁은 영역의 지역경제 단위가 존속하고 있었다. 이러한 경제 단위들은 소비되는 거의 모든 것들을 생산했기에 아주 적은 양을 사고팔았다. 생산을 대폭 늘리고 전국에 걸쳐, 나아가 국경을 넘어서까지 상업망을 활성화시키는 것이 필요했다. 그렇게 하기 위해서는 법률적 인프라가 필요했고, 투자나 신용제도, 유통망, 운송수단, 교통·통신망이 필요했다.

법률적인 면부터 살펴보기로 하자. 이 시기에는 상법 법전이 출판되었다. 그렇게 해서 규정들이 한 권의 책에 명백하고, 일관성 있게 모여지게 된 것이다. 게다가 양도세가 폐지되었는데, 양도세는 상품의 양도 시 부과되는 세금으로, 제품의 품귀현상을 초래했고, 원거리 교역에 장애가 되고 있었다. 또한, 산업이나 공공시설과 교통망 건설사업에 대한 보조금 정책이 보태어졌다. 또한 일정 기간 동안이나 어떤 산업 분야에 보호정책을 펼쳐, 멕시코 제품과 경쟁하는 외국 제품에 관세부담을 주기도 했다.

정부 차원이든 개인 차원이든 재원을 확보하는 것은 더 큰 과제였다. 처음 몇 해 동안 국가는 돈이 없었다. 단지 두번째 포르피리아토에 이르러서야 흑자를 달성하게 되면서, 공공사업이나 교통·통신 사업에 투자할 수 있었다. 다른 한편, 국내에서 발생하는 자금도 있기는 했는데, 그것들은 다양한 지역에서 형성되었고, 다양한 지역에 투자되었다. 하지만 아주 미미했다. 따라서 첫번째 시기에는 외국에서 자금을 조달하는 것이 불가피했다. 연방정부와 주정부들은 허가권을 관대하게 제공했고, 큰 폭의 이익을 보장하는 법도 마련해 주었다. 그 덕분에 상당한 액수의 투자를 끌어들였다.

1910년경의 철도

이 재원들 중 많은 부분이 항구와, 특히 철도에 사용되었다. 디아스가 권력을 잡았을 때는 오로지 멕시코와 베라크루스를 연결하는 640km 길이의 노선밖에 없었다. 나머지 구간들은 말이나 노새를 이용했는데, 그래서 여행은 아주 더디었고, 일년 중 일정 시기에만 할 수 있었고, 도적의 공격을 받곤 했다. 포르피리오 집권기 동안 철도는 년 12%씩 증가했다. 1885년에는 5,852km였는데, 1910년에 이르러 19,280km에 달했다. 투자를 끌어들이기 위해 연방정부는 1km 건설될 때마다 돈을 지급했고, 게다가 주정부들은 세금면제를 해주거나 토지를 제공했다. 노선들은 기본적으로 미국 자본으로 건설되었다(42%). 하지만 미국의 영향력을 줄이고 경쟁을 유지하기 위해 정부는 영국과의 계약도 장려했다(35%까지 점령하게 되었다). 게다가 1902년에서 1903년 사이에는 멕시코국민철도$^{Ferrocarril\ naciónal\ Mexicano}$와 대양간철도^{Interoceanico}를 매입하고, 1906년에는 파산 직전의 멕시코중앙철도$^{Ferrocarril\ Central\ Mexicano}$를 매입했다. 그러한 합병은 멕시코국영철도$^{Ferrocarriles\ naciónales\ de\ México}$의 기원이 되었고, 국가독점의 시발점이 되었다.

항구와 철도는 대외무역뿐 아니라 국내 상거래에도 기여했다. 멕시코는 미국과 유럽, 카리브와 교역했다. 금속과 농축산물을 수출했는데, 그 규모가 점점 증가해, 1877년에 4천 50만 페소에서 1910년에는 2억 8천 7백만 페소로 늘어났다. 수입 역시 규모가 증가했는데, 기계와 공구, 공업제품과 일부 식품을 수입했다. 사실, 외국기업에 의해 건설된 철도노선들은 미국과의 교역을 촉진하려는 의도에서 나온 것이었다. 그럼에도 불구하고 철도는 국내 상거래에 엄청난 혜택을 가져왔다. 철도노선으로 연결되는 지역들이 통합됨으로써 상거래 비용이 낮아졌고, 연중 거래가 가능해졌으며, 거래량이 급증했고, 먼 곳에 있는 시장을 겨냥해 생산할 수 있게 됨에 따라 지역적 특화가 가능하게 되었다.

상거래의 증가와 함께 농업, 광업, 공업 부문에서의 생산도 급증했다. 농업에서 가장 많은 발전을 이룩한 분야는 에네켄, 고무, 커피 등의 수출농업 분야였다. 이러한 작물들은 아시엔다에서 재배되었는데, 아시엔다는 장려정책과 신용제도, 철도와 근대적 재배방식을 활용했다. 반대로, 식량 생산과 관련된 농업은 퇴보의 고통을 겪었다. 1910년 밀과 대맥, 콩, 고추의 생산량은 인구가 엄청나게 증가했음에도 불구하고 1877년과 같았다. 그래서 식량은 부족해졌고, 옥수수 같은 농산물을 수입해야만 했다.

수출과 관련된 광산업은 인상적인 발전을 이룩했다. 광산업은 소노라, 치와와, 시날로아, 두랑고 주에 집중되어 있었는데, 외국자본 덕택에 금과 은의 채광이 증가하였다. 게다가 생산품목도 다양해졌는데, 새로운 기술과 수송비용의 하락으로 구리, 아연, 납 등의 채굴도 경제성을 갖게 되었다. 이런 품목은 유럽과 미국의 공업 분야에서 엄청난 수요가 있었다. 게다가 20세기 초에는 석유 수출도 추가되었다.

또 다른 중요한 분야는 공업이었는데, 19세기 말에 변화를 이루었다. 포르피리오 집권기 동안, 특히 일부 지역에서 수공업 공방들이 존속했는데, 한 명의 장인과 소수의 작업자로 유지되고 있었고 거의 단순한 공구를 사용하고 있었다. 하지만 이러한 공방은 조금씩 제조공장으로 대체되었다. 많은 경우 가족들이 소유하고 있었고, 특수한 기계나 공구로 작업을 하고 있었는데, 노동자들은 다양한 생산단계로 구분되었다. 1890년부터 이러한 공장 외에 근대적 공장이 등장했다. 이 공장의 소유자는 주주였고, 기계는 수력이나 증기 에너지, 혹은 전기로 작동되었기에 생산성이 훨씬 높았다. 일반적으로 제조공장은 누에보 레온, 할리스코, 푸에블라, 베라크루스, 멕시코 시에 집중되어 있었고, 도자기, 담배, 신발, 맥주, 직물, 종이, 유리 등을 주로 생산했다. 이처럼 가장 발달한 분야는 경공업 소비제품 분야였다. 공업 분야가 효율성이 있고 점차 성장하고 있었지만 그 발전에 한계가 드러났는데, 금융제도의 비효율성, 원자재의 부족, 멕시코 사회의 충분치 못한 구매력이 문제였다. 또한 기계와 생산시설의 부족도 공업발전을 저해했다. 왜냐하면 중공업의 발전이 미약했고, 더디었기 때문이었다. 중공업 분야에서 눈에 띄는 것은 몬테레이 제강제철소인데, 이 회사는 철도건설에 따른 수요에 대처하기 위해 세워졌다.

수출농업과 소비농업 사이의 대조, 경공업과 중공업 사이의 대조는 경제 분야에 만연한 불평등의 한 단면을 반영한다. 게다가 지리적 불평등도 더해졌는데, 어떤 지역은 다른 지역에 비해 더 발전하였던 것이다. 그 중 북부지역은 경제 분야가 다양화되어 있었고(농업, 축산업, 광업, 공업), 주민 대부분이 도시에 살고 있었으며, 근대적 임금체계를 가지고 있었고, 문맹률이 전국에서 가장 낮았다. 또한 시기적으로도 불균등했다. 번영기에 이어 위기가 닥쳐오곤 했다. 예를 들어 1890년대에는 은값 하락으로 위기가 왔고, 1907~1908년 사이에는 국제적 위기의 결과 자본이 철수하고 수출품의 가격하락으로 위기가 닥쳤다. 요약하자면, 이 시기에 멕시코는 원자재의 주요 수출국이 되었고, 첫번째 산업혁명이 일어났다. 하지만 발전은 균등하지 못했고, 일부 분야와 지역, 집단에게만 혜택이 돌아갔다.

농촌사회와 도시사회

사회변화도 경제에 못지않게 의미심장했다. 전례 없이 인구가 증가했다. 대략적으로, 1877년에 인구가 9백만이었는데, 1895년에는 1천 3백만이었고, 1910년에는 1천 5백만이 되었다. 내란 종식과 시장 확대, 그리고 식량분배 개선이 인구증가에 영향을 미쳤다. 그리고 사회 일부 영역에서는 위생과 의료의 진전이 영향을 미쳤다.

인구가 증가했을 뿐만 아니라 역동적이었다. 이주의 시대였기 때문이다. 북부의 몇몇 주(치와와, 코아우일라, 두랑고, 누에보 레온, 타마울리파스)와 중부의 주(연방자치구와 푸에블라), 그리고 멕시코만 해안의 주(베라크루스), 그리고 북태평양 연안 주(소노라와 나야리트) 들은 대규모 이주민을 받아들였다. 주로 멕시코 주나, 과나후아토, 할리스코, 미초아칸, 이달고, 사카테카스와 산 루이스 포토시에서 온 사람들이었다.

비록 이주민들은 도시로 갔지만, 인구의 대다수는 계속 1만 5천 명 이하의 소규모 거주지에 살았다. 예를 들어, 1900년경에는 인구의 90%

에네켄을 건조시키는 멕시코 이사말의 아시엔다 풍경(1905년)

가 이런 형태의 거주지에 살았다. 이렇게 대부분의 멕시코인이 농촌에 살았는데, 아시엔다나 작은 마을 또는 란초에 분산되어 살았다.

아시엔다들은 협동단체 소유지를 흡수하면서 토지를 집중시켜 나갔고, 한정상속권 폐지와 이주정착사업을 통해 규모를 키워 나갔다. 비록 1896년과 1910년의 법들이 마을공동토지의 탈취를 근절시키려고 했으나, 그 당시 이미 전국토의 5분의 1의 소유권이 바뀌어 있었다. 그럼에도 불구하고 집단 소유는 존속했다. 덜 비옥한 토지와 접근이 어려운 토지는 구획정리회사들의 관심을 불러일으키지 못했고, 그래서 마을의 소유권한 아래 남아 있었다. 어떤 경우 마을이 소유권을 더욱 확실하게 하기 위해 땅을 나누기도 했지만, 노동은 여전히 관습에 따라 나누었다. 한편, 비록 한정상속권의 폐지와 구획정리가 아시엔다 소유자들에게 유리하였지만, 부유한 농부나 고리대금업자들도 그 과정에서 이익을 보았다. 그렇게 해서 중간 규모의 소유자들이 더 강화되었다. 결국 아시엔다와 집단 소유지, 소규모 농지들이 공존하게 되었다.

이 농촌사회에서(전국에 걸쳐서 상황이 변하고 있었기 때문에, 복수

5장 | 포르피리오 통치시대 255

로 농촌사회들이라고 할 수도 있겠다) 아시엔다 소유주들은 피라미드의 정상에 있었다. 멕시코인도 있었고, 외국인도 있었다. 그들이 항상 농촌에 산 것은 아니었다. 많은 주인들이 농장을 관리인에게 맡기고 도시에 살았다. 피라미드의 중간층에는 소규모 농지 소유자, 상인이나 장인, 그리고 아시엔다 관리인이나 감독관, 농기계 기술자와 같은 아시엔다에 고용된 사람들이 해당되었다. 피라미드의 하부는 농지가 없는 농민들이 차지했는데, 그들은 부유한 농부를 위해 일하거나, 많은 경우 아시엔다의 주인을 위해 일했다. 이들 중에는 아시엔다에 살거나 아시엔다 주변에 살면서 고정된 임금을 받는 일꾼이 있었다. 그리고 철에 따라 일손이 필요할 때만 계약되어 일하는 일꾼도 있었는데, 이 제도는 토지 주인에겐 유리했지만, 고용된 사람에겐 불리했다. 이들은 경작시기를 따라 전국을 돌아다녀야 했다. 그리고 마지막으로 소작농, 혹은 소작인들이 있었다. 아시엔다의 주인은 자기 토지 중 덜 비옥한 땅을 빌려 주고 돈을 받거나 수확의 일부를 받았다.

그런 상황에서, 농부들의 노동조건이나 삶의 조건은 지주에 따라서, 또 지역에 따라서 상이했다. 남부와 북부의 대조적 상황은 그것을 잘 보여 주고 있다. 북부에서는 거대한 소유지들이 계절노동자나 소작인에 의해서 경작되고 있었는데, 이들은 중부나 남부 지방보다 좋은 조건에 있었다. 지주들은 이들에게 더 나은 급료를 주거나 적은 소작료를 요구할 수밖에 없었는데, 애초에 거주자도 적은 데다 다른 일자리를 구할 수 있었기 때문이었다. 이들은 광산에 고용되어 일하거나, 미국으로 이민을 갈 수도 있었다.

남부의 사정은 완전히 달랐다. 거기서 아시엔다 주인들은 일년 내내 일손이 필요했다. 그래서 정착인부제도가^{peonaje} 필요했다. 그리고 인부들을 붙들어 두기 위해서 채무제도를 이용했다. 말하자면, 일꾼들에게 농장에 딸린 상점에서 사용할 수 있는 구매권으로 급료를 지급하고, 게다가 신용대부나 외상도 해주었다. 인부들에게 지급되는 급료는 그들이 필요한 것을 사기에는 부족했고, 빚을 갚기에는 턱없이 부족했다. 그래서 아시엔다에 평생토록 묶여 있었고, 자기 자식들까지도 평생 묶여 있었다. 부채는 상속되었기 때문이다. 남부의 농장주들은 계약금이라는 수단을 이용했는데, 노동자에게 애초에 살던 곳에서 일정액을 주어 부채를 지우면서 데려오는 것이다. 게다가 정치범이 아닌 일반 죄수를 부리기도 하고, 군대에 의해서 끌려온 야키족이나 마요족 원주민을 부리기도 했다. 아시엔다를 벗어날 가능성이 없는 상태에서 인부들은 최악의 노동조건을 견뎌야 했다.

포르피리오 통치기간 중 수많은 농민반란이 일어난 것은 전혀 이상할 것이 없었다. 그 중에서도 유카탄의 마야인 반란, 소노라의 야키족 반란, 토모칙 주민 반란이 두드러진다. 토모칙 반란은 종교적 명성을 지닌 소녀 산타 테레사 데 카보라 때문에 종교적 색채까지 띠었다. 일반적으로, 반란은 토지와 숲, 공동 수자원의 강탈에 저항하고, 정치적 자치권을 지키려 했다. 어떤 경우에는 자신들의 인종적·문화적 정체성을 지키려고 투쟁했다. 왜냐하면, 독립 이후부터 멕시코 정권들은 법적 평등원칙을 채택했고, 주민을 동질화시키려고 노력해 왔던 것이다. 언어와 관습을 통일시키려 했고, 어떤 정부는 심지어 인디오들을, 당시의 표현을 빌리자면 '백인화'시키려고 혼혈을 장려하기까지 했다. '인디오를 게으르고, 야만적이고, 미신적이라고 생각했던 것이다. 이렇게 해서 많은 공동체들이 자기 땅을 지키고, 대표를 선출하고, 스스로 결정할 수 있는 권리를 지키고, 나아가 전통과 언어를 지키기 위해 투쟁하였다.

〈표 1〉 도시에서의 인구 증가

도시	1877년의 인구	1900년의 인구	1910년의 인구
멕시코 시	240,000	325,000	720,000
과달라하라	65,000	101,000	120,000
푸에블라	65,000	94,000	96,000
산 루이스 포토시	34,000	61,000	68,000
몬테레이	14,000	62,000	79,000

이 시기 멕시코 사회는 비록 뚜렷한 농촌사회였지만, 포르피리오 집권기 동안 도시들은 놀라울 정도로 성장하였다. 가장 두드러진 경우는 수도이지만, 과달라하라, 푸에블라, 산 루이스 포토시, 몬테레이도 두드러졌다(〈표1〉 참조). 게다가 인구가 크게 증가한 곳들이 있는데, 1877년에는 인구 2만 이상인 도시가 10개에 불과했는데, 1910년에는 19개가 되었다. 어떤 정착지들은 광산 주변에서 성장했고(카나네아 혹은 산타 로살리아처럼), 어떤 곳은 공업의 발달로 성장했고(몬테레이 혹은 토레온), 어떤 곳은 교역 덕분에(툭스판, 프로그레소, 구아이마스, 만사니요 항구들, 그리고 철도노선이 통과하는 도시들로 누에보 레온이나 시우다드 후아레스 등) 성장했다. 수도에서는 이러한 여러 가지 요소가 함께 작용했는데, 연방 권력의 중심지이자, 주요 철도노선의 종착지이고, 전국 산업의 12%가 집중되어 있었기 때문이다.

지배자들이나 엘리트들은 도시가 나라의 번영과 발전을 반영하길 원했고, 미국이나 유럽 같은 '문명' 국가의 도시를 닮아가길 바랐다. 아름답고 쾌적한 도시로 만들기 위해 공원과 샹젤리제 같은 넓은 대로를 만들었다. 동시에 도시가 안전하고 깨끗하길 바랐다. 하지만 그렇게 많은 이주자를 받아들일 만큼 준비되어 있지는 못했다. 그래서 기회를 봉쇄당한 일부 도시인들은 범죄와 성매매 대열에 가담하였다. 한편, 대다

수 도시주민이 살던 거리는 더럽고 하수도가 없었고, 주택과 식수, 식량이 부족해 주민들은 고통스런 삶을 살아갔다. 이 모든 것 때문에 심각한 건강 문제들이 초래되었고, 아주 높은 사망률로 이어졌다.

　이런 문제들을 해결하기 위해, 그리고 근대화 계획의 일환으로 지배자들은 형법, 보건법, 경찰규정 등을 공포했고, 형무소를 개혁했다. 침수를 통제하기 위해 배수시설과 포장을 하였다. 오폐수가 흘러갈 수 있는 하수도를 건설하고, 식수공급을 위해 관을 설치했다. 마지막으로 시민과 주민의 위생개선을 위한 운동을 펼쳤다. 거리를 청소하고, 쓰레기차를 운행하고, 소변기를 설치하고, 도살장과 묘지를 도시경계 밖으로 나가도록 조치했다. 전염병을 통제하기 위해 환자를 격리하고, 그들의 소지품을 소각했다. 동시에 의료 발전을 촉진하고, 세균학 연구소와 병리학 연구소를 세웠다. 이처럼 포르피리오 통치기는 공공건설사업을 하고, 제도화와 규정화의 기초를 닦은 시기였다. 국가는 개인 삶의 여러 측면을 규정했는데, 사회와 제도에 관련된 개인의 의무에서부터 부부, 가족 관계, 위생 습관, 그리고 개인의 여흥까지 규정했다.

　그렇지만 도시의 모든 지역이, 모든 집단이 정부의 노력과 근대화 물결의 혜택을 본 것은 아니다. 사실 도시의 풍광은 두드러진 사회계층화를 반영하고 있었다. 상업지역과 특권층 집단이 사는 주거지는 모든 혜택을 누리고 있었다. 대신 일반인이 사는 지역들은 혜택을 전혀 누리지 못했다. 부는 한정된 집단(대농장주, 기업인, 무역업자, 은행가, 뛰어난 전문직 종사자)에 집중되어 있었는데, 그들은 혈연관계나 친분관계, 혹은 사업적으로 서로 하나가 되어 있었다. 동시에 그들은 무역과 산업 혹은 부동산에 투자하는 집단이었다. 중간계층은 상거래와 서비스업이 발달한 결과 대단히 확대되었는데, 전문직, 공무원, 상업과 운송업 피고용자, 번창한 수공업자들이 그 중심이 되었다. 마지막으로 서민층에는 대다수의 도시주민이 해당되었는데, 하인, 상점 종업원, 수공업자, 노동자, 행상인들로 구성되어 있었다.

특히 노동자에 대해 주목할 필요가 있는데, 그들은 산업이 꽃피면서 수가 급증했고, 조금씩 수공업자를 대체했다. 노동자를 보호하는 법령은 없었고, 자유주의적 경제사고에 의하면, 정부는 경제에 개입해서는 안 되며, 임금은 수요와 공급 법칙에 의해서 결정되어야 했다. 그렇기 때문에, 비록 결사의 자유는 있었지만, 파업은 허용되지 않았다. 남자든 여자든 어린이든, 하루 12~14시간, 일주일에 7일간 노동을 해야 했다. 그리고 정당한 사유 없이 해고될 수도 있었다. 그리고 사고로부터 보호받지도 못하고 있었다. 저임금에다 인플레이션 때문에 계속 구매력이 떨어지는 상황에서, 일방적으로 임금을 삭감하거나 회사 매점의 구매권으로 임금을 지급하는 경우도 있었다. 그래서 노동자들은 상조회를 결성하여, 부상자나 환자, 장례비와 미망인과 고아를 위해 일정액을 납부하였다. 또한 대부와 식량 지원을 위해 협동조합을 만들기도 하고, 노동조건과 임금의 개선을 위해 투쟁할 조직을 만들기도 했다. 이런 조직들 중 일부는 사회주의나 무정부주의 사상의 영향을 받기도 했다.

노동자에 대한 디아스의 정책은 타협과 탄압 사이를 오가고 있었다. 디아스는 상조회 조직들에 대해서 더 관대했고, 그들에게 보조금을 주거나 모임장소를 제공하기도 했다. 왜냐하면, 그 구성원들이 디아스를 기리는 공공행사에 참여함으로써 체제에 합법성을 부여했기 때문이다. 하지만 보다 급진적인 조직이나 운동에 대해서는 덜 관대했다. 포르피리오 집권기간 내내 끊임없이 충돌과 파업이 있었는데, 1900년부터는 급증하였다. 디아스는 노동자와 고용주 사이에서 중재하려고 노력했

체포된 카나네아의 광산 노동자들(1906년)

는데, 중재가 되지 않을 경우 무력을 동원하였다. 카나네아와 리오 블랑코에서 있었던 충돌은 가장 좋은 예가 될 것이다. 1906년 소노라주 북쪽에 위치한 카나네아의 광부들은 최대 노동시간과 최저 임금을 정하라고 요구하면서 반기를 들었다. 동시에 같은 회사에서 미국 노동자들이 받는 대우와 임금에 준하는 것을 요구했다. 그들의 요구는 거절되었고, 파업이 시작되었다. 그리고 파업은 폭동으로 이어졌다. 폭동을 진압하기 위해 미국 군대의 도움을 요청했고, 멕시코 군대가 이를 지지하였다.

몇 달 뒤, 오리사바, 푸에블라, 틀락스칼라와 멕시코 시의 방직공장 노동자들은 노동조건에 항의하며 파업에 들어갔다. 중재를 시도하면서 디아스는 임금인상, 임금삭감 금지, 고아와 미망인을 위한 기금 마련, 아동 노동 금지 등을 중재안에 포함시켰다. 하지만 그 조항들의 적용을 기업주의 자발적인 의사에 맡겼다. 일부 제조업체의 노동자들은 합의를 받아들이고 일터로 돌아갔지만 리오 블랑코의 노동자들은 받아들이지 않았다. 그들은 폭동을 일으키고, 공장과 상점을 약탈했는데, 그로 인해 많은 노동자들이 목숨을 잃었다.

요약하자면, 도시사회는 계급적·인종적 분열의 골이 깊었다. 엘리트들에게 서민층과 소외된 집단의 등장은, 특히 원주민 풍습에 따른 복장을 한 집단의 등장은 골칫거리였다. 그들이 도시의 이미지를 흐린다고 생각하고 있었던 것이다. 엘리트들의 걱정은 축제나 기념행사가 임박해서는 더 커졌는데, 그래서 외국 방문객들이 남루하고 '야만스런' 모습을 목격하지 않게 하기 위해 필요한 사람들에게 옷을 나누어 주곤 했다. 이처럼 오래되고 뿌리 깊은 사회적·인종적 편견이 존재하고 있었고, 어떤 집단은 이제 '과학적인' 사고에 근거하여 편견을 유지하고 있었다.

문화

포르피리아토 기간 동안에는 나라와 사회, 개인을 이해하는 다양한 방식이 공존하고 있었다. 자유주의, 실증주의, 보수주의 등이 있었다. 비록 어떤 이들은 자유주의 사상에 몰입되어 있었지만, 다른 이들은 실증주의의 전제와 사회적 다원주의 같은 흐름들에 열정적으로 동조했다. 그리고 많은 사람들은 절충주의적 태도를 취하면서 자유주의와 실증주의의 요소들을 결합하였다. 이들은 실증주의로부터 사회연구와 사회문제의 해결을 위해 과학적 방법을 적용해야 한다는 사고를 받아들이면서, 자유주의자들이 정치와 입법에 있어 멕시코 사회를 철저히 관찰하지 않고 수입한 이론들에 바탕을 두고 있다고 비난했다. 그럼에도 불구하고, 자유주의 제도들과 1857년 헌법을 대체하길 원하지는 않았다. 그러면서 실증주의적 방법의 적용을 멕시코인들이 필요한 발전단계에 도달했다고 판단될 때까지 늦추는 것에 동의했다. 동시에, 교육과 과학을 진흥시키는 것이 필요하다고 생각했는데, 국가가 진보하기 위해서는 가장 좋은 방법이라고 여겼던 것이다.

반대로, 다른 사람들은 보수적 사상과 가톨릭교회의 교리에 여전히 동조하였다. 하지만 그들 사이에서도 다양한 흐름이 있었다. 어떤 이들은 세속적인 것과 영적인 것의 분리에 반대하면서, 제도화된 교회의 우월적 지위를 방어하려고 노력했다. 한편, 다른 이들은 세속화를 받아들이면서 사회적 활동영역을 회복하는 데 전념했다. 게다가, 사회적 가톨릭주의를 받아들인 사람도 있었다. 다시 말해, 가톨릭인들은 국가의 정치적 사건, 특히 국가적 골칫거리가 되는 사회문제의 해결에 개입해야 한다고 생각한 사람도 있었다. 이러한 조류에 동조하는 사람들은 20세기 초에 힘을 얻었는데, 불평등과 사회적 불공정에 대해 우려하면서, 국가가 법을 제정해서 노동자들을 보호하고 고용주가 노동자를 인간답게 대우하도록 해야 한다고 주장했다.

한편, 이데올로기적인 측면과는 별개로, 가톨릭은 종교영역에서 그 지위를 상실하지 않았다. 예를 들어, 1910년에 전 인구의 99%가 세례를 받았고, 종교생활을 실천하고 있었다. 프로테스탄티즘의 존재는 아주 미약했다. 프로테스탄트들은 1870년경 멕시코에 도착했다. 시간이 흐르면서 18개 선교단체가 북쪽 국경과 과나후아토, 푸에블라, 파추카, 멕시코 시와 베라크루스에 자리잡고 불만층을 포섭했다. 그들에게 교육과 무료 의료서비스를 제공하였다. 그럼에도 불구하고 그들의 선교는 다양한 장애에 부딪혔다. 개신교 종파 간의 내부적 다툼에다 주민의 불신과 가톨릭교회의 반대가 있었다. 경우에 따라 가톨릭 집단들은 공개적으로 개신교 선교사들에게 저항했다. 하지만 선교사들은 디아스와 주지사들의 지원을 받았는데, 이들은 그렇게 함으로써 자신들이 법을 준수하려 한다는 점을 보여 주려고 했고, 게다가 프로테스탄티즘의 확산을 통해 가톨릭교회의 영향력을 억제할 수 있다는 것을 알았던 것이다. 그래서,

비록 수적으로 프로테스탄트 종교의 여파는 아주 미약하였지만(외국인을 포함해서 인구의 2% 정도), 그 존재는 멕시코 사회의 종교적 자유와 세속화를 상징했다.

우리가 앞에서 보았듯 사상 분야에서는 자유주의자, 실증주의자, 보수주의자들 사이에 구분이 있었지만, 이들은 가치 영역에서는 크게 일치하고 있었다. 엘리트, 중류층을 비롯해 대중 집단들 중 일정 부류들은 가족에 대한 개념, 그리고 가정과 공동체 내에서의 여성의 역할에 대한 개념을 동일하게 공유하고 있었다. 그것은 다양한 문서에 반영되었다. 예를 들자면, 법령과 법조문, 문학, 사제단이나 자선사업에 전념하는 세속 단체의 출판물, 행동지침서, 여성과 가족을 위한 잡지, 개별 인쇄물이나 대중문학 등에 반영되었다. 이들은 가족은 결혼, 가능하면 종교에 따른 결혼에 기초해 구성되어야 한다고 믿고 있었다. 남편을 가정의 우두머리로 여겼고, 법령을 통해 남편이 아내의 허락 없이 아내의 재산을 운용하는 것을 허용했다(하지만 아내는 공동 재산을 운용하기 위해서는 남편의 허가를 얻어야 했다). 그리고 남편에게 자식들에 대한 친권을 부여했다(하지만 아내는 남편이 죽은 경우에도 어느 정도 제한적으로만 친권을 획득할 수 있었는데, 죽은 남편에 의해서 지명된 자문인의 지시에 따라야 했다). 다른 한편, 각 성별마다 서로 다른 행동 영역을 지정했다. 공적인 세계, 즉 정치적인 것과 일에 관련된 것은 남성에게 해당되었고, 여성은 사적인 영역을 벗어나서는 안 되고, 가사에만 전념해야 했다. 여성이 가정 밖에서 일하는 것을 좋게 보지 않았으며, 미망인이나 미혼녀의 경우 밖에서 일하지 않을 수 없는 상황만 수용했는데, 그것도 바느질이나 천 짜기처럼 항상 '자기 성에 고유한 활동'을 수행할 경우로 한정되었다. 그래서 법적으로 여성에게는 투표권과 일반 선출직을 맡을 권한을 부여하지 않았으며, 여성의 직업 활동을 제한했다. 예를 들어, 상업에 종사하기 위해서 여성은 남편의 허락을 얻어야 했다. 비록 직업 교육이 여성에게 금지된 것은 아니었지만, 중상류층 여성 중 고등교육을 받은 여성은 아주 예외적이었다. 마틸데 몬토야는(첫

후아레스 극장

번째 여의사) 그런 여성 중 한 사람이었다. 그럼에도 불구하고, 20세기가 다가오면서 여성은 참여영역을 점점 더 확보해 갔다. 특히 여성을 대상으로 하는 잡지를 발간했는데, 그 잡지를 통해서 지적인 동등함을 주장했다. 또한 초기의 여성주의 운동이 주목을 끄는데, 법적이고 교육적인 면에서 남성과의 평등을 주장했다.

다른 한편, (음식과 유행에서 그랬듯이) 문학과 예술에 있어 유럽의 영향, 무엇보다도 프랑스의 영향이 아주 두드러졌다. 그것은 프랑스 상징주의의 유산을 엄청나게 물려받은 모데르니스모 문학에서 확인될 수 있다. 모데르니스모 문학을 대표하는 작가들로 마누엘 구티에레스 나헤라, 살바도르 디아스 미론, 아마도 네르보, 호세 후안 타블라다, 에프렌 레보예도를 들 수 있다. 건축에서도 유럽 영향을 볼 수 있는데, 건축은 다양한 양식(고전주의, 낭만주의, 무데하르, 고딕, 바로크, 아르 누보)을 수용해 그것들을 아주 자유롭게 조합했는데, 때로는 한 건물에다 여러 양식을 뒤섞기도 했다. 주요 도시의 극장들은 이러한 뛰어난 건축을 잘 보여 주고 있다. 과나후아토의 후아레스 극장, 산 루이스 포토시의 라파스 극장, 레온의 도블라도 극장, 사카테카의 칼데론 극장, 메리다의 페온 콘

호세 과달루페 포사다의 작품이 실린 낱장 인쇄물

트레라스 극장 등을 꼽을 수 있겠다.

또한 범국민적 문화·민족주의적 문화도 장려되었다. 다시 말해, 나라의 고유한 것, 그래서 정체성과 관련된 감정을 조장할 수 있는 문화를 장려했다. 처음에는 오래된 전통을 따르면서 낭만주의적이거나 사실주의적 분위기가 있는 풍속주의 문학이 펼쳐졌다. 앙헬 데 캄포, 호세 토마스 쿠에야르, 라파엘 델가도, 호세 로페스 포르티요 이 로하스 등을 주요 작가라고 할 수 있을 것이다. 그 후 사실주의 문학이 전개되었는데, 풍속주의 문학의 상속자이면서도 현실의 배경과 인물을 충실하게 재현하는 데 관심을 가졌다. 에리베르토 프리아스, 페데리코 감보아, 에밀리오 라바사 등이 대표적인 작가라고 할 수 있다. 이런 측면에서 또 다른 오랜 전통이 눈에 띄는데, 그것은 바로 멕시코 풍경주의 화풍이다. 호세 마리아 벨라스코나 호아킨 클라우셀 같은 화가를 들 수 있다. 호세 과달루페 포사다는 인물이나 일상생활 속 장면과 사건들을 그려서 그것들을 '1센트 짜리' 신문이나 소책자, 그리고 안토니아 바네가스 아로요의 인쇄소에서 출간하는 낱장 인쇄물을 통해서 유포시켰다.

그럼에도 불구하고, 포르피리오 추종자들은 공동체의 연대감을 만들기 위해서는 (다시 재건공화국의 지도자들이 이미 했던 것과 동일하게) 국가의 역사를 가르치는 것이 더 없이 좋은 방법이라고 생각했다. 국사 교육을 통해 지역적 정체성을 넘어설 수 있고, 어린이들에게 미래 시민으로서 자질을 갖출 수 있는 가치들을 심어 줄 수 있다고 생각했다. 그래서 교육은 무상이면서 의무였다. 그리고 교육과정과 교과서는 공식적으로 정해져 있었다. 그럼에도 불구하고, 교육정책은 기대했던 성공을 거두지 못했다. 도시지역에 집중되어 있었고, 그마저도 충분하지 못했다. 1895년에 인구의 15%만이 읽고 쓸 줄 알았는데, 그 숫자는 1910년에 이르러 겨우 20%로 늘어났을 뿐이다.

민족주의와 애국주의 역사, 그리고 영웅 숭배를 조장하는 또 다른 형태는 시민행사였다. 건국과 주권수호를 기념했고, 자유주의 제도를 찬양했다. 포르피리오 디아스는 자신이 자유주의 제도의 상속자이자 수호자임을 자처했다. 포르피리오 디아스는 영웅시되었고, 따라서 그런 날에는 나라만이 위대해지는 것이 아니라 대통령도 위대해졌다.

요약하자면, 포르피리오 집권기 문화는 외국 것을 찬미함과 동시에 범국민적이고, 민족주의적 성격을 드러냈다. 민족주의적 성격은 멕시코 혁명 지식인들에게서 명백하게 드러났다. 혁명 지식인들은 20세기 초부터 있어 왔던 요구를 청년학술모임을 통해서 수용했다. 안토니오 카소, 페드로 엔리케스 우레냐, 알폰소 레이예스, 호세 바스콘셀로스 같은 인물들로 구성된 청년학술모임은 새로운 사상에 대한 개방적 태도를 장려했다. 또한 실증주의 모델에 집착하는 것을 비판했는데, 지식은 과학적인 방식을 통해서뿐만 아니라 다양한 경로를 통해서 얻을 수 있다고 믿었던 것이다. 그들은 인간의 능력을 옹호하면서, 행동과 선택의 자유를 강조했다. 문화에 있어 인본주의적 가치를 강조하고, 문학에 있어 프랑스의 영향에 종지부를 찍기 위해 노력했다. 그리고 전반적으로 멕시코적인 것을 되찾으려고 애썼다.

이 외에도 포르피리오 통치가 20세기의 멕시코에 남긴 것은 많다.

그러한 유산들은 문화에만 한정된 것이 아니고, 정치(민족-국가의 공고화가 더욱 진전되었고), 경제(시장과 교통·통신의 확대와 농산품의 수출 장려와 초기 산업화), 그리고 사회(인구증가와 도시화)에서도 찾아볼 수 있다. 하지만 정치적 결점과 사회와 경제에 있어서의 심각한 불평등을 남겼고, 혁명을 초래할 일련의 갈등을 남겼다. 이 갈등들은 혁명 이후 몇십 년의 세월이 흐르면서 해소될 것이다.

6장

혁명

6장 | 혁명

하비에르 가르시아디에고[*]

비판자, 반대자 그리고 선구자

이 장에서는 멕시코 혁명을 분석하고자 한다. 멕시코 혁명은 포르피리오 시대의 결과이자, 20세기 상당기간 동안 지속될 멕시코를 규정하는 과정이기도 하다. 많은 사람들에게 멕시코 혁명이라는 개념은 정치·경제·사회·문화적인 변화의 시기를 포괄한다. 비록 혁명을 무력 투쟁과 동일한 개념으로 여기지는 않지만, 여기서는 혁명을 일반화된 폭력의 기간에 한정하여 살펴보게 될 것이다. 여기서는 혁명이 19세기 말의 과두제이자 신식민적인 국가가 무너지는 복잡한 과정으로 정의된다. 20세기 첫 십 년의 마지막 몇 해 동안 시작된 제도화는 또 다른 역사의 시작을 알림과 동시에 새로운 형태의 국가가 자리잡아 간다는 것을 알렸다.

　　여러 해 동안 경제성장과 정치적 안정기를 보내면서 포르피리오 체제는 여러 쇠퇴의 징조를 드러내기 시작했다. 그 위기는 다양했고, 해결

---

[*] 멕시코대학원에서 멕시코 역사학 박사학위 취득, 시카고대학교에서 라틴아메리카 역사학 박사학위 취득, 멕시코대학원 연구원.

할 수 없는 것들이었다. 또한 다양한 강도로 정치·경제·사회·외교·문화 분야에 충격을 주었다. 19세기 말의 엄청나게 좋은 상황은 20세기 초부터 심각한 상황으로 변했다. 집권 후반기에 포르피리오 정부가 대처했던 문제들로 인해서 다양한 사회계급과 정치집단 사이에서 비판과 반대 운동이 일어났다.

처음 반대한 사람들은 일부 가톨릭세력이었다. 그들은 사회문제에 있어 1891년 바티칸이 지지한 개혁사상에 영향을 받았다. 바티칸은 교황회칙을 선언하면서 사회적 갈등에 대한 기독교적 해결을 제안했었다. 포르피리오 정부와 가톨릭교회 사이에 거리가 줄어들었음에도 불구하고, 디아스가 1857년 헌법에 들어 있는 반교회적인 자유주의 원칙들을 고수하고 있다고 온건하게나마 비난했다. 이러한 요구에다가 사회정치적인 비판이 더해졌다. 유럽의 산업화된 사회를 대상으로 생각해 낸 그 교황회칙을 압도적 농촌 사회인 멕시코의 기독교인들이 받아들인 이후였다. 비록 사유재산을 자연법적 권리로 옹호했으면서도, 농토의 지나친 집중화뿐 아니라 멕시코 내 대부분의 아시엔다에서 일반화된 노동조건에 대해서도 항거하기 시작했다. 가톨릭인들은 농업 상황에 맞서는 요구에서 보스정치와 불완전한 민주주의에 대한 비난으로 나아갔다. 개인적으로 포르피리오 디아스를 거론하지는 않았다. 그의 역사적인 위대한 업적은 인정했다. 그렇지만 확실한 것은, 정부를 향한 비판은 디아스의 권위와 그가 누려 왔던 국민적 합의를 침식했다는 것이다. 비록 온건했다고 하지만, 그러한 문제제기가 미친 사회정치적 영향은 전혀 무시할 수 없는 것이었다.

1900년경 정반대적 성격의 동기로 자유주의 사상을 가진 집단이 등장하게 되었다. 그 집단에는 전문직 종사자, 언론인, 교육자와 학생 등

히카르도 플로레스 마곤(왼쪽)과 마곤 형제 중 셋째인 엔리케 플로레스 마곤(오른쪽)

도시의 다양한 중산층이 참여했다. 그들은 정부가 자유주의 원칙들에서 멀어졌다고 주장하면서, 자신들은 '자유주의 정당'이라고 불렸던 19세기적 정치 집단을 재조직하여 디아스가 자유주의 원칙을 실행하도록 압력을 행사하는 것을 목표로 한다고 선언했다. 그 원칙 중에서는 무엇보다 반교회주의가 가장 중요했고, 그 외에도 표현의 자유, 민주적 선거, 권력분산, 합당한 정의 실현과 지방자치 등이 있었다. 재조직 작업을 시작하기 위해 카밀로 아리아가는 자유주의사상 옹호자들을 멕시코의 한가운데인 산 루이스 포토시 회의에 소집했다. 참석자들 중에는 헤수스 플로레스 마곤, 히카르도 플로레스 마곤 형제가 시선을 끌었다. 그들은 후아레스 추종자였던 어느 오아하카 사람의 아들들로서 멕시코 시에 살고 있었다. 그곳에서 법학을 공부하고, 반정부 신문인 『쇄신』 *Regeneración*이라는 정기간행물을 출판했다. 그들은 급진화 과정에 접어들었고, 1903년경 '과학자들'과 베르나르도 레이예스에게로 비판을 확대했다. 그리고 외국인 투자의 적절성에 대해서도 문제를 제기했고, 노동자와 농민의 상황에 대해서도 우려하기 시작했다. 정부는 그들을 탄압했고, 그로 인해 그들 중 많은 사람이 망명을 택하여 미국에 정착하지 않을 수 없었다.

그들의 미국 경험은 극적이고 결정적이었다. 이탈과 분열과 급진화가 있었던 것이다. 이들은 출판물 『쇄신』을 통해 한동안 평화적 투쟁 방법을 제안했고, 자유주의 이데올로기에 가깝게 유지했다. 1906년에 기안된 자유당 정책이 이를 잘 증명하고 있다. 히카르도 플로레스 마곤은 아리아가를 뛰어넘은 뒤 무정부주의 이데올로기를 향한 과도기를 주도하게 된다. 그렇게 변화한 이유에 대한 설명은 분분하다. 미국 사회주의 단체와 무정부주의 단체 구성원과 관계를 맺었기 때문이라는 설명, 혹은 그의 새로운 주변인들이('히스패닉', 중국인, 유럽인) 다국적이었기 때문이라는 설명, 혹은 무엇보다 플로레스 마곤과 그 추종자들이 멕시코 사회보다 더 산업화된 사회에 살면서 노동운동과 노동운동에 연계된 중산층의 지식인들에게 선

마곤 형제가 발행하던 반정부 신문 『쇄신』

구적인 기능을 부여하려 했지만, 그것은 농촌국가인 멕시코에는 적절치 못한 진단이었으며, 그래서 그들은 정치적 전략에서 실수를 범하게 되었다는 설명이 있다. 카나네아와 리오 블랑코의 파업자에 대한 탄압으로 플로레스 마곤 세력의 노동운동에 대한 영향력이 줄어들면서 그와 멕시코의 괴리는 더 심해졌다. 게다가 그 이후에도 그들이 무장투쟁을 촉구하자 중산층의 동정을 전혀 받지 못했을 뿐 아니라, 감시를 받기 시작했다. 그때부터[1908] 그들의 영향력은 줄어들었지만, 역사적 중요성은 의심의 여지가 없다. 그들은 포르피리오 정권에 대해 지속적이고 적확한 비판을 가했고, 『쇄신』 덕분에 많은 멕시코인들이 의식화되고 정치화되었다. 나중에 멕시코 혁명에서 두각을 나타낼 지도자들이 그 진영에서 경험을 얻었고, 그들의 미국 거주는 포르피리오의 국제적 위상을 침

혁명기의 인물들이 그려져 있는 디에고 리베라의 멕시코 대통령궁 벽화 일부

해하는 데 기여했다.

마지막으로 후계문제에 있어 디아스가 '과학자들'을 선호했기 때문에 그때까지 디아스에게 충성했던 레이예스 지지자들은 아주 중요한 반대집단으로 변했다. 그들은 1910년 선거에서 디아스에게 레이예스를 부통령으로 선택하라는 압력을 넣기 위해 움직였다. 순식간에 '과학자들'을 반대하고 레이예스를 옹호하는 모임과 비밀결사, 정기 간행물, 책이 등장했다. 레이예스 지지자들이 보여 준 능력과 힘을 확인한 디아스는 상황을 우려한 나머지 1909년 9월 레이예스에게 임무를 주어 유럽으로 보냈다. 그의 지지자 대부분은 우두머리가 없어지자 막 탄생한 집단으로 계보를 바꾸었다. 재선에 반대하는 그 집단은 코아우일라 출신의 대농장주이자 기업인인 프란시스코 I. 마데로가 이끌고 있었다. 레이예스 지지자들은 다양한 가치를 지니고 있었다. 그들의 이탈은 정권을 약화시켰다. 그리고 포르피리오 디아스의 후계자 집단으로 여겨졌던 '과

학자들'의 위상을 실추시키는 데 크게 기여했다. 또한 위상과 정치적 경험이 있고, 도시의 상류, 중류, 하류 계층을 다 포함하는 다양한 계급 출신의 수많은 '간부'들을 넘겨 줌으로써 재선반대운동을 강화시켰다. 멕시코 혁명에 앞서 있었던 모든 운동 중에서 레이예스 지지 운동은 혁명에 가장 많은 인물들을 제공하게 된다. 베누스티아노 카란사, 프란시스코 바스케스 고메스, 루이스 카브레라 등이 주요한 예가 될 것이다.

반대에서 무장투쟁으로

포르피리아토의 종말을 알리는 위기들을 보면서 프란시스코 마데로는 '과학자들'의 경제정책에 대한 비판자로 돌아선다. 그리고 1910년 디아스의 재선에 반대하는 전국 규모의 정당을 만드는 것이 필요하다는 결론에 이른다. 마데로는 1909년 후반기부터 그 일에 착수해, 세 차례 순회를 통해 재선반대 비밀결사단체들의 결성을 조장한다. 이 단체들은 1910년 초에 열리게 될 전국회의에 주 대표단을 임명하게 되어 있었다. 그 회의에서 재선반대국민당^{PNA}을 결성하고, 마데로와 과거 레이예스파였던 프란시스코 바스케스 고메스를 당의 대통령선거 후보로 지명했다. 이런 형식을 통해 두 운동세력 간의 연대가 완결되었다.

    그때까지 마데로는 두드러진 정치적 역량을 보여 왔다. 아주 짧은 시간에 한 지방의 반대파 인물에서 전국적 인물로 변했고, 대중적 인지는 엄청나게 확대되었다. 마침내 경험이 더 많은 다른 반대파 운동들을 (마곤 파와 레이예스 파) 대체하고, 그 대부분의 기반을 자신의 지도력 아래 통합했다. 이제 대통령선거 후보로서 그는 다시 순회를 시작했지만 (반란을 조장하는 죄로) 곧 체포되어 산 루이스 포토시의 감옥에 수감된다. 수감기간 동안 대통령 선거는 치러졌고, 디아스와 라몬 코랄이 당선자로 선언되었다. 곧이어 마데로는 미국으로 도망쳤고, 텍사스의 샌안토니오로 도피했다. 그곳에서 마데로와 소수 동료집단은 (아직 산 루이스 포토시에 있던 날짜로) 강령을 작성했고, 이를 통해 무장투쟁을 촉구했다. 민주적 투쟁을 지지하는 평화주의자가 무력에 호소하게 된 것을 어떻게 설명할 수 있단 말인가? 그 무장투쟁을 누구와 함께 할 수 있을 거라고 생각했을까? 그 폭력이 초래할 결과를 예견했을까? 마데로의 기반은 대부분 도시의 중산층이었다. 순회를 하면서 그런 사회적 배경을 가진 사람들을 접촉했던 것이다. 예상되었듯이, 그의 무장투쟁 촉구는 그를 따르는 재선반대자들의 호응을 얻지 못했다. 무력을 통한 모험을 하기에 적당한 조건들을 마련하지 못했던 것이다. 게다가 공공연하게 반대파를 자처하면서 거주지에 산다는 것은 아주 위험한 일이었다. 푸에블라에 살던 세르단 형제들의 죽음은 재선반대파 시민이 반란에 가담할 경우 어떤 운명이 기다리고 있는지를 경고하는 것이었다.

아킬레스 세르단 살해의 충격은 결정적이었다. 무장투쟁 촉구는 애초부터 재선을 반대했던 사람들 사이에서 전혀 반향을 일으키지 못했던 것이다. 그럼에도 불구하고 치와와의 산악지방에서는 반란을 환영했고, 이어서 소노라, 두랑고, 코아우일라 등 이웃지역으로 퍼져 나갔다. 반란자들의 사회적 배경은 명백하게 달랐다. 대중이고 시골사람들이었다. 그들의 요구도 상이했다. 처음 3개월 간 반란자 집단은 소규모에다, 무기도 미약하고, 조직도 허술하여, 게릴라 전술을 사용하고 있었다. 하지만 1911년 2월 마침내 마데로가 무장투쟁을 지휘하기 위해 멕시코로 돌아옴으로써 운동은 더 조직화되었다. 이렇게 해서 무장단체의 규모는 확대되었고, 인구가 더 많은 지역을 공격할 수 있었고, 공식적인 전투를

마데로(아랫줄 오른쪽에서 세번째)와 그의 지지자들

수행할 수도 있었다. 무엇보다 모렐로스나 게레로 주 같은 다른 지역에서 봉기가 일어났다는 것이 의미 있었다. 3월과 4월에 이르러 다양한 지역에서 작전을 수행하는 단체들이 있었다. 그래서 탄압을 어렵게 했다. 디아스는 마지막까지 레이예스를 불신하고 있었기 때문에 연방군대는 예산상 불이익을 받았고, 많은 레이예스 파 장교들이 일선 지휘에서 물러나게 되었다. 이 사태로 군대의 효율이 많이 떨어진 데다 오랜 기간 평화가 지속된 나머지 군기는 해이해져 있었다. 게다가 마데로의 투쟁에 대해서 미국 당국이 동조하고 있었기 때문에 디아스 정부는 신속하게 평화를 정착시키기 위해 협상을 시작했던 것이다.

국경 도시인 시우다드 후아레스가 5월 둘째 주 동안 함락되자 정부와 반란군 사이의 대화는 가속화되었고, 반란군의 협상력을 강화시켜 주었다. 그리고 수많은 새로운 봉기가 일어났고, 연방군대와 많은 지방자치 단체들이 마비되었다. 그래서 5월 후반기 동안 수많은 도시들이 피를 흘리지 않고 점령되었던 것이다. 이런 과정은 5월 말 체결된 시우다드 후아레스 협정 이후에 더 심해졌다. 협정을 통해 디아스의 사임을 받

6장 | 혁명 277

아들였고, 그것으로 운동의 승리는 확실해졌다. 이처럼 초기 단계의 멕시코 혁명은 선거를 통한 재선반대운동에서 다른 인물과 장소를 통한 무장봉기로의 변화를 가져온 움직임이었다. 다시 말해, 도시 중산층의 투쟁에서 농촌지역의 대중적 투쟁으로 바뀐 것이다. 새로운 지도자들이 등장했고, 그들은 시골에서 무력투쟁을 하는 데 더 적합한 인물들이었다. 그들은 선거를 통한 재선반대운동에 참여한 적이 없었다, 아니 적어도 눈에 띄게 참여하지는 않았던 것이다. 파스쿠알 오로스코, 판초 비야, 에밀리아노 사파타가 영웅처럼 등장한 것은 바로 그때였다. 사회적 측면에서 그것은 북부의 소농, 과거 군대주둔지의 구성원, 농업 프롤레타리아, 목동, 철도노동자, (분명 다이너마이트로 철로를 공격한 책임자들도 포함되었을) 광산노동자, 일반 노동자, 수공업자, 시골 교사, 게다가 (게레로 주의 피게로아 형제들 같은) 남부의 소농들까지 연대했다는 것을 의미했다. 그리고 수많은 주민과, 에밀리아노 사파타와 그의 가족들처럼 중부와 남부에 있던 농촌공동체의 전통적인 지도자들까지도 동참했다. 정부 당국자들과 마데로 자신과 애초부터 재선반대운동을 해왔던 지도자들이 원했던 것과는 반대로 서민집단들이 정치적 변화의 과정에 완전하게 개입해 버렸다. 실제로, 그 과정을 혁명적인 과정으로 바꾸어 놓았다. 초기의 재선반대운동 참여자들은 정치적인 요구를 했지만, 나중에 참여한 대중은 사회적 요구, 기본적으로 농업에 관련된 요구를 했다.

시대착오적 자유주의

시우다드 후아레스 협정에서 디아스의 후임자는 법에 따라 외무부장관인 프란시스코 레온 데 라 바라로 합의했다. 그의 임무는 무장해제를 완료하고, 반란세력을 해산시키고, 새로운 선거를 준비하는 것이었다. 무장해제는 아주 민감한 과정이 되고 말았다. 반란군 중 많은 사람이 보상금을 받고 일상생활로 돌아가는 것을 수용하였고, 일부는 새로운 '농촌부대'로 조직되었다. 그럼에도 불구하고 반란의 주요 집단들은 불만을 표시했다. 파스쿠알 오로스코와 그 추종자들은 일단 군사적 승리를 거둔 뒤 뒷전으로 밀려났는데, 그래서 자신들이 얻는 혜택이 충분하지 못하다고 생각했다. 한편 에밀리아노 사파타와 남부의 반란군은 해산되거나 '농촌 부대'로 조직되는 것을 거부했다. 왜냐하면 강탈했다고 여겨지는 토지들을 대농장주들이 돌려주지 않는 한 무장을 해제할 용의가 없었기 때문이다. 이런 태도 때문에 레온 데 라 바라 임시정부와 대립하게 되었다.

새로운 선거와 관련해 마데로는 재선반대국민당^{PNA}을 진보헌정당^{PCP}으로 바꾸기로 결정했다. 또한 그 두번째 선거에서는 공식적인 런닝메이트를 바스케스 고메스 대신 호세 마리아 피노 수아레스로 바꾸기로 결정했다. 호세 마리아는 타바스코에서 태어나 유카탄에 사는 변호사이자 언론인으로, 유카탄에서 재선반대운동에 협조했었다. 마데로의 이 두 가지 결정이 옳았는지에 대해서는 의문이 간다. 높은 수준의 합의를 도출해 낼 수 있는 정부의 청사진이 없는 가운데 재선반대운동은 비록 부정적 성격이 있었지만 통합하는 기능을 보여 주었다. 게다가, 바스케스 고메스와의 결별은 많은 사람들에게 다가올 사태를 생각할 때 실망스러운 일이었다. 특히 마데로 행정부에게는 오랜 경험이 있는 과거 레이예스 파의 많은 사람들이 필요했는데, 그들과 멀어지게 되었던 것이다. 그 모든 것에도 불구하고, 마데로는 1911년 선거에서 압도적으로 승리했다. 대통령 자리에 오르긴 했으나 레이예스 파, 오로스코 파, 사파타 파와 연대가 다 끊어진 상태였다.

　마데로의 집권은 1911년 말에 시작되어 1913년 2월 갑작스럽게 끝이 났지만, 그가 이룬 정치적 개혁들은 주목을 끈다. 우선 내각에 포르피리오 정부의 장관들보다 낮은 사회계층의 젊은 사람들이 참여했다. 새로운 내각이 이전과 다른 이데올로기를 가진 배경이 설명된다. 또한 이전과는 아주 다른 주지사들이 등장했다. 하원의원이나 상원의원도 마찬가지였다고 할 수 있다. 어쩌면 오래된 '정무관'들이 자유선거로 선출된 새로운 지역단체장들로 대체되었다는 것이 더 중요한 변화인지도 모른다. 요컨대, 디아스의 퇴진은 몇 달 뒤 권력의 피라미드 전체에 변화를 가져왔다는 것을 받아들이지 않을 수 없다. 게다가 포르피리오 지지 정치인들 중 살아남은 자들도 이제는 야당 역할을 해야만 했다. 특히 1911년과 1912년경 중산층은 정부기구와 의사결정과정에 대거 참여했고, 노동자와 농민들은 자신의 정치적 지분을 키웠다. 다른 한편, 마데로 정권은 더욱 민주적인 정치를 했다. 자유선거를 치르고, 표현의 자유를 존중했다. 행정부는 이제 더 이상 입법부와 사법부를 지배하지 않았다. 그리고 중앙권력은 주와 지방자치단체 위에 군림하지 않았다.

　정치영역에서 일어난 이러한 변화와 함께, 마데로와 새로운 정부기구들은 농업과 노동 분야에서 새로운 계획을 내놓았다. 마데로는 면화 아시엔다의 주인이자 기업가 집안 출신으로서 토지의 사유화를 지지했다. 공동체의 농토소유에 대해 부정적이었으며, 대부분은 중소규모의 사유지로 하고, 효율적이고 근대적인 아시엔다가 함께 존재하는 토지제도를 만들어야 한다는 입장을 유지하고 있었다. 노동문제에 있어서는 노동자의 단체결성권을 존중했고, 노동자가 기업주의 재무상태에 심각하게 타격을 주지 않는 범위에서 자신들의 사회경제적 상태를 개선할 수 있도록 지원했다. 그리고 마데로 정부는 고용주와 노동자 사이의 갈등 중재자 역할을 하기 시작했다. 그 결과 정치적 분위기가 새로워지고 기업주의 힘이 완화된 덕분에, 1912년 한 해 동안 노조 수가 늘어났고, 파업도 매우 많이 일어났다. 같은 현상이 농촌에서도 일어났다. 디아스에 대항한 무력투쟁에 참여함으로써 농민대중의 정치적 지분이 엄청나게 늘어난 데다, 대농장주들의 힘이 빠짐으로써, 그 해에 농촌에서는 힘의 균형이 바뀌었다. 농민들이 강탈당했다고 생각한 토지들에 대한 점령 사건이 많이 일어났고, 품삯의 인상요구가 많이 발생했다. 대농장주들에겐 불행하게도 이젠 권력자들의 무제한적 지지도 기대할 수 없었다. 오랫동안 권력을 누린 정치 보스도, 구시대의 '시골' 호족도 그들을 지원할 수 없었기 때문이었다.

역설적이게도, 마데로의 개혁안들은 거의 모든 정치집단과 사회계급을 만족시키지 못했다. 외국의 외교관이나 투자자도 역시 만족시키지 못했다. 대농장주와 기업가는 그 개혁안을 위험한 선례로 여겼다. 예전에 마데로를 지원했던 노동자와 농민은 (노동자는 선거기간 동안, 농민은 무력투쟁 단계에서) 그 개혁안이 충분하지 못하다고 판단했다. 그런 전반적 불만은 공개적 비판과 반대운동, 그리고 무장반란으로까지 표현되었다. 마데로 정권은 네 건의 주요한 무력충돌을 겪었다. 두 건은 포르피리오 체제의 수혜자인 베르나르도 레이예스와 펠릭스 디아스에 의해서 주도되었고, 두 건은 에밀리아노 사파타와 파스쿠알 오로스코에 의해 주도되었다. 이 반란들은 국가의 권력균형에 생긴 변화의 결과로 설명될 수 있다. 앞의 두 인물이 자신의 영향력을 회복하기 위해 투쟁했다면, 뒤의 두 인물은 자신의 새로운 힘을 통해 오래된 사회경제적 요구들을 즉시 해결하기 위해 투쟁했다. 레이예스는 1911년 말경 투쟁에 나섰는데, 포르피리오 디아스가 없는 상황에서 국가를 통치하는 일은 자기 몫이라고 믿었던 것이다. 펠릭스 디아스는 1912년 10월 베라크루스에서 봉기했는데, 마데로 정부의 무능을 규탄했다. 문제는 디아스의 조카인 펠릭스 디아스가 포르피리오 통치가 끝난 뒤부터 있어 왔던 대규모 사회정치적 운동이 요구하던 국가권력의 재구성 문제를 해결한 능력도 합법성도 없었다는 것이다. 새로운 시대가 도래했음을 보여 주듯, 펠릭스의 호소는 반응을 얻지 못했다.

사파타와 오로스코를 추종하는 대중 반란은 근본적으로 서로 달랐다. 모렐로스의 농민들은 대농장주에 의해서 강탈된 토지를 미리 돌려주지 않으면 무기를 반납하지 않겠다고 주장하면서, 시우다드 후아레스 조약에 명시된 해산조항을 받아들이지 않았다. 레온 데 라 바라 대통령은 그들을 반란자로 여겼다. 마데로가 대통령직에 오르자 그들은 아얄라 계획을 통해 투쟁했다. 아얄라 계획은 농업문제의 해결을 요구했고, 농민공동체를 멕시코 농촌의 근본단위로 삼을 것을 제안했다. 사파타 운동의 군사적 위상은 그 운동의 역사적 중요성에 부합하지는 못했다. 1912년 내내 그들의 투쟁 강도는 축소되어 있었다. 반대로, 오로스코 파의 반란은 두드러지게 폭력적이었다. 오로스코와 그의 많은 추종자들은 두 가지 이유로 1912년 3월 엠파카도라 계획을 내걸고 반기를 들었다. 지도자들은 포르피리오를 상대로 승리를 거두는 데 자신들의 참여가 결정적이었다는 것을 생각하면 (경제적이고 정치적인) 보상이 충분하지 못했다고 생각했다. 그리고 말단 병사들은 마데로의 사회개혁안이 미약하고 더디다고 생각했다. 사파타 세력과는 달리 이들의 반란은 농민계급의 반란이라기보다 더 다양한 계급의 반란이었다고 볼 수 있는데, 농민이 아닌 다양한 서민집단 외에도 지방의 중산층도 상당히 참여했던 것이다. 그렇다고 지역주의 반란은 아니었다. 치와와 주의 수도를 포함해 주 전체를 장악했을 뿐 아니라, 두랑고, 코아우일라, 소노라 등 북부의 다른 지역을 포함해, 사카테카스와 산 루이스 포토시에도 그 세력을 확대했다. 그 세력이 너무나 컸던 나머지 마데로 정권을 제압하지 않을까 하는 두려움도 존재했었다.

마데로는 오로스코 파를 제압하기 위해 빅토리아노 우에르타 장군을 전투사령관으로 앉히면서 많은 인

마데로(가운데)와 오로스코(사진의 왼쪽)

원과 자원을 지원했다. 또한 과거 마데로와 함께 디아스에 대항해 싸웠고 계속 정부에 충성해 온 판초 비야 같은 세력도 연방군의 지원군으로서 오로스코 파와의 전투에 참여하게 하였다. 목적은 오로스코 파와 마찬가지로 게릴라 작전에 능숙하고, 지역의 서민집단들과 같은 정체성을 지닌 군사자원을 확보하기 위한 것이었다. 게다가 북부의 주지사들은 오로스코 파의 진입을 막기 위해 주의 군대를 조직하였다. 코아우일라의 파블로 곤살레스 군대와 소노라의 알바로 오브레곤 군대가 두드러졌다. 두 가지의 결과를 낳았다. 예전의 마데로 지지세력의 지원과 주 군대들의 합세로 혁명운동은 힘을 얻었다. 그리고 그들의 승리로 연방군은 신뢰를 회복했고, 우에르타는 자연스럽게 새로운 보스로 등장했다. 이러한 상황은 곧이어 그가 합헌적인 정부에 반기를 들기로 결정하는 순간 극적으로 드러나게 된다.

1912년 말에서 1913년 초 사이에 마데로는 네 건의 반란을 진압했으니 비로소 안정을 이루었다고 믿었다. 그의 낙관론은 잘못된 판단에 근거하고 있었다. 네 건의 반란은 심각한 제약을 지니고 있었고, 비록 진압되기는 했지만 마데로 정부에 중대한 상처를 입혔던 것이다. 정치적 상황이 아주 불안했고, 군대는 위상을 회복했지만 불만이 있었고, 정부는 소외되고 반대파가 많은 상황이었다. 1913년 2월, 베르나르도 레이예스와 펠릭스 디아스는 연합하여 연방권력의 근거지에서 반혁명운동을 일으켰고, 성공할 수 있을 거라고 믿었다. 비록 두 사람은 다시 실패했지만 새로운 군사 보스인 빅토리아노 우에르타가 그 운동의 지휘권을 잡음으로써 마데로는 마침내 결정적으로 무너지고 만다. 승리한 '쿠데타 세력'들 간의 합의는 시우다델라 협약이라고 알려져 있는데, 시우다델라가 그들이 은신해 있던 장소였기 때문이다. 또한 미국대표부의 시설에서 서명되었기에 '대사관 협약'이라고도 한다. 워싱턴 정부와(어쩌면 마데로가 석유에 매긴 세금 때문에), 연방군, 포르피리오 파 정치집단, 대농장주, 기업인이 동시에 반대했을 뿐 아니라, 재선반대전선의 해체와 중산층의 실망, 정부의 경험부족 등이 겹쳐 마데로는 더 이상 버틸 수 없게 되었다. 결국 마데로는 1913년 2월, 쿠데타 과정에서 살해되고 말았다.

헌법수호 투쟁

우에르타 정부는 마데로에 대항한 거의 모든 정치집단들의 혼합체였다. 펠릭스 파, 레이예스 파, '과학자들', 가톨릭 세력에다 오로스코 파까지 포함되어 있었다. 게다가 우에르타는 연방군과 대지주, 기업가들의 무제한적인 지지를 얻고 있었다. 미국 정부는 아주 짧은 기간 동안 그를 지지했는데, 몇 주 뒤에 우드로 윌슨(민주당)이 윌리엄 태프트(공화당)를 이어 대통령이 되었고, 근본적으로 멕시코에 대한 태도를 바꾸었기 때문이다. 우에르타가 대통령직에 오르자 과거에 포르피리오에 대항해 반란을 일으켰던 대부분 세력이 분개하여 움직이기 시작했다. 그들 중에는 오로스코 파 진압작전에 참여했던 퇴역군인들도 많았고, 마데로 파로서 지방 관리들도 많았다. 이러한 상황에서 보듯, 우에르타에 반대하는 투쟁은 마데로와 함께 이룩한 변화를 지켜 내고 정치적 지위를 유지하기 위한 노력이었다. 동시에 포르피리오 파 정치인들에 의해서 지배되는 정부, 강력한 연방군의 지지를 받으면서 대농장주와 과거 정권의 상류층에게 우호적인 정부에 반대하는 투쟁이었다.

우에르타에 대항한 반란은 처음부터 네 개의 중요 지역에서, 각각 사회적·정치적·이데올로기적·경제적·군사적 특성을 지닌 채 전개되었다. 첫번째 지역은 코아우일라 주인데, 베누스티아노 카란사 주지사가 앞장서고 있었다. 그는 오랜 레이예스 파 정치인에서 1909년 경 반포르피리오 정치인으로 변신했다. 카란사와 코아우일라 주의 다른 단체장들은 우에르타를 인정하지 않았다. 우에르타를 반란자로 규정하고, 그를 타도하고 합법적인 정부를 세우기 위한 군대(헌법수호파)의 창설을 제안했다. 코아우일라의 반우에르타 운동은 합법성을 추구했으며, 주지사가 앞장섰다는 특징을 지녔다. 충분히 이해할 일이지만, 부관副官 자리는 지방의 주요 정치인들과 관료들이 맡았다. 군사력에 있어서는 과거에 디아스에 대항해 싸웠던 퇴역군인들을 활용했다. 그와 같은 특성들은 과달루페 계획에 녹아들어 있었다. 그런 특성들이 비록 군사적 측면에서 우에르타에 대한 승리에 기여한 바는 적지만, 투쟁의 조직과 합법성 그리고 운영에서 근간을 이루었다.

소노라 주에서 반우에르타 운동의 지휘권을 잡은 것은 여러 명의 중산층 출신이었다. 그들은 포르피리오 집권기간 동안 경제·정치적으로 위축되어 있다가 마데로 집권기 동안 상당한 공직을 차지한 사람들이었다. 그들의 투쟁 목적은 자리를 지키는 것이었다. 가장 중요한 인물로는 알바로 오브레곤, 살바도르 알바라도, 플루타르코 엘리아스 카예스, 마누엘 디에게스, 아돌포 데 라 우에르타 등을 들 수 있다. 이들은 정치적 역량 외에도 군사적 능력도 있었다. 야키족 인디오과의 전투경험이 있었고, 많은 사람이 포르피리오와 오로스코 파를 물리친 경험이 있었기 때문이다. 다른 두드러진 특징은, 농업-인디오와 관련된 (특히 마요족이나 야키족 인디오와 관련된) 갈등과 노동 관련 갈등(카나네아 지역)은 지방의 반정부 중산층이 서민집단과 연대할 수 있는 계기를 마련해 주었다는 것이다. 이처럼 소노라 집단은 군사적 역량 외에도 서민집단과 합의를 이루고 동의를 이끌어 낼 역량을 지닌 중산층으로서, 자신들의 경험을 통하여 우에르타 타도운동에 기여하게 된다.

치와와의 (그리고 두랑고 북부의) 반우에르타 단체는 판초 비야라는 하층계급 출신이 그 집단의 우두머리가 될 정도로 아주 독특했다. 코아우일라와 소노라의 반란자와는 달리 비야는 지방 권력자가 아니라 전형적인 반란자였다. 그렇기 때문에 그의 심복들과 부관들 역시 서민계층에 속했다. 그들은 파스쿠알 오로스코가 지역 권력을 잡지 못하도록, 그리고 테라사스 가문을 위시한 과두체제가 다시 복귀하지 못하도록 하기 위해 다시 무기를 잡았다. 군사적인 면 이외에 그들의 주요한 기여는 서민 출신의 거대한 집단을 헌법수호운동에 주인공처럼 참여시켰다는 것이다. 비야주의^{villismo} 덕분에 북부의 반우에르타 투쟁은 합법주의 중산층 운동으로 제한되지 않게 되었다. 그럼에도 불구하고, 비록 비야 집단이 서민적이었다고는 하나 결코 농민들로만 이루어진 것은 아니었다. 농업일용노동자, 소작인, '공동경작농', 가난한 소농, 과거 군대주둔지의 주민 외에도 그 집단에는 소몰이꾼, 광산노동자, 철도노동자와 일반노동자들이 많이 참여하고 있었다.

우에르타에 대항한 투쟁은 북쪽에만 예외적으로 있었던 것은 아니다. 우에르타의 집권으로 사파타 세력의 투쟁 성격은 바뀌었고, 강도가 높아졌다. 우선 어떤 형태든 농업개혁이 이루어질 거라는 기대가 사라지게 되었다. 왜냐하면 처음부터 농업개혁에 대한 안을 연방군과 대농장주들이 준비하고 있었기 때문이다. 게다가 그들의 탄압방식은 잔인했고 과감했기 때문에 더 많은 사람들이 반기를 들었는데, 농촌공동체의 주민들은 자신을 방어하지 않을 수 없는 상황에 놓이게 되었기 때문이다. 사파타 세력은 카란사의 지휘권을 인정하지 않은 채 투쟁에 나섰기 때문에 혁명의 반우에르타 국면은 두 개의 지역 투쟁이 되었다. 그리고 1909년과 1910년의 기본 요구사항들은 다양한 사회적 요구로 더 풍부해지게 되었다. 특히 강탈당한 토지를 반환하고, 전통적인 농촌공동체를 존중할 것을 요구했다. 농촌공동체를 단순히 유효한 제도로 인정할 뿐만 아니라 멕시코 농업의 근간으로 여길 것을 요구했다.

사회적·지리적 차이들은 정치적·이데올로기적·군사적으로 심각한 분열을 낳았다. 카란사는 과달루페 계획에 의해서 수장 자리를 갖게 된 것 외에, 단지 자신이 고용한 시민과 군인으로 구성된 반군을 지휘하는 역할밖에 없었다. 그래서 모든 반란세력의 진정한 우두머리가 되기 위해 자신의 운동을 이웃 주들로 전파시키려고 노력했다. 비록 자신의 미약한 군사력마저 더 축소됨에도 불구하고, 카란사는 누에보 레온, 타마울리파스, 사카테카스, 산 루이스 포토시 주에서 반란을 촉발시키기 위해 자신의 군사자원을 파견하는 것을 선택했다. 이렇게 해서 한 주의 수장에서 지역의 수장으로 나아갔다. 그럼에도 불구하고 코아우일라의 군사력이 계속 나약한 상태로 있었기 때문에 우에르타 세력은 1913년 중반 코아우일라를 되찾았고, 카란사는 자기 주를 버리고 소노라에 자리잡을 수밖에 없었다. 이 경험을 통해 그는 사회의 다른 혁명세력들과 관계를 맺을 수 있었다. 특히 적어도 북동, 북서 두 지역에서 진정한 반군 수장이 될 수 있었던 것이다.

1914년 초에 반군은 이미 멕시코 북부를 지배하고 있었고, 1913년 중후반부터는 상당한 강도를 띤 반우에르타 운동을 산 루이스 포토시, 사카테카스, 시날로아, 할리스코, 미초아칸, 베라크루스에 전파했다. 반대로 중부와 남부, 남동부는 반란에 거의 개입하지 않고 있었다. 중부지방에서 모렐로스와 그 주변지역(약탈을 자행하는 우에르타 군대와 자신들을 방어하려는 농촌공동체들의 집합체라고 할 수 있는 사파타 반군 간의 치열한 전투가 벌어진 무대) 외에는 이달고와 틀락스칼라 지역에서는 이렇다 할 움직임이 없었다. 그 지역에서 반란이 번져 나가지 않은 것에 대한 설명에는 여러 가지가 있다. 그 지역이 수도에 가까웠고, 푸에블라와 틀락스칼라를 거쳐 베라크루스로 철도가 나 있기 때문에 중요한 산업 '벨트'가 형성되어 있었고, 그래서 그 지역을 장악하는 것이 중요해서 [반란을] 억압하지 않을 수 없었다는 설명이다. 남부로 말하자면, 비록 게레로에서는 수많은 반란세력들이 있었지만, 오아하카에서는 단지 소수에 불과했다. 남동부지역의 경우, 타바스코에 여러 반란두목들이 있었지만, 그들의 활동은 정부를 긴장시킬 정도는 아니었다. 그 지역의 사회적 구성이 가부장적인 농장주와 고용인부와 원주민으로 구성되어 있

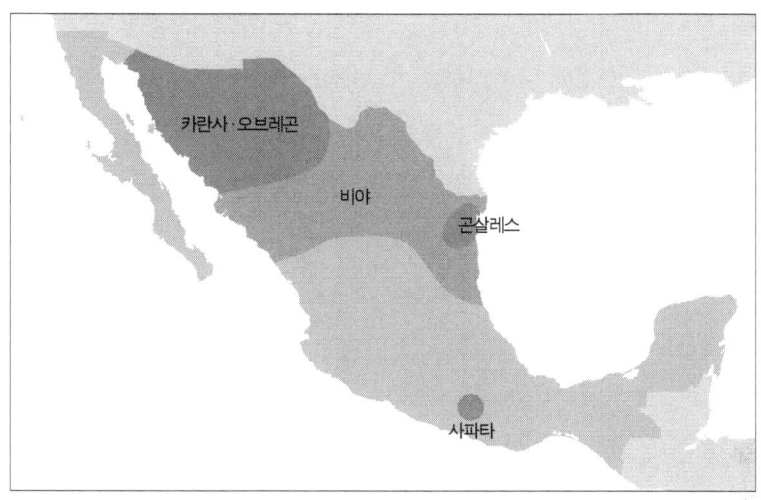

반우에르타 세력의 판도

었고, 지리적으로 멀리 떨어져 있는 데다 실질적으로 교통과 통신이 두절된 지역이었기 때문에 반우에르타 투쟁에 참여하기에 힘든 지역이 되었던 것이다.

1914년 3월과 4월 무렵 북부 병력은 우에르타를 수도에서 몰아내기 위해 중부로 진격을 시작했다. 오브레곤은 서부, 비야는 중부, 파블로 곤살레스는 동부를 맡아 전체는 하나의 압도적인 군사력을 형성했다. 우에르타의 패배는 피할 수 없었기 때문에 우에르타 군은 주요 도시를 거점으로 하여 방어적이고 정적인 전략을 구사했다. 더욱 어려웠던 것은, 워싱턴 정부로부터 배척당했고, 북부 국경을 장악하지 못했기 때문에 경제적으로 심각한 위기를 맞았고, 그래서 새로운 군인을 징병하고 무기와 물자를 구매할 수 없었던 것이다. 반란운동이 처음부터 점점 진전되어 갔던 것과는 달리 우에르타 정부는 지속적으로 퇴조했다. 정치적으로, 1913년 2월 쿠데타 이후 형성된 거대한 보수연합은 곧 해체되었고, 대표성과 적법성, 효율성을 상실해 갔다. 외교적으로는, 민주당의 우드로 윌슨 대통령이 취임하고, 또 우에르타가 미국의 주요 투자가 이루어지던 지역을 상실하게 됨으로써 미국과 우에르타 정부 간의 관계는 점점 더 멀어져 갔다. 우에르타 정권의 붕괴는 1914년 4월경 시작되었다고 볼 수 있다. 북부군이 중부지방에 대한 공격을 시작하고, 미국 해군이 유럽으로부터 배에 실려 오는 무기를 우에르타가 받지 못하도록 베라크루스를 공격한 시기였다.

북군의 진격으로 중부 여러 주에서는 뒤늦게 수많은 봉기가 일어났다. 한편, 우에르타 군대가 패배할 때마다 민간 권력층의 이반이 동시에 일어났다. 비록 비야의 북부사단이 6월에 사카테카스에 도달했지만, 카란사는 곤살레스 부대와 오브레곤 부대가 수도를 접수하도록 하고, 비야 부대는 북부에 남아 있으라고 결정했다. 이 결정은 그 둘 사이에 오랫동안 이어져 온 불화가 마지막으로 노출된 것이었다. 그 불화는 사회경제적·정치-이데올로기적인 수많은 차이의 산물이었다. 이렇게 헌법수호주의자들의 균열이 임박했지만, 마침내 합의에 이를 수 있었다. 비야는 비록 북부에 남아 있더라도 우에르타에 대항하는 싸움에 핵심적 요소로 계속 남아 있고, 카란사는 멕시코 시가 점령되는 대로 즉시 장군회의를 소집하여, 요청되는 사회개혁과 차기 대통령에 대해서 해결한다는 합의를 보았다.

이 충돌 말고는 혁명군의 진격은 불상사 없이 계속되었다. 오브레곤은 사날로아와 할리스코를 향해 나아갔고, 과달라하라를 점령하고, 그곳에서 중부를 향했다. 곤살레스는 몬테레이, 탐피코, 산 루이스 포토시, 케레타로에서 활약했다. 진격이 손쉽게 이루어졌다고 해서 그 과정이 지닌 역사적 중요성이 덜한 것은 아니었다. 우선 그 운동은 북부지역의 운동에서 벗어나 거의 나라의 반을 포괄하는 운동으로 탈바꿈하였다. 지리적 확장은 사회적 확장을 포함했다. 혁명세력이 진격하면서 엘리트들과 우에르타파 권력자들이 자기 자리를 버리고 도망갔기 때문에, 혁명세력은 우에르타파가 아닌 중산층에 다가가 지방정부를 재건하는 데 동참하도록 했고, 이 과정에서 중산층은 권력에 다가가게 되었다. 동시에 혁명세력의 도착과 함께 지역의 서민계급과 합의가 이루어져, 노동자와 농민의 지지를 받는 대신 그들을 위하는 법령을 공포하였다. 이처럼 그 몇 달 동안 반우에르타 투쟁은 새로운 무대로 옮겨갔고, 새로운 배우들을 포함시켰다. 이들은 북부의 반란세력과는 매우 달랐기 때문에, 북부 반란세력은 지리적·사회적인 면에서 완전히 전국적인 재건계획을 제안하지 않을 수 없었다. 이러한 정치적 연대와 사회적 약속들 속에서 혁명 이후 멕시코라는 국가의 기원을 찾을 수 있다. 만약 마데로의 선거투쟁이 도시의 중산층에 의해서 수행되었고, 포르피리오에 반대하는 반란이 북부지역의 서민층에 의해서 이루어졌고 그들과는 거리가 먼 한 명의 엘리트에 의해서 이끌어졌다면, 우에르타에 대항하는 헌법수호투쟁은 중산층과 서민층 사이의 연대가 그 특징이 될 수 있다. 그리고 이 두 계급 모두 과거 포르피리오-레이예스의 정치 기구의 오랜 멤버였다가 급진적으로 변한 한 인물을 우두머리로 삼았다는 것이 특징이 될 수 있다.

헌법수호파 대 국민회의파

멕시코 혁명은 다음 단계로 진입했고, 멕시코 시 점령과 우에르타 정부와 군대에 대한 승리로 새 국면을 맞이했다. 그 승리는 1914년 8월에 테올로유칸 조약에 잘 반영되어 있다. 그 조약을 통해 반우에르타 운동세력은 정부로 변했고, 그들의 부대는 반란군에서 안정을 도모하는 군대로 바뀌었다. 또 다른 두드러진 변화는 반우에르타 운동세력이 중부지방과 연결됨으로써 일어났다. 중부지방은 멕시코에서 가장 산업이 집중된 곳으로, 멕시코 시, 푸에블라, 틀락스칼라, 오리사바 등이 있었다. 또한 아시엔다와 농민공동체 간의 관계에 있어 가장 갈등이 첨예한 지역이기도 했는데, 모렐로스, 푸에블라, 틀락스칼라, 멕시코주 등이 대표적인 곳이었다. 또한 헌법수호운동이 (북부의) 지역운동에서 거의 전국적 운동으로 확대된 시기도 그때였다. 우선 중부와 동쪽 해안지역을 점령하고, 그 후 남부와 남동부로 확대되면서 전국적 운동이 되었던 것이다.

도전은 간단하지 않았다. 헌법수호파는 통치임무를 수행해야 했지만 명백하게 정해진 계획도 없었고, 정치-관료기구도 경험과 수적으로 부족했다. 그런 상황 때문에 기본적으로 세 개 집단으로 통치세력을 구성하지 않을 수 없었다. 행정경험이나 능력이 있는 헌법수호파 군인과 정치인, 포르피리오와 우에르타 정부에 의해서 소외되었던 중산층 출신 인사, 그리고 구정권에 속했던 중하위직 관료 중 다시 기용할 만한 사람들로 구성되었다. 이 기구를 가지고 약속했던 사회개혁, 특히 농지소유구조의 개혁과 노동자를 위한 대책마련을 수행해야 했다. 동시에 중산층이 요구하는 사회 안정도 보장해야 했다. 사실 정부로서 안정을 찾기 위해 서민계급의 사회경제적 요구도 만족시켜야 하지만, 중산층과 외국 투자자들에게 두려움이나 거부감을 불러일으켜서도 안 되었다. 다른 한편, 헌법수호파 새 정부는 자신들의 지배력을 남부와 남동부로 확대할 필요가 있었는데, 그 지역들은 우에르타에 대항해 투쟁하지 않았기 때문에, 지역 엘리트세력도 약해지지 않았고, 협력자들의 '판도'[版圖, cuadros

나, 개혁참여자와 동조자의 조직망도 잘 드러나지 않았다.

더 큰 문제는 공동의 적(우에르타)이 타도되자 승리한 반란 부대들이 서로 대립하게 되었다는 점이다. 그들 모두는(헌법수호파, 비야 파, 사파타 파) 자신의 발전계획안을 전국에 걸쳐서 적용하기를 원하고 있었다. 그렇지만 비야 파와 사파타 파의 계획안은 사회·지리적으로 일부분에 해당되는 것이었다. 비록 그 대립을 평화적으로 해결하고 공동안을 마련하려는 시도가 있었지만, 차이는 극복될 수 없는 것이었고, 충돌을 피할 수 없었다. 1914년 후반기 동안 화해의 시도와 적대감의 표출이 공존했다. 가장 두드러진 예는 국민회의였는데, 토레온 협약을 통해 카란사 파와 비야 파가 이룬 타협안이었다. 공동으로 국가가 요청하는 정치·사회적 개혁안을 마련하기 위해서였다. 10월 1일 멕시코 시에서 회의가 열렸는데, 비야 파와 사파타 파가 배제되어 있었다. 그 이유로 회의는 곧 중단되었고, 북부와 수도에서 거리상 중간 장소인 아구아스칼리엔테스에서 다시 열기로 합의하였다. 두번째 회의에서 카란사 대표단은 줄어들었고, 반대로 비야 파와 사파타 파의 비중이 커졌다. 이들의 대표로 도시 출신이 파견되었는데, 이들은 국민회의가 아얄라 계획을 최우선시해야 한다고 주장했다. 이 두번째 회의가 이전 회의보다 사회적 대표성을 더 가지고 있었다는 점에는 의문의 여지가 없다. 가장 중요한 서민집단들이 참여하고 있었기 때문이다. 게다가 이 회의는 최고기구임을 선언하면서 정부로 탈바꿈하였고, 최고지도자로서 카란사를 인정하지 않았다. 그래서 카란사는 멕시코 시를 버리고 베라크루스로 갔다. 베라크루스는 수도보다 더 위험이 적은 곳인 데다 미 해병에 의해서 통제되고 있었다. 미 해병은 헌법수호파가 그 도시를 점령할 수 있도록 소탕작전을 펼쳤다.

1914년 멕시코 대통령 궁에서 만난 판초 비야와 에밀리아노 사파타. 가운데 검은 제복을 입은 인물이 판초 비야, 그 왼쪽에 모자를 무릎에 얹고 앉은 인물이 에밀리아노 사파타이다.

전쟁은 재개되었다. 비야의 부대들은 수도를 향해 진격했고, 거기서 1914년 12월 초 사파타 세력과 합세했다. 한편 카란사는 베라크루스에서 전투 준비를 시작하고 있었다. 각 진영은 자신의 입장을 재정립했다. 오브레곤 파는 카란사의 대리자로 남아 있기로 결정했고, 비야 파와 사파타 파는 두 진영 모두 서민 출신이기 때문에 서로 연합하여 공동의 계획을 실현하기 위해 투쟁할 수 있을 거라고 믿었다. 전국은 1915년 내내 '파벌 간 전쟁'으로 고통 받고 있었다. 처음에 모든 정황으로 보아 비야와 사파타의 서민 군대가 중산층이 이끄는 카란사와 오브레곤 세력을 타도할 수 있을 것으로 보였다. 그러한 예측에도 불구하고 결과는 정반대였다. 그 결과는 정치적·군사적·경제적·사회적 요인들에 의해서 설명된다. 국민회의파 정부의 특징은 대통령들이(에울랄리오 구티에레스,

로케 곤살레스 가르사, 프란시스코 라고스 차사로) 아주 힘이 약했다는 것, 그리고 그들이 두 서민 계층의 어느 한쪽이나 양쪽 모두에 대립적인 관계에 놓여 있었다는 것이다. 이러한 상황에 중산층은 두려워했고, 그래서 국민회의와의 관계가 단절되었다. 그로 인해 국민회의는 정부로서 기획 능력이 감소되었고, 여러 계급간 정치사회적 연대를 확립할 수 있는 가능성이 줄어들었으며, 여론과 국내외의 신뢰를 얻을 수 있는 가능성이 줄어들었던 것이다. 더군다나 처음부터 국민회의 내에서는 분리주의가 존속했고, 비야라는 두목의 군사력에 의존적이었다. 게다가 그 후 연속된 대통령들의 나약함은 더욱 심각했다. 비야나 사파타 같은 두목이나 그들의 부관들이 권력을 잠식했을 뿐 아니라, 그 파벌들 내에서는 의회주의가 지배하고 있었기 때문에 행정부의 수장을 항상 주요한 이념가나 대표단 아래에 두었다. 이들 중에서도 산 루이스 포토시 출신의 안토니오 디아스 이 소토는 오랫동안 자유주의자였다가 사파타 파가 된 인물로 두각을 나타내고 있었다. 정부의 무기력과 사회정치적 결집력 부족이 국민회의파의 가장 큰 특징이었다.

반대로 헌법수호파는 단지 돈 베누스티아노라는 경험 많고, 권위를 지닌 한 명의 수장이 이끌었다. 헌법수호파는 더 이질적인 집단이었지만, 무엇보다 국민회의파와는 달리 단합과 정체성, 조직을 유지할 수 있는 충분한 규율을 가지고 있었다. 하지만 국민회의파는 북부의 서민적이고 근대적인 집단(비야 파)과, 중부와 남부의 전통적인 농민 집단 사이의 연합을 통해 최근 구성되었다. 이 연합은 유지될 수 없는 것이었다. 곧바로 사회적·이념적 차이가 발생했고, 그것은 통치력을 잠식했고 군사력을 약화시켰다.

국민회의파는 군사적인 측면에서도 열세로 드러났다. 서로 상이

한 구성원과 전략과 목표를 가진 두 개의 군대로 이루어져 있었기 때문에, 그 둘 사이에 협력을 찾아 볼 수 없을 정도였다. 비야 파는 우선 군사적 승리를 획득해야 한다는 것을 알고 있었기 때문에 온통 그것을 위해 힘을 쏟은 반면, 사파타 파는 정치적인 차원과 농업소유권 차원에서 자기 지방을 재조직하고, 그 이후 그 모델을 전국의 나머지 지역으로 전파해야 한다고 확신하고 있었다. 그래서 비야 파가 멀리 떨어진 여러 지역들(바히오, 석유가 나는 우아스테카, 북동부 지역)에서 처절한 전투를 벌이고 있는 동안, 사파타 파는 자기 지방을 따로 분리시켜 두려는 의도에서 단지 방어적인 싸움을 견지하고 있었다. 남부세력의 협조도 부족한데다, 비야 파는 '군수물자' 문제로 타격을 입었다. 1914년 8월까지 비야 파는 미국시장에 의존해 왔다. 하지만 1차 세계대전이 발발함으로써 유럽국가들이 우방국인 미국의 모든 군수품을 구매하게 되었고, 그것 때문에 가격이 상승하게 되었다. 다른 한편, 멕시코 시를 먼저 점령한 것은 헌법수호파였기 때문에 그들이 포르피리오 정부가 건설하고 우에르타 정부가 운영해 온 무기 제조창과 군수품 공장들을 장악하였던 것이다.

 전술-전략적 요인들도 '파벌 간 전쟁'에 영향을 미쳤다. 우선 카란사는 전투 일정을 적절하게 잡았다. 사파타 파의 방어적 자세를 알고 있었기에 우선 비야 파와 맞서기로 결정했다. 게다가 헌법수호파들은 (적어도 북동군과 북서군으로) 나누어져 작전을 수행한 경험이었던 것과는 달리, 북부사단은 늘 함께 전투를 해오다가 이제는 중부와 멕시코만 지역과 북동부 지역에서 동시에 전투를 하기 위해 나뉘어야 했다. 마지막으로, 우에르타군에 대항해 그 많은 승리를 얻었던 '기병대의 습격' 전술도 헌법수호파의 참호에는 효과가 없었다. '파벌 간 전쟁'의 결과에 결정적 요인은 경제적인 것이었다. 한편에서 사파타 파들은 아시엔다를 분배했는데, 이는 분배기준들이 정의로웠는지 아니었는지는 별개로, 일단 그 지역 경제에 커다란 타격이었다. 다른 편에서, 치와와는 전국에서 유일하게 1910년 말부터 폭력이 지속되어 온 주였기에, 그곳에서 부의 파괴는 심각하였다. 그래서 비야는 병사를 모집하고, 유럽의 대량수요로 인해 갑자기 비싸진 무기를 구매할 수 있는 자금이 없는 가운데 혁명의 가장 치열한 시기를 맞아야 했다.

반대로 헌법수호파는 중부와 동쪽, 동남쪽으로 진격하면서 폭력의 피해를 입지 않은 케레타로와 바히오의 곡창지대 같은 귀중한 지역들을 접수했다. 동시에 멕시코 시, 푸에블라, 틀락스칼라, 베라크루스를 점령하면서 전국에서 가장 중요한 산업지대를 장악했다. 멕시코만을 통한 석유수출과, 유카탄 점령 후 에네켄의 수출은 더욱 중요한 의미를 가졌다. 더욱 유리했던 것은, 국민회의파가 멕시코 시를 1914년 말에서 1915년 8월까지 장악했고, 게다가 그것은 그들의 군사적·정치적 힘을 보여주는 것처럼 여겨졌지만, 사실은 그 도시를 지배함으로써 가장 밀집된 인구의 식량과 안전, 그리고 보건을 책임져야 했다는 사실이다.

헌법수호파는 중부와 동부, 남부와 남동부로 확대되면서 경제적인 자원뿐만 아니라, 신선한 인적 자원을 모집할 수 있는 가능성을 얻었다. 그 지리적 확장으로 사회적 대표성이 동시에 증가했다. 이처럼 한 파벌이 전국적인 존재가 되는 동안 다른 파벌은 두 개의 상이한 지방세력만으로 구성되고 말았다. 그렇게 되자 헌법수호파는 이중정책을 펼칠 수 있었다. 한편으론 중산층의 상승을 도왔고, 다른 한편으론 부르주아 계급을 위협하지 않으면서 서민계층을 끌어들였다. 이런 맥락에서 1914년 12월의 과달루페 계획안의 추가적 조치들이 설명될 수 있다. 1915년 1월의 농민지원법, 그 다음달 전국에서 가장 큰 노동자조직인 '세계노동자의 집'과의 협약 등이 추가적인 조치였다. 카란사의 포퓰리즘이 진실성이 없었다고 인정한다 해도, 오로지 국민회의파로부터 서민적인 기반들을 빼오기 위한 것이었다고 가정한다 해도, 확실한 것은 사파타 파는 이웃 주들의 농민집단을 통합시키지 못했고, 중부지방의 무산계급과 연대도 이루지 못했다는 것이다. 그리고 비야 파는 1914년 내내 수많은 서민의 지지를 받았지만, 그 지지를 금방 상실하고 말았다는 것도 사실이다. 1915년 말 헌법수호파의 승리는 의심할 수 없는 것이 되었다. 모든 전선에서 비야 파를 격파했고, 사파타 파로부터 멕시코 시를 탈환했다. 카란사 정부는 1915년 10월 미국 정부로부터 인정을 받았고, 그 해 나머지 기간과 1916년 한 해 동안 승리를 공고히 하고 국가적 계획을 다듬는 데 매진했다.

카란사 파의 장점과 한계

카란사 집권기는 헌정이전기와 헌정기라는 두 단계로 나눠지고, 그 분리시점은 1917년 5월이 된다. 첫 단계는 군사적 측면이 지배적이었다는 특징이 있다. 비야 파와 사파타 파가 계속 무장을 하고 있었고, 게다가 혁명적 모델이 수립되는 것을 거부하는 다른 무장운동들이 전국 여러 곳으로 퍼져 나갔다. 멕시코만 북쪽 해안의 유전지역과 베라크루스, 치아파스, 오아하카, 미초아칸 같은 곳이었다. 1916년의 커다란 문제들 중 또 하나는 외교적이고 군사적인 것이었는데, 비야가 뉴멕시코주의 콜럼버스 마을을 습격한 데 대한 보복으로 비야를 무찌르기 위해 미국 정부가 막강한 '징벌' 부대를 보낸 사건이다(이는 별로 좋은 결과를 얻지 못했다). 그 부대는 1916년 4월부터 1917년 2월까지 멕시코에 체류했다.

1916년은 명백하게 제도화를 추진하던 해였고, 승리한 측에서 전반적으로 온건한 태도를 보여 준 한 해였다. 비야 파와 사파타 파는 이미 패배한 상태였기 때문에 카란사 정부는 서민대중의 지지가 더 이상 필요하지 않았다. 그래서 1914년과 1915년에 지배적이었던 경향, 즉 서민계층에게 정치사회적으로 크게 양보하던 경향을 되돌리기 시작했다.

혁명과정에서 혁명 이후의 국가건설로 나아가기 위해 승자 집단은 국가적 기획을 확정해야 했다. 1917년 헌법은 바로 그러한 기획이었다. 비록 우에르타에 대항한 투쟁의 첫번째 목적은 1857년 헌법으로부터 시작하는 합법성을 재확립하는 것이었지만, 1857년 헌법은 7년간의 투쟁을 겪은 이제 현실성이 없는 헌법이었다. 새로운 최고 법은 전국에 걸쳐 선출된 국회의원들에 의해서 기초되어야 했다. 의원의 수는 각 주의 인구수에 의해서 결정되도록 했다. 그리고 헌법수호파의 적이었던 사람은 선출될 수 없도록 했다. 그렇게 함으로써 우에르타 파와 국민회의파는 배제되었다. 나라의 모델은 승리한 혁명가들이 규정하게 되었다. 그들은 전장에서 얻은 것들을 재판정에서 잃게 될 위험을 감수하려 하지 않았다. 헌법수호파들의 배타적인 참여는 완전한 동질성을 상정하지는 않았다. 제헌의원들은 전국의 모든 지방에서 나왔고, 각 지역의 상이한 사회역사적 현실을 내포하고 있었다. 그리고 각 의원은 자신의 개별적인 정치적 전력과 이념적 편향을 가지고 있었다. 오래전 사회적 기독교주의에 동조하던 자들도 있었고, 마곤 추종자들도 있었다. 과거 레이예스 파는 여럿이었고, 마데로 정권에 협력한 사람들도 있었다. 의회의 회의 때마다 논쟁이 벌어졌던 것은 바로 이 모든 차이들을 통해 설명된다.

새 헌법을 '분수령'으로 볼 수 있다. 혁명의 이념적 완성이며, 새로운 국가의 규범적 기반이었다. 그 헌법을 통해, 근본적으로 파괴적이었

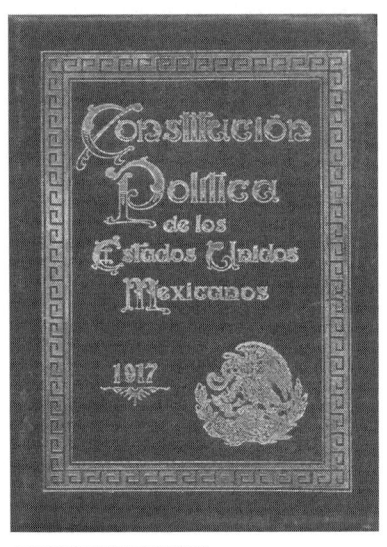
1917년에 제정된 멕시코 헌법

던 혁명적 과정은, 건설하고 조정하는 정부로 바뀌게 되었다. 이와 함께 무장투쟁이 농촌사람들에 의해 이뤄졌다면, 미래의 멕시코를 설계하는 국회의원은 도시 사람들에 의해서 도시 사람들 중에서 선출되었다. 다른 한편, 북부지방의 주들은 인구밀도가 낮고, 모렐로스와 치와와 같은 행정단위에서는 전투상황이 지속되고 있었기 때문에, 확실한 것은 무장투쟁에서는 가장 활발했던 주들이 제헌국회에서는 무장투쟁에서 소외되었거나 혹은 무장투쟁에 대항했던 주들보다 의원수가 더 적게 되었다는 것이다. 치와와는 의원이 단 1명이었고, 소노라는 4명, 코아우일라는 5명이었던 데 반해, 할리스코는 20명, 푸에블라와 베라크루스는 각각 18명, 과나후아토와 미초아칸은 17명, 오아하카는 10명이었다는 것을 보면 알 수 있다.

새로운 헌법은 1857년 헌법과의 유사점과 차이점을 금방 드러냈다. 1857년 헌법이 자유주의에다 이론적인 헌법이었다면, 새로운 헌법은 멕시코의 복잡성에 맞게 아주 현실적이었다. 게다가 그 시대의 국제적 상황을 반영했는데, 이미 귀족정치와 과두체제의 쇠락은 명백했고, 자유주의 국가들의 위기도 명백했다. 1917년 헌법이 1차 세계대전과 볼셰비키 혁명 사이에 만들어졌다는 것을 기억할 필요가 있다. 멕시코의 사회역사적 복잡성 때문에 새로운 헌법은 개별적·집단적 소유를 동시에 보장하고, 사기업과 공기업의 공존을 보장했던 것이다. 정치에 있어 멕시코는 계속 민주, 대의제, 연방, 공화국을 유지했다. 하지만 이제 행정권이 최상위 권력이 되었다. 더 이상 늦출 수 없는 국가의 재건을 이끄는 하나의 권력이 필요했기 때문이다. 마찬가지 이유로 통제하는 국가로 구상되었고, 따라서 국가는 권력을 앞세워, 경제·교육·종교 문제에 개입하도록 되어 있었다. 새로운 헌법은 민족주의 색채를 띠게 되었는데, 왜냐하면 혁명이 신식민지국가 같은 멕시코의 성격을 없애 버리려고 모색해 왔고, 불과 얼마 전에 베라크루스가 미국의 침공을 받은 데다, '징벌적 파병'도 당했기 때문이었다. 이와 함께 농지의 재분배와 노동자를 위한 혜택 등, 전국의 서민계층에게 커다란 양보를 보장했다. 이 집단들로부터 혁명투쟁 동안 군사적이고 정치적인 힘을 얻었기 때문에 언급된 양보들은 필수불가결한 것이었다. 1917년 헌법은 포르피리오 정권 하의 멕시코에서 혁명 후의 멕시코로 넘어가는 변화의 과정을 공고히 하고, 국가를 규정을 통해 이끌어 갈 수 있는 유일한 방법이었다.

　1917년 5월, 새로운 헌법의 발효와 헌법에 따른 카란사의 대통령직 취임은 혁명 이후 멕시코의 공식적 시작이었다. 하지만 진정한 혁명 이후 국가로 자리잡기 위해서는 3년이란 세월이 여전히 남아 있었다. 카란사는 헌법에 따른 대통령 임기 동안 심각한 정치·군사·경제·국제·사회 문제들에 직면했다. 우선, 헌법의 발효로 거의 잘 알려져 있지도 않던 규정과 절차는 실제로 적용되어야 했다. 30년간의 포르피리오 집권과 7년간의 혁명투쟁이 지난 이제, 모든 단체장들을 선출해야 했다. 동시에 힘있는 군사령관들도 새로운 민간단체장들을 존중해야 했다. 동시에 개인에게 보장된 권리도 존중해야 했다. 그렇지만, 정치적 문화도 적합한 제도도 없었다. 최근 역사에서 권위주의와 무질서를 오갔던 나라에서 민주적 체제를 건설하기 위해서는 엄청난 어려움이 있었다.

군사적 문제들은 법치의 국면으로 돌아섰다고 사라지지는 않았다. 사실, 카란사는 평화정착과 강제적 제압이라는 자기 일을 계속해야 했다. 그렇지 않으면 많은 지역이 자신의 권위와 변화의 과정을 무시할 것이기 때문이다. 비야와 사파타의 힘을 축소시키면서, 동시에 다른 여러 소규모 반란세력과 도적떼와, 소위 체질적인 '반혁명분자들'에 대한 소탕작전도 펼쳐야 했다. 이들 중 유전지역과 베라크루스 중앙지역에서 활약했던 마누엘 펠라에스와 펠릭스 디아스의 세력, 오아하카의 '주권주의파' 반란자들, 그리고 치아파스의 농장주 군대가 두드러졌다. 문제는 카란사가 부실하고 훈련을 제대로 받지 못한 채 무장도 허술한 군대를 이끌고 이 모든 도전에 맞서야 했다는 것이다. 무력 소탕작전은 수많은 정치적 충돌을 일으켰는데, 군인들은 자신들의 위상이 격하되는 것에 반대했기 때문이다. 또한 사회에 반하는 여러 가지 심각한 위반행위('카란사 방식') 들도 유발시켰다. 마지막으로 군사작전은 전국을 황폐화시켜 온 경제문제를 더욱 심각하게 만들었다. 군사작전으로 국가의 부는 계속 파괴되었고, 예산의 많은 부분이 군비로 할당되었다. 이와 함께, 무력투쟁 기간 동안 국가노동력의 상당 부분이 죽거나 활용되지 못했고, 거의 같은 숫자의 사람들이 이민 가거나 다른 부대나 무장단체에 속해 있었다. 문제는 양적인 면뿐만 아니라 질적인 면도 있었다. 수많은 대지주나 기업가, 전문인들의 망명으로 국가의 인적자원이 잠식되었다. 더구나 1차 세계대전으로 멕시코의 무역과 외국인 투자는 원활하지 못했고, 그래서 국가경제 활성화가 지연되었다.

유럽의 분쟁은 심각한 외교적 문제도 초래했다. 미국은 멕시코가 중립적 태도를 버리고 연합국가들 편에서 행동하라고 압력을 가했던 것이다. 카란사는 엄중하게 중립을 지켰을 뿐 아니라, 독일 편향적이라는 비난도 받았다. 왜냐하면 독일 외상인 짐머만이, 만약 멕시코가 19세기 중반에 잃은 영토를 찾기 위해 미국과 전쟁을 시작한다면 군사적 지원을 하겠다고 제안했기 때문이다. 유럽의 전쟁이 끝나자 미국의 여러 정치인은 전쟁 기간 동안 미국에 반하는 행동을 한 카란사를 응징해야 한다고 주장했다. 카란사의 임기가 1920년에 끝나기 때문에 워싱턴은 멕시코에 있는 미국의

카란사(가운데 턱수염이 있는 인물)와 오브레곤(카란사의 오른쪽에 서있는 인물), 1916년

많은 이해관계에 영향을 줄 수 있는 과격한 결정을 내리지 않기로 하고, 멕시코가 혁명 이후의 국가로서 발전해 나가도록 두었다. 다만, 급진주의로 흐르지 않고 온건하고 제도화된 나라로 나가도록 압력을 가했다.

1920년 한 해 동안 멕시코는 결정적인 변화를 경험한다. 그 변화는 알바로 오브레곤과 이그나시오 보니야스가 대통령직 승계를 위한 선거전에 돌입함으로써 시작되었다. 알바로 오브레곤은 이미 카란사로부터 멀어진 상태였지만, 많은 혁명집단들(군인과 시민, 도시사람과 시골사람, 서민들과 중산층)로부터 강력한 지지를 받고 있었고, (당시 워싱턴 주재 대사인) 이그나시오 보니야스는 헌법수호파의 오래된 관료로서 카란사의 신임을 받고 있었지만 혁명군인들과 일반대중들에게는 알려지지 않은 인물이었다. 여러 해 동안 (1917년 5월까지 헌법수호파 부대였던) 국군은 전국적으로 가장 잘 조직되고 정치적 힘이 있는 집단이었고, 사회정치적 조직 면에서나 권위와 대중적 인기 면에서 오브레곤과 보니야스 사이에는 격차가 컸기 때문에, 카란사 집단이 정권을 유지하기 위해는

강압적 수단을 동원할 수밖에 없는 상황이었다. 그 결과 아구아 프리에 타에서 반란이 일어났고, 짧은 기간에 피를 흘리지 않고 끝이 났다. 카란사는 자신의 문민적 태도 때문에 자기 군대의 지지를 확보하지 못했고, 그래서 멕시코 시에서 도망갈 수밖에 없었고, 어느 산골마을에 숨어 있다가 죽고 말았다.

이 사건은 카란사가 고립되어 있었고, 오브레곤이 신속하게 지지를 확보했다는 것을 보여 주고 있다. 친정부파든 반대파든, 수많은 사회정치적 조직과 상이한 성향의 반란집단이 아구아 프리에타 운동에 동참했다. 그 운동은 '통일 혁명'으로 여겨지기 시작했다. 카란사는 다른 혁명 세력(비야와 사파타)과의 차이를 오로지 무력으로 해결할 수 있다고 보았던 반면, 오브레곤, 카예스, 그리고 다른 아구아 프리에타의 지도자들은 그러한 대립을 사회정치적인 것이라고 생각했다. 그래서 그들에 대항해 싸울 것이 아니라 새로운 국가에 포섭시켜야 했던 것이다. 새로운 지도자들은 카란사의 혁명 이후 국가모델이 국가의 성격과 맞지 않고 만성적인 불안을 자초했다는 점을 의식하고, 오랫동안 지속된 투쟁에서 중요한 역할을 한 집단들의 요구대로 정치적·사회적 양보를 할 자세가 되어 있음을 보여 주었다.

새로운 국가

혁명 이후 국가로서 멕시코는 1920년경에 탄생했다. 왜냐하면 그 시기에 이르러 혁명과정에 참여한 주요 집단들이 상이한 수준의 혜택과 영향력을 가진 채 합의를 이루었기 때문이다. 1920년부터 카란사 집단과는 사회적·정치적·이념적으로 다른 일부 중산층이 권력을 잡았다. 이들은 과거 정권과는 연관이 없었기 때문이다. 이 새로운 중산층 집단의 힘의 일부는 서민계층과의 연대에서 나오고 있었다. 비록 서민세력이 1915년 국민회의에서 했던 것처럼 국가의 리더가 되기를 더 이상 소망하지는 않았지만, 지지와 복종의 대가로 상당한 정치적·사회적 양보를 얻어 내었다. 그렇다고 이 연대가 혁명 이후 국가로서 멕시코가 급진적이라는 뜻을 내포하는 것은 아니었다. 왜냐하면 이제 권력을 잡은 중산층은 지방엘리트를 대표하던 반혁명세력과도 협약을 맺었기 때문이다.

혁명이 20세기의 가장 중요한 역사적 사건이라는 것은 의심의 여지가 없다. 새로운 국가를 탄생시켰기 때문이다. 그 국가를 급진적이지 않은 중산층이 이끌었지만, 이들은 혁명투쟁에서 결정적 역할을 한 서민집단의 주요한 요구들을 만족시켜 줄 필요성을 느끼고 있었다. 혁명은 10년에 걸친 전투적이고 사회정치적인 과정이었다. 혁명을 통해 중산층과 서민계층이 상승했고, 포르피리오 세력의 과두체제가 물러났다. 1910년에서 1912년 사이에는 과두체제의 엘리트와 결별한 사람들이 많은 중산층 집단과 일부 서민세력의 지지를 받아 앞장섰다. 1913년부터 중산층이 주도권을 잡았고, 서민들의 참여가 더욱 중요해졌다. 1920년에 탄생한 새로운 국가는 민주적이지는 않았지만, 민족주의적 정체성을 보였다. 권위적이었지만 폭넓게 합법성을 띠고 있었고, 서민들의 적극적인 지지와 유능하고 유연한 정치-군사 집단의 역할, 그리고 때론 어쩔 수 없었던 미국의 인정으로 안정적인 국가였다.

오브레곤 집권기는 혁명 이후 국가에서 (평화의 수립과 아돌포 데 라 우에르타의 대행 기간 동안 치러진 새로운 선거를 통해 합법성을 띤) 첫 임기였는데, 정권의 복잡한 속성이 잘 드러났다. 오브레곤은 수령처럼 행동하면서, 자신의 계획에 따라 다스렸다. 그의 주요한 목표는 나라를 재건하는 것이었다. 그렇게 하기 위해서는 전국적으로 평화를 되찾는 것이 결정적 요소였는데, 그것은 기본적으로 포용적 태도를 지닌 아구아 프리에타 봉기를 통해 시작되었다. 또한 권력을 중앙으로 집중시키는 것도 목표였는데, 혁명이 권력을 분열시키는 효과를 가져왔기 때문이다. 새로운 국가를 건설하기 위해는 많은 카란사 파들이 물러나야 했다. 그럼에도 불구하고 아구아 프리에타 봉기가 대부분의 헌법수호파를 포함하고, 과거에 혁명세력이었든, 반혁명세력이었든 상관없이 주요한 카란사 반대운동 세력을 포함시켰기 때문에, 혁명 이후 멕시코 국가를 이념적 통일성으로 특징지을 수는 없었다.

농업분야에 있어, 예를 들어 비록 일부 혁명집단의 농업관련 요구들이 충족되었다고는 하나, 확실한 것은 무엇보다 중소 규모 지주의 발전을 지원했다는 사실이다. 그것은 많은 혁명지도자들이 농촌 중류계층 출신이었다는 것에 기인한다. 노동분야에서, 비록 한편으론 노동자총연맹 같은 급진적 단체들이 구성되었지만, 다른 한편 정부는 멕시코지역 노동자총연맹과 상호 우호연대를 유지했다. 한편, 오브레곤 정부는 혁명투쟁 기간 동안 몰수한 은행을 반환하는 법을 공포하고, 포르피리오 파와 우에르타 파의 귀국을 허용했다. 평화를 되찾자 농업과 광산업, 철도 체계가 회복되었다. 게다가 미국이 경제적으로 대단한 성장을 시작했고, 그것은 멕시코 석유에 대한 수요에 반영되었다.

오브레곤 정부에는 두 가지 큰 문제가 있었는데, 미국과의 불편한 관계와 대통령 승계와 관련된 군사반란이었다. 사실, 미국 정부는 공식적으로 오브레곤 정부를 인정하길 거부했는데, 군사반란의 산물이라는 논리였다. 도덕적인 단죄를 넘어서, 미국이 의도했던 것은 멕시코 정부에 압력을 넣어 1917년 헌법 중 미국에게 불리한 몇몇 조항을 수정하기 위한 것이었다. 멕시코 정부는 그런 조항들을 수정하는 대신 새로운 법령을 소급적용하지 않겠다고 약속했다. 미국 정부와 투자자들에 대한 오브레곤의 양보는(소위 부카렐리 조약을 통해) 임기 말에 가서 증가하게 된다. 선거문제로 반란 가능성이 있어 미국의 도움이 절실했기 때문이다. 그 시기에 지배적이었던 민족주의는 정치적이고 경제적이었다기보다는 문화적인 것이었다. 멕시코가 새로운 문화적 정체성을 설계하고 확고히 해야 했기 때문이다. 젊은 국가이면서도 다양한 선조를 가진 나라, 민족적이면서도 외국인을 배척하지 않는 나라, 혁명적이면서도 질서와 변혁의 상상력이 있는 나라, 무엇보다 정의롭지만 포용적인 나라에 걸맞는 정체성을 확립해야 했던 것이다.

혁명기간 동안 멕시코는 뚜렷이 변화했다. 문화영역에서의 변화들은 두드러졌다. 포르피리오 집권 말기에 학술협회 세대가 등장했다. 이들은 실증주의의 만연을 비판하고, 인문학과 예술의 발전이 부족하다고 지적했다. 안토니오 카소, 페드로 엔리케스 우레냐, 호세 바스콘셀로스, 알폰소 레이예스, 훌리오 토리 같은 젊은이들이 두각을 나타냈다. 몇 년 뒤, 전투로 점철된 10년 세월의 중간쯤, '1915년' 세대라고 하는 다른 세대가 돌연 등장했다. '일곱 명의 현자'라는 엘리트 집단이었다. 이들은 전국적인 파괴의 희생자이자 증인이었다. 그래서 예술과 인문학의 진흥에 매진하기보다는 국가를 재건하는 데 유용한 (경제적·정치적·문화적) 제도를 만드는 데 관심을 보였다. 이런 부류 중에서는 마누엘 고메스 모린, 비센테 롬바르도 톨레다노, 알폰소 카소, 혹은 나르시소 바솔스, 다니엘 코시오 비예가스 등의 젊은이들이 두각을 나타냈다.

새로운 중산층이 1920년 집권하게 되면서 호세 바스콘셀로스는 첫 번째 교육부장관이 될 수 있었다. 그에게 있어 혁명은 농민과 노동자 혁명 혹은 민족주의적 혁명 이전에 도덕적 혁명이어야 했다. 동시에 교육이란 단순한 가르침을 넘어 문화적인 측면과 교과과정 이외의 가르침을 포함해야 했다. 그래서 그는 서적 출판과 도서관 설립을 장려했고, 호세 클레멘테 오로스코, 디에고 리베라, 다비드 알파로 시케이로스 같은 벽화 화가들이 교육적인 열정으로, 혁명과 관련된 테마에 역사와 현재, 미래를 섞어 수백 개의 건물에 그림을 그릴 수 있도록 지원해 주었다. 한편, 그 시대의 장엄하고 극적인 사건들로 인해 '혁명 소설'이라는 새로운 문학 흐름이 탄생했는데, 마리아노 아수엘라, 마르틴 루이스 구스만, 라파엘 F. 무뇨스, 프란시스코 L. 우르키소, 호세 바스콘셀로스 같은 작가가 있었다. 그들의 작품 속에는 무명용사에서부터 혁명투쟁의 주인공인 마데로, 카란사, 비야, 오브레곤까지 등장한다.

오브레곤은 임기 말에 후계자로 플루타르코 엘리아스 카예스를 지지하기로 결정했다. 카예스는 아구아 프리에타 반란의 지도자이자, 데 라 우에르타의 짧은 집권기 동안 전쟁해양장관이었으며, 오브레곤 정부에서는 내무부 장관이었다. 아주 경험이 풍부한 정치인인 데다, 폭넓은 '인맥'을 가지고, 조직화된 대중 집단들의 강력한 지지를 얻고 있었고, 군인으로서 군 내부에서 중요한 지지를 받고 있었다. 그럼에도 불구하고, 그 자리를 차지하고자 하는 사람들은 많았다. 그 중에서도 군인이 많았는데, 그래서 여러 보스들이 관여한 반란이 일어나고 말았다. 하지만 가장 주된 도전자는 과거 임시 대통령직에 있었고, 그 후 재무장관을 지낸 아돌포 데 라 우에르타였다. 결과는 여러 요인들에 의해서 결정되었다. 첫째 요인은, 1923년 중반 판초 비야가 암살되었다는 것이다. 비야는 예상컨대 데 라 우에르타 편에서 반기를 들었을 것인데, 그의 죽음으로 봉기에 가담한 사람들은 대중적인 군사적 수령을 상실한 상태였다. 그 이후 멕시코와 미국 정부는 서로 인정하고 부카렐리 조약에 근거해 상호 협조하기로 합의했다. 한편, 데 라 우에르타는 군대 일부와 '정치적 계급'(전국협동조합당)의 지지만 받고 있었던 반면, 오브레곤과 카예스는 미국의 지지와 대부분의 정치인과 군인 집단의 지지를 받고 있었을 뿐 아니라, 조직화된 농민, 노동자 대중 집단의 절대적 지지를 받고 있었다. 어쨌든 그 충돌은 여러 가지 교훈을 남겼다. 아구아 프리에타 봉기와 데 라 우에르타 봉기 모두 선거 전에 일어난 봉기인데, 이 봉기들을 겪으면서 대중적 선거로 뽑는 직책들을 분배하는 규정을 과거 혁명가들이 만들어야 한다는 것이 명백해졌다. 다른 교훈은 군대를 탈정치화하고, 전국적인 민간 기구를 만들어 국가의 주요 정치기구로 삼는 것이 시급하다는 것이었다. 세번째 교훈은 미국과 좋은 관계를 유지하는 것이 유리하다는 것이었다.

플루타르코 엘리아스 카예스는 비록 오브레곤의 협력자이자 승계자였으나, 군사적 인물이기보다는 정치적 인물이었다. 그래서 자신의 대통령 임기였던 1924년 말에서부터 1928년 말까지, 제도화를 위한 노력, 가톨릭교회와의 대립, 문민주의적 열정으로 자신을 차별화시켰다. 카예스 정부의 다른 특징은 2인 집정체제였다. 그것은 보스 오브레곤이 계속 영향력을 행사한 결과였다. 그의 주된 목적은 혁명 이후의 변화과정에 질서와 합리성을 부여하는 것이었다. 그것을 위해 전국적 규모의 위원회들을 통해 규정과 규칙을 도입했는데(그래서 한계도 있었다), 농업위원회, 금융위원회, 도로관개시설위원회 등이 있었다. 또한 멕시코은행, 농업신용은행 같은 기구를 설립해 경제활동을 활성화하고 규정화하려고 시도했다. 그리고 석유 관련 외화수입의 확대와 효과적인 세금 부과체계를 통해 정부의 재원을 확보하려고 노력했다. 농업부분에서 카예스는 효과적인 중간규모의 농지소유를 지지하였다. 농부들의 문제를 해결하는 수단으로, 농지의 분배보다는 관개시설과 금융지원, 새로운 기술의 사용에 더 신뢰를 두었다. 노동자와 관련해, 카예스는 거대한 노동자 단체들에게 공조를 제안했고, 그렇게 해서 멕시코지역노동자총연맹이 탄생했다. 그렇지만, 아구아 프리에타 반란과 데 라 우에르타 반란 이후 카예스는 과거 혁명군대의 축소, 탈정치화, 그리고 재조직이 가장 어려운 과제라는 것을 알고 있었다. 그 일은 그의 주요 협력자들 중 하나인 호아킨 아마로가 추진했다.

카예스 정부는 지배력 확장과 국가권력의 공고화에 대한 열망 때문에 멕시코 내의 가톨릭교회와 심각한 갈등을 겪었다. 대립의 규모는 엄청났는데, 문화적·교육적·사회적·정치적으로, 그리고 주민관리 문제에서 경쟁관계에 있었기 때문이다. 그러한 대립은 마침내 '크리스테로 전쟁'[정부에 맞서 신앙수호자들이 "그리스도 왕 만세"Viva Cristo Rey라고 외친 것에서 유래한 단어]이라는 무력충돌로 이어진다. 이 충돌은 1926년 말에서 1929년 중반까지 거의 3년에 걸쳐 할리스코, 콜리마, 미초아칸, 과나후아토, 케레타로, 아구아스칼리엔테스와 사카테카스 등 중서부지방 여러 주의 농촌을 황폐화시키고 만다. 크리스테로들은 신앙을 방어하려 했을 뿐 아니라, 소농이 많은 지역 출신들이었기에 농업개혁에서 희망보다는 위협을 더 많이 느꼈던 것이다. 게다가 정부의 거의 모든 요직에 북부사람들이 압도적으로 많은 것도 불만이었다. 그들의 군사적 한계는 두드러졌다. 결코 통일된 지휘권과 부대 상호간의 조정을 이루어 보지 못했다. 오히려 군사적 경험이 조금 있거나 전혀 없는 이웃 사람에 의해 통솔되는 지역 방어세력이었다고 보는 것이 합당할 것이다. 게다가 경제적인 어려움도 겪고 있었고, 그것은 그들의 무장에 반영되었다. 그리고 자신들과 짝을 이루면서 도시에서 활동하는 종교자유 방어를 위한 전국연합과의 협력관계도 긴밀하지 못했다. 마지막으로, 정부군뿐만 아니라 조직화된 농민노동자 권익단체들에도 맞서 싸워야만 했던 것이다. 정부를 전복시킬 만큼 힘이 있지는 못했지만, 그렇다고 크리스테로 게릴라들이 쉽게 물러서지는 않았기 때문에, 그 투쟁은 그 지방들에 불안정을 초래했다. 그래서 정부는 가톨릭교회의 고위성직자들과 협상에 나섰다. 성직자들은 정부의 권한을 인정하면서 공개적 정치행위를 자제하기로 했고, 정부는 1917년 헌법 중 가장 과격한 혁명적 요소들을 실행에 옮기지 않겠다고 약속했다.

 이 합의는 혁명 이후의 평화정착에 가장 많이 기여한 요소 중 하나였다. 크리스테로들과 평화를 확립하는 것은 시기적으로 절실한 면도 있었다. 왜냐하면, 1929년에 아주 특별한 대통령선거가 있을 예정이었기 때문이다. 사실 두 명의 대통령이 존재해 왔다는 것을 입증이라도 하듯, 보스 오브레곤은 대통령 연임이 아닌 재임은 가능하도록 헌법을 개정하는 데 성공했다. 재선반대 논리를 펴면서 바로 오브레곤 측근이었던 두 명의 고위 지휘관들이 반대운동을 전개했다. 하지만 그들은 즉시 잔인하게 살해되고 말았다. 멕시코 사회는 충격에 빠졌고, 정계도 전율했다. 오브레곤 역시 가톨릭 군인에 의해서 살해되었는데, 이미 차기 대통령으로 재선된 상태였다. 보스의 상실로 혁명 이후 정치체제는 자신들을 뽑아 주고, 중재해 주는 유일한 사람을 상실하게 되었다. 새로운 보스의 등장을 기다리든지, 아니면 그러한 기능들을 수행할 제도를 만들어야 하는 딜레마에 빠져 있었다. 보스 살해가 초래한 정치적 위기는 심각했다. 다른 후보를 지명하고 새로운 선거를 치르는 것은 그 위기를 해결하기 위해 충분하지 못했다. 1920년과 1924년의 선거전에 일어난 반란들과, 1928년 3명의 후보 살해를 통해 선거와 관련된 일들을 보다 민주적이고 합리적으로 처리하고, 과거 혁명에 참여했던 사람들을 모으고, 조직하고, 훈련시킬 수 있는 기구를 만들어야 할 필요성을 절감했다. 동시에 일반 선출직 후보의 선발과정을 규정화할 필요가 있다는 것이 명백히 드러났다.

    이를 위한 정치기구가(국가혁명당) 1929년 3월에 창설되었다. 이 정당의 창당과 크리스테로 전쟁의 종결, 그리고 군대의 제도화를 통해 멕시코 혁명의 '사나운' 시기는 끝났다. 그리고 그때부터 역사의 새로운 단계가 시작되었다고 말할 수 있을 것이다. 물론 변화와 문제들이 사라진 시기는 아니지만, 그래도 (비록 민주적이어서 그랬던 것은 아니지만) 상당한 사회적 합의와 정치적 안정, 그리고 수십 년 동안의 경제성장을 이루는 시기가 시작되었다고 말할 수 있을 것이다.

7장
마지막 기간, 1929~2000

7장 | 마지막 기간, 1929~2000

루이스 아보이테스 아길라르[*]

이 마지막 장에서 다루는 71년 동안 멕시코 사회는 거대한 변화를 경험했다. 어쩌면 1519년 에스파냐 사람들이 도착한 이후에 경험한 것과 같은 근본적이고도 급진적인 변화였다. 가장 의미 깊은 것은 의심의 여지 없이 농업사회에서 도시사회로의 이동이었다. 그 현상은 엄청난 인구증가와 동시에 일어났다. 여러 기간 동안의 경제발전을 통해 산업과 서비스업은 갈수록 비중이 커지게 되었고, 농업과 광산업 활동을 능가하게 되었다. 다른 변화는 정치적인 것이었다. 통치자들은 지속적인 안정이 가능하게끔 정치적 해결책을 마련할 수 있었다. 연방대통령 개인과 집권당에게 권력이 집중된 권위적인 체제는 정권을 유지하기 위해 협상과 동시에 탄압이라는 수단도 동원했다. 그럼에도 불구하고 20세기 말에 이르러 경제성장과 권위적 체제는 쇠퇴과정에 진입했다. 가속화되는 도시화와 정치적 안정은 유지되었다.

이 70년 동안 세계적인 사건과 현상들이 그 이전 시기보다 더 크게 멕시코 사회에 영향을 미쳤다. 1929년의 경제위기, 2차 세계대전, 복지

---

[*] 멕시코대학원에서 역사학 박사학위 취득, 동 대학 연구원.

국가의 틀을 제거한 1980년대의 개혁 등이 영향을 많이 미친 사건들이다. 멕시코인들은 그런 사건과 관련되어 다양한 방식으로 고통 받고, 혜택을 입고, 적응하고, 저항하고, 활용했다. 하지만 그 사건들의 전개에 거의 영향을 미치지는 못했다.

세계적 위기와 정치적 재조직

1929년 가을, 뉴욕증시의 위기는 세계의 상당한 지역을 경제침체로 몰아넣었고, 그 위기를 극복하는 데는 여러 해가 걸렸다. 상품가격과 세계무역은 급격하게 하락하였다. 여러 나라에서 기업폐쇄로 수백만 명의 노동자와 피고용자들이 실업자가 되었다. 멕시코에서는 그 위기로 수출과 수입이 줄어들었고, 그로 인해 해외무역에 많이 의존하고 있던 연방정부의 수입도 크게 타격을 입었다. 세계시장과 관계를 더 많이 맺고 있던 지역들, 북부의 광산지역 같은 곳에서 실업은 더욱 두드러졌다. 더군다나 1929년은 아주 가뭄이 심한 해였다. 그래서 아직 농축산업에 종사하던 대부분 멕시코 주민은 커다란 어려움에 직면했다.

  그처럼 혼돈스런 세상 앞에서, 멕시코나 다른 나라의 정부는 자기 영토 내에서 대안을 찾을 수밖에 없었다. 만약 멕시코 상품이 이제 외국에서 판매될 수 없다면 국내시장에서 팔아야만 했던 것이다. 그와 같은 입장에서, 외국인의 멕시코 내 이주와 미국에 이주했던 멕시코인의 귀환을 통해 그동안 심각하게 인식되었던 인구부족 문제를 해결할 수 있을 거라는 생각을 하게 되었다. 인구가 1천 6백 5십만 명밖에 되지 못하다는 것은 국력이 약하다는 표시이자 국가발전의 장애요소였다. 그때부터 정부는 국내생산자들을 외국의 경쟁자들로부터 보호하기 위해 수입

관세를 통한 대책을 세웠다. 그리고 주민의, 특히 도시에 사는 주민의 생활조건을 개선하기 위한 조치를 취했다.

1929년의 위기로 새롭게 방향을 설정한 것은 20세기 이 기간, 적어도 1970년까지 멕시코 사회의 진로에 크게 영향을 미치게 된다. 하지만, 짧게 보면, 세계적인 경제위기의 충격은 내부적 변화를 촉진시켰는데, 일부 집단은 약화시키고, 일부 집단은 강화시켰다. 이에 대해서는 다음에 이어서 언급하기로 한다.

1929년은 정치적 상황 때문에 중요한 해이기도 하다. 1928년 7월, 오브레곤 당선자에 대한 암살로 정치집단과 군부집단들 내에 긴장이 엄청나게 고조되었다. 또한 크리스테로와의 무력충돌과, 정부와 가톨릭교회의 대립으로 적대감이 더 깊어지게 되었다. 국가의 정치적 안정을 도모하는 것이 필수불가결한 상황이었다. 한 가지 중요한 성과는 정부와 가톨릭성직자단 사이의 합의를 통해 1926년에 시작된 크리스테로 전쟁이 적어도 공식적으로 종료되었다는 것이다. 다른 한편, 오브레곤의 사망으로 불거진 분열 앞에서, 정치집단들은 차이를 해소하고, 공식적인 직책의 승계, 특히 연방대통령직에 대한 승계가 평화적으로 이루어지도록 하는 방식에 있어 어느 정도 명확한 규정을 확립하는 데 합의했다. 그렇게 해서, 1929년 초 오브레곤 파 군인들이 연방정부에 대항해 무장봉기를 일으켰을 때, 케레타로에서는 국가혁명당^{PNR}이 탄생하고 있었다. 국가혁명당은 1910년 혁명에서 승리자라고 자처하는 각 지역집단과 정당들의 연합체였다. 그 첫번째 시험무대는 1929년 말의 대통령선거였다. 당시 여당후보 파스쿠알 오르티스 루비오는 1921~1924년 사이 멕시코의 첫 교육부장관이었던 오아하카 출신 호세 바스콘셀로스를 눌렀다. 바스콘셀로스는 몇몇 도시에 기반을 잡은 야당 세력들을 대표했다.

국가혁명당의 창립대회

비록 국가혁명당의 탄생이 오브레곤의 암살과 밀접한 관계를 가지고 있긴 하지만, 강력한 국가를 만들려는 노력의 일환으로 보아야 할 것이다. 강력한 국가의 중요한 요소로, 전 국토에 퍼져 있는 다양한 사회집단에 대해 온전한 권위를 행사할 수 있는 정치적 중심이 있어야 했다. 그 중심은 연방정부가 되고, 연방대통령에 의해 통솔되는 것이었다. 19세기 동안 지배집단들은 그러한 정치적 목표를 달성하는 데 실패해 왔다. 포르피리오 집권기 동안 연방정부가 힘을 키워 왔다면, 1910의 혁명은 그 힘을 엄청나게 약화시키고 파편화시켰다. 1920년 아구아 프리에타 반란, 1923~1924년 사이의 데 라 우에르타 반란, 1929년 에스코바르 파 반란 등이 일어나지 않게 하고, 전국의 다양한 지역에 있는 보스와 토후들의 세력이 강화되지 않도록 할 수 있는 강력한 정치적 중심을 어떻게 만들어 낼 것인가?

국가혁명당은 국가의 정치적 안정에 있어 중요한 진전을 의미했다.

하지만 그러한 기능은 국가혁명당이 카예스 장군의 영향 아래 있을 때 더 확실했다. 카예스는 1928년 11월 대통령직을 그만 둔 이후 국가 정치무대에서 아주 막강한 인물이 되었던바, '혁명 최고지도자'라고 불리기 시작했다. 1929~1935년 사이 카예스는 엄청난 영향력을 행사했고, 각료회의를 드나들었으며 정부의 통치에 참여했다. 이는 그에 대한 고위관료의 충성심과 군대와의 인맥, 국가혁명당에서의 그의 실질적 지도자 역할 때문에 가능한 것이었다. 그 기간 동안 4명의 대통령이 있었다. 타마울리파 출신 에밀리오 포르테스 힐, 미초아칸 출신 파스쿠알 오르티스 루비오, 소노라 출신 아벨라르도 L. 로드리게스와, 역시 미초아칸 출신인 라사로 카르데나스였다. 이 시기에 가장 두드러진 특징은 19세기 마지막 몇 십 년 동안 공포된 법령들을 대체할 수 있는 입법 노력과, 1917년 헌법이 정한 내용을 법규화하려는 노력이었다. 연방지구의 형법과 민법, 연방 노동법, 수자원법, 농업법 등도 이 시기의 노력을 보여주는 다른 예이다.

    1935년 카예스라는 인물은 급격히 쇠락하기 시작했다. 세계 경제 위기의 가장 심각한 단계가 지나면서, 정부는 경제적으로 더욱 해결능력이 생겼고, 다양한 정치 집단과 서민층 사이에서 카예스 파의 입장(예를 들어 반교회주의, 파업과 조업정지에 대한 반대)과 다른 견해들이 갈수록 증가하는 상황에서, 새로운 대통령인 카르데나스 장군은 1935년, 최고지도자와의 관계를 단절했다. 카르데나스의 의도는 연방정부를 정치무대의 핵심세력으로 만드는 것이었다. 어떤 의미에서 최고지도자가 쌓아 온 힘이 공화국 대통령에게 넘어갔다고 말할 수 있을 것이다. 카르데나스 정부는 더욱 힘을 키우기 위해 서민집단과 급진적 세력들 중 하나인 공산주의자와 연계했다. 또한 카예스와 거리를 두어 온 정치집단과 엘리트집단과도 연계를 맺었다. 토지분배는 눈에 띄게 가속화되었고, 생산성이 높은 두랑고의 라 라구나 지역이나 코아우일라, 소노라 남부의 야키 계곡, 바하 칼리포르니아의 멕시칼리 계곡, 유카탄의 에네켄 재배지역 같은 곳에도 실시하였다.

라사로 카르데나스

농업혁명은 1915년 1월 6일 발효된 법령에 의해 시작된 바 있다. 그 법은 강탈당한 토지를 마을주민에게 돌려주고, 만약 그러한 토지가 없을 경우는 마을주민에게 토지를 분배하도록 하였다. 1917년 헌법 27조는 지상권과 지하권이 정부에게 있음을 명시했다. 그 이후의 여러 법들은 농부에게 토지를 주도록 규정하고 있다. 에히도[공유농장]를 만들고 상응하는 토지를 주는 것은 공화국 대통령의 권한이었다. 대통령의 결정에 따라 어느 지역의 농민집단은 땅과 물과 숲과 자원을 받았다. 그것들은 팔거나 저당 잡힐 수 없었지만, 상속될 수는 있었다. 에히도들은 자치권을 가지고 있었는데, 그로 인해 기초자치단체가 분열되거나 그 권위가 약화되었다. 개혁은 1934년에 급진적으로 진행되었다. 새로운 농업법은 아시엔다의 일꾼을 짓누르던 제약을 제거했다. 초기의 법들은 정부로부터 토지를 받을 수 있는 권한을 그들에게서 배제했었다.

카르데나스 정부의 초기 몇 년 동안 에히도에 대한 토지분배는 그 양적인 측면에서뿐만 아니라 질적으로도 증가했다. 관개시설이 된 토지의 비중이 늘어났기 때문이다. 마찬가지로 국립농업신용은행, 국립에히

도신용은행 등 정부은행을 통해 농촌에 대한 금융지원이 늘어났다. 어떤 지역에서 금융지원은 에히도의 집단주의를 조장하는 데 기여하기도 했다. 마찬가지로 1934년 10월, 개헌을 통해서 사회주의 교육이 추진되었다. 종교적 교리를 제거하는 데에서 그치지 않고, 광신주의를 몰아내고, 자연과 사회생활에 대한 정확한 지식을 바탕으로 젊은이를 교육시키려는 목적을 가지고 있었다. 교육자나 학생 역시 생산 활동과 사회조직들과 연계되어 있어야 했다. 많은 교육자가 카르데나스의 기획을 홍보하는 사람으로 변했고, 그로 인해 적지 않은 기독교인과 토후들이 거세게 반발했다. 문화계에서 급진주의는 대세였다. 지식인과 예술인들은 조직을 만들었고, 민족주의와 토착주의 소설이 출판되었으며, 동시에 유럽에서 파시즘이 확산되는 것을 경계하였다. 디에고 리베라, 다비드 알파로 시케이로스 같은 벽화가, 마우리시오 마그달레노 같은 작가, 실베스트레 레부엘타스 같은 음악가들은 이러한 운동에 적극 참여하고 있었다. 멕시코 혁명은 프롤레타리아 투쟁과 비슷해지거나 동일화되려고 하였다. 하지만 모두의 의견이 일치된 것은 아니었다. 호르헤 쿠에스타, 살바도르 노보, 하비에르 비야우루티아 등 '동시대인'이라는 그룹의 구성원으로 알려진 이들은 급진주의자들에 대한 회의주의와 의구심을 드러냈고, 엘리트주의자이자 유럽중심주의자로 비난받았다. 마누엘 고메스 모린 같은 가톨릭 교수와 학생들이 국립대학을 장악하고, 사회주의 노선으로부터 거리를 두고자 하였다. 그들은 교단의 자율과 자유라는 깃발을 들었다.

    카르데나스의 정책은 국제 분야에서도 드러났다. 카르데나스 정부는 아돌프 히틀러와 베니토 무솔리니의 지원을 받는 프란시스코 프랑코가 이끄는 보수세력에 맞서는 에스파냐 공화정부에 대한 확고한 지지를

'모렐리아의 아이들'로 알려진, 멕시코에서 수용한 에스파냐의 전쟁 고아들.

유지했다. 에스파냐 내전 동안, 그리고 전쟁이 끝난 뒤 멕시코는 수천 명의 난민을 수용했다. 나중에 '모렐리아의 아이들'로 알려지게 될 고아들도 포함되었다.

전국의 많은 지역에서 노동자와 농민을 동원하는 분위기 속에서, 1936년 멕시코노동자총연맹^{CTM}이 탄생했다. 그들의 이데올로기는 계급투쟁을 재확인하고 있었다. 지도자 비센테 롬바르도 톨레다노는 카르데나스 정부의 가까운 협력자로 변신했다. 2년 뒤 전국농민총연맹^{CNC}이 탄생했고, 그라시아노 산체스 교수를 지도자로 내세웠다. 카르데나스의 의도는 노동자계급을 조직하여 정부와 연결시킴으로써 지지세력으로 만들고, 다른 집단, 예를 들어 몬테레이의 기업주나, 외국 특히 미국의 기업주들의 압력에 맞서는 집단으로 활용하고자 했다. 그런 변화를 더욱 확실하게 하기 위해 1938년 국가혁명당^{PNR}을 해체하고, 새로운 정당인 멕시코혁명당^{PRM}을 탄생시켰다. 두 정당 간의 주요한 차이점은 새로운 정당은 지방의 집단들이나 정당들에 의해서 형성되어 있지 않고 네 개의 계층에 의해서 구성되었다는 것이다. 즉 노동자, 농민, 서민, 군인으로 구성된 정당이었다. 협동조합 같은 이 틀 속에서 공화국 대통령은 다양한 정치적 집단 사이에 중재 역할을 하는 정당의 지도자라는 것을 확인했다. 선거를 통하지 않고도 권력을 향한 경쟁과 집단 간의 차이가 여당 내에서 해소되고 해결되었다. 정치가 다는 아니었다. 경제에 대한 염려도 있었다. 1933년부터 만들어져 있었던 연방전력위원회CFE가 1937년에 재구성되었다. 에너지에 대한 점증하는 요구에도 불구하고 외국 전력회사들이 별 관심이 없어 보여서 그에 대응하기 위한 것이었다. 1937년, 연방정부는 세 개의 대규모 댐 건설을 시작했다. 소노라의 라 안고스투라, 두랑고의 팔미토, 타마울리파스의 엘 아수카르 혹은 마르테 R. 고메스 댐들이었다. 그 대규모 사업들의 목적은 북부지방의 관개시설을 확충하려는 것이었다. 국립대학과 관련해서, 국립대학은 이미 1929년 자치권을 확보했고, 정부정책에 대해 비판적이었다. 오브레곤은 1937년에 국립기술원IPN을 만들어 산업화와 공공사업의 확장에 필요한 기술인력의 양성을 다양화했다. 정부는 도시 기반시설(상수도, 하수도, 시장) 공사를 적극 추진하여 여러 도시의 주민생활 조건을 개선했다.

1937년 말에서 1938년 초 무렵, 카르데나스 정부는 혹독한 시련에 처했다. 외국 석유회사들은 공개적으로 멕시코 정부에 압력을 넣어 대법원에서 노동자에게 유리하게 내린 판결을 따르지 말 것을 종용했다. 정부는 그에 대한 대응으로 1938년 3월 18일 석유 국유화를 선언했다. 가톨릭 고위성직자, 기업인, 노동자, 농민, 지식인, 예술인들은 카르데나스 대통령의 대담한 결정을 지지했다. 멕시코 역사상 그때처럼 국가라는 개념이 엄청난 힘을 획득했던 적은 없었다. 석유산업을 골탕 먹이려는 외국회사들의 노력에도 불구하고 멕시코 석유산업은 멕시코 노동자와 기술자들 덕분에 무사히 해방되었다. 물론 외국기업들이 미국의 지원을 거의 받지 못한 덕분이기도 하다는 것을 언급해야 한다. 당시 미국 정부는 임박한 세계대전에 골몰하고 있었다. 석유 국유화가 이루어지고 몇 달 뒤에 멕시코석유회사Pemex가 탄생했고, 초기에 이 회사가 아주 불안했기에 정부는 다양한 방식으로 보조금을 주지 않을 수 없었다.

카르데나스의 급진주의는 나라를 분열시켰다. 1939년 변호사 마누엘 고메스 모린의 지휘 아래 국민행동당PAN이 탄생했다. 창당 의도는 카르데나스의 지나친 사회주의적·집단주의적 정책에 제동을 걸고, 사회주의적 이상과 자유주의적 이상으로부터 동일하게 거리를 두는 사회형태를 추진하기 위한 것이었다. 가톨릭집단과 보수집단들은 사회주의적 교육을 의구심을 가지고 바라보고 있었다. 농업개혁으로 타격을 입거나 위협을 받은 적지 않은 수의 지주들이 불만세력에 동참했다. 또한 서민집단이라 할 수 있는 극우가톨릭주의자들도 이 불만세력에 동조하고 있었는데, 그들은 엘 바히오 같은 중부 농촌지역에 많이 있었다. 이와 같은 내부 반대세력에다, 석유 국유화로 타격을 입은 외국인들의 관심도 더해져 멕시코는 진정 위험한 순간을 맞이하고 있었다. 카르데나스 정책에 반대하는 광범위하고 이질적인 집단들은, 1940년 7월 대통령선거에 나설 후안 안드류 알마산 장군에게로 합세했다.

이러한 상황에서 카르데나스 대통령과 여당은 시골 출신인 마누엘 아빌라 카마초를 대통령 후보로 지지했다. 그는 군사적 업적이 별로 없는 장군으로서, 카르데나스의 급진주의에 대해 거리를 두고 있었다. 극도로 팽팽한 선거전에서, 알마산 후보의 대중적 인지도에도 불구하고, 아빌라 카마초가 승리했다. 부정선거라는 항의와 폭력행위가 있었지만 카르데나스는 여당에 의해, 다시 말하자면, 공화국 대통령의 직접적인 영향력에 의해 지명된 후보에게 대통령직을 넘겨 줄 수 있었다. 이렇게 해서 20세기 멕시코에서 정치적 해결의 기본 메커니즘의 하나가 정착했다. 공화국 대통령은 여당을 통해 후계자를 지명했던 것이다. 아빌라 카마초는 1940년 12월에서 1946년 11월까지 통치했다.

안정과 경제 성장, 1940~1958

새 대통령은 서둘러 전임자와 거리를 두었고, 화해와 국가의 단합을 호소했다. 또한 어려운 세계정세를 거론하며 자신의 입장을 정당화시켰다. 1939년 9월, 독일군대의 폴란드 침공으로 2차 세계대전이 발발했다. 처음 멕시코는 중립을 선언했지만, 미국이 1941년 12월, 일본으로부터 진주만을 공격 받고 난 뒤 독일, 이탈리아, 일본에 선전포고를 하자 곤란한 입장에 처하게 되었다. 1942년 5월, 독일 잠수함에 의해 2척의 유조선을 잃게 되자 멕시코는 연합국(영국, 미국, 프랑스, 러시아) 편에서 전쟁에 참여했다. 병역이 의무제로 된 것은 그때였다.

 몸소 세계대전의 고통을 겪은 나라들, 특히 가장 심하게 겪은 러시아 같은 나라와 달리, 멕시코는 오히려 유리한 결과를 얻었다. 한편으로, 경제는 외국자본의 유입과 새로운 사업 가능성을 통해 많은 자극을 받았다. 1930년대의 산업화 노력은 국내외의 높은 수요로 더 힘을 받았다. 몇몇 사기업 집단은 진정한 활황을 누렸다. 전쟁으로 외국 물건을 구입하는 것이 어려웠기 때문에 기업가나 정부당국은 국내에서 그러한 물건들을 제조하기 위해 힘을 모았다. 수입대체산업이라고 알려진 이러한 산업화 전략은 나중에 수입관세와 세금을 통해 더욱 강화되었다. 수입

관세는 국제적 경쟁으로부터 국내 상품들을 보호하고 있었다.

다른 한편, 세계대전 때문에 미국은 라틴아메리카의 이웃나라들과 관계를 개선하지 않을 수 없었다. 그런 상황에서 멕시코와 미국은 여러 가지를 합의했다. 부채, 무역, 이주노동자, 수*자원, 기술지원, 그리고 무엇보다 1938년 국유화로 촉발된 석유 문제 등이 있었다. 그 중 두드러진 것은 부채 탕감이다. 멕시코는 미국에 진 부채의 90%를 탕감받는 데 합의했다. 경제적 번영뿐 아니라 정부노선도 온건화되었다. 예를 들어, 사회주의 교육을 철폐하고, 미국과 가까워졌다. 그것은 카르데나스 정부 말기에 강경노선이 누그러졌기 때문이라고 이해할 수 있다.

1943년, 멕시코의 사회·경제적 삶에서 아주 중요한 기관인 멕시코사회보장기구^{IMSS}가 설립되었다. 노사관계를 근대화하려는 정부의 관심을 드러내는 것이었다. 사회보장비용을 노동자와 정부뿐만 아니라 고용주도 함께 분담하도록 하였다.

멕시코사회보장기구도 멕시코석유회사^{Pemex}, 연방전력위원회^{CFE}, 농업관련 은행들과 국민금융$^{Nacional\ Financiera}$ 같은 다른 정부기구 대열에 추가되었는데, 이러한 기구들은 경제를 활성화시키려면 공적 지출이 필수불가결하다는 것을 보여 주고 있었다. 이러한 영역에서 단절은 없었다. 아빌라 카마초와 카르데나스, 그리고 카르데나스와 최고지도자인 오브레곤 간의 차이들에도 불구하고, 공공자금은 경제의 진로에 있어 결정적 역할을 수행해야 한다는 생각에는 일관성이 있었다는 것을 알 수 있다. 그러한 생각은 멕시코에만 있었던 것은 아니다. 많은 나라에서 1930년대의 세계적 대불황을 극복하기 위해 공적 비용의 역할을 강화하는 정책을 취했다. 이러한 전략 속에서 영국 경제학자 케인스의 제안들을 충실하게 따랐다. 그러한 제안들을 발판으로 복지국가가 탄생하게 되었던 것이다. 전쟁에 깊이 개입된 나라들과 달리 멕시코에서 군비는 상당히 줄어들었다. 그래서 도로, 댐, 전기, 병원, 학교, 공공 서비스에 대한 투자가 매년 증가할 수 있었다.

    이런 측면에서 정부가 동남부 지방에 보인 관심은 특별하다. 정부는 그 지방이 자원이 풍부한 반면, 사회적 측면에서 뒤처진 지역이라고 진단했다. 목표는 그 지방의 자원을 개발해서 그 지역이 낙후에서 벗어나게 하고, 국가 경제의 버팀목으로 삼는 것이었다. 1947년과 1951년에 각각 파팔로아판 위원회와 그리할바 위원회를 설치하고 연방정부는 광범위한 투자를 시작했다. 수력발전소 건설, 홍수통제와 배수시설 사업, 산림지역이나 밀림 개간사업 등을 했다. 농업과 목축업을 확대하고, 도로와 학교, 병원 등을 확충하기 위함이었다. 또한 남동부가 일부 중부지방이나, 나아가 라 라구나 같은 북부지방의 인구과잉을 완화시켜 줄 수 있을 것으로 믿었다. 그래서 여러 가지 이주 계획이 실시되었지만 별다른 성과를 내지는 못했다.

    2차 세계대전은 20세기 역사에서 분기점이 되었다. 미국은 강대국 자리를 확고히 했고, 소련이라는 또 다른 강대국에 맞서는 나라가 되었다. 멕시코에서는 전쟁의 경제적 결과에 영향을 받아 정부나 주요 경제집단, 그리고 여론이 산업과 도시를 우선시하게 되었다. 그래서 농업국가라는 생각이 뒷전으로 밀려났다. 게다가 오랜 기간 동안 경제가 성장할 수 있는 발판이 마련되었다. 1948년과 1954년에 있었던 페소화의 평가절하에도 불구하고, 경제성장은 1960년대 말까지 지속되었다. 이 경제호황기 동안 강력한 중앙정부 혹은 연방정부를 기반으로 하는 정치적 조정능력이 더욱 강화되었다. 이 세 가지 측면에 대해서 더 자세히 살펴보기로 하자.

국가의 산업화는 정부의 최우선 과제가 되었다. 멕시코의 근대화는 생산 공장과 기술자와 노동자를 얼마나 늘리는가에 달려 있다고 생각했다. 기술혁신은 노동생산성을 높이고, 높은 노동생산성은 기업주에게는 더 많은 수입을, 노동자에게는 더 많은 임금을, 국가재정에는 더 많은 세금을 가져다 줄 것이라는 확신을 가졌던 것이다. 이미 1930년대부터 국내시장을 경제의 동력으로 삼겠다고 선택한 것은 옳았다고 판명되었다.

정부는 다양한 방식으로 산업가들을 도왔다. 그 중 하나가 노동자들의 불만을 노조와 '차로스'라고 더 잘 알려진 여당에 가까운 어용지도자를 통해서 통제하는 것이었다. 노조지도자는 노동자를 무마하는 대가로 특혜나 공직을 받거나, 여당의 깃발 아래에서 서민들을 대표하였다. 1941년 멕시코노동자총연맹CTM의 지도자인 롬바르도 톨레다노의 퇴진은 노동자단체들이 정부에 급속하게 예속되는 시발점이었다. 새로운 지도자 피델 벨라스케스는 정부에 의한 노동자 계급의 통제를 가장 잘 대표하는 인물로 1997년 자기가 죽을 때까지 멕시코노동자총연맹 수장 자리를 차지하고 있었다. 산업화를 지원하는 또 다른 방법은 도시에서 식료품의 가격을 조정하는 것이었다. 그 목적을 위해 여러 기구들이 만들어졌는데, 1938년 생필품시장조정위원회가 구성되었고, 1949년에는 '멕시코수출입위원회'가, 1961년에는 '전국서민생필품협회'가 만들어졌다.

산업화와 아주 밀접하게 연관된 측면은 바로 도시화이다. 정부와 일반적으로 여론에 가장 영향력을 미치는 사회집단들은, 국가의 장래는 이제 농촌이 아니라 새로운 산업시설이 있는 도시에 달려 있다는 확신을 가지고 있었다. 게다가 지리적으로 작은 공간에 인구가 집중되어 있기 때문에 전기, 상수도, 하수도, 교통, 교육, 보건 등의 근대적 공공서비스를 제공하는 것이 더욱 쉬웠다. 이러한 변화과정에서 가장 혜택을 본 도시지역이 세 곳 있다. 멕시코 시, 몬테레이, 과달라하라의 도시권이었다. 1965년에 이 세 곳은 산업생산의 69%를 차지하고 있었다. 국가의 경제지형도는 새롭게 짜여지고 있었다. 북부의 상승과, 이달고, 푸에블라, 유카탄 같이 과거에 부유했던 지역의 쇠락이 두드러졌다.

농업관련 활동은 산업화 목표에 종속되지 않을 수 없었다. 특히 1940년대에 공공지출에서 많은 비율이 농촌발전에 투자된 것도 사실이지만, 그 목적은 농업생산과 생산성을 높여 상당한 비율로 증가하던 도시인구를 부양하기 위한 것이었다. 관개시설이 된 주들, 특히 북부의 주들은 (면화 같은) 수출농산물을 생산해서, 산업기계와 원자재를 구입할 수 있는 외화를 벌어야 했다. 북부와 서부지역에서 1949~1958년 사이에 가뭄이 있었음에도 불구하고, 농촌은 가파른 속도로 생산을 늘려, 1960년대에는 거의 식량자급을 달성하였다.

경제가 성장하고 공공지출이 확대되는 시기에, 특히 1930~1970년 사이에 인구는 놀랍게 증가했다. 사실 20세기의 주요 특징들 중에 하나라고 할 수 있다. 이 40여 년 동안 인구는 3배가 되었고, 이 현상은 19세기의 인구 추이와 대비된다. 독립에서 혁명까지 멕시코인의 숫자는 겨우 두 배로 늘었을 뿐이다. 20세기가 진행되면서, 인구증가율은 상승했다. 1930년대에 년 1.72%에서 1960년대에는 년 3.28%가 되었다. 더 실감나게 말하자면, 년 1.72%의 증가율로 인구가 두 배 되려면 40년이 조금 더 걸린다. 하지만 년 3.28%로 인구가 두 배 되려면 22년밖에 걸리지 않는다. 인구증가는 상당 부분 어린이 사망률의 뚜렷한 감소에서 기인한다. 전염병과 기생충병을 통제하면서 가능해진 것이다. 보건서비스, 상수도, 하수도, 예방접종의 개선과 페니실린의 등장은 무엇보다도 인구증가에 영향을 미쳤다. 사실, 넓은 관점에서 본다면, 20세기 동안의 인구증가는 멕시코 역사에서 인구와 관련되어 두번째로 큰 사건이다. 첫번째 사건은 식민사업의 첫 몇 십 년 동안 일어난 원주민 인구의 학살이었다.

1940년 이후 인구는 멕시코 역사에서 전례 없이 이동을 많이 했다. 특히 농촌에서 도시로의 이동이 그것이다. 도시 지역은 더 나은 임금과 공공서비스를 제공하고 있었다. 이미 1960년에 이르러, 그 해의 인구조사에 의하면 멕시코 인구의 반 수 이상이 도시(2,500명 이상의 지역)에 살고 있었다. 그것은 그 당시 멕시코와 거의 전세계에서 일어나는 사회변화의 지표였다. 인류에게 농촌은 뒷전으로 밀려나고 있었다. 1930년에서 1970년 사이 멕시코 인구는 전체적으로 아주 높은 비율로 늘어나고 있었고, 도시인구는 그보다 더 빨리 늘어나고 있었다.

멕시코 시는 이러한 도시화의 역사를 잘 보여 주고 있다. 1930년에 100만 명 정도였던 인구가 그 후 40년 동안 여섯 배로 늘어났다. 알토 레르마에서부터 오는 상수도, 미겔 알레만 고가도로와 외곽순환도로, 지하철 같은 도로망, 땅속 깊숙이 설치한 배수시설 등, 1960년대부터 설치되기 시작한 이러한 시설들은 그와 같은 인구증가를 가능하게 해주었다. 부동산사업과 건설사업에 기업가와 정치인의 관심이 쏠렸다. 1950년 멕시코 시 중심에 세워진 라틴아메리카타워 건물은 도시화에 집중된 근대화 노력을 가장 뚜렷하게 보여 주는 상징들 중 하나이다.

일부 사람들이 '자본주의의 황금기'라고 부르는 전후의 세계적 경제팽창의 틀 속에서 멕시코의 경제는 지속적인 번영기를 누렸다. 1940~1970년 사이에 국민총생산의 성장률은 연 6%을 넘었고, 그것은 소위 진정한 '경제 기적'이었다. 그 30년이 끝날 무렵 공업과 서비스 분야(상업,

은행)의 비중은 눈에 띄게 증가하고 있었다. 농업이 경제에 기여하는 바는 갈수록 적어졌다.

언급해 둘 만한 특징 하나는, 그 당시의 경제성장이 대부분 국내자본에 의해서, 다시 말해 외국차관에 의지하지 않고 이루어졌다는 것이다. 1959년 대외 공공부채는 고작 6억 4천 9백만 달러밖에 되지 않았다. 공공재정이 넉넉하지 못했음에도 불구하고 그런 성장이 가능했던 것은, 상당 부분 정부가 사회간접시설과 에너지, 교통·통신에 투자했기 때문이었다. 그리고 외국과의 경쟁에 대한 강력한 보호정책을 기반으로 기업의 투자는 증가했다.

1958년부터 1970년까지, 안정된 가격과 낮은 인플레이션으로 경제는 고도성장했다. 그것이 바로 '안정적 성장'이라고 알려진 것이다. 그 시기의 긍정적 추세를 보여 주는 하나의 주요 지표가 있는데, 바로 실질임금의 증가, 다시 말해 임금이 점점 더 구매력을 갖게 되었다는 것이다. 하지만 이러한 높은 임금은 아주 제한된 노동자 집단에만 해당되었는데, 그 집단은 대부분 대도시와 주요 공업지대에 살고 있었다. 또한 이들이 바로 계속 확대되어 가는 멕시코사회보장기구의 서비스와 공교육의 혜택을 받는 집단이기도 했다. 이 집단의 규모는 작지만, 이 집단의 생활환경은 엄청나게 개선되었고, 그 시기의 정치적 안정에 도움을 주는 사회분위기를 만들어 냈다. 바로 사회적 계층이동이라는 현상을 만들어 낸 집단인 것이다. 무상공교육 덕분에 노동자가 대학생 자식이나 전문직 자식을 두는 일은 드문 일이 아니었다. 뿐만 아니라 자기 소유의 집과 사회보장제도, 연금도 갖게 되었다. 연방관료들도 마찬가지였다. 1925년에 연금관리국이 생겼고, 1959년에는 국가공무원 사회보장 및 서비스 기구ISSSTE로 변경되었다.

1946년에 멕시코혁명당PRM은 멕시코제도혁명당PRI으로 대체되었다. 두 정당 사이의 주요한 차이 중 하나는 1940년 12월부터 아빌라 카마초 대통령이 취한 방식에 대한 재확인이었다. 다시 말해, 군부집단의 해체였다. 그러한 조치는 정치체제의 안정을 입증하는 또 하나의 예가 된다. 군부의 제거와 공화국 대통령에 대한 완전한 예속은 멕시코의 정치적 조정에서 또 다른 특징이 되었다. 새로운 정당이 맞은 첫 대통령 선거는 1946년이었고, 그 선거에서 베라크루스 출신의 여당후보인 미겔 알레만이 승자가 되었다. 그는 오랜만에 군부출신이 아닌 후보이자, 1910년 혁명에도 참여하지 않은 사람이었다. 멕시코 국립자치대학 출신으로, 알레만은 새로운 정치지도자 세대에 속했다. 반대후보였던 게레로 주 출신의 에세키엘 파디야는 1940년대에 알레만이 누리던 인기에 비하면 많이 뒤처져 있었다. 정치권력은 '혁명 가족'이라고 불렸던, 혁명 승리자의 후계자들에게 집중되어 있었다.

알레만은 열성적으로 공업화를 장려하고 기업 성장을 도와 주었다. 그러한 정책에 대통령 자신뿐 아니라 조력자와 친구도 관련이 있었다. 토목기사연합이라는 건설업자 모임은 금방 새로운 멕시코 기업인단체의 본보기가 되었는데, 바로 그 시기에 베르나르도 킨타나를 대표로 하여 탄생했던 것이다. 텔레비전이라는 기술 혁신을 기회삼아 두각을 나타낸 기업주는 에밀리오 아스카라가였다. 텔레비전이 가정생활을 바꾸고, 여가에 대한 생각을 강요하고, 사고하고 말하고 소비하는 방식을 강요하는 대중매체로 변해 가면서 아스카라가의 재산도 계속 증가했다. 도시적 현상, 텔레비전, 항공교통, 전화 등이 확산되어 가고, 정부도 점점 뚜렷하게 온건해지면서 지식인과 예술가들의 사고는 풍요로워졌다. 1949년에 옥타비오 파스는 『고독의 미로』*El laberinto de la soledad*를 출판했는데, 멕시코의 고유성을 찾으려는 노력이었다. 도회적 삶의 붐에 맞서 후안 룰포는 1953년과 1955년에 『불타는 평원』*El llano en llamas*과 『페드로 파라모』*Pedro Paramo*라는 훌륭한 두 작품을 선보였는데, 농촌세계를 잘 드러내었다. 1958년 카를로스 푸엔테스는 소설 『가장 투명한 지역』*La región más transparente*을 통해 멕시코 시의 생활상을 섬세하게 그리고 있다. 급진주의는 이미 뒷전으로 밀려나 있었다. 루피노 타마요 같은 예술가들은 벽화예술에 맞서 더 큰 입지를 확보했다. 미국과 유럽, 다른 중남미 국가들에서 오는 새로운 형식과 기법에 열린 태도를 통해 다양한 내용의 예술이 탄생했다. 도시의 테마(카바레의 여자, 가난한 사람, 변장한 사람, 젊은 대학생)를 다루는 영화들은 멕시코가 겪고 있는 변화, 적어도 몇몇 도시들이 겪고 있는 변화를 잘 반영하고 있었다.

  이 시기에 정치적 집중화가 근본적으로 진일보했다. 1946년 선거에서는 새로운 선거법이 발효되었는데, 민감한 사안인 시민의 투표 관리업무가 처음으로 연방정부의 손에 맡겨졌다. 그때까지 선거는 지방자치단체들에 의해서 진행되어 왔다. 1946년에는 수자원부가 탄생했고, 그로 인해 물의 관리가 더 집중화되었다. 1948년에는 부가가치세가 신설되었는데, 전국적으로 그 부분을 하나의 연방세로 통일하려는 목적이었다.

  이러한 사실들은 정치적 조정이 공고해졌다는 것을 말해 주고, 그 조정을 통해서 연방정부의 비중과 공화국 대통령이라는 인물의 비중이 갈수록 커졌다는 것을 말해 준다. 연방의 다른 권력인 입법부와 사법부는 갈수록 약화되었다. 게다가 예전부터 나타난 현상이긴 하지만, 세계대전 때문에 더 심하게 나타난 현상이 있는데, 바로 연방 손아귀에 공공재정이 더 집중되고, 그에 따라 주와 지방행정단위가 약화된 현상이다.

비록 그런 집중현상은 대체로 연방세금(소득세) 징수가 더 개선된 결과이기도 하지만, 동시에 연방정부가 세제의 통일과 근대화의 필요성을 주장하면서, 각 주와 지방행정단위의 세원税源을 박탈했기 때문이기도 하다. 1922년에는 석유에 거래소득세를, 1926년에는 광산업에, 1933년에는 전기에, 그리고 그 이후에도 다른 분야에 연방세금을 부과했다. 결과적으로 연방정부는 주나 지방행정단위에 비해 갈수록 재원이 더 많아짐과 동시에 의무도 많아졌다. 교육 분야에서도 점진적이고 지속적으로 연방차원의 관리가 심화되었는데, 이를 관습적으로 이해하는 사람은 연방정부의 팽창이라고 생각했다. 이 또한 연방정부와 주, 그리고 지방행정단위 사이의 재조정을 드러내는 것이다. 동일한 현상이 주 단위에서도 일어났다. 즉, 각 주는 해당 지방행정단위들에게서 주요 세원을 박탈했다. 전반적으로 보았을 때, 지방행정단위들은 1910년대보다 1950년대에 더 궁핍했다. 그럼에도 불구하고 공화국 대통령이든 정부든 모든 것을 다 가진 것은 아니었다. 이러한 측면은 더 조사해 보아야겠지만, 그래도 재정과 수자원에 관련해서 연방정부는 한계와 명확한 저항에 부딪혔다. 예를 들어, 거래소득세를 일반화하려는 연방정부의 의도는 가장 부유한 주들(베라크루스, 바하 칼리포르니아, 누에보 레온, 할리스코, 멕시코 등)의 반대에 직면했다. 미겔 알레만의 후계자이자, 역시 베라크루스 출신인 아돌포 루이스 코르티네스임기:1952~1958는 이 반대를 타개하기 위해 여러 차례 노력했으나 별 성공을 거두지 못했다. 수자원 문제에 있어서, 코스타 데 에르모시요의 농장주들 같은 대기업농은 지하에서 물을 얼마나 끌어내 쓰는지 알아보려고 계량기를 관정에 설치하려는 연방정부의 조치에 결코 호응하지 않았다. 몬테레이에서는 공장주들이 자기 방식으로 지하수 공급체계를 만들어 놓고 자신들만 통제할 수 있도록 했다. 도시는 심각한 물 부족현상을 겪을 수 있었지만, 산업계는 전혀 문제가 없었다. 이러한 징후들은 아주 희귀한 일이고, 공화국 대통령이 엄청난 힘이 있었다는 일반적 해석을 뒤집을 수는 없다고 말할 수도 있을 것이다. 그 말이 맞을 수도 있겠다. 하지만 확실한 것은 이러한 종류의 현상들에 대해서는 별 연구가 이루어지지 않았다는 것이다. 왜, 1972년 재무부의 고위관료가, 그 해 이전에는 각 주의 재무책임자가 모두 모이는 일은 생각할 수 없는 일이었다고 말했겠는가?

분란과 국가통제주의적 대응, 1958~1982

멕시코에서 이 시기를 가장 잘 드러내는 표현은 경제 성장과 정치적 안정일 것이다. 멕시코 주 출신의 아돌포 로페스 마테오스^{임기: 1958~1964} 정부는 1960년에 1910년 멕시코 혁명 50주년 기념 축제를 준비하게 되었다. 지배 계급은 국가건설에서 자신들이 세운 공로에 대해 자부심을 드러내고 있었다. 보건, 교육, 기반시설 분야에서 진전을 이룬 것과, 1953년 여성에게 투표권을 부여함으로써 시민의식을 강화한 것에 대해 자랑스러워하고 있었다. 보건문제에 있어, 예를 들어 유아사망률이 천 명당 27명에서 12명으로 급격하게 줄어들었다. 가정에서 아이들을 잃게 되는 일이 전처럼 흔한 일이 아니었다. 멕시코사회보장기구^{IMSS}의 보험 가입자가 4백만 명에 달했고, 국가공무원 사회보장 및 서비스 기구^{ISSSTE}는 다른 50만 명 이상에게 혜택을 주고 있었다. 문맹률은 1930년에 62%에서 1960년에는 45%로 줄었다. 국가의 투자 덕분에 관개시설을 갖춘 면적이 총 140만 헥타르 이상 되었다. 1950년부터 치아파스에 있는 과테말라와의 국경에서부터, 치와와에 있는 미국과의 국경도시인 시우다드 후아레스까지 육로로 전국을 돌아다닐 수 있었다. 석유생산은 1938년부터 3배로 늘었고, 전력생산은 1930년에 비해 7배가 되었다. 농업과 공업 역시 상당한 성장을 보여 주었다. 전기공급을 개선하고, 전국의 전력망을 연결하기 위해 로페스 마테오스 대통령은 1960년 외국

로페스 마테오스 멕시코 대통령과 린든 존슨 미국 대통령(1964년)

전력회사들을 사들이기로 결정했다. 결국 통치자들은 스스로 언급하듯, 혁명정부를 이끌면서 좋은 성적표를 만들었다고 믿고 있었다. 로페스 마테오스는 스스로 멕시코 혁명 이데올로기 내에서 자신은 '극좌파'라고 선언했다. 그러한 선언 이외에도 전력회사의 구매와 무료 교과서의 등장은 기업가를 불안하게 만들었다. 국가권력의 확장이 자신들의 행동영역과 영향력을 축소시키지 않을까 두려워했던 것이다.

통치자들의 논리가 틀린 것은 아니었다. 엄밀하게 살펴보면, 1930년부터 국가는 확연하게 변화를 이루어 왔다. 인구증가와 도시로의 급속한 이주에 덧붙여, 도시 중산층이 광범위하게 발전했다. 이 계급의 규모는 역사상 전례가 없는 것으로, 회사 임직원, 관료, 독립적인 전문인, 소기업가 등의 증가에 따른 것이었다. 이 중산층은 경제적 번영과 보건, 교육, 기반시설에 대한 공공지출의 혜택을 보았고, 전반적으로 내수시장의 확대를 통하여 경제성장을 이루려는 생각과 가치관, 그에 따른 정책의 혜택을 보았던 것이다. 정확한 지표는 아니지만, 그래도 그 시대의 사회적 역동성을 웅변해 줄 수 있는 지표는 전국 대학생 수가 거의 15배

정도 증가했다는 것이다. 1930년에 23,000명에서 1970년에는 335,000명이 되었다. 1952년에 완공된 대학도시, 1953년 시작된 연방수도 주변의 엄청난 규모의 위성도시 건설, 혹은 거대한 백화점들의 개장은 도시의 팽창을 보여 주는 다른 요소들이다. 이런 경제적·사회적·문화적 역동성을 잘 보여 주는 또 다른 지표는 1930년에서 1970년 사이에 자동차가 63,000대에서 1,200,000대로 19배 증가했다는 것이다. 전화사용자는 1940년에서 1970년 사이에 88,000대에서 859,000대로 거의 10배 증가했다. 이러한 숫자들은 도시의 일상에서 나타난 변화의 단순한 지표이다. 그러한 지표들에다 세탁기, 냉장고, 라디오, 전축, 텔레비전, 재봉틀 등 가정에서의 일상생활을 바꾸게 한 것들을 추가해야 할 것이다. 새로운 소비패턴, 새로운 인식, 새로운 노동활동, 여가와 오락의 새로운 형태가 등장하고, 게다가 교육이나 개인적 노력, 기업가적 소명의식을 통한 가정교육 등을 통해 사회적 신분상승에 대한 기대를 가지게 되면서 과거보다 덜 시골스럽고, 덜 농업적인 사회가 되었다. 더 세계적이고 도시적인 사회가 자리잡아 가고 있었다.

그러한 사회적 변화의 열병 속에서 불만스런 집단도 있었다. 경제성장은 주로 인구의 일부, 주로 도시주민들에게만 혜택을 주었다. 농촌은 낙후되는 모습을 보여 주고 있었다. 그 불균형은 국가 현실에서 가장 핵심적인 문제였다. 1950년과 1963년 사이의 소득분배에 관한 통계는 위험스런 결과를 보여 주고 있다. 전 인구 중 가장 부유한 10%가 국가 부의 거의 반을 차지하고 있었다.

노동자와 농민의 불만은 때로는 혜택이나 협상을 통해 해결되었고, 때로는 폭력을 통해 해결되었다. 예를 들어, 1951년 수천 명의 광부와 그 가족들의 처절한 '굶주림의 행진'은 완전히 무시당했다. 그들은 코아

1951년의 '굶주림의 행진'

우일라주의 누에바 로시타에서부터 수도까지 1,400km를 걸어갔다. 그들은 미국회사인 아메리칸 제련제철소의 노동학대에 항의하였던 것이다. 1958년에는 전신국 직원, 석유회사 노동자, 교사들의 항의가 탄압받았고, 몇몇 지도자는 구속되었다. 바하 칼리포르니아, 치와와, 산 루이스 포토시에서는 선거와 관련된 정치운동이 일어났는데, 여당과 연방정부의 독재적 방식이 한계를 드러내기 시작했다는 것을 보여 주는 사건이었다. 1959년에는 철도종사자의 대규모 파업이 군대에 의해서 진압되었다. 데메트리오 바예호 같은 노조지도자들이 사회질서교란죄로 기소되어 감옥에서 몇 년을 보내야 했다. 당시 소련과 대치해 있던 (소위 냉전) 상황에서, 미국과 멕시코에서 지배적이던 사상적 분위기 때문에 철도노동자들은 공산주의자들로 몰렸다. 1962년, 군대는 독자적인 농민지도자 루벤 하라미요와 그 가족들에게 총을 난사했다.

　이처럼 대단히 불만스런 분위기는 쿠바혁명에 자극을 받았다. 피델 카스트로가 이끄는 게릴라들은 1959년 1월, 독재자 풀헨시오 바티스타를 쓰러트리고 정권을 잡았다. 미국 정부와의 긴장은 1961년 카스트로가 맑스-레닌주의 정부를 선언할 때까지 악화되었다. 그 혁명 경험은 멕시코, 나아가 전 라틴아메리카의 이상주의자와 불만세력에게 활기를 불어넣었다. 1961년 멕시코에서 '민족해방운동'이 전 대통령 카르데나스를 우두머리로 하여 탄생했다. 그는 정부정책 방향에 동의하지 않는 다양한 집단들을 결집시키려고 했다. 다른 한편, 가톨릭교회는 '기독교주의 찬성, 공산주의 반대'라는 구호 아래, 공개적으로 다양한 반대집회를 조직했고, 그로 인해 정치적 분위기는 더욱 긴장되었다. 그러한 상황 속에서 30여 명이 넘지 않는 숫자의, 전국에서 가장 부유한 기업가들은 멕시코기업인위원회CMHN를 만들었다. 이 조직은 곧바로 대단한 정치·경제적 영향력을 행사하게 된다. 이 조직 외에도 더 오래된 기업인 단체들이 있었다. 전국상인회의소총연맹Cocanaco, 공업인회의소총연맹Concamin, 전국가공산업회의소Canacintra, 멕시코고용주총연맹Coparmex, 멕시코은행가협회 등의 기존 단체들이 있었다.

    흔치 않은 정치적·외교적 분위기 속에서 미국 정부는 라틴아메리카에서 쿠바의 경험에 동조하는 분위기를 저지하기 위한 싸움을 시작했다. 냉전을 수행하듯, 1962년과 1964년 사이에 쿠바를 경제적·외교적으로 고립시키고자 라틴아메리카의 정부들에게 압력을 행사하였다. 하지만 이 부분에서 멕시코는 미국의 제의에 동조하지 않았다. 멕시코는 아메리카국가기구OEA 내에서 자신의 독자적 입장을 견지한 유일한 나라였다. 이것은 멕시코의 국제적 위상을 높였다. 동시에, 미국 정부는 '진보를 위한 동맹'을 추진했다. 다양한 사회적·정치적 개혁을 통해 라틴아메리카에서 새로운 반란의 싹을 방지하려는 의도였다. 그런 상황에서 멕시코에서는 정당득표비례 의원제도를 도입했다. 그 결과 1964년부터 소수 야당 의원들이 연방의회에 진출할 수 있었다.

로페스 마테오스의 후계자는 농촌 출신의 구스타보 디아스 오르다스임기:1964~1970가 되었다. 오르다스 정권은 시작부터 멕시코사회보장기구와 국가공무원 사회보장 및 서비스 기구, 그리고 다른 의료기관의 인턴과 레지던트 의사들의 데모에 직면해야 했다. 이외에도 다른 성격의 충돌도 있었다. 1965년 9월 23일, 소규모 집단이 치와와 주의 마데라 병영을 습격했다. 비록 이 게릴라의 싹이 신속히 소탕되었지만, 다양한 무장단체들이 활동하는 시기의 시작을 알리는 사건이었다. 이 무장단체들은 쿠바의 경험에 영향을 받아, 폭력적인 방법으로 국가를 변혁시키고자 하였다. 게릴라들의 주장에 따르면, 대부분의 국민은 자본주의적 수탈로 비참한 조건에서 살고 있었다. 어떤 단체들은 도시에서 활약하고 있었고, 게레로의 산악지역에서 활동하던 헤나로 바스케스와 루시오 카바냐스 같은 사범학교 선생님들이 이끄는 단체같이 일부는 농촌에서 활동하고 있었다.

하지만 국가정책에 불만을 드러낸 가장 핵심적인 사건은 1968년의 학생운동이었다. 전세계 여러 지역에서 젊은이들이 거세게 항의한 해였다. 그 운동은 10월 2일 틀라텔롤코에서 일어난 학살을 통해 종결되었지만, 갈수록 도시화되고 다양화되는 사회와 체제 사이의 거리를 노출시켰다. 그 체제는 자신의 근대화 노력이 자신의 권위에 오히려 위협과 도전으로 돌아오리라고는 상상하지 못하고 있었던 것이다. 이 탄압 사건은 학생들 사이의 논쟁으로 시작된 갈등을 조정하고 해결할 능력이 없는 체제라는 것을 드러냈다. 디아스 오르다스 대통령은 국가의 안정을 위협하는 공산주의자들의 음모가 있다고 믿고 있었다. 같은 해 10월 12일, 멕시코 시에서 열리기로 한 19회 올림픽의 개막이 다가오자 상황은 복잡해져 갔다. 9월, 군대는 국립자치대학의 캠퍼스를 점령했다가 철수

장갑차가 진주한 틀라텔롤코 광장(1968년)

했다. 국립기술원의 캠퍼스에 대해서도 마찬가지였다. 마침내 10월 2일 오후 결말이 났다. 정부의 음모에 의해 틀라텔롤코 광장에 모인 학생들이 군대의 공격을 받았다. 최근에야 드러나기 시작한 사실에 따르면, 정부 고위관료들의 지시에 따라 전략적인 장소에 위치한 저격수들이 마치 학생들이 한 것처럼 군대에 선제사격을 해서, 군대로 하여금 학생들에게 사격을 하도록 유도하였던 것이다. 수십 명이 죽고 수백 명이 레쿰베리 형무소에 수감되었다. 그 중에는 작가 호세 레부엘타스와 엔지니어인 에베르토 카스티요도 있었다. 이 정치범들은 1959년 철도파업과 1965년 의료파업으로 수감된 자들과 합류하게 된 것이다. 1990년에 노벨 문학상을 받게 되는 옥타비오 파스는 당시 그 학살에 대한 항거로 인도 주재 멕시코대사직을 사임했다.

1968년 이후, 그 체제는 갈수록 그 사회를 이끌어 갈 능력이 없다는 것이 명백하게 드러났다. 그 사회는 도시화·다원화된 사회이자, 계몽된 사회였고, 무엇보다도, 불만이 많지만 자신들의 관점을 드러낼 통로가 없는 사회였다. 이 마지막 문제는 정치적 삶에서 가장 명백한 양상들 중 한 가지와 관계가 있었다. 다시 말해, 정부가 인쇄매체와 텔레비전을 엄격하게 통제하고 있었다는 것이다. 수십 년 동안 가장 영향력 있는 텔레비전 뉴스 진행을 맡아 온 하코보 사블루도우스키라는 인물은 그러한 언론통제의 좋은 예가 되는 인물이다. 1971년 6월 10 멕시코 시에서 일어난 또 다른 학생탄압 사건은, 반대 또는 불만세력과 1910년 혁명으로 탄생된 국가 사이의 괴리를 확인시킨 사건이었다.

   멕시코 정부는 다양한 전략을 통해 상황을 만회하려고 노력했다. 하지만 20세기 역사에서 중요한 사건이 그 과업을 어렵게 만들었다. 바로 전후의 황금기가 끝나 버렸다는 것이다. 그것은 세계경제의 성장속도 둔화로 나타났다. 1973년은 바로 전후시대의 종말이자, 전반적인 위기의 시대가 시작되는 해로 여겨지고 있다.

   루이스 에체베리아 대통령임기:1970~1976과 호세 로페스 포르티요임기:1976~1982 대통령은 모두 멕시코 시 출신 대통령인데, 이들은 집권기 동안 불만세력을 끌어들이기 위해 사면을 하고, 새로운 고등교육기관을 설치하고(1974년에 설립한 메트로폴리 자치대학처럼), 노동자계급 지원제도(1972년에 설립된 노동자들을 위한 국가주택기금공사^{Infonavit})를 마련했다. 동시에 선거제도를 개혁하고, 민주적 개방과 민족주의와 관련된 요란스런 담론을 통해 불만세력을 끌어들이려 했다. 또한 다양한 지식인 집단과 예술가 집단과의 관계를 긴밀히 하려는 노력도 두드러졌다. 영화산업에 대한 투자도 그런 노력의 일환으로 볼 수 있을 것이다. 체제에 우호적인 한 작가는 "에체베리아냐 파시즘이냐"라고 말하기까지 했다. 그럼에도 불구하고, 이러한 정부의 노력은 별 성공을 거두지 못했다. 왜 그랬는지 살펴보자.

무엇보다도 우선, 경제성장이 둔화되기 시작했다. 그것은 1930년대부터, 특히 2차 세계대전 이후부터 수입대체산업에 기반한 성장모델의 한계 징후였다. 식량생산과 외화창출의 감소는 농축산업 분야가 소진상태에 이르러 산업화를 뒷받침할 능력이 없다는 것을 보여 주었다. 수출과 수입 사이의 격차는 갈수록 커졌다. 소위 무역수지 적자가 커졌다는 것이다. 다른 한편, 국내저축은 경제규모의 확대를 위한 금융지원을 하기에는 부족했다. 다른 나라들과 비교했을 때 멕시코 정부는 아주 가난했다. 그리고 기업가들 역시 자기 자본을 가지고 모험을 감수할 뜻이 없었기 때문에 상황은 갈수록 악화되었다. 에체베리아 대통령이 세수를 늘리기 위해 재정개혁을 시도했지만 기업가들이 단호히 반대했다. 대통령 권력의 약화를 드러내는 또 다른 징후였다고 볼 수 있는 그 좌절을 안고, 멕시코 정부는 공적 비용을 유지하고 나아가 확대하기 위해 해외차관을 요청하기로 결정했다. 공공재정의 적자, 혹은 수입과 지출 사이의 차이는 계속 증가했다. 이처럼 다음 세대들에게 크게 부담이 될 짐이 쌓여 가기 시작했다.

몬테레이 출신으로 쿠아우테목 맥주회사 주인이자, 1943년 몬테레이 공대를 설립한 유력 기업가 에우헤니오 가르사 사다가 1973년 9월 17일, 게릴라 조직인 '9월 23일 동맹'이 납치를 시도하는 과정에서 살해되었다. 장례식에서 일가친척들은 대통령에게 거칠게 항의했다. 이 사건은 정부와 일부 기업집단 사이 긴장의 주요 원천의 일부가 되었다. 그 긴장관계는 나라가 경제적으로 크게 어려움을 겪고 있는 상황이어서 더욱 악화되었다. 그런 상황에서 1975년 상공인, 고용주, 은행가 조직들과 영향력이 큰 멕시코기업인위원회^{CMHN} 등으로 이루어진 기업조정센터가 탄생했다.

한편 노동자집단은, 특히 라파엘 갈반이 이끄는 전력노동자들은 여당 지도자들이 노조를 조종하는 것에 대항해 끈질기게 투쟁하였다. 다양한 노동자, 농민집단에서 불만이 들끓고 있었다. 당시는 다양한 경향의 정치집단들이 활발하게 활동하던 시기였다. 마오주의에서부터 해방신학, 다시 말해 가난한 사람 특히 라틴아메리카의 가난한 자의 편에 설 것을 주장하던 해방신학과 연계된 가톨릭 집단들까지 있었다. 이러한 어려움 외에도 국가적 차원에서 감추고 싶었던 어려운 일이 있었다. '더러운 전쟁'으로 지칭된 이 일은, 1970년대를 통해 무장운동들을 불법적으로 탄압한 일이었다. 무력을 통해 법에 도전하는 세력을 진압할 수 있는 합법적인 권리를 행사하는 과정에서, 정부는 수십 명의 운동가들을 고문하고 납치, 살해했다. 그리고 그들의 가족을 협박했다. 그 더러운 전쟁을 수행하면서도 한편으로는 진보적인 입장과 제3세계에 대한 우호적 입장을 과시했다. 칠레의 살바도르 아옌데 대통령 정부와 쿠바 정부를 지지하고, 군사독재를 피해 자기 나라를 탈출하는 수천 명의 우루과이, 아르헨티나, 칠레 망명자들을 받아들인 일들이 두드러진 예라고 할 수 있다.

　잘못된 경제운용으로 말미암아 1973년부터 인플레이션이 심해졌다. 상당 부분 세계시장이 어려웠던 결과이기도 하지만, 지불준비금도 없이 화폐를 발행하고 공공지출을 늘린 결과이기도 했다. 1960년대에 물가가 년 5% 이하 상승했다면, 1973년부터는 년 20%를 넘었다. 지속된 인플레이션으로 1976년 8월에 페소화의 평가절하가 이루어졌다. 1954년부터 1달러에 12.50 페소를 유지해 왔는데, 달러당 20페소가 되었다. 이것은 그 이후 계속된 평가절하의 시작일 뿐이었다. 페소는 1976년 8월에서 2000년 11월 사이에 그 가치가 760분의 1로 줄었다(만약

1993년 법령에 따라 0을 세 개 떼지 않았다면 달러 당 12.50페소에서 9,500 페소로 된 셈이다). 1976년의 위기를 넘기기 위해 에체베리아 정부는 국제통화기금의 도움을 요청하지 않을 수 없었다. 이 기구는 차관을 주는 대신 공공지출을 심각할 정도로 삭감하라고 요구했다.

 1978년 초, 캄페체 지역의 석유탐사에서 대규모 유전들이 발견되었을 때 운명의 여신은 멕시코 정부와 국민에게 미소 짓는 것처럼 보였다. 이제 멕시코는 풍요를 잘 관리할 준비를 해야 한다고 로페스 포르티요 대통령은 말했다. 대단한 확신 속에서 해외차관에 의존하면서, 멕시코 정부는 멕시코석유회사^{Pemex}로 하여금 생산량을 늘리도록 했다. 수치들은 화려하기 그지없다. 예를 들어, 원유수출은 1976년에 하루 94,000배럴에서 1982년에는 1,500,000만 배럴이 되었다. 베라크루스 남부, 타바스코, 캄페체에서 멕시코석유회사의 존재는 최고의 매력인 동시에 최악의 악몽이었다. 노조의 전횡으로 임금은 높았고, 도시지역에는 엄청난 주택수요가 있었으나 기반시설이 없었고, 외화벌이 열병으로 환경은 파괴되고 있었다. 얼마 지나지 않아 연방정부 지출예산의 3분의 1을 석유관련 수익이 담당하게 되었다.

 앞에 언급된 경험은 1973년에 시작된 세계 경제위기의 다른 여파와 관련이 있었다. 1973년 석유수출국기구^{OPEC}가 미국과 다른 나라들에 대해 원유수출을 금지하자 배럴당 석유 값은 엄청나게 치솟았다. 1973년에 3달러도 안되던 것이 1981년에는 35달러가 넘었다. 세계경제는 운송과 생산비용의 상승으로 몸살을 앓았다. 산유국들이 벌어들인 수십억 달러의 자금이 국제 금융시장으로 수혈되었고, 이자율이 떨어지는 결과를 가져왔다. 부채를 지는 것이 매력적인 선택이 되었던 것이다.

 멕시코 정부는 이러한 국제적인 맥락을 활용해서 허약한 재정을 보완하고 석유관련 계획을 수행하려 했다. 1966년 대외공공부채는 19억 달러였는데, 1982년에는 30배가 넘는 590억 달러였다. 정부 관료들은 걱정을 하지 않았는데, 왜냐하면 배럴당 가격이 어쩌면 70달러까지 계속 올라갈 것으로 믿고 있었기 때문에 다 갚을 수 있을 거라 믿었다.

1970년대에 절정에 이른 공공지출의 결과는 긍정적 지표들로 나타났다. 예를 들어, 년평균 7% 이상의 성장, 실질임금의 지속적 상승(적어도 1976년까지는), 1929년 이래 보건, 교육, 기반시설에 대한 최대의 투자 등으로 나타났다. 전문가들의 표현에 따르면, 사회적·지역적 불평등이 70년대를 통해 확연히 느낄 수 있을 정도로 줄어들었다.

이 시기에 일어난 변화 중 지속적 효과를 가지는 것은 적어도 두 가지가 있다. 첫째 변화는 새로운 인구정책의 채택인데, 출산계획과 조절에 바탕을 둔 정책이었다. 국가경제가 갈수록 빠르게 증가하는 인구를 감당할 능력이 없다는 것이 이미 확실해졌다. 정부는 이 문제에 개입하지 않을 수 없었다. 1974년 3월, 국가인구위원회[Conapo]가 구성되었는데, 인구증가를 완화시키는 조치들을 취하려는 목적이었다. 이러한 정부 주도의 조치는 가톨릭교회의 반대에도 불구하고, 인구증가에 확실한 효과를 보였다. 인구증가율은 그 이후 수십 년간 두드러지게 감소했다. 1970년 3.6%에서 1990년에는 2.6%가 되었다.

두번째 변화는 정치와 관계가 있었다. 1976년 대통령선거에서 제도혁명당[PRI]의 후보밖에 참여하지 않았기 때문에, 로페스 포르티요 정부는 군소정치 세력들, 특히 좌파 단체들을 정당간 경쟁에 끌어들이기 위해, 1977년 개혁을 추진했다. 비례대표제도를 도입하면서, 두 가지 방식으로(단수기명, 복수기명) 선거를 하고, 각 단체 혹은 정당이 득표한 비율에 따라 국회의원 수를 배정했다. 이 방식을 통해 공산당, 멕시코노동자당, 멕시코민주당(극우가톨릭파에서 유래)이 선거전에 참여했다. 한편, 국민행동당은 연방국회의원의 수를 늘리는 데 성공했다. 비록 1977년의 선거개혁이 연방행정부에 대한 사법부의 종속 문제와 제도혁명당의 헤게모니에 손을 대지는 않았지만, 그래도 선거제도를 수정하고, 나아가 멕시코의 정치적 해결방식을 수정하려는 노력을 보여 주는 첫 사례였다. 그럼에도 불구하고, 이러한 성과들은 1981년과 1982년의 심각한 경제·정치적 사건들 앞에서 빛을 잃었다.

곧이어 석유시장에 대한 예측은 완전히 빗나갔다. 1981년 5월부터 석유가격은 내려가기 시작했다. 동시에 이자율은 높아지고 있었다. 소득은 더 줄어들고, 외채 이자로 지출이 늘어나다 보니 공공재정 상황은 더 이상 버틸 수 없었다. 1982년 8월, 재무장관은 멕시코 경제의 파산을 인정하면서, 외국 채무자들에게 지불유예를 알렸다. 투기꾼들뿐 아니라 소액 예금주들도 자기 재산을 방어하기 위해 엄청난 액수의 달러를 멕시코에서 반출했다. 그래서 달러 가격이 치솟아 달러 당 26페소에서 70페소로 상승했다. 인플레이션은 거의 100%에 달했다. 이러한 위기 상황에서 1982년 9월 1일, 공화국 대통령은 은행 국유화를 선언했다. 일부는 갈채를 보냈지만, 그 조치는 국민의 전반적 지지를 획득하는 데는 거리가 있었다. 반대로 통치 집단에 대한 불신은 감춰지지 않았다.

주민 동원과 정치적 변화, 1982~2000

1979년 영국의 대처 수상 당선과, 1980년 미국의 로널드 레이건 대통령 당선은, 1973년 시작된 세계적 위기에 대한 보수진영의 반격이 시작된 것으로 여겨진다. 공공지출을 줄이고, 사기업의 활동을 지원하는 것이 새로운 노선의 두 가지 중요한 정책이었다. 그것은 케인스와 복지국가론을 거부하는 것이었다. 케인스의 자리를 차지한 경제학자들은 경제의 악은 결국 지나친 공공지출에 원인이 있었다고 생각했다. 동시에 소련과의 대립이 더욱 격화되면서, 특히 미국에서 일종의 군비확장주의 전략이 유리한 입장에 놓이게 되었다. 1978년 말에 선출된 새로운 교황은 이러한 세계적 상황에 적극적으로 개입했다. 1979년 2월, 요한 바오로 II세는 처음으로 멕시코를 방문했다. 대중들은 기쁨을 억제할 수 없었다.

로페스 포르티요 정부 말기에 발생한 위기 앞에서 정부 운용에 급격한 변화가 일어났다. 개인용 컴퓨터가 사무실, 회사, 가정과 학교에서 일반화되기 시작한 바로 그때였다. 그 변화는 많은 국민들에게 심각한 영향을 주었다. 그 변화의 과제를 떠맡은 것은, 콜리마 출신의 새 대통령 미겔 데 라 마드리드^{임기: 1892~1988}였다. 미국과 영국 정부의 노선과, 1982년 위기를 극복하기 위해 세계은행과 국제통화기금이 강요한 조건들에 발맞추어, 공공지출과 공공투자가 심각하게 감소했다(예를 들어, 1983년 일반지출액의 3분의 1이 줄었다). 그리고 수많은 공기업 매각이 시작되었다. 무슨 일이 있어도 공공재정 적자를 줄여야 했다. 계속되는 인플레이션과 억제대책들 때문에 임금은 급격하게 감소했다. 그러한 극적인 조치들은 결국 실업이라는 고질적 문제를 재발시켰다. 많은 가정이 스스로 알아서 문제를 해결해야 한다는 것을 깨달았다. 결과적으로 홀로 생존을 위해 나선 사람들이 늘어났다. 수백 명, 나중에는 수천 명의 행상인이 보도와 광장, 거리에 자리잡았다. 어떤 가정에서는 남자들이 목숨을 걸고 불법으로 미국 국경을 넘었다. 일부는 다양한 방식으로 항거를 선택했다. 여당의 지도력과 임금감소에 불만을 가진 교육자들에 의해 1979년에 구성된 '전국교육노동자협의회'의 구성원들이 그런 경우

멕시코와 미국 사이의 국경에 설치된 장벽. 국경을 넘다 희생된 이들을 추모하는 십자가를 붙여 놓았다.

에 해당된다. 어떤 사람들은 선거를 통한 해결을 모색했다. 정치적 비중이 있는 지방행정단체의 선거에서 제도혁명당을 이기는 일이 생겨났다. 1983년 선거에서, 특히 북부지역의 두랑고와 치와와 주의 수도들, 그리고 국경도시인 시우다드 후아레스에서 그런 일이 벌어졌다. 그때부터 불만을 품은 사회집단들의 저항운동은 증가했다. 거리와 광장을 점령하고, 고속도로와 톨게이트를 차단하고, 텔레비전 방송 시청거부 운동을 하고, 농성과 행진, 단식투쟁을 하였다. 과거에 이런 종류의 항거 행위가 없었던 것은 아니지만, 이제 더 자주 발생하는 데다 가난한 노동자, 농민들에 의해 주도될 뿐 아니라 기업가 집단과 도시와 농촌의 중산층에 의해서도 주도되었다.

1985년 9월 19일과 20일 발생한 지진으로 중서부 지방의 많은 지역이 피해를 입었다. 멕시코 시에서는 사망자가 수천 명에 달했다. 정부의 대응은 느리고 미약했다. 반대로 이웃 주민들이 대대적으로 구호에 나섰다. 나약한 정부와 건실한 사회 사이의 대비는 쉽게 드러났다. 정부가 경제 때문에 비탄에 잠긴 나머지 대처능력을 상실한 것 같았다. 다른 영역에서도 이와 같은 인상을 받게 되었는데, 마약거래 행위가 점점 더 일상적인 사건이 되어 가고 있었기 때문이다. 1980~1990년대 동안 마약사업은 갈수록 확장되었는데, 미국에서 마리화나, 코카인을 비롯해 다른 마약물질들에 대한 소비가 증가하고 있었기 때문이었다. 그러한 시장이 있었기 때문에 콜롬비아의 생산자, 멕시코의 중개자, 미국의 배급자 사이에 제휴가 강화되었던 것이다. 범인을 추적하는 당국에 대한 뇌물상납, 보복살인, 돈 '세탁', 라파엘 카로 킨테로 같은 마약두목들의 체포, 압수된 마약에 관한 뉴스 등은 일반 여론의 관심을 끌었다. 또 다른 문제는 도시에서 범죄와 납치가 기하급수적으로 증가하고, 마치 19세기에 그랬던 것처럼 주요도로에서도 강도행위가 빈번해졌다는 것이다.

경제가 심각하게 어려워지자 통치자들과 일부 기업가 집단은 경제의 축으로서 수입대체산업 모델의 효용성에 대해 의문을 제기했다. 1986년 관세와 무역에 관한 일반협정^{GATT}에 가입함으로써, 국가의 경제 운용에서 근본적인 방향전환을 확인했다. 미국경제가 번영을 누리는 상황에서 보세산업, 다시 말해 원자재와 부품을 수입해 조립하여 다시 수출하는 산업이 절정기에 접어들었다. 자동차 기업들도 이와 같은 방식을 따라서, 아구아스 칼리엔테스, 소노라, 치와와, 코아우일라에 새로운 생산 공장을 열었다. 멕시코 시의 많은 공장들이 문을 닫거나 다른 지역으로 옮겨 가기 시작했다. 국가에 의해 주도된 근대화 계획의 가장 좋은 상징이었던 그 도시의 경제력은 줄어들기 시작했다.

이러한 조건과 연 160%의 인플레이션 아래서, 1987년에 이듬해 대선을 위한 선거전이 시작되었다. 제도혁명당의 한 분파가 탈당하여 쿠아우테목 카르데나스를 필두로 하여 '민주물결'이라는 단체를 결성했다. 쿠아우테목은 전 대통령 라사로 카르데나스의 아들로, 수년 동안 여당의 당원이자 미초아칸 주의 주지사였다. 민주물결은 다른 집단들도 끌어들인 후 전국민주전선[FDN]을 결성했다. 제도혁명당의 후보는 수도 출신의 카를로스 살리나스 데 고르타리가 되었다. 한편 국민행동당[PAN]은 시날로아 출신의 마누엘 J. 클루티에르를 대선후보로 선출했다. 그는 은행국유화 때문에 정부와 여당으로부터 멀어진 일부 기업가 집단의 지지를 받았다. 1988년 7월 2일 선거는, 무엇보다도, 투표 집계 '시스템의 고장'이라는 어이없는 일이 벌어진 것으로 기억에 남게 된다. 그 오점은 야당들의 의심과 분노를 불러일으켰지만, 행정부 장관을 우두머리로 하는 선거관리 당국은 살리나스의 승리를 선언했다. 국민행동당과 카르데나스 추종자들은 격렬하게 항의했다. 이들은 여당후보가 패배하자 사이버 조작이 필요했다고 주장했다. 하지만 클루티에르와 카르데나스가 공동 전략에 합의를 이루지 못했기 때문에 조금씩 선거부정에 대한 항의는 잦아들었고, 살리나스 후보의 승리는 굳어졌다. 비록 제도혁명당이 당의 목표를 달성했지만, 1988년 선거사건은 그 여파가 엄청났다. 새로운 정부는 거의 정통성을 갖지 못한 채 출발했다. 자신의 힘을 키우기 위해 살리나스 대통령은 대단히 언론효과가 있는 충격을 주기로 결심했다. 1989년 1월, '라 키나'라는 별명이 붙은, 석유산업계의 막강한 노조 지도자 호아킨 에르난데스를 군대와 경찰을 동원해 체포했다. 1989년 바하 칼리포르니아 주지사에 야당후보(국민행동당의 에르네스토 루포)가 당선된 것을 받아들인 것도 1988 선거사건의 여파라고 할 수 있다. 그리고 과거 제도혁명당 당원, 공산주의자, 다양한 성향의 사회주의자로 구성된 민주혁명당[PRD]이 1989년에 탄생한 것도 그 전해 선거사건의 또 다른 여파라고 할 수 있을 것이다.

살리나스 정부가 출범할 때 국제정세는 거대한 변혁으로 요동치고 있었다. 1989년에서 1991년 사이에 베를린장벽과 유럽 사회주의국가 블록과 소련이 사라졌다. 이러한 사건들은 미국과 영국의 공식적 노선을 강화시켜 주었다. 이 국가들은 공공지출 축소, 세계시장의 자유화, 기업투자 촉진과 시장원리의 존중을 추구했다. 이른바 '신자유주의'로 널리 알려진 것이었다. 멕시코 정부는 그러한 방향에 동조하고 따르면서, 정부를 '감량'하고 지출을 줄여 인플레이션을 억제하고, 은행이나 멕시코전화회사 같은 국영기업들을 더 많이 매각하기로 결정했다. 멕시코전화회사는 1972년부터 정부가 소유하고 있었는데, 카를로스 슬림 같은 새로운 인물이 최고 경영자가 되었고, 의미 있는 또 다른 개혁들이 도입되었다. 예를 들어, 헌법 27조의 개혁으로 토지분배가 종식되고, 에히도의 양도가 가능하게 되었다. 헌법 130조의 개혁은 교회를 법적으로 인정해 주었고, 신앙생활의 자유를 부여했다. 게다가 그 개혁으로 인해 바티칸과의 외교관계를 회복할 수 있는 길이 열렸다.

1981년부터 공공재정에 엄청난 부담이 되었던 멕시코 외채에 대한 재협상이 1989년과 1990년 사이에 있었다. 이 재협상은 정부가 강조했던 거시경제지표들에 있어 긍정적 결과를 낳았다. 공공재정 적자와 인플레이션이 확연히 줄어들었다. 하지만 경제의 쇠퇴는 피할 수 없었다. 보건과 공교육 같은 분야에서의 예산감축으로 많은 국민들이 심각한 상황에 처하게 되었다. 농촌에서 농부와 소규모 기업농들은 급작스런 정부정책의 변화로 고통 받고 있었다. 정부의 정책방향은 농산물을 수출할 수 있는 아주 소수의 기업농을 지원하도록 되어 있었다. 1993년에 일어난 엘 바르손El Barzón 운동은 은행부채를 진 사람들로 이루어졌는데,

북미자유무역협정(NAFTA) 조인식(1992년). 뒷줄 왼쪽이 살리나스 대통령, 가운데가 조지 H. W. 부시 미국 대통령, 오른쪽이 브라이언 멀로니 캐나다 총리.

그 중에는 농부가 많았다. 이 운동은 멕시코 사회 중류층의 불만을 반영하고 있었다. 그럼에도 불구하고, 정부의 입장을 대변하는 자들은 멕시코가 제1세계의 문턱에 와 있다는 말을 반복했다. 마지막으로 한번만 밀어붙이면 되는데, 그것은 바로 미국과 캐나다와의 자유무역협정FTA에 서명하는 일이라고 말하곤 했다.

사실, 경제에서 정부의 개입을 줄이고 국가 간 상품의 자유로운 흐름을 지원하는 것은 새로운 경제발전모델의 또 다른 구성요소인 데다, 경제적 세계화에 적응하는 현명한 방식이라고 정당화되었다. 1986년 GATT에 가입한 것에 부합되게 살리나스 정부는 미국과 캐나다와의 무역협정을 맺기 위해 대화를 시작했다. 이렇게 함으로써, 수입대체모델을 포기하는 대신 무역개방과 수출을 국가발전의 받침대로 삼아 추진하겠다는 정부의 결정을 확인하고 있었다. 그 변화는 미국과의 경제적 통합의 강화를 노리고 있었다. 그런 경제적 통합은 이미 노동시장에서, 수출정책의 필연적 결과인 보세지역의 확장에서, 그리고 미국 은행에 있는 멕시코인들의 거액 계좌를 통해 진행되고 있었다. 갈수록 멕시코 경제의 운명은 이웃나라의 경제에 더욱 종속될 상황이었다. 1993년 자유무역협정이 체결되었고, 1994년 1월 1일 발효되었다. 모

사파티스타 민족해방군

든 것이 순조로워 보였다. 하지만 1994년은 예상 밖 일로 가득한 한 해였다.

첫번째 예상치 못했던 일은 사파티스타 민족해방군이 바로 1994년 첫날에 치아파스 주에서 봉기를 일으킨 사건이었다. 그 조직의 원주민 구성원들은 정부군과 그 최고사령관인 대통령에게 전쟁을 선포했다. 그들은 여러 마을을 점령했는데, 가장 중요한 지역은 산 크리스토발 데 라스 카사스였다. 멕시코 시와 여타 지역의 대규모 집회에서 사람들은 적대적 행위의 종식을 요구했다. 전쟁은 겨우 11일 동안 지속되었지만, 그 충격은 엄청났다. 제1세계의 문턱에서 사회적 요구(보건과 교육 서비스)와 인디오 마을의 권리를 되찾으려는 정치적 요구를 동시에 하는 집단들이 들고 일어난 것이다. 치아파스가 전국에서 원주민이 가난하게 사는 유일한 곳이어서 그런 것은 아니었다. 그곳에서는 '부사령관' 마르코스 같은 도시 출신의 급진주의단체 운동가들, 해방신학에 동조하는 가톨릭 운동가들이 활동하고 있었고, 빠르게 팽창하는 목축업과 농지배분

문제로 분열이 있었고, 프로테스탄티즘이 예사롭지 않게 전파되고 있었다. 봉기는 살리나스 정부의 낙관주의가 얼마나 허위였는지 심각하게 보여 주었다.

두번째 예상치 못했던 일은 3월에 일어난 제도혁명당 대통령 후보인, 소노라 출신 루이스 도날도 콜로시오의 암살사건이었다. 이 사건은 지배집단의 분열을 드러냈고, 사회를 심연으로 몰아갈 것 같았다. 어쩌면 고위 지배층의 분열 앞에 대부분이 두려움을 느꼈기 때문인지, 수도 출신으로 새로운 제도혁명당 후보가 된 에르네스토 세디요는 큰 문제없이 1994년 7월 선거에서 승리했다. 제도혁명당의 고위인사인 호세 프란시스코 루이스 마시에우가 9월에 암살됨으로써 정치적 범죄는 반복되었다.

1994년에 일어난 세번째 예상치 못했던 일은 크리스마스 전에 일어난 경제적 성격의 일이었다. 거의 100%에 이르는 페소화의 갑작스런 평가절하로 멕시코 경제가 뒤흔들렸다. 멕시코 경제는 1995년에 6% 마이너스 성장을 했다. 실업이 증가했고, 임금은 더 줄어들었고, 이자율은 치솟았다. 어쩌면 살리나스의 낙관주의를 받아들였던 수많은 채무자들은 기계와 원자재, 주택, 자동차 등을 구매하면서 진 빚(어떤 경우 달러로 진 빚)을 갚을 길이 없어졌고, 그로 인해 은행은 곤경에 빠졌다. 2차 세계대전 후 경제호황의 열기 속에서 형성된 멕시코 중산층은 가장 어려운 시기를 맞이했다. 미국의 재정지원으로 세디요 대통령 정부는 폭풍을 피했고, 다음해 상당한 수준의 석유가격 인상 덕분에 다시 성장을 이룰 수 있었다. 하지만 엄청난 대가를 받아들여야 했다. 정부는 포바프로스^{Fobapros}로 잘 알려진 은행예금보호기금을 통해 은행의 회수불능 대출을 떠맡겠다고 약속했다. 그 대출들 중에는 합법성이 아주 의심스런 것들도 있었다. 공식적인 정당화 논리는 은행이 파산할 경우 위험에 처하게 되는 멕시코인의 예금을 보호한다는 것이었다. 문제는 그 결정으로 그렇지 않아도 허약한 공공재정이 새로운 부담을 지게 된 것인데, 그 액수는 무려 600억 달러에 달했고 이자는 별도였다.

라틴아메리카의 경제발전과 관련해 소위 '잃어버린 십년'이라 불리는 1980년대의 어려움에다, 1995년의 위기가 남긴 어려움이 더해진 것이었다. 어느덧 수백만 명의 멕시코인들이 그렇게 경제위기가 지속되는 가운데 태어나고 자라왔다. 게다가 1990년대에는 가뭄으로 농촌 상황이 더 어려워졌다. 이미 80년대부터 정부지원 중단으로 타격을 입고, 외국 농산물이 자기 나라 정부의 보조금 덕택에 싼값으로 들어와서 타격을 입은 상태였다. 미국으로의 이주가 전례 없이 증가했다. 1997년에 거의 9백만 명의 멕시코인이, 거의 대부분은 가장 생산력이 왕성한 나이에 미국에 거주하고 있었다. 그 이주자들은 엄청난 규모의 외화수입 원천이 되었다. 1997년에 약 60억 달러였는데, 관광수입보다 조금 더 많은 액수였다. 해가 갈수록 송금은 증가해 2003년에는 130억 달러에 이르렀는데, 석유수출액 다음으로 큰 규모였고, 외국인 투자나 관광수입보다 많은 액수였다. 중부의 네 지역인 미초아칸, 할리스코, 과나후아토, 멕시코 주가 가장 많은 금액을 송금 받았다.

20세기 말경, 인구의 4분의 3이 도시에 살고 있었고, 나머지는 엄청난 숫자의 작은 시골 마을에 흩어져 살고 있었다. 여성은 갈수록 자녀를 적게 가졌고(1974년에 평균 6.1명의 자녀를 가졌는데, 1999년에는 2.5명이 되었다), 대규모로 노동시장에 편입되었다. 문맹률은 1960년에 45%였던 것이, 2000년에는 9.5%가 되었다. 다양한 교회를 중심으로 모이는 개신교도 수는 갈수록 증가했는데, 특히 남동부 지방에서 두드러졌다. 이

혼과 여성가장家長의 수가 증가했다. 여론 분야에서는 대중매체의 개방과 그들 사이의 경쟁, 정부노선으로부터의 독립 덕분에 여러 영역에서 시민들의 참여가 강화되었다. 인권, 여성, 실종자, 원주민, 에이즈 환자, 동성애자 권리보호 운동이 활발해졌다. 비정부단체가 대폭 증가한 것은 시민의 사회활동을 잘 보여 주는 또 다른 징후라고 할 수 있다. 매년 북쪽의 이웃나라로 밀입국 하려다 수백 명씩 죽고, 치와와 주의 시우다드 후아레스에서 1990년부터 300명 이상의 젊은 여성이 죽은 사건이 신문과 전자매체에 크게 보도되었다.

경제적으로 큰 어려움이 있었지만, 동시에 정치적 질서를 변화시키고, 적어도 선거과정에서 민주주의를 더욱 실천하고자 하는 거대한 힘이 나타나고 있었다. 그것의 징표로, 1996년에는 연방선거청IFE에 완전한 자치권을 부여한 헌법 개정이 있었다. 1946년 이후 처음으로 연방정부는 선거관리권을 잃게 되었고, 이제 정당에 소속되지 않은 민간인의 손으로 넘어갔다. 새롭게 등장한 연방선거청은, 이제 제도혁명당의 헤게모니와 연방대통령과의 유대에 기반한 낡은 정치질서는 효력이 다했다는 것을 의미했다. 또한 갈수록 더 능동적으로 되어 가는 시민의 요구와 새롭게 조화를 이루려는 태도를 명백하게 드러내고 있었다. 낡은 형태의 대통령중심제에서 아주 핵심적인 자리 중 하나인 연방수도의 시장 자리를 선출직으로 개혁한 것도 같은 의미였다. 야당은 자치단체장 선거와 지방의회선거, 주지사 선거에서 점점 더 많은 승리를 거두었다. 그 중에서도 1997년에 민주혁명당 후보로 첫 연방수도 시장에 당선된 카르데나스의 승리가 두드러진다. 또한 같은 해에 제도혁명당은 연방의회에서 처음으로 과반수를 상실했다.

2000년에, 멕시코 인구는 9천 750만 명으로 1930년의 다섯 배가 되었고, 전세계에서 11번째로 인구가 많은 나라가 되었다. 일부 데이터는 사회적 상황이 호전되었음을 나타냈다. 평균 수명은 75세가 되었는데, 1930년에는 36세에 불과했었다. 출생률과 영아사망률의 감소로 사회는 고령화 추세를 보이고 있었다. 한편, 1984년부터 사회적 불평등은 증가했고, 가장 부유한 계층에게 더욱 유리해졌다. 그와 반대로, 정부의 통계에 의하면 인구의 반 이상을, 어떤 학자들에 의하면 거의 3분의 2를 빈곤층으로 볼 수 있었다. 지리적으로 볼 때, 연방수도, 서부, 북부 같은 부유한 지역과, 갈수록 더 가난해지는 남부(게레로, 오아하카, 치아파스)는 커다란 대조를 보여 주고 있었다.

2000년의 대통령선거는 체제의 부패와 관련되어 불안한 상황 속에서 치러졌다. 금융사기 스캔들과 '화이트칼라'의 범죄가 빈번했고, 경제성장률은 낮았고, 실업은 줄어들 줄 몰랐고, 임금은 1976년에 비해 구매력이 73% 줄어든 상황이었다. 제도혁명당의 후보는 시날로아 출신의 프란시스코 라바스티다였다. 카르데나스와 과나후아토의 전 주지사였던 국민행동당의 비센테 폭스와 경합했다.

2000년 7월 2일 밤, 연방선거청과 연방대통령은 폭스의 승리를 발표했다. 멕시코인뿐만 아니라 외국인들에게도 놀라운 일이었다. 정계 입문을 위해 기업을 포기한 카리스마 있는 인물에게 국민들은 희망을 걸었던 것이다. 폭스는 다양한 집단의 표를 얻었다. 국민 대부분이 정치 체제의 변화를 원했다는 것은 명백했다. 하지만 폭스를 완전히 신임했던 것은 아니었다. 국민행동당이 연방의회에서 과반수에 크게 미치지 못한 것을 봐도 알 수 있다. 어쨌든 야당후보가 당선됨으로써 1928년 오브레곤의 살해로 불거진 정치적 위기에 뿌리를 둔 정치질서는 해체되었다. 거대 여당의 시대, 그리고 그 당의 지도자들이 순서대로 연방대통령을 하는 시대는 지나가고 있었다. 다행스럽게도 그 정치질서의 다른 요소들은, 예를 들어 군대의 대통령에 대한 복종 같은 것은 그대로 유지되었다. 그렇게 해서 멕시코는 비록 정치영역에 국한되기는 했지만, 근본적인 변화와 함께 새로운 세기로 접어들고 있었다. 그 변화가 대다수 주민들의 삶의 조건을 근본적으로 개선해 주기를 기대하고 있었다. 공공의 문제에 점점 더 참여하고, 갈수록 건강해지는 사회는 그런 기대를 가질 수밖에 없을 것이다.

지금까지 살펴본 70년 동안 멕시코는 정치적·사회적 안정기를 지냈다. 이것은 20세기 멕시코의 가장 주요한 특징이며, 특히 19세기의 혼란과 비교한다면 과소평가되어서는 안 된다. 또한 이 시기에는 경제적 성장을 이룬 기간들이 있었고, 그 경제성장으로 도시의 확장과 도시 중산층의 증가가 두드러졌다. 그러한 긍정적인 면에도 불구하고, 시골과 도시에 사는 대부분의 주민들은 계속 가난하게 살거나 더 가난해졌다는 사실과, 정부에 대한 불만세력이나 반대파들에게 고통을 가중시켰다는 사실을 부인할 수는 없다. 지속되었던 사회적 불평등은 1960~1980년 사이에 감소하는 듯했으나, 1980년부터 다시 증가했다. 세계경제의 각 시기들(대공황, 세계대전 후의 호황, 1973년에 시작된 위기)은 멕시코 사회에 지울 수 없는 자국을 남겼다. 세계시장과 미국경제로의 방향 전환과, 1980년대 중반 국가개입모델의 포기로 인해 1929년부터 만들어진 국가 정치질서에 위기가 조성되어 갔다. 만약 1930년대 초에 멕시코가 세계적인 경기침체와 아주 불안정한 국내정세 속에서 살았다면, 2000년에는 평화 속에서 정치체계를 재구성하고 있었다. 그리고 경제적 어려움이 1929년만큼은 심각하지 않았지만, 더 지속적이었다는 것은 확실했다. 이 기간 동안 멕시코 사회가 확실하게 얻은 것 중 하나는, 바로 20세기 말경 사회가 더 강해졌다는 점이다. 그렇기 때문에 2000년의 정치적 변화가 가능했던 것이다. 이렇게 더 능동적이고 강해진 사회이지만, 더 광범위하고 깊이 있는 변화를 달성하기 위해서는 아직 가야 할 길이 많이 남아 있다.

옮긴이 후기

이 역사책은 2000년 비센테 폭스 대통령의 당선까지를 다루고 있습니다. 그 후 벌써 11년이 지났습니다. 그의 당선은 정말 '역사적'이었습니다. 제도혁명당^{PRI}의 70년 장기집권에 종지부를 찍었습니다. 2010년 노벨문학상 수상자인 마리오 바르가스 요사의 표현에 따르면 제도혁명당의 장기집권은 "완벽한 독재" 체제였습니다. 근본적인 변화에 대한 멕시코 국민들의 갈망이 반영된 선거 결과였습니다.

폭스 대통령은 빈곤퇴치, 부패척결, 민주주의 강화를 국정목표로 임기를 시작했습니다. 하지만 시민들이 그를 전적으로 신임한 것은 아니었습니다. 같은 시기에 치러진 상원과 하원선거에서 야당에 과반수 표를 주었습니다. 그래서 폭스 대통령은 정부의 주요 정책을 결정할 때마다 제도혁명당이 주도하는 야권의 반대에 직면해야 했습니다. 이런 상황은 폭스 대통령과 같은 국민행동당^{PAN} 소속인 펠리페 칼데론 대통령의 현정부에서도 계속되고 있습니다.

비록 폭스 대통령이 경제성장률, 취업, 세제 개혁 등의 부문에서 공약한 것을 달성하지는 못했지만, 인플레이션 억제, 기초생필품 가격의 안정, 환율의 자유화, 대외부채 감소 등, 나름대로 성공을 거두었다고 인정받고 있습니다. 또 정부 산하기관의 재정지출 투명성을 확보하기 위해 관련 연방기구를 만든 것은 멕시코 민주주의의 발전에 있어 중요한 성과라고 평가받고 있습니다.

이러한 성과에도 불구하고, 폭스 대통령은 상원과 하원의 저항에 굴복함으로써 지도력을 잃어 갔습니다. 그리고 임기 말년에는 영부인, 마르타 사아군이 특정 정당의 지지도 없이 남편의 후계자가 되려고 하는 바람에 더욱 이미지를 흐렸습니다. 그럼에도 불구하고, 전문가들은 폭스 임기 6년은 구스타보 디아스 오르다스 대통령 임기[1964-1970] 이후 처음으로 경제위기가 없었던 시기라고 말했습니다. 경제적 안정 덕분에 30년 만에 처음으로 중산층이 늘어나기도 했습니다.

2006년, 새로운 대통령을 뽑는 선거에서 멕시코는 '역사적'인 부정선거 시비에 휘말리게 됩니다. 민주혁명당[PRD]의 안드레스 마누엘 로페스 오브라도르 후보가 어느 때보다도 강력한 야당후보로 주목을 받았습니다. 로페스 오브라도르는 멕시코 시 시장을 역임하면서 상당한 대중적 인기를 얻은 인물이었습니다. 제도혁명당은 경쟁력 있는 대통령후보를 내지 못했고, 대신 입법부에서 입지를 공고히 하려고 노력했습니다.

초미의 관심 속에서 6월 2일 선거가 실시되었고, 20여만 표(전체 투표의 0.56%)라는 아주 근소한 차이로 집권당 펠리페 칼데론 후보의 당선이 선언되었습니다. 로페스 오브라도르는 연방선거재판소에 소송을 제기했습니다. 9월 5일, 일부 투표함에 대한 재개표를 실시하였고, 유엔, 유럽연합, 미주기구의 선거감시단은 선거가 투명하고 공정하게 진행되었다는 것을 인정하였습니다.

로페스 오브라도르는 승복하지 않고 부정선거를 규탄하는 투쟁을 계속했습니다. 전문가들은 "여당 후보가 이긴 것이 아니라, 로페스 오브라도르가 스스로 패배하였다"고 말합니다. 그의 급진적이고 과격한 공약들 때문에(고위공직자의 급여 삭감, 전직 대통령들의 연금 폐지, 원주민 문화 존중, 고속전철 건설 등) 중산층이 불안을 느꼈고, 기업가들이 멀어졌다는 것입니다.

펠리페 칼데론은 폭스 대통령이 시작한 '변화와 개혁 프로젝트'가 계속되어야 한다고 선언하면서 임기를 시작했습니다. 동시에 법치法治와 시민권의 보호를 강조했습니다. 임기 1년을 남겨 놓은 2011년 지금, 경제전문가들은 그가 공공재정과 거시경제에서 안정을 유지했지만, 실업과 치안불안 문제가 악화되어 공적이 희석되었다고 결론을 내리고 있습니다.

경제부분에 있어, 최근 5년간 연방정부가 공공재정을 건전하게 만들었다는 점을 전문가들은 인정하고 있습니다. 대외부채가 GDP의 45%에서 19% 수준으로 줄었다는 것입니다. 무디스의 라틴아메리카 담당 국장 알프레도 코우티뇨의 평가에 따르면, 지난 5년간 멕시코 경제는 성장도 후퇴도 하지 않았다고 합니다. 2008년의 세계 경제위기를 감안하면 그리 나쁜 성적은 아니라고 할 수도 있겠습니다. 하지만 OECD의 자료에 따르면, 멕시코의 부유층은 빈곤층의 27배에 달하는 소득을 올립니다. 2010년, 극빈층에 속하는 인구는 4천 8백 8십만 명에서 5천 2백만 명으로 증가했습니다.

마약거래에 대한 공개적인 전쟁도 칼데론 대통령의 실패작이라고 말합니다. 호르헤 카스타녜다와 루벤 아길라르는 『마약: 실패한 전쟁』*El narco: la guerra fallida*이라는 책을 썼습니다. 그 책에 따르면, 멕시코에서 마약거래는 새로운 것이 아니라 라사로 카르데나스 대통령과 마누엘 아빌라 카마초 대통령 시대부터 있었다고 합니다. "여섯 명의 전임대통령인

폭스, 세디요, 살리나스, 데 라 마드리드, 로페스 포르티요, 에체베리아 도 마약거래 문제를 겪었다. 그 당시에도 마약조직의 일부 중요 인물들을 감옥에 넣었다. 하지만 전임대통령들이 마약거래의 공범자였는지는 확실하지 않지만, 어쨌든 칼데론 대통령이 지금 하고 있는 방식과는 다른 방법으로 했던 것이다"라고 언급하고 있습니다. 칼데론 대통령은 군대의 지원을 받아 마약범죄와 싸움을 시작했습니다. 정부 내에 마약조직이 스며들지 못하게 하려고 소위 '청결 작전'을 폈고, 약 25명의 고위 관료를 구속했다고 2009년에 발표했습니다. 하지만 마약조직과 관련된 끔찍한 범죄가 언론을 통해서 계속 보도되고 있습니다. 그럼에도 불구하고, 1990년부터 멕시코에서 평균 살인 건수는 계속 줄어들고 있는 추세라고 합니다. 인구 10만 명당 11명씩 매년 살해되는데, 이는 콜롬비아의 3분의 1, 브라질의 4분의 1, 과테말라의 5분의 1에 불과하다는 겁니다.

정치사회적으로 멕시코는 헌정 중단의 위험이나 민중봉기의 위험은 없습니다. 하지만 변화를 이루는 과정이 순탄하지만은 않아 보입니다. 국민행동당은 두 명의 대통령을 통해 거의 12년간 통치해 오고 있습니다. 하지만 시민들이 직접 피부로 느낄 정도로 변화를 이루지는 못한 것 같습니다. 거시적 경제지표는 나아졌다고 하나 소외계층과 빈곤층이 늘어나는 것을 막지는 못하고 있습니다. 치안이 나아졌다고 느끼는 국민은 그리 많지 않습니다.

2012년 대선을 앞둔 지금, 멕시코 국민들은 여전히 경제성장과 치안확보, 국제적 위상회복을 갈망하고 있습니다. 멕시코는 인적·물적 자원이 풍부한 나라입니다. 독립 이후 파란만장했던 역사적 경험을 통해 폭력적인 혁명은 아무것도 바꾸지 못한다는 것을 알고 있는 나라입니다. 70년의 일당 장기독재를 극복하고 평화적 정권교체를 이룩한 국민입니다. 민주시민 의식이 그 어느 때보다 성숙해지고 있는 국민입니다. 그래서 '21세기 멕시코'에 희망을 가져 봅니다.

서울대학교 라틴아메리카연구소는 2008년 한국연구재단의 인문한국사업 해외지역연구 분야 연구소로 선정(NRF-2008-362-B00015)되었습니다. 저는 연구소 소장으로서, 이 책을 통해 인문한국^{HK} 사업에 자그마한 기여를 하게 되어 기쁘게 생각합니다. 그리고 번역 과정에서 많이 도와주신 클라우디아 마시아스 선생님과 PROTRAD(멕시코저서의 외국어번역지원 프로그램)를 통해 출판을 지원한 멕시코 정부에 감사드립니다. 또한, 출판여건이 어려움에도 불구하고 라틴아메리카와 관련된 '트랜스라틴총서' 발간사업을 진행하는 그린비출판사 관계자분들께도 감사드립니다.

2011년 11월
옮긴이 김창민

찾아보기

【ㄱ】

가르사 사다, 에우헤니오(Garza Sada, Eugenio) 342
『가세타 데 멕시코』 150
갈반, 라파엘(Galván, Rafael) 343
갈베스, 베르나르도 데(Gálvez, Bernardo de) 150
갈베스, 호세 데(Gálvez, José de) 138, 141, 142, 147, 148, 149, 152
개즈던, 제임스(Gadsden, James) 201
게레로, 비센테(Guerrero, Vicente) 176, 186, 191
계몽적 전제주의 134, 135
계몽주의 223
고메스 모린, 마누엘(Gómez Morin, Manuel) 320, 323
고메스 파리아스, 발렌틴(Gómez Farías, Valentín) 187, 188
고메스 페드라사, 마누엘(Gómez Pedraza, Manuel) 186, 187
고전기시대 쇠퇴기(Epiclásico) 40
고전기이전시대(Preclásico) 17, 22
고전기이후시대(Posclásico) 48, 49
곤살레스, 마누엘(González, Manuel) 231, 250
곤살레스, 파블로(González, Pablo) 283, 289, 290
곤살레스 오르테가, 헤수스(González Ortega, Jesús) 213
과달루페 계획 285, 287, 297
과달루페 성모 114, 129, 235
과달루페 조약 201
과테말라의 분리 221
'과학자들' 240, 242, 243, 247, 272, 274, 275
관리청장 제도 147~149, 151
관세와 무역에 관한 일반협정(GATT) 349, 352
광산업 전문학교 151

찾아보기 365

구스만, 누뇨 데(Guzmán, Nuño de) 83
9월 23일 동맹 342
구티에레스 나헤라, 마누엘(Gutiérrez Nájera, Manuel) 265
구티에레스 데 에스트라다, 호세 마리아(Gutiérrez de Estrada, José María) 189, 194
국가공무원 사회보장 및 서비스 기구(ISSSTE) 330, 334, 339
「국가에 대한 생각」 173
국가인구위원회(Conapo) 345
국가혁명당(PNR) 312, 316, 317, 321
국립기술원(IPN) 322
국민금융(Nacional Financiera) 325
국민행동당(PAN) 323, 346, 350
국민회의파 294, 295, 297, 298
국사 교육 266
국제통화기금(IMF) 344
굶주림의 행진 336~337
그리할바 위원회 326
긴 계산법 28, 30

【ㄴ·ㄷ】

나우아인 56
　~의 사회집단 58~63
나폴레옹 3세 209, 211, 213
네르보, 아마도(Nervo, Amado) 265
노보, 살바도르(Novo, Salvador) 320
농민반란 257
　마야인 반란 257
　야키족 반란 257

토모칙 반란 257
누에바 갈리시아 83
누에바 비스카야 왕국 94
누에바 에스파냐 166
　~ 말기의 인구 구성 167
누에보 레온 94
누에보 멕시코 94, 118
누에보 산탄데르 142
늦은 고전기(clásico tardío) 40
더러운 전쟁 343
데에사, 테오도로(Dehesa, Teodoro) 239, 246
도시화 258, 314, 327, 329
　멕시코 시의 ~ 329
두블란, 마누엘(Dublán, Manuel) 249
디아스, 펠릭스(Díaz, Félix) 281, 282, 284, 302
디아스, 포르피리오(Díaz, Porfirio) 214, 215, 218, 219, 228, 230, 271
디아스 미론, 살바도르(Días Mirón, Salvador) 265
디아스 오르다스, 구스타보(Díaz Ordaz, Gustavo) 339
디에게스, 마누엘(Diéguez, Manuel) 286

【ㄹ】

라 노리아 계획 218, 219, 230
라바스티다, 안토니오 펠라히오 데(Labastida, Antonio Pelagio de) 206
라바스티다, 프란시스코(Labastida, Francisco) 357

라 벤타 20, 21, 27
란체로(ranchero) 125
란초(rancho) 255
랭커스터회 223
레르도 데 테하다, 미겔(Lerdo de Tejada, Miguel) 200
레르도 데 테하다, 세바스티안(Lerdo de Tejada, Sebastián) 215, 230
레르도 법 204, 205, 206
레보예도, 에프렌(Rebolledo, Efrén) 265
레부엘타스, 실베스트레(Revueltas, Silvestre) 320
레부엘타스, 호세(Revueltas, José) 340
레비야히헤도(Revillagigedo, segundo conde de) 147, 151~153
레온 데 라 바라, 프란시스코(León de la Barra, Francisco) 278, 282
레이예스, 베르나르도(Reyes, Bernardo) 239, 241, 242, 272, 281, 284
로드리게스, 디에고(Rodríguez, Diego) 113
로드리게스, 아벨라르도 L.(Rodríguez, Abelardo L.) 318
로메로, 마티아스(Romero, Matías) 216, 217, 249
로메로 루비오, 마누엘(Romero Rubio, Manuel) 240
로메로 루비오, 카르멘(Romero Rubio, Carmen) 235
로사다, 마누엘(Lozada, Manuel) 219
로페스 드 산타안나, 안토니오(López de Santa Anna, Antonio) 180, 186, 187, 189, 192, 193, 194, 196, 200, 201, 203
로페스 마테오스, 아돌포(López Mateos, Adolfo) 334, 335
로페스 포르티요, 호세(López Portillo, José) 341, 347
롬바르도 톨레다노, 비센테(Lombardo Toledano, Vicente) 321, 327
롬바르디니, 마누엘 마리아(Lombardini, Manuel María) 200
루이스 마시에우, 호세 프란시스코(Ruiz Massieu, José Francisco) 354
루이스 코르티네스, 아돌포(Ruiz Cortines, Adolfo) 333
루포, 에르네스토(Ruffo, Ernesto) 350
룰포, 후안(Rulfo, Juan) 332
　『불타는 평원』 332
　『페드로 파라모』 332
『르네상스』 225
리만토우르, 호세 이베스(Limantour, José Yves) 239, 240, 242, 249
리베라, 디에고 308, 320
리오 블랑코 노동자 학살 245, 261, 273

【ㅁ】

마그달레노, 마우리시오(Magdaleno, Mauricio) 320
마데로, 프란시스코 I.(Madero, Francisco I.) 247, 274, 275, 278~281, 283, 284, 291
마드리드, 미겔 데 라(Madrid, Miguel de la) 347

마르티네스, 무시오 P.(Martínez, Mucio
P.) 246
마야 29, 36, 40, 41, 44
　~에 대한 테오티우아칸의 영향력
　36~37
　~의 몰락 47~48
마약사업 349
마오주의 343
마타, 필로메노(Mata, Filomeno) 245
막시밀리아노 황제(Maximiliano de
Habsburgo) 210~213
메스칼라 문화 27
메스티소 125
메시야 고원 202
메히아, 토마스(Mejía, Tomás) 214
멕레인-오캄포 조약 208
멕시코기업인위원회(CMHN) 338, 342
멕시코노동자총연맹(CTM) 321, 327
멕시코사회보장기구(IMSS) 325, 330,
334, 339
멕시코석유회사(Pemex) 323, 325, 344
멕시코연합국(Estados Unidos
Mexicanos) 182
멕시코전화회사 351
멕시코지역노동자총연맹 310
멕시코-테노치티틀란 56
멕시코 풍경주의 화풍 266
멕시코혁명당 321, 331
멘도사, 안토니오 데(Mendoza, Antonio
de) 92
모데르니스모 문학 265
모렐로스, 호세 마리아(Morelos, José

María) 170, 173, 174
모렐리아의 아이들 321
모톨리니아, 토리비오 데(Motolinía, fray
Toribio de) 87
목테수마(Moctezuma) 77
몬-알몬테 조약 208
몬테 알반 23~25, 39
　무용수의 건물 24
　테오티우아칸과의 관계 39
몬토야, 마틸데(Montoya, Matilde) 265
무장투쟁 276, 339
무적함대의 패배 101, 131
무정부주의 260
미국 198, 201, 324, 352
　팽창주의 198, 201
　~으로의 이주 355
미나, 프란시스코 사비에르(Mina,
Francisco Xavier) 174
미라몬, 미겔(Miramón, Miguel) 207,
214
미초아칸 49
미헤-소케 어족 22, 28
믹스톤의 전쟁 84
민족주의 164, 225, 266, 267, 307
민주혁명당(PRD) 350, 356

【ㅂ】

바라다스, 이시드로(Barradas, Isidro)
186
바란다, 호아킨(Baranda, Joaquín) 239
바스케스 고메스, 프란시스코(Vázquez

Gómez, Francisco) 275, 279
바스콘셀로스, 호세(Vasconcelos, José) 307, 316
바예호, 데메트리오(Vallejo, Demetrio) 337
바하 칼리포르니아 201
바히오 지방 94, 122
발렌시아, 가브리엘(Valencia, Gabriel) 194
발부에나, 베르나르도 데(Balbuena, Bernardo de) 108
　『위대한 멕시코』 108
방문제도 109
베네가스, 돈 프란시스코 하비에르 (Venegas, Francisco Xavier) 170
베르무데스 데 카스트로, 살바도르 (Bermúdez de Castro, Salvador) 195
벨라스케스, 피델(Velázquez, Fidel) 327
벨라스코, 호세 마리아(Velasco, José María) 226
보니야스, 이그나시오(Bonillas, Ignacio) 303
보수주의 262
복지국가 325
부르봉 왕가 160
부속영지 체제 82, 85
부스타만테, 아나스타시오(Bustamante, Anastasio) 186, 187, 190
부스토스, 에르메네힐도(Bustos, Hermenegildo) 226
부왕(virrey) 84, 148
부카렐리, 안토니오 마리아 데(Bucareli, Antonio María de) 146, 147
부카렐리 조약 307, 309
북부로의 확장 108
브라보, 니콜라스(Bravo, Nicolás) 182
비례대표제도 338, 345
비야, 판초(Villa, Pancho) 278, 283, 286, 289, 290, 293, 298, 302, 308
비야만리케, 마르케스 드(Villamanrique, marqués de) 95
비야우루티아, 하비에르(Villaurrutia, Xavier) 320
빅토리아, 과달루페(Victoria, Guadalupe) 182, 185

【ㅅ】

사라고사, 이그나시오(Zaragoza, Ignacio) 210
사실주의 문학 266
사파타, 에밀리아노(Zapata, Emiliano) 278, 279, 281, 282, 287, 293, 302
사파티스타 민족해방군 352
사회적 다윈주의 262
사회주의 260
산 로렌소 20, 21
산 루이스 포토시 158
산업혁명 254
산업화 327
산체스, 그라시아노(Sánchez, Graciano) 321
산 카를로스 왕립 미술 아카데미 150, 226

산타안나 → 로페스 드 산타안나, 안토니오
살리나스 데 고르타리, 카를로스(Salinas de Gortari, Carlos) 350, 354
삼각동맹 49, 57, 65, 66, 76, 77
상법 법전 250
상품의 배분 117, 148, 152, 158
석유 국유화 322
석유수출국기구(OPEC) 344
선단 방식 무역 98, 131
세디요, 에르네스토(Zedillo, Ernesto) 354
세르단, 아킬레스(Serdán, Aquiles) 276
소치칼코 44, 45
『쇄신』 272, 273
수입대체산업 324, 342
술로아가, 펠릭스(Zuloaga, Félix) 206
스콧, 윈필드(Scott, Winfield) 199
시구엔사 이 공고라, 카를로스 데 (Sigüenza y Góngora, Carlos de) 113
시우다델라 협약 284
시우다드 후아레스 협정 277, 278, 282
시케이로스, 다비드 알파로(Siqueiros, David Alfaro) 308, 320
시투아도스(situados) 104, 118, 143, 147
신자유주의 351
실증주의 225, 262

【ㅇ】

아구아 프리에타 운동 304, 306, 308
아레나스, 호아킨(Arenas, Joaquín) 185
아리스타, 마리아노(Arista, Mariano) 200, 201
아리아가, 카밀로(Arriaga, Camilo) 272
아리아가, 폰시아노(Arriaga, Ponciano) 204
아마로, 호아킨(Amaro, Joaquín) 310
『아메리카의 자명종』 171
아빌라 카마초, 마누엘(Ávila Camacho, Manuel) 323, 325, 331
아스카라가, 에밀리오(Azcárraga, Emilio) 331
아시엔다 115, 185, 252, 255, 256, 271
아얄라 계획 282, 293
아옌데, 살바도르(Allende, Salvador) 343
아옌데, 이그나시오(Allende, Ignacio) 168, 171
아우스틴, 에스테반(Austin, Esteban) 191, 192
아유틀라 계획 202, 203
아포다카, 후안 루이스 데(Apodaca, Juan Ruiz de) 174
안정적 성장 330
알다마, 후안(Aldama, Juan) 168
알라만, 루카스(Alamán, Lucas) 181, 200
알라모 요새 193
알레만, 미겔(Alemán, Miguel) 331, 333
알마산, 후안 안드류(Almazán, Juan Andrew) 323
알몬테, 후안 N.(Almonte, Juan N.) 210
알바라도, 살바도르(Alvarado, Salvador) 286

알바레스, 후안(Álvarez, Juan) 202, 204
알바 익스틀릴소치틀, 페르난도 데(Alva Ixtlilxóchitl, Fernando de) 108
알타미라노, 이그나시오 마누엘(Altamirano, Ignacio Manuel) 225
알테페틀 56, 76
애국주의 267
약스칠란 42
얀센파 144
양도세 250
에레라, 호세 호아킨 데(Herrera, José Joaquín) 194, 195, 199
에르난데스, 호아킨(Hernández, Joaquín) 350
에스코베도, 마리아노(Escobedo, Mariano) 219
에스트라다, 호세 마리아(Estrada, José María) 226
에체베리아, 루이스(Echeverría, Luis) 341, 342
에히도 319, 320
엔코멘데로 79, 96
엔코미엔다 79
『엘 디아리오 델 오가르』 245
엘리아스 카예스, 플루타르코(Elías Calles, Plutarco) 286, 308, 309, 318
『엘 메르쿠르오』 186
엘 바르손 운동 351
『엘 임파르시알』 244
엠파카도라 계획 282
연방선거청 355, 356
연방전력위원회(CFE) 322, 325
연방주의 182
연지벌레 112, 158
예르모, 가브리엘 데(Yermo, Gabriel de) 168
예수회 98, 106, 143, 144
　　~의 추방 143~145
오도노후, 후안 데(O'Donojú, Juan de) 177, 178
오로스코, 파스쿠알(Orozco, Pascual) 278, 279, 281~283
오로스코, 호세 클레멘테(Orozco, José Clemente) 308
오르티스 루비오, 파스쿠알(Ortiz Rubio, Pascual) 316, 318
오브레곤, 알바로(Obregón, Álvaro) 283, 286, 289, 290, 303~305, 311, 316, 322
오캄포, 멜초르(Ocampo, Melchor) 204
올메카 13, 18, 19, 22
왕실 차용증서 154, 157
　　~의 공고화 154, 155, 157, 161
요크 비밀결사체 185
요한 바오로 II세(Johannes Paulus II) 347
우에르타, 빅토리아노(Huerta, Victoriano) 283, 284
　　반우에르타 투쟁 285~291
우에르타, 아돌포 데 라(Huerta, Adolfo de la) 286, 308, 309
원시고전기(Protoclásico) 30
위임재판소 124
위트레흐트 조약 123

찾아보기 371

윌슨, 우드로(Wilson, Woodrow) 290
유카탄 159
은(銀) 127
    누에바 에스파냐의 ~ 100
    사카테카스 은광 90
은행 국유화 346
의회주의 295
이글레시아스, 호세 마리아(Iglesias, José María) 216, 220, 230
이달고, 미겔(Hidalgo, Miguel) 162, 168, 169, 170, 171
이사파 문화 27, 28
이쓰암나아흐 발람 2세(Itzamnaaj Balam II) 42
이투르비데, 아구스틴 데(Iturbide, Agustín de) 175, 176, 177, 181
이투리가라이, 호세 데(Iturrigaray, José de) 155, 161, 168
인구증가 314, 328
인디오 마을 116, 117
1차 세계대전 302
2차 세계대전 324, 326

【ㅈ·ㅊ】

자유무역협정(FTA) 352, 353
자유주의 164, 262
재선반대국민당(PNA) 275, 279
잭슨, 앤드류(Jackson, Andrew) 192
전국교육노동자협의회 347
전국농민총연맹(CNC) 321
전국민주전선(FDN) 350

정착인부제도 256
제도혁명당(PRI) 331, 345, 346, 348, 349, 356
종교재판소 97
주권주의파 302
중립무역 156, 157, 160
중앙집권주의 193, 196
지불유예 346
진보혁명당(PCP) 279
천연두 78
천연두 예방주사 147
철도 251, 252
    멕시코국영철도 252
촘판틀리 50
치첸 이차 52, 53, 54
치치메카 전쟁 95

【ㅋ】

카나네아 광부 학살 245, 261, 273
카란사, 베누스티아노(Carranza, Venustiano) 275 285, 287, 290, 293, 296, 297, 298
카르데나스, 라사로(Cárdenas, Lázaro) 318, 338
카르데나스, 쿠아우테목(Cárdenas, Cuauhtémoc) 350
카를로스 3세(Carlos III) 132, 135, 137, 143
카를로스 4세(Carlos IV) 135, 137, 138, 152
카미날후유 38

카바야리, 하비에르(Cavallari, Javier) 227
카브레라, 루이스(Cabrera, Luis) 275
카사 마타 계획 180, 181
카스티요, 에베르토(Castillo, Heberto) 340
카예하, 펠릭스 마리아(Calleja, Félix María) 170, 171, 173
카칵스틀라 44
칸네도, 프란시스코(Cañedo, Francisco) 246
칸 발람 2세 (Kan Balam II) 43
칼라크물 41
칼푸지 60, 61
케찰코아틀 33, 53, 54
코랄, 라몬(Corral, Ramón) 243, 247
코르도바 협약 177, 179
코르테스, 마르틴(Cortés, Martín) 97
코르테스, 에르난(Cortés, Hernán) 67, 68, 75, 76
코몬포르트, 이그나시오(Comonfort, Ignacio) 202, 204, 206, 207
콘술라도 98, 99
콜럼버스, 크리스토퍼(Columbus, Christopher) 73
콜로시오, 루이스 도날도(Colosio, Luis Donaldo) 354
쿠바혁명 337
쿠아우테목(Cuauhtémoc) 78
쿠에스타, 호르헤(Cuesta, Jorge) 320
쿠이쿠일코 26, 27, 30
크로와, 프란시스코 데(Croix, Francisco de) 142, 143
크루스, 호세 데 라(Cruz, José de la) 171
크루스, 후아나 이네스 데 라(Cruz, Juana Inés de la) 113
크리스테로 전쟁 310, 312, 316
크리오요 107, 111, 125
크릴먼, 제임스(Creelman, James) 247
클루티에르, 마누엘 J.(Clouthier, Manuel J.) 350

【ㅌ】

타마요, 루피노(Tamayo, Rufino) 332
타블라다, 호세 후안(Tablada, José Juan) 265
테레사 데 미에르, 세르반도(Teresa de Mier, Servando) 174, 180
테오티우아칸 13, 26, 30, 35, 36, 39
  마야지역에 대한 영향력 36~37
  몬테 알반과의 관계 39
  ~ 시대의 종말 41
  ~의 사회계층 33
  ~의 주거환경 31
테올로유칸 조약 292
테우안테펙 지협 201
테일러, 재커리(Taylor, Zachary) 196
테츠코코 56
테펙스판의 남자 15
텍사스 독립 190, 193, 221
토레스, 호세 안토니오(Torres, José Antonio) 170
툭스테펙 계획 219, 220, 230

툴라 13, 50, 51, 53~55
트레온 협약 293
트리스트, 니콜라스(Trist, Nicholas) 198
틀라코판 56
틀라텔롤코 학살 339~340
틀랄로크 34
티에라덴트로(Tierradentro) 93
티칼 30, 37
티푸스 95, 124

【ㅍ】

파디야, 에세키엘(Padilla, Ezequiel) 331
파레데스 이 아리야가, 마리아노(Paredes y Arrillaga, Mariano) 194, 195
파스, 옥타비오(Paz, Octavio) 331, 340
  『고독의 미로』 331
파칼 1세(Pakal I) 43
파팔로아판 위원회 326
팔라폭스, 후안 데(Palafox, Juan de) 106, 109
팔랑케 42
페냐 이 페냐, 마누엘 데 라(Peña y Peña, Manuel de la) 198, 199
페르난도 7세(Fernando VII) 167, 173
페소화 평가절하 343, 354
페이호오, 베니토 헤로니모(Feijoo, Benito Jerónimo) 135
펠라에스, 마누엘(Peláez, Manuel) 302
펠리페 5세(Felipe V) 122, 136
포르테스 힐, 에밀리오(Portes Gil, Emilio) 318

포르피리아토 230
  포르피리오 정권의 합법성 문제 237~239
  ~기의 건축 265
  ~기의 교육 267
  ~기의 노동자 정책 260~261
  ~기의 여성 264
  ~기의 인구증가 254
포사다, 호세 과달루페(Posada, José Guadalupe) 266
포인세트, 조엘 R.(Poinsett, Joel R.) 185, 190
포크, 제임스(Polk, James) 196
폭스, 비센테(Fox, Vicente) 357
푸엔테스, 카를로스(Fuentes, Carlos) 332
  『가장 투명한 지역』 332
풍속주의 문학 266
프랑코, 프란시스코(Franco, Francisco) 320
프로테스탄티즘 263
프리에토, 기예르모(Prieto, Guillermo) 204
플로레스 마곤, 헤수스(Flores Magón, Jesús) 272
플로레스 마곤, 히카르도(Flores Magón, Ricardo) 272, 273
플로레스, 마누엘 안토니오(Flores, Manuel Antonio) 151
피노 수아레스, 호세 마리아(Pino Suárez, José María) 279
필리솔라, 비센테(Filisola, Vicente) 193

【ㅎ】

하라미요, 루벤(Jaramillo, Rubén) 337
한정상속권 204, 235, 255
해방신학 343, 353
헌법 172, 189, 233
    1812년 헌법 172, 175, 178, 182
    1824년 헌법 182, 196, 203
    1836년 7조법 189, 190
    1842년 헌법 194
    1857년 헌법 232, 299, 300
    1917년 헌법 299, 300, 301, 306
헌법수호운동 286
헌법수호파 285, 292, 295, 296, 297
혁명 248, 305
혁명 소설 308
혼종 89, 108
홍역 84
화폐 89, 115, 183
후아레스, 베니토(Juárez, Benito) 204, 206~209, 213, 216~218, 225, 230
훔볼트, 알렉산더 폰(Humboldt, Alexander von) 184
희생제의 63~65
히메네스, 호세 마리아노(Jiménez, José Mariano) 172